高等学校精品规划教材

水利工程施工

主　　编　李天科　侯庆国　黄明树
副 主 编　姜国辉　王红雨　张彦洪

中国水利水电出版社
www.waterpub.com.cn

内 容 提 要

本书为《高等学校精品规划教材》之一。全书是在汇总、综合分析当前国内外水利工程新型施工设备、施工技术和施工方法的基础上编写而成的。全书共分8章，包括：施工导流，爆破工程，土石坝工程，混凝土工程，基础处理工程，施工组织设计，施工进度计划，施工经营管理等。

本书可作为高等院校水利水电类专业的教材使用，也可作为水利水电工程施工技术人员的参考书。

图书在版编目（CIP）数据

水利工程施工/李天科，侯庆国，黄明树主编．—北京：中国水利水电出版社，2005（2014.8重印）
高等学校精品规划教材
ISBN 978-7-5084-2968-7

Ⅰ.水… Ⅱ.①李…②侯…③黄… Ⅲ.水利工程-工程施工-高等学校-教材 Ⅳ.TV5

中国版本图书馆CIP数据核字（2005）第070349号

书　　名	高等学校精品规划教材 **水利工程施工**
作　　者	李天科　侯庆国　黄明树　主编
出版发行	中国水利水电出版社 （北京市海淀区玉渊潭南路1号D座　100038） 网址：www.waterpub.com.cn E-mail：sales@waterpub.com.cn 电话：（010）68367658（发行部）
经　　售	北京科水图书销售中心（零售） 电话：（010）88383994、63202643、68545874 全国各地新华书店和相关出版物销售网点
排　　版	中国水利水电出版社微机排版中心
印　　刷	北京瑞斯通印务发展有限公司
规　　格	184mm×260mm　16开本　18.75印张　445千字
版　　次	2005年7月第1版　2014年8月第4次印刷
印　　数	9001—11000册
定　　价	**28.50**元

前　言

本教材是《高等学校精品规划教材》之一。本教材适于水利水电类等专业，为必修课程，约需要 50～60 学时；着重向学生传授水利水电工程建筑中应用的新设备、新技术、新方法，以及先进的组织管理手段等。

本书内容自成体系，既可作为高等学校水利工程施工教材，也可作为水利建设工程技术人员的参考书。

针对当前一般水利工程施工教材存在的问题，如教材编写使用周期长、只讲成熟的理论等。目前水利水电工程施工的特点是：施工设备、技术等先进于设计，而设计又先进于教材，导致学生不能掌握施工中的前沿科学。所以，本教材在编写中注意体现了以下几个原则：

1. 作为教材，着重结合某些建筑物的施工，进行本课程的基本概念、基本理论和基本知识的阐述，不追求全面的施工要求；对于方法性的内容，着重介绍基本思路，不过分追求系统和全面；对于规范性、资料性内容，着重进行原则性说明，不过多列出数据和图表。

2. 努力体现专业课教材的特点，着重介绍不同工种的新设备种类、应用方法及特点等。

3. 为了开拓学生思路，培养学生的自学能力和创新能力，对于一些最新成就、当前动态或不成熟的方法和理论，阐明思路和目标，由学生自己在以后的学习和工作中探讨、改进、发展；对于某些错误的方法及工程中的教训，也在文中列出，以便于学生借鉴。

本教材以水利水电枢纽工程为主要对象，着重介绍它们的施工技术、施工组织、施工管理的基本理论和基本方法。

本书的绪论由李天科编写；第一章由王红雨、李应海编写；第二章由侯庆国编写；第三章由姜国辉、李春生编写；第四章由黄明树、王端良编写；第五章由李天科、张玉明、王艳艳编写；第六章由张彦洪编写；第七章由王立坤编写；第八章由夏辉编写。本书由李天科同志统稿。

由于水平有限，编写时间仓促，书中难免有错误和不当之处，敬请读者予以批评和指正。

编　者

2005 年 5 月

前　言

目录

绪 论

在学习和掌握“水利工程施工”这门课程时，必须对基本建设和水利工程施工等问题有一个基本的认识和概括的了解。

水是人类生活和生产中最宝贵的资源之一。我国地跨北温带和亚热带，幅员辽阔，水量充沛。流域面积在 1000km^2 以上的河流有 1598 条，全国河流年径流总量达 27800 亿 m^3，总水量为世界第六位；水能资源可开发量为 3.7 亿 kW，居世界第一位。

但由于水量资源和水能资源的地域分布不均，时间分布不均，加之中国人口众多，水的开发利用远远不能适应人们和社会的发展需要。新中国建立 56 年来，尽管我们做了大量工作，修建了大量的水利工程，对国民经济的发展起到了重要的作用，但还有众多的水利水电工程等着我们去开发、建设。

一、水利建设成就

据 1999 年《中国水利 50 年》资料统计：全国已建成各类水库 86852 座，总库容达 5183 亿 m^3，其中大型水库 403 座，中型水库 2653 座，水型水库 8.3 万座。初步控制了大江大河的常遇洪水，形成了 5800 多亿 m^3 的年供水能力；2005 年水电装机总量达 9538 万 kW，按照国家规划，2010 年水电装机将达到 12500 万 kW，2015 年水电装机将达到 15000 万 kW，水电装机将占全国装机总量的 28%，水能开发程度将达 40%左右。目前我国水电装机容量为世界第二位，发电量为世界第四位，拥有世界最大的水电站（三峡电站装机 1820 万 kW）和世界最大的单机（70 万 kW/台）。其中已建成 100 万 kW 以上的大型水电站 20 处，正在兴建的 100 万 kW 以上的水电站 15 处。

全国累积修建加固堤防 26 万余 km；灌溉面积达 8 亿多亩，累积治理水土流失面积 78 万 km^2，水利对抗御水旱灾害、保障工农业生产和人民生命财产安全、维护社会稳定，都发挥了重要的作用。

二、现存在的问题

从现实看，水利建设与国民经济和社会发展的要求还很不适应。从当前和长远发展来看，水的问题越来越突出，集中表现为洪涝灾害、干旱与缺水、水环境恶化等三大问题。洪涝灾害依然是中国的心腹大患，近几年我国大江大河已发生了 5 次大的洪水，给人民生命财产和经济建设带来巨大影响，防洪建设始终是我国的一项长期而紧迫的任务；干旱缺水已成为我国经济社会发展和农业稳定发展的主要制约因素之一；江河湖泊的水污染日益加剧，水土流失治理进展缓慢，水环境恶化的趋势仍未得到有效控制。

当前，我国治水方针已进行了新的调整，实现从工程水利向资源水利的重大转变，把水资源同国民经济和社会发展联系起来，进行综合开发和科学管理。

三、水利工程施工的展望

随着现代科学技术的发展，水利水电工程建设中的新型设备、新的施工方法、新工艺、新材料等不断出现和更新。由于新技术的应用，促进了施工组织管理水平的提高，运筹学、网络优化、最优施工期制订，提高综合机械化水平等，为水利水电工程施工展示了广阔的前景。

另一方面，与科技发达的国家相比，我国目前大容量、高效率、多功能的施工机械，其通用化、系列化、自动化的程度还不高，设备利用率不充分。新技术、新工艺的研究和推广使用不够普遍。施工管理水平不高，各种施工规范、规章制度、定额法规等方面的还有待近一步提高。

为加快水利水电建设的步伐，在学习国外经验和技术的基础上，还应当自我发展、自我完善，不断赶超世界先进水平。

四、基本建设

基本建设是指国民经济各部门、各单位建造和购置固定资产的经济活动过程以及其他有关的工作。简言之，基本建设就是形成新的固定资产的过程。它通过新建、扩建、改建、重建等形式来完成。水利工程中主要的形式是新建和扩建。

固定资产按其实物形式来讲，它包括各种性质和用途的建筑物、构筑物等工程的建造和发电机、水泵、各类设备等的购置。

建造和购置新的固定资产所需要的货币量，叫基本建设投资。没有投资，就不能进行基本建设。所以，进行基本建设，实质上是把投资的货币变成固定资产的经济活动过程，与基本建设有关的工作，包括基本建设的管理工作、科学试验、勘察设计、土地征购、拆迁赔偿、生产设备、职工培训等工作，这些工作所发生的费用，也都纳入基本建设的投资之内。所以，基本建设是一项综合性的经济活动过程。它为国民经济部门的发展与人民物质文化生活水平的提高建立物质基础，也是扩大再生产的手段。

基本建设内容通常包括以下 5 个方面：

(1) 建筑工程。包括各类坝、溢洪道、放水洞、堤防、水电站厂房、码头等各种固定资产的工程实体。

(2) 安装工程。包括水力发电机组、变压器、输电线、闸门、管道等需要安装的机械设备等工程。

(3) 设备购置。包括机械、设备、工具、器具等固定资产设备的购置和自制工作。

(4) 与工程相关的水文资料统计、地质勘测、工程设计、技术难题研究等工作。

(5) 其他基本建设工作。

五、水利工程建筑产品特点及施工特点

1. 水利工程建筑产品的特点

(1) 水利水电工程的建筑产品（如坝），具有高度大、体积大、重量大的特点。如三峡水利枢纽坝高 185m，坝长 2335m。

(2) 建筑产品具有固定性的特点，各类水工建筑物一旦建成，就无法移动。

(3) 产品具有类型多的特点。同一功能的建筑物，可以采用不同的结构形式。同为挡水坝，可以是混凝土重力坝、拱坝、面板坝，也可以是土石坝，土石坝又可分为心墙式、斜墙式、多种土质坝等。

(4) 水工建筑物多在地面上建造，要求多个部门和单位协作。如水利、电力、交通、建材、当地政府、国家主管部门等多家合作共同完成。

2. 水利工程的施工特点

(1) 水利工程施工周期长。因为构件尺寸大，涉及工种多，工期往往为几年甚至几十年。同时需要大量的劳动力、机械设备、材料、构件等。要求作好长期的施工安排。

(2) 施工人员流动性大。由于建筑产品固定不动，所以建造产品的人员和机械工设备随不同的建造地点而流动。要求在施工中解决空间布置和时间安排的关系，作好人、物、财、机械的合理调度。

(3) 水利工程施工受自然条件影响大。冬季、雨季等自然条件影响建筑物的施工工期和工程质量。因此要作好冬、雨季的施工安排和保证质量的措施。

(4) 水利施工危险性大。高空作业多，易爆、易燃物品多，有的带电施工，空间吊装多等。施工中必须提出和执行安全施工的技术措施。

六、水利工程施工程序

水利工程施工就是把设计蓝图变成实在的工程实体，形成新的具有价值和使用价值的固定资产，以满足兴水利、除水害的需要。

根据多年的施工经验和客观规律，施工阶段应遵循前后次序，一般分五步进行：

1. 招投标承包制

通过竞标，以企业的优势竞争施工项目，中标后签订施工合同，施工单位应检查施工项目是否有上级主管部门的批准正式文件，投资是否到位，以及施工中的风险分配等。

2. 全面统筹安排，作好施工计划

签订施工合同后，由总承包单位负责，邀请分包施工单位参加，与业主、设计单位一起，对工程建设任务的技术经济要求、施工条件、现场情况进行详细的调查、研究。在此基础上，拟定施工规划或编制施工组织总设计，部署施工力量，安排施工总进度，制订主要工程施工技术方案等，为正式开工创造条件。

3. 落实施工准备，提出开工报告

在做好整个施工部署的基础上，对第一期要施工的单项工程在图纸会审的基础上，编制单位工程施工组织设计。同时落实劳动力、材料和施工设备进场，进行场地平整，通水、通路、通电（三通一平）。向监理单位提出开工报告。

4. 精心组织施工，加强各项管理

由于水利水电工程施工的工期长，涉及面广，以建设单位为主，由设计单位、施工单位、监理单位等组成的项目建设指挥部，协调和配合工作。

5. 工程验收及交付使用

一项工程建设竣工后，由施工单位内部预先验收，严格检查工程质量，整理汇总各项技术资料。合格后，再由业主、监理单位、上级质量监督部门进行竣工验收，办理验收签证，并交付使用。

七、本门课程的任务

依据设计图纸和施工合同要求，编制可行的施工组织设计。合理利用人、财、物，多快好省地全面完成施工任务，结合地理特点和季节、气候特点，采取必要的措施，减少自然因素对施工的影响。

按基本建设程序办事，不违背客观规律性。按系统工程组织原理组织施工，合理利用空间、时间、设备，提高三者的利用率，实行科学管理，调动各方面积极性，实现均衡、连续、有节奏的施工。

八、本门课程的特点

1. 专业性

本课程着重阐述水利水电工程中常见的、有代表性的水工建设物的施工程序、施工方案、施工方法和组织管理等。

2. 实用性

为便于学生（或施工人员）学习后使用方便，本书阐述了各种建设物的施工程序及不同施工设备的特点、适用条件、使用方法等。

3. 系统性

对于某一工种的施工，可以有不同的施工设备及施工方案，书中对其尽量地进行归类比较分析，有选择地应用，以理论联系实际，进行施工的方案优化。

4. 启发思考性

书中阐述的某些理论和使用方法可能不完善，有些还需要改进，有些可能还是错误的，这就要求学生们进行批判性的学习，既吸取其精华部分，又能学到哪些是不合理的，自己工作中应注意的问题，不走他人走过的弯路；同时，继续进行水利工程施工中的研究和技术创新。

第一章　施　工　导　流

水利工程施工过程中，一方面要创造干地施工条件；另一方面还要协调通航、渔业、灌溉或水电站运转等水资源综合利用的要求。因此，必须要通过适当的工程措施将原河水导向下游。在河道上修建水工建筑物时，常用围堰一次或分期分段地围护施工基坑，使原河水通过临时导流设施，流向下游。我们将水利工程施工过程中的这种水流控制方式称为施工导流。

施工导流的主要任务可以概括为：在分析与施工导流相联系的主客观条件的基础上，划分导流时段，选定导流标准与导流设计流量，设计导流、截流方案，确定导流建筑物型式、构造、尺寸及布置，拟定导流建筑物修建、拆除、封堵的顺序及施工方法，制定拦洪度汛和基坑排水方案以及施工期间河道水资源综合利用措施，编制切实可行的控制性施工进度计划以指导工程施工。

第一节　施工导流的基本方法

施工导流方式大体上可以分为两类：一类是分段围堰法导流，也称为河床外导流，即用围堰一次拦断全部河床，将原河道水流引向河床外的明渠或隧洞等泄水建筑物导向下游；另一类是分段围堰法，也称为河床内导流，即采用分期导流，将河床分段用围堰挡水，使原河道水流分期通过被束窄的河道或坝体底孔、缺口、隧洞、涵洞、厂房等导向下游。

此外，按导流泄水建筑物型式还可以将导流方式分为明渠导流、隧洞导流、涵洞导流、底孔导流、缺口导流、厂房导流等。一个完整的施工导流方案，常有几种导流方式组成，以适应围堰挡水的初期导流、坝体挡水的中期导流和施工拦洪蓄水的后期导流等三个不同导流阶段的需要。

一、全段围堰法

如图 1-1 所示，采用全段围堰法导流方式，就是在河床主体工程的上下游各建一道拦河围堰，使河水经河床以外的临时泄水道或永久泄水建筑物下泄。主体工程建成或接近建成时，再将临时泄水道封堵。在我国黄河等干流上已建成或在建的许多水利工程采用全段围堰法的导流方式，如龙羊峡、大峡、小浪底以及拉西瓦等水利枢纽，在施工过程中均采用河床外隧洞或明渠导流。

采用全段围堰法导流，主体工程施工过程中受水流干扰小，工作面大，有利于高速施工。上下游围堰还可以兼作两岸交通纽带。但是，这种方法通常需要专门修建临时泄水建筑物（最好与永久建筑物相结合，综合利用），从而增加导流工程费用，推迟主体工程开工日期，可能造成施工过于紧张。

全段围堰法导流，其泄水建筑物类型有以下几种。

1. 明渠导流

明渠导流是在河岸上开挖渠道，在水利工程施工基坑的上下游修建围堰挡水，将原河水通过明渠导向下游，如图1-2所示。

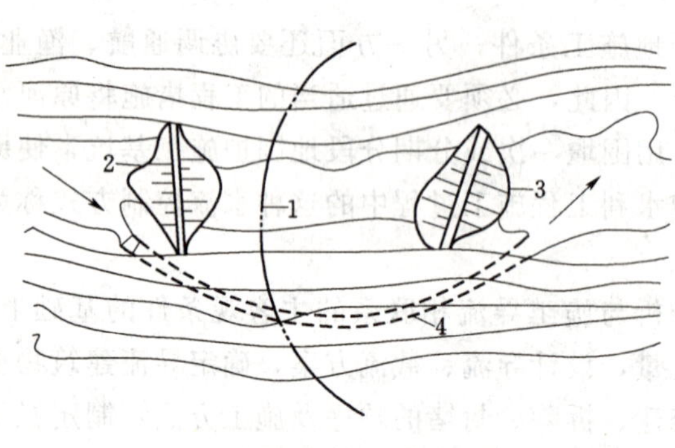

图1-1 全段围堰法施工导流方式示意图
1—水工建筑物轴线；2—上游围堰；
3—下游围堰；4—导流洞

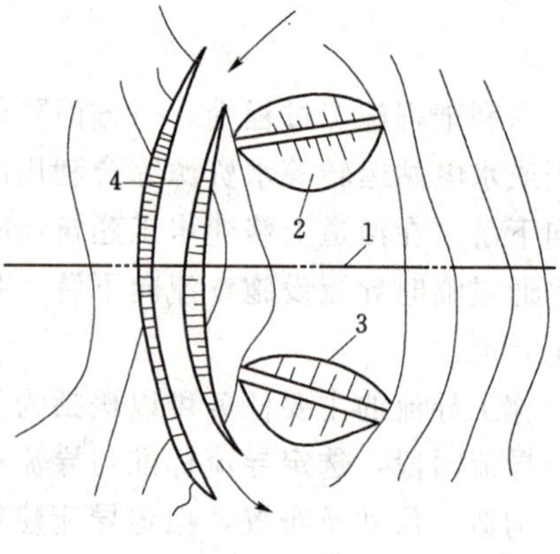

图1-2 明渠导流示意图
1—水工建筑物轴线；2—上游围堰；
3—下游围堰；4—导流明渠

明渠导流多用于岸坡较缓，有较宽阔滩地或岸坡上有沟溪、老河道可利用，施工导流流量大，地形、地质条件利于布置明渠的工程。明渠导流费用一般比隧洞导流费用少，过流能力大，施工比较简单，因此，在有条件的地方宜采用明渠导流。目前，世界上最大的河床外明渠导流是印度Tapi（塔壁）河上的Ukai（乌凯）土石坝的导流明渠，长1372m，梯形断面，渠底最大宽度235m，设计导流流量45000m^3/s，实际最大流速13.72m/s，浆砌石护坡。

导流明渠的布置，一定要保证水流通畅，泄水安全，施工方便，轴线短，工程量少。明渠进出口应与上下游水流相衔接，与河道主流的交角以小于或等于30°为宜；到上下游围堰坡脚的距离，以明渠所产生的回流不淘刷围堰地基为原则；明渠水面与基坑水面最短距离要大于渗透破坏所要求的距离；为保证水流畅通，明渠转弯半径不小于渠底宽的3～5倍；河流两岸地质条件相同时，明渠宜布置在凸岸，但是，对于多沙河流则可考虑布置在凹岸。导流明渠断面多选择梯形或矩形，并力求过水断面湿周小，渠道糙率低，流量系数大。渠道的设计过水能力应与渠道内泄水建筑物过水能力相匹配。

2. 隧洞导流

隧洞导流是在河岸中开挖隧洞，在水利工程施工基坑的上下游修筑围堰挡水，将原河水通过隧洞导向下游。隧洞导流多用于山区河流。由于山高谷窄，两岸山体陡峻，无法开挖明渠而有利于布置隧洞。隧洞的造价较高，一般情况下都是将导流隧洞与永久性建筑物相结合，达到一洞多用的目的。通常永久隧洞的进口高程较高，而导流隧洞的进口高程较低，此时，可开挖一段低高程的导流隧洞与永久隧洞低高程部分相连，导流任务完成后，将导流隧洞进口段封堵，这种布置俗称“龙抬头”（可参见第六节图1-23所示）。

导流隧洞的布置，取决于地形、地质、水利枢纽布置型式以及水流条件等因素，其中地质条件和水力条件是影响隧洞布置的关键因素。地质条件好的临时导流隧洞，一般可以不衬砌或只局部衬砌，有时为了增强洞壁稳定，提高泄水能力，可以采用光面爆破，喷锚支护等施工技术；地质条件较差的导流隧洞，一般都要衬砌，衬砌的作用是承受山岩压力，填塞岩层裂隙，防止渗漏，抵制水流、空气、温度与湿度变化对岩壁的不利影响以及减小洞壁糙率等。导流隧洞的水力条件复杂，运行情况也较难观测，为了提高隧洞单位面积的泄流能力，减小洞径，应注意改善隧洞的过流条件。隧洞进出口应与上下游水流相衔接，与河道主流的交角以30°左右为宜；隧洞最好布置成直线，若有弯道，其转弯半径以大于5倍洞宽为宜；隧洞进出口与上下游围堰之间要有适当的距离，一般大于50m为宜，防止隧洞进出口水流冲刷围堰的迎水面；采用无压隧洞时，设计中要注意洞内最高水面与洞顶之间留有适当余幅；采用压力隧洞时，设计中要注意无压与有压过渡段的水力条件，尽量使水流顺畅，宣泄能力强，避免空蚀破坏。

导流隧洞的断面形式，主要取决于地质条件、隧洞的工作条件、施工条件以及断面尺寸等。常见的断面形式有圆形、马蹄形和城门洞型（方圆形）。世界上最大断面的导流隧洞是前苏联的布烈依土石坝工程右岸的两条隧洞，断面面积均为350m^2（方圆形，宽17m，高22m)，导流设计流量达14600m^3/s。我国二滩水电站工程的两条导流隧洞，其断面尺寸均为宽17.5m，高23m的方圆形（城门洞型)，导流设计流量达13500m^3/s。

3. 涵管导流

在河岸枯水位以上的岩滩上筑造涵管，然后在水利工程施工基坑上下游修筑围堰挡水，将原河水通过涵管导向下游，如图1-3所示。涵管导流一般用于中、小型土石坝、水闸等工程，分期导流的后期导流也有采用涵管导流的方式。

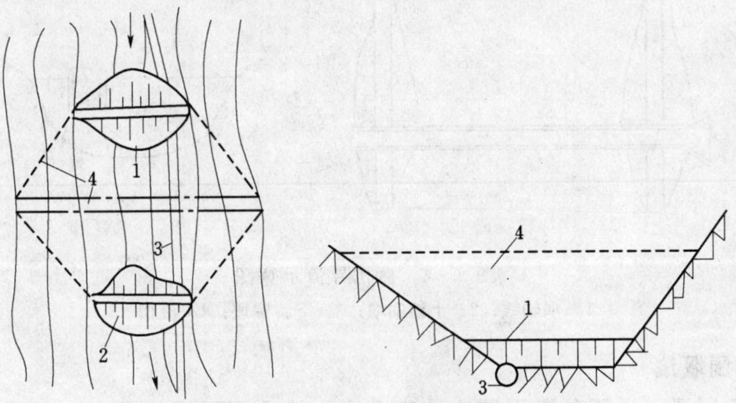

图1-3　涵管导流示意图

(a) 平面图；(b) 上游立视图

1—上游围堰；2—下游围堰；3—导流涵管；4—坝体

与隧洞相比，涵管导流方式具有施工工作面大，施工灵活、方便、速度快，工程造价低等优点。涵管一般为钢筋混凝土结构。当与永久涵管相结合时，采用涵管导流比较合理。在某些情况下，可在建筑物岩基中开挖沟槽，必要时加以衬砌，然后顶部加封混凝土或钢筋混凝土顶拱，形成涵管。

涵管宜布置成直线，选择合适的进出口型式，使水流顺畅，避免发生冲淤、渗漏、空蚀等现象，出口消能安全可靠。多采用截渗环来防止沿涵管的渗漏，截渗环间距一般为10～20m，环高1～2m，厚度0.5～0.8m。为减少截渗环对管壁的附加应力，有时将截渗环与涵管管身用缝分离，缝周填塞沥青止水。若不设截渗环，则在接缝处加厚凸缘防渗。为防止集中渗漏，管壁周围铺筑防渗填料，做好反滤层，并保证压实质量。涵管管身伸缩缝、沉陷缝的止水要牢靠，接缝结构能适应一定变形要求，在渗流逸出带作好排水措施，避免产生管涌。特殊情况下，涵管布置在硬土层上时，对涵管地基应作适当处理，防止土层压缩变形产生不均匀沉陷，造成涵管破坏事故。

我国岳城水库土石坝施工期导流时，坝下设置钢筋混凝土方圆形导流涵管9条，每条净面积6m×6.7m，竣工后，1条涵管用于引水发电，其余8条各安装闸门控制泄洪，1963年最大泄洪流量达3620m^3/s。

4. 渡槽导流

枯水期，在低坝、施工流量不大（通常不超过20～30m^3/s）、河床狭窄、分期预留缺口有困难，以及无法利用输水建筑物导流的情况下，可采用渡槽导流。渡槽一般为木质（已较少用）或装配式钢筋混凝土的矩形槽，用支架架设在上下游围堰之间，将原河水或渠道水导向下游。它结构简单，建造迅速，适用于流量较小的情况下。对于水闸工程的施工，采用闸孔设置渡槽较为有利。农田水利工程施工过程中，在不影响渠道正常输水情况下修筑渠系建筑物时，也可以采用这种导流方式。如图1-4所示。

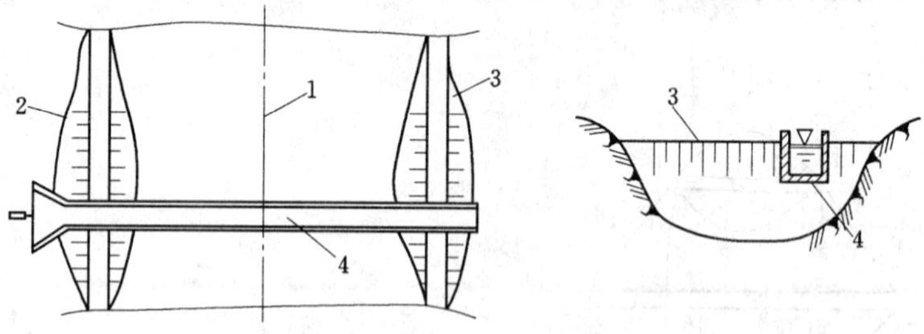

图1-4　渡槽导流示意图

1—坝轴线；2—上游围堰；3—下游围堰；4—渡槽

二、分段围堰法

如图1-5所示，采用分段围堰法导流方式，就是用围堰将水利工程施工基坑分段分期围护起来，使原河水通过被束窄的河床或主体工程中预留的底孔、缺口导向下游的施工方法。由图1-5可以看出，分段围堰法的施工程序是先将河床的一部分围护起来，在这里首先将河床的右半段围护起来，进行右岸第一期工程的施工，河水由左岸被束窄的河床下泄。修建第一期工程时，在建筑物内预留底孔或缺口；然后将左半段河床围护起来，进行第二期工程的施工，此时，原河水经由预留的底孔或缺口宣泄。对于临时泄水底孔，在主体工程建成或接近建成，水库需要蓄水时，要将其封堵。我国长江等流域上已建成或在建的水利工程多采用分段围堰法的导流方式，如新安江、葛洲坝及长江三峡等水利枢纽，在施工过程中均采用分段分期的方式导流。

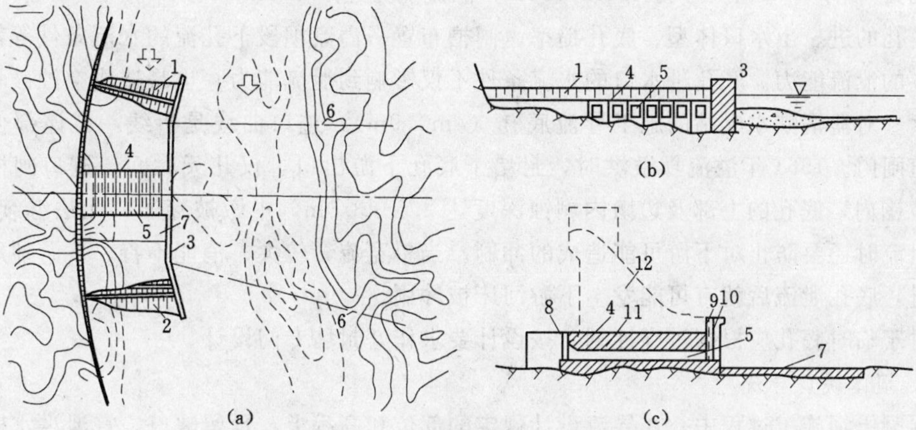

图 1-5　分段围堰法导流方式示意图

(a) 平面图；(b) 下游立视图；(c) 导流底孔纵断面图

1—1 期上游横向围堰；2—1 期下游横向围堰；3—1、2 期纵向围堰；4—预留缺口；5—导流底孔；6—2 期上、下游围堰轴线；7—护坦；8—封堵闸门槽；9—工作闸门槽；10—事故闸门槽；11—已浇筑的混凝土坝体；12—未浇筑的混凝土坝体

分段围堰法一般适用于河床宽，流量大，施工期较长的工程；在通航或冰凌严重的河道上采用这种导流方式更为有利。一般情况下，与全段围堰法相比施工导流费用较低。

采用分段围堰法导流时，要因地制宜合理制定施工的分段和分期。避免由于时、段划分不合理给工程施工带来困难，延误工期；纵向围堰位置的确定，也就是河床束窄程度的选择是一个关键问题。在确定纵向围堰位置或选择河床束窄程度时，应重视下列问题：①束窄河床的流速要考虑施工通航、筏运以及围堰和河床防冲等因素，不能超过允许流速；②各段主体工程的工程量、施工强度要比较均衡；③便于布置后期导流用的泄水建筑物，不致使后期围堰尺寸或截流水力条件不合理，影响工程截流。

分段围堰法前期都利用束窄的原河床导流，后期要通过事先修建的泄水建筑物导流，常见的泄水建筑物有以下几种。

1. 底孔导流

混凝土坝施工过程中，采用坝体内预设临时或永久泄水孔洞，使河水通过孔洞导向下游的施工导流方式称为底孔导流。底孔导流多用于分期修建的混凝土闸坝工程中，在全段围堰法的后期施工中，也常采用底孔导流。底孔导流的优点是挡水建筑物上部施工可以不受水流干扰，有利于均衡连续施工，对于修建高坝特别有利。若用坝体内设置的永久底孔作施工导流，则更为理想。其缺点是坝体内设置临时底孔，增加了钢材的用量；如果封堵质量差，不仅造成漏水，还会削弱大坝的整体性；在导流过程中，底孔有被漂浮物堵塞的可能性；封堵时，由于水头较高，安放闸门及止水均较困难。

底孔断面有方圆形、矩形或圆形。底孔的数目、尺寸、高程设置，主要取决于导流流量、截流落差、坝体削弱后的应力状态、工作水头、封堵（临时底孔）条件等因素。长江三峡水利枢纽工程三期截流后，采用 22 个底孔（每个底孔尺寸 6.5m×8.5m）导流，进口水头为 33m 时，泄流能力达 23000m^3/s。巴西土库鲁伊（Tucurui）水电站施工期的导流底孔为 40 个，每孔尺寸为 6.5m×13m，泄流能力达 35000m^3/s。

底孔的进、出水口体型、底孔糙率、闸槽布置、溢流坝段下孔流的水流条件等都会影响底孔的泄流能力。底孔进水口的水流条件不仅影响到泄流能力，也是造成空蚀破坏的重要因素。对盐锅峡水电站的施工导流底孔（4m×9m），进口曲线是折线，在该部位设置了两道闸门。1961 年溢流坝溢洪时，封堵了底孔下游出口，仅几天时间，进口闸槽下约 12m 范围内，底孔的上部及边墩内剥蚀深度达 2.5～3.0m，中墩被穿通，无法继续使用。底孔泄流时还要防止对下游可能造成的冲刷。当单宽流量较大、消能不善、下游地质条件较差时，底孔泄流后就有可能发生下游河床被冲刷。

对于临时底孔应根据进度计划，按设计要求作好封堵专门设计。

2. 坝体缺口导流

混凝土坝施工过程中，在导流设计规定的部位和高程上，预留缺口，宣泄洪水期部分流量的临时性辅助导流度汛措施。缺口完成辅助导流任务后，仍按设计要求建成永久性建筑物。

缺口泄流流态复杂，泄流能力难以准确计算，一般以水力模型试验值作参考。进口主流与溢流前沿斜交或在溢流前沿形成回流、旋涡，是影响缺口泄流能力的主要因素。缺口的形式和高程不同，也严重影响泄流的分配。在溢流坝段设缺口泄流时，由于其底缘与已建溢流面不协调，流态很不稳定；在非溢流坝段设缺口泄流时，对坝下游河床的冲刷破坏应予以足够的重视。

在某些情况下，还应作缺口导流时的坝体稳定及局部拉应力的校核。

3. 厂房导流

利用正在施工中的厂房的某些过水建筑物，将原河水导向下游的导流方式称为厂房导流。

水电站厂房是水电站的主要建筑物之一，由于水电站的水头、流量、装机容量、水轮发电机组型式等因素及水文、地质、地形等条件各不相同，厂房型式各异，布置也各不相同。应根据厂房特点及发电的工期安排，考虑是否需要和可能利用厂房进行施工导流。

厂房导流的主要方式有：①来水通过未完建的蜗壳及尾水管导向下游；②来水通过泄水底孔导向下游，底孔可以布置在尾水管上部；③来水通过泄水底孔进口，经设置在尾水管锥形体内的临时孔进入尾水管导向下游。我国的大化水电站和西津水电站都采用了厂房导流方式。

以上按全段围堰法和分段围堰法分别介绍了施工导流的几种基本方法。在实际工程中，由于枢纽布置和建筑物型式的不同以及施工条件的影响，必须灵活应用，进行恰当的组合才能比较合理地解决一个工程在整个施工期间的施工导流问题。例如底孔和坝体缺口泄流，并不只适用于分段围堰法导流，在全段围堰法的后期导流中，也常常得到应用；隧洞和明渠泄流，同样并不只适用于全段围堰法导流，也经常被用于分段围堰法的后期导流中。因此，选择一个工程的导流方法时，必须因时因地制宜，绝不能机械死板地套用。

第二节　围　　堰

围堰是围护水工建筑物施工基坑，避免施工过程中受水流干扰而修建的临时挡水建筑物。在导流任务完成以后，如果未将围堰作为永久建筑物的一部分，围堰的存在妨碍永久水利枢纽的正常运行时，应予以拆除。

根据施工组织设计的安排，围堰可围占一部分河床或全部拦断河床。按围堰轴线与水流方向的关系，可分为基本垂直水流方向的横向围堰及顺水流方向的纵向围堰；按围堰是否允许过水，可分为过水围堰和不过水围堰。通常围堰的基本类型是按围堰所用材料划分的。

一、围堰的基本型式及构造

1. 土石围堰

在水利工程中，土石围堰通常是用土和石渣（或砾石）填筑而成的。由于土石围堰能充分利用当地材料，构造简单，施工方便，对地形地质条件要求低，便于加高培厚，所以应用较广。

土石围堰的上下游边坡取决于围堰高度及填土的性质。用砂土、粘土及堆石建造土石围堰，一般将堆石体放在下游，砂土和粘土放在上游以起防渗作用。堆石与土料接触带设置反滤，反滤层最小厚度不小于0.3m。用砂砾土及堆石建造土石围堰，则需设置防渗体。若围堰较高、工程量较大，往往要考虑将堰体作为土石坝体的组成部分，此时，对围堰质量的要求与坝体填筑质量要求完全相同。

土石坝常用土质斜墙或心墙防渗，如图1－6所示。也有用混凝土或沥青混凝土心墙防渗，并在混凝土防渗墙上部接土工膜材料防渗。当河床覆盖层较浅时，可在挖除覆盖层后直接在基岩上浇筑混凝土心墙，但目前更多的工程则是采用直接在堰体上造孔挖槽穿过覆盖层浇筑各种类型的混凝土防渗墙，如图1－6（c）所示。早期的堰基覆盖层多用粘土铺盖加水泥灌浆防渗，如图1－6（d）所示。近年来，高压喷射灌浆防渗逐渐兴起，效果较好。

土石围堰还可以细分为土围堰和堆石围堰。

土围堰由各种土料填筑或水力冲填而成。按围堰结构分为均质和非均质土围堰，后者设斜墙或心墙防渗。土围堰一般不允许堰顶溢流。堰顶宽度根据堰高、构造、防汛、交通运输等要求确定，一般不小于3m。围堰的边坡取决于堰高、土料性质、地基条件及堰型等因素。根据不透水层埋藏深度及覆盖层具体条件，选用带铺盖的截水墙防渗或混凝土防渗墙防渗。为保证堰体稳定，土围堰的排水设施要可靠，围堰迎水面水流流速较大时，需设置块石或卵石护坡。土围堰的抗冲能力较差，通常只作横向围堰。

堆石围堰由石料填筑而成。需设置防渗斜墙或心墙。采取护面措施后堰顶可溢流。上、下游坡根据堰高、填石要求及是否溢流等条件决定。溢流的堰体则视溢流单宽流量、上下游水位差、上下游水流衔接条件及堰体结构与护坡类型而定。堰体与岸坡连结要可靠，防止接触面渗漏。在土基上建造堆石围堰时，需沿着堰基面预设反滤层。堰体若与土石坝结合，堆石质量要满足土石坝的质量要求。

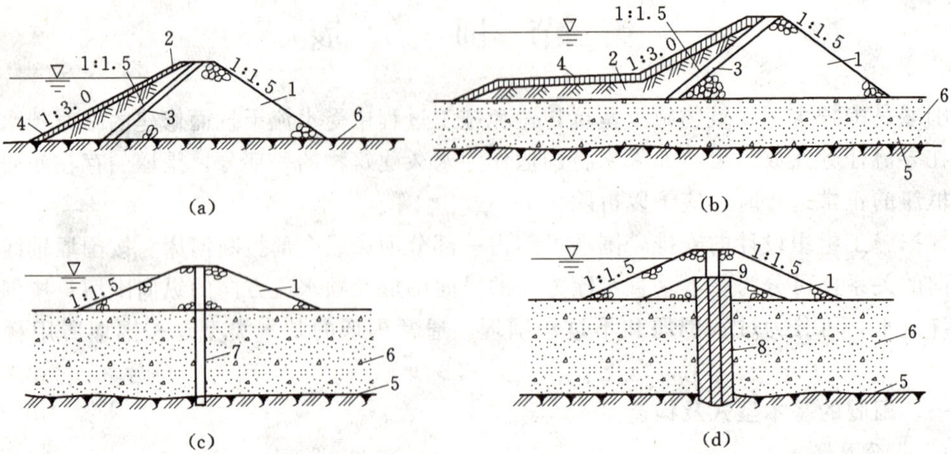

图 1-6　土石围堰示意图

(a) 斜墙式；(b) 带水平铺盖的斜墙式；(c) 垂直防渗墙式；(d) 灌浆帷幕式
1—堆石体；2—粘土斜墙、铺盖；3—反滤层；4—护面；5—隔水层；
6—覆盖层；7—垂直防渗墙；8—灌浆帷幕；9—粘土心墙

2. 草土围堰

为避免河道水流干扰，用麦草、稻草和土作为主要材料建成的围护施工基坑的临时挡水建筑物，如图 1-7 (a) 所示。

我国两千多年以前，就有将草、土材料用于宁夏引黄灌溉工程及黄河堵口工程的记载。在青铜峡、八盘峡、刘家峡及盐锅峡等黄河上的大型水利工程中，也都先后采用过草土围堰这种筑堰型式。

草土围堰底宽约为堰高的 2.0～3.0 倍，围堰的顶宽一般采用水深的 2.0～2.5 倍。在堰顶有压重，并能够保证施工质量且地基为岩基时，水深与顶宽比可采用 1∶1.5。内外边坡按稳定要求核定，为 1∶0.2～1∶0.5。一般 1 m^3 土加草 75～90kg，草土体的密度约为 1.1t/ m^3，稳定计算时草与砂卵石、岩石间的摩擦系数分别采用 0.4 和 0.5，草土体的逸出坡降一般控制在 0.5 左右。堰顶超高取 1.5～2.0m。

草土围堰可在水流中修建，其施工方法有散草法、捆草法和埽捆法。普遍采用的是捆草法。用捆草法修筑草土围堰时，先将两束直径为 0.3～0.7m，长为 1.5～2.0m 重约 5～7kg的草束用草绳扎成一捆，并使草绳留出足够的长度如图 1-7 (b) 所示；然后沿河岸在拟修围堰的整个宽度范围内分层铺草捆，铺一层草捆，填一层土料（黄土、粉土、砂壤土或粘土），铺好后的土料只需人工踏实即可，每层草捆应按水深大小叠接 1/3～2/3，这样层层压放的草捆形成一个斜坡，坡角约为 35°～45°，直到高出水面 1m 以上为止；随后在草捆层的斜坡上铺一层厚 0.20～0.30m 的散草，再在散草上铺上一层约 0.30m 厚的土层，这样就完成了堰体的压草、铺草和铺土工作的一个循环；连续进行以上施工过程，堰体即可不断前进，后部的堰体则渐渐沉入河底。当围堰出水后，在不影响施工进度的前提下，争取铺土打夯，把围堰逐步加高到设计高程，如图 1-7 (c)、(d) 所示。

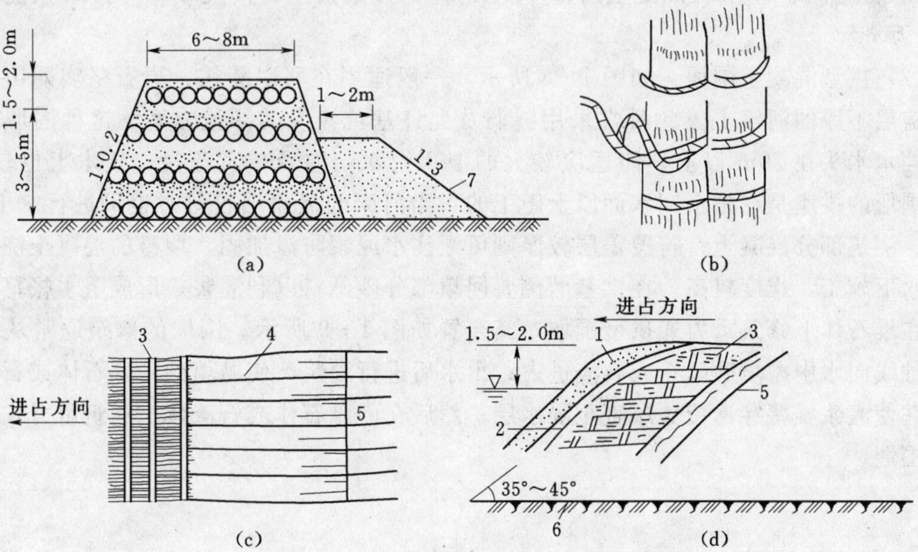

图 1-7　草土围堰及其施工过程示意图

(a) 草土围堰；(b) 草捆；(c) 围堰进占平面图；(d) 围堰进占纵断面图

1—粘土；2—散草；3—草捆；4—草绳；5—岸坡或已建堰体；6—河底；7—戗台

草土围堰具有就地取材、施工简便、拆除容易、适应地基变形、防渗性能好的特点，特别在多沙河流中，可以快速闭气。在青铜峡水电站施工中，只用 40 天时间，就在最大水深 7.8m、流量 1900m^3/s、流速 3m/s 的河流上，建成长 580m，工程量达 7 万 m^3 的草土围堰。但这种围堰不能承受较大水头，一般适用于水深为 6～8m，流速为 3～5m/s 的场合。草土围堰的沉陷量较大，一般为堰高的 6%～7%。草料易于腐烂，使用期限一般不超过两年。在草土围堰的接头，尤其是软硬结构的连结处比较薄弱，施工时应特别予以重视。

3. 混凝土围堰

混凝土围堰的抗冲与抗渗能力大，挡水水头高，底宽小，易于与永久混凝土建筑物相连接，必要时还可过水，既可作横向围堰，又可作纵向围堰，因此采用得比较广泛。在国外，采用拱型混凝土围堰的工程较多。近年，国内贵州省乌江渡、湖南省凤滩等水利水电工程也采用过拱型混凝土围堰作横向围堰，但做得多的还是纵向重力式混凝土围堰。

混凝土围堰对地基要求较高，多建于岩基上。修建混凝土围堰，往往要先建临时土石围堰，并进行抽水、开挖、清基后才能修筑。混凝土围堰的型式主要有重力式和拱型两种。

(1) 重力式混凝土围堰：施工中采用分段围堰法导流时，常用重力式混凝土围堰往往可兼作第一期和第二期纵向围堰，两侧均能挡水，还能作为永久建筑物组成的一部分，如隔墙、导墙等。重力式混凝土围堰的断面型式与混凝土重力坝断面型式相同。为节省混凝土，围堰不与坝体接合的部位，常采用空框式、支墩式和框格式等。重力式混凝土围堰基础面一般都设排水孔，以增强围堰的稳定性并可节约混凝土。碾压混凝土围堰投资小、施工速度快、应用潜力巨大。三峡水利枢纽三期上游挡水发电的碾压混凝土围堰，全长

572m，最大堰高 124m，混凝土用量 168 万 m^3，月最大上升高度 23m，月最大浇筑强度近 40 万 m^3。

(2) 拱型混凝土围堰：如图 1-8 所示，一般适用在两岸陡峻、岩石坚实的山区或河谷覆盖层不厚的河流上。此时常采用隧洞及允许基坑淹没的导流方案。这种围堰高度较高，挡水水头在 20m 以上，能适应较大的上下游水位差及单宽流量，技术上也较可靠。通常围堰的拱座是在枯水期水面以上施工的，当河床的覆盖层较薄时也可进行水下清基、立模、浇筑部分混凝土；若覆盖层较厚则可灌注水泥浆防渗加固。堰身的混凝土浇筑则要进行水下施工，难度较高。在拱基两侧要回填部分砂砾料以利灌浆，形成阻水帐幕。有的工程在堆石体上修筑重力式拱型围堰，其布置如图 1-9 所示。围堰的修筑通常从岸边沿围堰轴线向水中抛填砂砾石或石渣进占；出水后进行灌浆，使抛填的砂砾石体或石渣体固结，并使灌浆帷幕穿透覆盖层直至隔水层；然后在砂砾石体或石渣体上浇筑重力式拱型混凝土围堰。

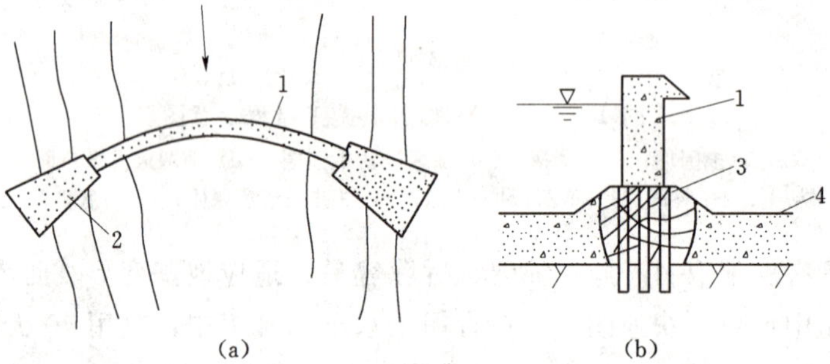

图 1-8 拱型混凝土围堰

(a) 平面图；(b) 横断面图

1—拱身；2—拱座；3—覆盖层；4—地面

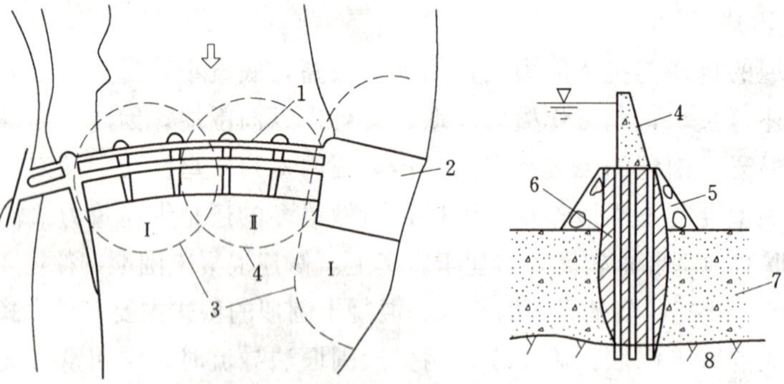

图 1-9 建在堆石体上的重力式拱型混凝土围堰

(a) 平面图；(b) 横断面图

Ⅰ—一期基坑；Ⅱ—二期基坑

1—主体建筑物；2—水电站；3—一期围堰；4—二期围堰；

5—堆石体；6—灌浆帷幕；7—覆盖层；8—隔水层

拱型混凝土围堰与重力式混凝土围堰相比，断面较小，节省混凝土用量，施工速度较快。

4. 过水围堰

过水围堰是在一定条件下允许堰顶过水的围堰。过水围堰既能担负挡水任务，又能在汛期泄洪，适用于洪枯流量比值大，水位变幅显著的河流。其优点是减小施工导流泄水建筑物规模，但过流时基坑内不能施工。对于可能出现枯水期有洪水而汛期又有枯水的河流，可通过施工强度和导流总费用（包括导流建筑物和淹没基坑的总费用总和）的技术经济比较，选用合理的挡水设计流量。一般情况下，根据水文特性及工程重要性，给出枯水期5%～10%频率的几个流量值，通过分析论证选取，选取的原则是力争在枯水年能全年施工。为了保证堰体在过水条件下的稳定性，还需要通过计算或试验确定过水条件下的最不利流量，作为过水设计流量。

当采用允许基坑淹没的导流方案时，围堰堰顶必须允许过水。如前所述，土石围堰是散粒体结构，是不允许过水的。因为土石围堰过水时，一般受到两种破坏作用：一是水流沿下游坡面下泄，动能不断增加，冲刷堰体表面；二是由于过水时水流渗入堆石体所产生的渗透压力引起下游坡面同堰顶一起深层滑动，最后导致溃堰的严重后果。因此，土石过水围堰的下游坡面及堰脚应采用可靠的加固保护措施。目前采用的有：大块石护面、钢丝笼护面、加钢筋护面及混凝土板护面等，较普遍的是混凝土板护面。

(1) 混凝土板护面过水土石围堰：江西省上犹江水电站采用的便是混凝土板护面过水土石围堰。围堰由维持堰体稳定的堆石体、防止渗透的粘土斜墙、满足过水要求的混凝土护面板以及维持堰体和护面板抗冲稳定的混凝土挡墙等部分所构成，如图1-10所示。

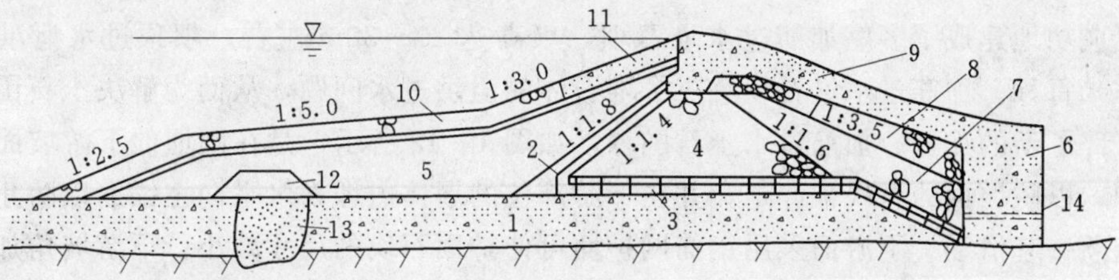

图1-10　江西上犹江水电站混凝土板护面过水土石围堰

1—堆石体；2—反滤层；3—柴排护底；4—堆石体；5—粘土防渗斜墙；6—毛石混凝土挡墙；7—回填块石；8—干砌块石；9—混凝土护面板；10—块石护面；11—混凝土护面板；12—粘土顶盖；13—水泥灌浆；14—排水孔

混凝土护面板的厚度初拟时可为0.4～0.6m、边长为4～8m，其最后尺寸应通过强度计算和抗滑稳定验算确定。

混凝土护面板要求不透水，接缝要设止水，板面要平顺，以免在高速水流影响下发生气蚀或位移。为加强面板间的相互牵制作用，相邻面板可用Φ6～16mm的钢筋连接在一起。

混凝土护面板可以预制也可以现浇，但面板的安装或浇筑应错缝、跳仓，施工顺序应从下游面坡脚向堰顶进行。

过水土石围堰的修建，需将设计断面分成两期。第一期修建所谓“安全断面”，即在导流建筑物泄流情况下，进行围堰截流、闭气、加高培厚，先完成临时断面然后抽水排干基坑见图 1-11 (a)；第二期在安全断面挡水条件下修建混凝土挡墙见图 1-11 (b)，并继续加高培厚修筑堰项及下游坡护面等，直至完成设计断面见图 1-11 (c)；

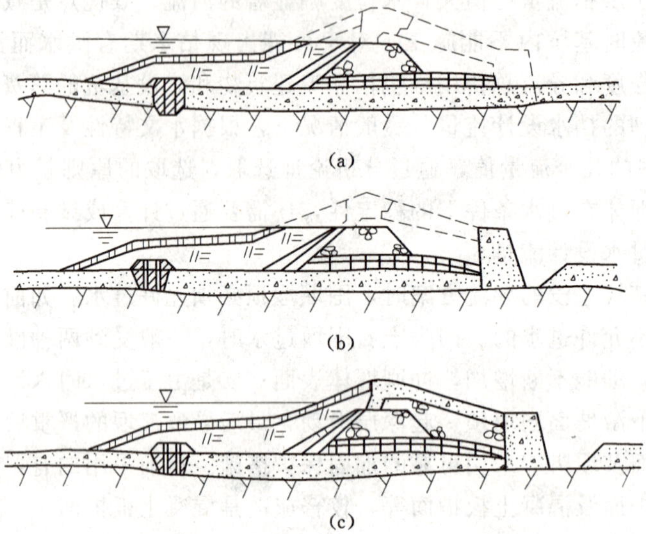

图 1-11 过水围堰施工程序示意图

(a) 一期断面；(b) 二期断面；(c) 设计断面

(2) 加筋过水土石围堰：20 世纪 50 年代以来，为了解决堆石坝的度汛、泄洪问题，国外已成功地建成了多座加筋过水堆石坝，坝高达 20～30m 左右，坝顶过水泄洪能力近千立方米每秒。加筋过水堆石坝解决了堆石体的溢洪过水问题，从而为解决土石围堰过水问题开辟了新的途径。加筋过水土石围堰，如图 1-12 所示，是在围堰的下游坡面上铺设钢筋网，以防坡面的石块被冲走，并在下游部位的堰体内埋设水平向主锚筋以防止下游坡连同堰顶一起滑动。下游面采用钢筋网护面可使护面石块的尺寸减小、下游坡角加大，其造价低于混凝土板护面过水土石围堰。

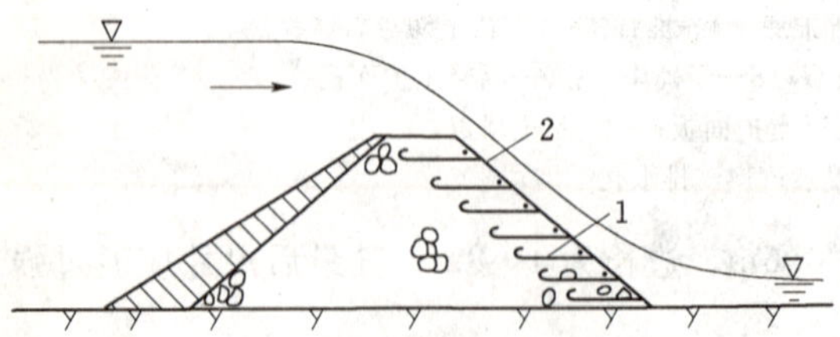

图 1-12 加筋过水土石围堰

1—水平向主锚筋；2—钢筋网

必须指出的是：①加筋过水土石围堰的钢筋网应保证质量，不然过水时随水挟带的石块会切断钢筋网，使土石料被水流淘刷成坑，造成塌陷，导致溃口等严重事故；②过水时堰身与两岸接头处的水流比较集中，钢筋网与两岸的连接应十分牢固，一般需回填混凝土直至堰脚处，以利钢筋网的连接生根；③过水以后要进行检修和加固。

5. 木笼围堰

木笼围堰是用方木或两面锯平的圆木叠搭而成的内填块石或卵石的框格结构，具有耐水流冲刷，能承受较高水头，断面较小，既可作为横向围堰，又可作为纵向围堰，其顶部经过适当处理后还可以允许过水（如图 1-13 所示）。通常木笼骨架在岸上预制，水下沉放。

木笼需耗用大量木材，造价较高，建造和拆除都比较困难，现已较少使用。

6. 钢板桩围堰

用钢板桩设置单排、双排或格型体，既可建于岩基，又可建于土基上，抗冲刷能力强，断面小，安全可靠。堰顶浇筑混凝土盖板后可溢流。钢板桩围堰的修建、拆除可用机械施工，钢板桩回收率高，但质量要求较高，涉及到的施工设备亦较多。

钢板桩格型围堰按挡水高度不同，其平面型式有圆筒形格体、扇形格体及花瓣形格体，如图 1-14 所示，应用较多的是圆筒形格体。

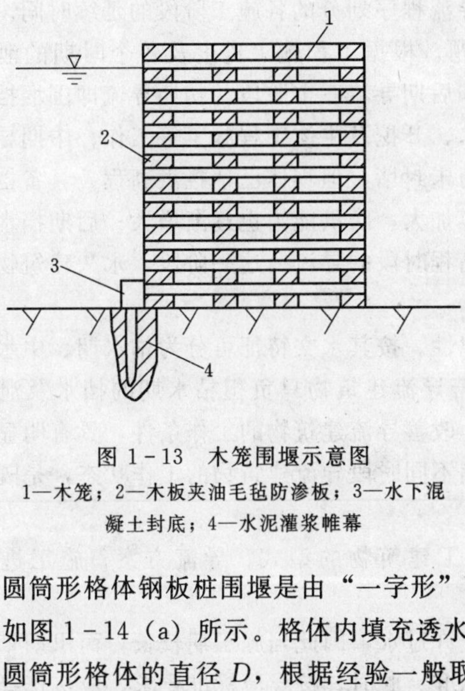

图 1-13　木笼围堰示意图

1—木笼；2—木板夹油毛毡防渗板；3—水下混凝土封底；4—水泥灌浆帷幕

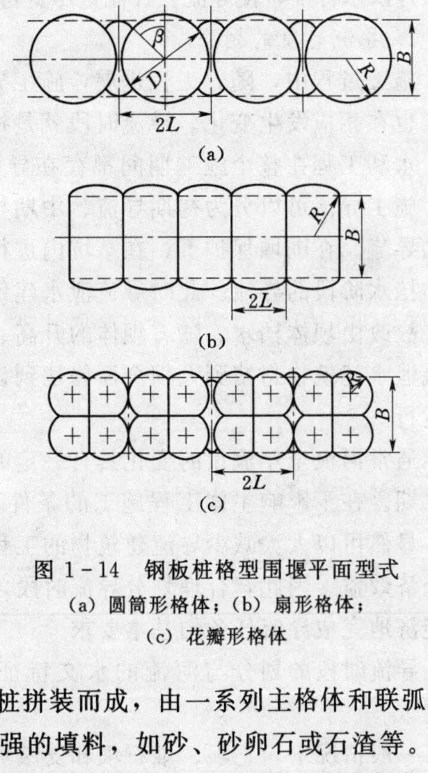

图 1-14　钢板桩格型围堰平面型式

(a) 圆筒形格体；(b) 扇形格体；(c) 花瓣形格体

圆筒形格体钢板桩围堰是由“一字形”钢板桩拼装而成，由一系列主格体和联弧段所构成如图 1-14 (a) 所示。格体内填充透水性较强的填料，如砂、砂卵石或石渣等。

圆筒形格体的直径 D，根据经验一般取挡水高度 H 的 0.9～1.4 倍，平均宽度 B 为 0.85D。2L 为 1.2～1.3D 圆筒形格体钢板桩围堰不是一个刚性体，而是一个柔性结构，格体挡水时允许产生一定幅度的变位，提高圆筒内填料本身抗剪强度及填料与钢板之间的抗滑能力，有助于提高格体抗剪稳定性。钢板桩锁口由于受到填料侧压力作用，需校核其抗拉强度。

圆筒形格体钢板桩围堰的修建由定位、打设模架支柱、模架就位、安插钢板桩、打设钢板桩、填充料渣、取出模架及其支柱和填充料渣到达设计高程等工序组成。

二、围堰型式的选择

围堰的基本要求：①具有足够的稳定性、防渗性、抗冲性及一定的强度；②造价低，工程量较少，构造简单，修建、维护及拆除方便；③围堰之间的接头、围堰与岸坡的连结要安全可靠；④混凝土纵向围堰的稳定与强度，需充分考虑不同导流时期，双向先后承受水压的特点。

选择围堰型式时，必须根据当地具体条件，施工队伍的技术水平、施工经验和特长，在满足对围堰基本要求的前提下，通过技术经济分析对比，加以选择。

三、导流标准

导流建筑物级别及其设计洪水的标准称为导流标准。导流标准是确定导流设计流量的依据，而导流设计流量是选择导流方案、确定导流建筑物规模的主要设计依据。导流标准与工程所在地的水文气象特征、地质地形条件、永久建筑物类型、施工工期等直接相关，需要结合工程实际，全面综合分析其技术上的可行性和经济上的合理性，准确选择导流建筑物级别及设计洪水标准，使导流设计流量尽量符合实际施工流量，以减少风险，节约投资。

1. 导流时段的划分

施工过程中，随着工程进展，施工导流所用的临时或永久挡水、泄水建筑物（或结构物）也在相应发生变化。导流时段就是按照导流程序划分的各施工阶段的延续时间。

水利工程在整个施工期间都存在导流问题。根据工程施工进度及各个时期的泄水条件，施工导流可以分为初期导流、中期导流和后期导流三个阶段。初期导流即围堰挡水阶段的导流。在围堰保护下，在基坑内进行抽水、开挖及主体工程施工等工作；中期导流即坝体挡水阶段的导流。此时导流泄水建筑物尚未封堵，但坝体已达拦洪高程，具备挡水条件，故改由坝体挡水。随着坝体的升高、库容加大，防洪能力也逐渐增大；后期挡水即从导流泄水建筑物封堵到大坝全面修建到设计高程时段的导流。这一阶段，永久建筑物已投入运行。

通常河流全年流量的变化具有一定的规律性。按其水文特征可分为枯水期、中水期和洪水期。在不影响主体工程施工的条件下，若导流建筑物只负担枯水期的挡水及泄水任务，显然可以大大减少导流建筑物的工程量，改善导流建筑物的工作条件，具有明显的技术经济效益。因此，合理划分导流时段，明确不同时段导流建筑物的工作状态，是既安全又经济地完成导流任务的基本要求。

导流时段的划分与河流的水文特征、水工建筑物的型式、导流方案、施工进度等有关。

一般情况下，土坝、堆石坝和支墩坝不允许过水，因此当施工期较长，而汛期来临前又不能建完时，导流时段就要考虑以全年为标准。此时，按导流标准要求，应该选择一定频率下的年最大流量作为导流设计流量；如果安排的施工进度能够保证在洪水来临前，使坝体达到拦洪高程，则导流时段即可按洪水来临前的施工时段作为划分的依据，并按导流标准要求，该时段内具有一定频率的最大流量即为导流设计流量。当采用分段围堰法导流，后期用临时底孔导流来修建混凝土坝时，一般宜划分为三个导流时段。第一时段河水由束窄河床通过，进行第一期基坑内的工程施工；第二时段河水由导流底孔下泄，进行第二期基坑内的工程施工；第三时段进行底孔封堵，坝体全面升高，河水由永久泄水建筑物下泄，也可部分或完全拦蓄在水库中，直到工程完建。在各时段中，围堰和坝体的挡水高程和泄水建筑物的泄水能力，均应按相应时段内一定频率的最大流量作为导流设计流量。

山区型河流，其特点是洪水期流量大，历时短，而枯水期流量则特别小，因此水位变幅很大。例如上犹江水电站，坝型为混凝土重力坝，坝身允许过水，其所在河道正常水位时水面宽仅40m，水深为6～8m，当洪水来临时，河宽增加不大，但水深却增大到18m。若按一般导流标准要求来设计导流建筑物，不是挡水围堰修得很高，就是泄水建筑物的尺寸要求很大，而使用期又不长，这显然是不经济的。在这种情况下可以考虑采用允许基坑淹没的导流方案，即洪水来临时围堰过水，基坑被淹没，河床部分停工，待洪水过后围堰挡水时，再继续施工。这种方案由于基坑淹没引起的停工天数很短，不致影响施工总进度，而导流总费用（导流建筑物费用与淹没损失费用之和）却较省，所以是合理可行的。

导流总费用最低的导流设计流量，必须经过技术经济比较确定，其计算程序为：

（1）根据河流的水文特征，假定一系列的流量值，分别求出泄水建筑物上、下游的水位。

（2）根据这些水位决定导流建筑物的主要尺寸、工程量，估算导流建筑物的费用。

（3）估算由于基坑淹没一次所引起的直接和间接损失费用。属于直接损失的有基坑排水费，基坑清淤费，围堰及其他建筑物损坏的修理费，施工机械撤离和返回基坑的费用及无法搬运的机械被淹没后的修理费，道路、交通和通信设施的修理费用，劳动力和机械的窝工损失费等；属于间接损失的项目是，由于有效施工时间缩短，而增加的劳动力、机械设备、生产企业的规模、临时房屋等的费用。

（4）根据历年实测水文资料，用统计超过上述假定流量值的总次数除以统计年数得年平均超过次数，亦即年平均淹没次数。根据主体工程施工的跨汛年数，即可算得整个施工期内基坑淹没的总次数及淹没损失总费用。

（5）绘制流量与导流建筑物费用、基坑淹没损失费用的关系曲线，如图1－15的曲线1和2所示，并将它们叠加求得流量与导流总费用的关系曲线3。显然，曲线3上的最低点，即为导流总费用最低时的导流设计流量。

2. 导流设计标准

导流设计标准是对导流设计中所采用的设计流量频率的规定。导流设计标准一般随永久建筑物级别以及导流阶段的不同而有所不同，应根据水文特性、流量过程线特性、围堰类型、永久建筑物级别、不同施工阶段库容、失事后果及影响等确定导流设计标准。总的要求是：初期导流阶段的标准可以低一些，中期和后期导流阶段的标准应逐步提高；当要求工程提前发挥效益时，相应的导流阶段的设计标准应适当提高；对于特别重要的工程或下游有重要工矿企业、交通枢纽以及城镇时，导流设计标准亦应适当提高。

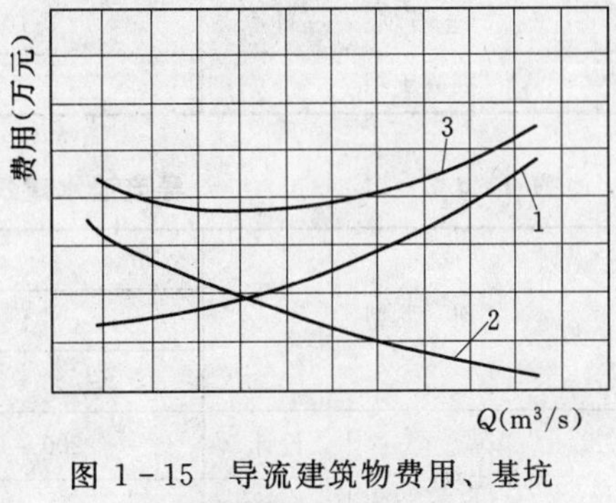

图1－15　导流建筑物费用、基坑淹没损失费用与导流设计流量的关系

1—导流建筑物费用曲线；2—基坑淹没损失费用曲线；3—导流总费用曲线

我国SDJ338—89《水利水电工程施工组织设计规范》根据导流建筑物所保护的对象、失事后果、使用年限和工程规模等指标，将导流建筑物划分为Ⅲ～Ⅴ级，见表1－1；规定的相应导流建筑物所采用的洪水标准见表1－2；导流阶段度汛的洪水标准见表1－3和表1－4。

表 1-1　　　　导流建筑物级别划分

项目 级别	保护对象	失事后果	使用年限（年）	围堰工程规模	
				堰高（m）	库容（亿 m^3）
Ⅲ	有特殊要求的Ⅰ级永久建筑物	淹没重要城镇、工矿企业、交通干线或推迟工程总工期及第一台（批）机组发电，造成重大灾害和损失	＞3	＞50	＞1.0
Ⅳ	Ⅰ、Ⅱ永久建筑物	淹没一般城镇、工矿企业、或影响工程总工期及第一台（批）机组发电而造成较大经济损失	1.5～3	15～50	0.1～1.0
Ⅴ	Ⅲ、Ⅳ永久建筑物	淹没基坑，但对工程总工期及第一台（批）机组发电影响不大，经济损失较小	＜1.5	＜15	＜0.1

表 1-2　　　　导流建筑物洪水标准划分

导流建筑物类型	导流建筑物洪水标准划分		
	Ⅲ	Ⅳ	Ⅴ
	洪水重现期（年）		
土石	50～20	20～10	10～5
混凝土	20～10	10～5	5～3

表 1-3　　　　坝体施工期临时度汛洪水标准

坝　　型	拦洪库容（亿 m^3）		
	＞1.0	1.0～0.1	＜1.0
	洪水重现期（年）		
土石坝	＞100	100～50	50～20
混凝土坝	＞50	50～20	20～10

表 1-4　　　　导流泄水建筑物封堵后坝体度汛洪水标准

坝　　型		大坝级别		
		Ⅰ	Ⅱ	Ⅲ
		洪水重现期（年）		
混凝土坝	设计	200～100	100～50	50～20
	校核	500～200	200～100	100～50
土石坝	设计	500～200	200～100	100～50
	校核	1000～500	500～200	200～100

四、围堰的平面布置与堰顶高程

1. 围堰平面位置

围堰的平面布置是一项很重要的设计任务。如果布置不当，围护基坑的面积过大，会增加排水设备容量；面积过小，会妨碍主体工程施工，影响工期；严重的话，会造成水流不畅，围堰及其基础被水冲刷，直接影响主体工程的施工安全。

根据施工导流方案、主体工程轮廓、施工对围堰的要求以及水流宣泄通畅等条件进行围堰的平面布置。全部拦断河床采用河床外导流方式，只布置上、下游横向围堰；分期导流除布置横向围堰外，还要布置纵向围堰。横向围堰一般布置在主体工程轮廓线以外，并要考虑给排水设施、交通运输、堆放材料及施工机械等留有充足的空间；纵向围堰与上、下游横向围堰共同围住基坑，以保证基坑内的工程施工。混凝土纵向围堰的一部分或全部常作为永久性建筑物的组成部分。围堰轴线的布置要力求平顺，以防止水流产生旋涡淘刷围堰基础。迎水一侧，特别是在横向围堰接头部位的坡脚，需加强抗冲保护。对于松软地基要进行渗透坡降验算，以防发生管涌破坏。纵向围堰在上、下游的延伸视冲刷条件而定，下游布置一般结合泄水条件综合予以考虑。

2. 堰顶高程

堰顶高程的确定取决于导流设计流量以及围堰的工作条件。

不过水围堰堰顶高程可按下式计算：

$$H_1 = h_1 + h_{b1} + \delta \tag{1-1}$$

$$H_2 = h_2 + h_{b2} + \delta \tag{1-2}$$

式中 H_1、H_2——上、下游围堰堰顶高程，m；

h_1、h_2——上、下游围堰处的设计洪水静水位，m；

h_{b1}、h_{b2}——上、下游围堰处的波浪爬高，m；

δ——安全超高，m，见表1-5。

表1-5 不过水围堰堰顶安全超高下限值 单位：m

围堰型式	围堰级别	
	Ⅲ	Ⅳ～Ⅴ
土石围堰	0.7	0.5
混凝土围堰	0.4	0.3

上游设计洪水静水位取决于设计导流洪水流量及泄水能力。当利用永久性泄水建筑物导流时，若其断面尺寸及进口程已给定，则可通过水力计算求出上游设计洪水静水位；当用临时泄水建筑物导流时，可求出不同上游设计洪水静水位时围堰与泄水建筑物总造价，从中选出最经济的上游设计洪水静水位。

上游设计洪水静水位的具体计算方法如下。

当采用渡槽、明渠、明流式隧洞或分段围堰法的束窄河床导流时，设计洪水静水位按下式计算：

$$h_1 = H + h + Z \tag{1-3}$$

式中 H——泄水建筑物进口底槛高程，m；

h——进口处水深，m；

Z——进口水位落差，m。

计算进口处水深，首先应判断其流态。对于缓流，应作水面曲线进行推算，但近似计算时，可采用正常水深；对于急流，可以近似采用临界水深计算。

进口水位落差 Z 可用下式计算：

$$Z=\frac{v^2}{2g\varphi^2}-\frac{v_0^2}{2g} \tag{1-4}$$

式中 v——进口内流速，m/s；

v_0——上游行进流速，m/s；

φ——考虑侧向收缩的流速系数，随进口形状不同而变化，一般取 0.8～0.85；

g——重力加速度，9.81m/s²。

当采用隧洞、涵管或底孔导流，并为压力流时，设计洪水静水位按下式计算：

$$h_1=H+h \tag{1-5}$$

$$h=h_p-iL+\frac{v^2}{2g}(1+\sum\xi_1+\xi_2L)-\frac{v_0^2}{2g} \tag{1-6}$$

式中 H——隧洞等进水口底槛高程，m；

h——隧洞进口前水深，m；

h_p——从隧洞出口底槛算起的下游计算水深，当出口实际水深小于洞高时，按 0.85 倍洞高计算；

$\sum\xi_1$——局部水头损失系数总和；

ξ_2——沿程水头损失系数；

v——洞内平均流速，m/s；

i——隧洞纵向坡降；

L——隧洞长度，m。

下游围堰的设计洪水静水位，可以根据该处的水位—流量关系曲线确定。当泄水建筑物出口较远，河床较陡，水位较低时，也可能不需要下游围堰。

纵向围堰的堰顶高程，要与束窄河段宣泄导流设计流量时的水面曲线相适应。因此，纵向围堰的顶面通常作成倾斜状或阶梯状，其上、下端分别与上、下游围堰同高。

过水围堰的高程应通过技术经济比较确定。从经济角度出发，求出围堰造价与基坑淹没损失之和为最小的围堰高程；从技术角度出发，对修筑一定高度过水围堰的技术水平作出可行性评价。一般过水围堰堰顶高程按静水位加波浪爬高确定，不再加安全超高。

【例题 1-1】 某水利工程采用全段围堰，隧洞导流。隧洞洞长 400m，圆形断面，直径 5m，钢筋混凝土衬砌。进口高程 129m，出口高程 125m，进口等局部损失系数 $\sum\xi_1=0.1$，糙率 0.014，导流设计流量 120m³/s，已判明为压力流，行进流速为 2m/s，出口水深小于洞高。采用土石围堰，属Ⅳ级（安全超高 0.5m）。已知波浪爬高为 1.18m。试确定上游围堰堰顶高程。

根据已知条件，首先计算出相关的各种参数：

水力半径　　$R=D/4=5.0/4=1.25$（m）

隧洞过水断面面积　　$A=\pi D^2/4=19.625$（m²）

谢才系数　　$c=\frac{1}{n}R^{\frac{1}{6}}=74.14$

沿程水头损失系数 $\xi_2=\frac{2g}{c^2R}=0.00286$

洞内平均流速 $v=Q/A=120/19.625=6.11$ (m/s)

隧洞底坡 $i=(129-125)/400=0.01$

由于出口水深小于洞高，取 $h_p=0.85D$；

根据式（1-6）可计算出隧洞进口前水深：

$$h=h_p-iL+\frac{v^2}{2g}(1+\sum\xi_1+\xi_2L)-\frac{v_0^2}{2g}$$

$$=0.85\times5.0-0.01\times400+\frac{6.11^2}{2\times9.81}(1+0.1+0.0286\times400)-\frac{2^2}{2\times9.81}$$

$$=4.32(\text{m})$$

再由式（1-5）计算出设计洪水静水位：

$$h_1=H+h=129+4.32=133.32(\text{m})$$

由于土石围堰属Ⅳ级，查表1-5取安全超高 $\delta=0.5$m；已知波浪爬高 h_{b1} 取1.18m。最后，由公式（1-1）计算出上游围堰的堰顶高程：

$$H_1=h_1+h_{b1}+\delta=133.32+0.5+1.18=135(\text{m})$$

五、围堰的防渗、防冲与拆除

1. 围堰防渗与防冲

围堰的防渗和防冲是保证围堰正常工作的关键问题，对土石围堰来说尤为突出。一般土石围堰在流速超过3.0m/s时，会发生冲刷现象，尤其在采用分段围堰法导流时，若围堰布置不当，在束窄河床段的进、出口和沿纵向围堰会出现严重的涡流，淘刷围堰及其基础，导致围堰失事。

如前所述，土石围堰的防渗一般采用斜墙、斜墙接水平铺盖、垂直防渗墙或灌浆帷幕等措施。围堰一般需在水中修筑，因此如何保证斜墙和水平铺盖的水下施工质量是一个关键课题。大量工程实践表明，尽管斜墙和水平铺盖的水下施工难度较高，但只要施工方法选择得当，是能够保证质量的。

围堰遭到冲刷在很大程度上与其平面布置有关，尤其在分段围堰法导流时，水流进入围堰区受到束窄，流出围堰区又突然扩大，这样就不可避免地在河底引起动水压力的重新分布，流态发生急剧改变。此时在围堰的上游转角处产生很大的局部压力差，局部流速显著提高，形成螺旋状的底层涡流，流速方向自下而上，从而淘刷堰脚及基础。为了避免由局部淘刷而导致溃堰的严重后果，必须采取护底措施。一般多采用简易的抛石护底措施来保护堰脚及其基础的局部冲刷。关于围堰区护底的范围及抛石尺寸的大小，应通过水工模型试验确定为宜。解决围堰及其基础的防冲问题，除了抛石护底或其他措施（如柴排）外，还应对围堰的布置给予足够的重视，力求使水流平顺地进、出束窄河段。通常在围堰的上、下游转角处设置导流墙（见图1-16），以改善束窄河段进、出口的水流条件。在大、中型水利水电工程中．纵向围堰一般都考虑作为永久建筑物的隔墩或导水墙的一部分，所以均采用混凝土结构，导流墙实质上是混凝土纵向围堰分别向上、下游的延伸。尽管设置导流墙后，河底最大局部流速有所增加，但混凝土的抗冲能力较高，不会发生冲刷破坏。

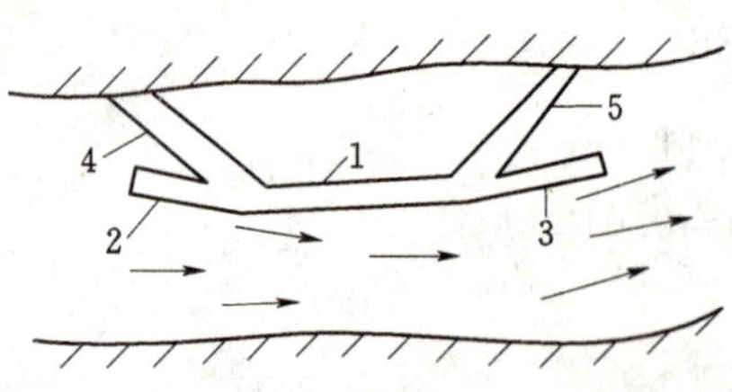

图 1-16 设导流墙的围堰布置图

1—纵向围堰；2—上游导流墙；3—下游导流墙；4—上游横向围堰；5—下游横向围堰

2. 围堰拆除

按设计要求，需要拆除围堰时，在施工期最后一次汛期过后，上游水位下降时，即可从围堰背水面开始分层挖除或爆破拆除，如图 1-17 所示。虽然土石围堰相对说来断面较大，但也必须保证依次拆除后所残留的断面，能继续挡水和维持稳定，以免发生安全事故，使基坑过早淹没而影响施工。草土围堰水上部分可用人工拆除，水下部分可在堰体挖一个缺口，让水流冲毁或用爆破法拆除。混凝土围堰多用爆破法拆除。钢板桩格型围堰的拆除，首先要用抓斗或吸石器将填料清除，然后用拔桩机起拔钢板桩。

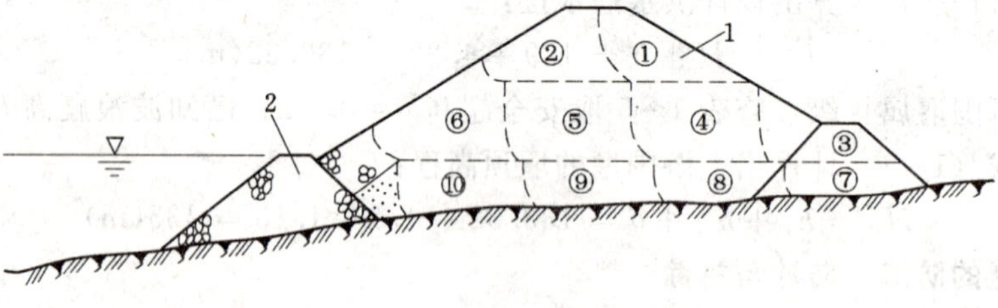

图 1-17 土石围堰拆除示意图

1—正铲挖除；2—索式挖土机挖除；①～⑩拆除顺序

围堰未按设计要求进行拆除或拆除不干净，会影响永久建筑物的施工及正常运转。例如，在采用分段围堰法导流时，如果第一期横向围堰的拆除不符合要求，势必会增加上、下游水位差，从而增加截流工作的难度。例如前苏联的伏尔谢水电站截流时，上、下游总水位差是 1.88m，其中由于引渠和围堰没有拆除干净而造成的水位差就有 1.73m。又如浙江省富春江水电站由于下游横向围堰拆除不干净，尾水位抬高，水轮机的利用水头减小，从而降低了水轮机出力，造成不应有的损失。

第三节 截 流

施工导流中截断原河道，迫使原河床水流流向预留通道的工程措施称为截流。为了施工需要，有时采用全河段水流截断方式，通过河床外的泄水建筑物把水流到向下游。有时采用河床内分期导流方式，分段把河道截断，水流从束窄的河床或河床内的泄水建筑物导向下游。截流实际上就是在河床中修筑横向围堰的施工。

截流是一项难度比较大的工作，在施工导流中占有重要地位。截流在施工导流中占有重要的地位，如果截流不能按时完成，就会延误整个河床部分建筑物的开工日期；如果截流失败，失去了以水文年计算的良好截流时机，则可能拖延工期达一年。所以在施工导流中，常把截流视为影响工程施工全局的一个控制性项目。

截流之所以被重视，还因为截流本身无论在技术上和施工组织上都具有相当的艰巨性和复杂性。为了成功截流，必须充分掌握河流的水文特性和河床的地形、地质条件，掌握在截流过程中水流的变化规律及其对截流的影响。为了顺利地进行截流，必须在非常狭小的工作面上以相当大的施工强度在较短的时间内进行截流的各项工作，为此必须有极严密的施工组织与措施。特别是大河流的截流工程，事先必须进行缜密的设计和水工模型试验，对截流工作作出充分的论证。此外，在截流开始之前，还必须切实作好器材、设备和组织上的充分准备。

截流的施工过程为：先在河床的一侧或两侧向河床中填筑截流戗堤，这种向水中筑堤的工作也叫进占。戗堤填筑到一定程度，把河床束窄，形成了流速较大的龙口。封堵龙口的工作称为合龙。合龙开始之前，为了防止龙口河床或戗堤端部被冲毁，必须对龙口采取防冲加固措施。合龙以后，龙口部位的戗堤虽已高出水面，但堤身仍然漏水，因此须在其迎水面布置防渗设施。在戗堤全线布置防渗设施的工作叫做闭气。最后按设计要求的尺寸将戗堤培高加厚。所以，整个截流过程包括戗堤的进占、龙口范围的加固、合龙、闭气和培高加厚等五项工作。

一、截流的基本方法

1. 平堵截流

沿戗堤轴线的龙口假设浮桥或固定式栈桥，或利用缆机等其他跨河设备，并沿龙口全线均匀抛筑戗堤（抛投料形成的堆筑体），逐渐上升，直至截断水流，戗堤露出水面，如图 1-18 所示。平堵截流方式的水力条件好，但准备工作量大，造价高。20 世纪 30 年代，前苏联学者 C.B. 伊兹巴什提出对截流有指导意义的理论，从而使平堵截流方式在前苏联及其他一些国家逐渐兴起。世界上平堵截流实际截流量最大的是于 1958 年 10 月截流的前苏联伏尔加格勒水电站，其实际截流流量达 4500m^3/s，最大落差 2.01m，最大抛投块体为 10t 的混凝土四面体，最大抛投强度 6.3 万 m^3/d，截流过程中最大流速 5.8m/s。

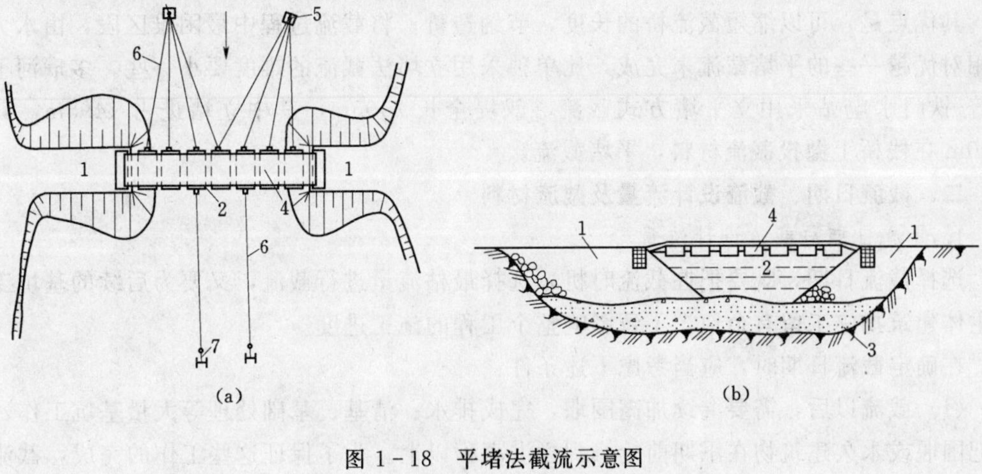

图 1-18　平堵法截流示意图

(a) 平面图；(b) 龙口断面图

1—截流戗堤；2—龙口；3—覆盖层；4—浮桥；5—锚墩；6—钢缆；7—铁锚

2. 立堵截流

由龙口一端向另一端，或由龙口两端向中间抛投截流材料，逐步进占，直至合龙的截流方式，如图 1-19 所示。立堵截流方式无需架设桥梁，准备工作量小，截流前一般不影响通航，抛投技术灵活，造价较低。但龙口束窄后，水流流速分布不均匀，水力条件较平堵差。立堵截流截流量最大的是我国长江三峡水利枢纽，其实测指标为：流量11600～8480m^3/s；最大流速4.22m/s；抛投的一部分岩块最大重量达10t以上；最大抛投强度19.4万m^3/d。

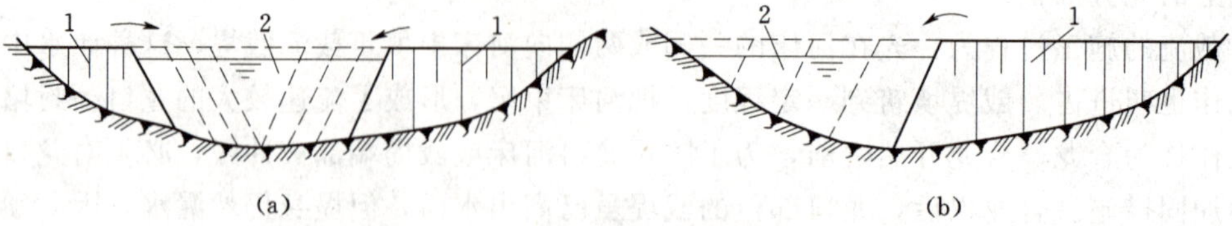

图1-19　立堵法截流示意图

(a) 双向进占；(b) 单向进占

1—截流戗堤；2—龙口

3. 平立堵截流

平堵与立堵截流相结合、先平堵后立堵的截流方式。这种方式主要是指先用平堵抛石方式保护河床深厚覆盖层，或在深水河流中先抛石垫高河床以减小水深，再用立堵方式合龙完成截流任务。青铜峡水电站原河床砂砾覆盖层厚6～8m，截流施工中，采取平抛块石护底后，立堵合龙。三峡水利枢纽截流时，最大水深达60m，用平抛块石垫高河深近40m后立堵截流成功。

4. 立平堵截流

立堵截流与平堵截流结合、先立堵后平堵的截流方式。这种截流方式的施工为，先在未设截流栈桥的龙口段用立堵进占，达到预定部位后，再采用平堵截流方式完成合龙任务。其优点是，可以缩短截流桥的长度，节约造价；将截流过程中最困难区段，由水力条件相对优越一些的平堵截流来完成，比单独采用立堵法截流的难度要小一些。多瑙河上捷得普-铁门水电站采用立平堵方式截流，戗堤全长2495m，其中立堵进占1495m，其余1000m在栈桥上抛投截流材料，平堵截流。

二、截流日期、截流设计流量及截流材料

1. 截流日期与截流设计流量

选择截流日期，既要把握截流时机，选择最枯流量进行截流，又要为后续的基坑工作和主体建筑物施工留有余地，不致影响整个工程的施工进度。

在确定截流日期时，应当考虑下述条件：

(1) 截流以后，需要继续加高围堰，完成排水、清基、基础处理等大量基坑工作，并应把围堰或永久建筑物在汛期前抢修到拦洪高程以上。为了保证这些工作的完成，截流日期应尽量提前。

(2) 在通航的河流上进行截流，截流日期最好选择在对通航影响最小的时期内。因为截流过程中，航运必须停止，即使船闸已经修好，但因截流时水位变化较大，须暂停航运。

(3) 在北方有冰凌的河流上，截流不应在流冰期进行。因为冰凌很容易堵塞河床或导流泄水建筑物，壅高上游水位，给截流带来极大的困难。

此外在截流开始前，应修好导流泄水建筑物，并作好过水准备，如清除影响泄水建筑物正常运行的围堰或其他设施，开挖引水渠，完成截流所需的一切材料、设备、交通道路的准备等。

因此，截流日期一般多选在枯水期间流量已有显著下降的时段，而不一定选在流量最小的时刻。然而，在截流设计时，根据历史水文资料确定的枯水期和截流流量与截流时的实际水文条件往往有一定出入，必须在实际施工中，根据当时的水文气象预报及实际水情分析进行修正，最后确定截流日期。龙口合龙所需的时间往往是很短的，一般从数小时到几天。为了估计在此时段内可能会出现的水情，以便制定应对策略，须选择合理的截流设计流量。一般可按工程的重要程度选用截流时期内5％～10％频率的旬或月平均流量。如果水文资料不足，可用短期的水文观测资料或根据条件类似的工程来选择截流设计流量。无论用什么方法确定截流设计流量，都必须根据当时实际情况和水文气象预报加以修正，按修正后的流量作为指导截流施工的依据，并做好截流的各项准备工作。

2. 龙口位置与宽度

龙口位置的选择对截流工作的顺利与否有密切关系。选择龙口位置时，需要考虑以下技术要求：

(1) 一般说来，龙口应设置在河床主流部位，龙口水流力求与主流平顺一致，以使截流过程中河水能顺畅地经龙口下泄。但有时也可以将龙口设置在河滩上，此时，为了使截流时的水流平顺，根据流量大小，应在龙口上、下游沿河流流向开挖引渠。龙口设在河滩上时一些准备工作就不必在深水中进行，这对确保施工进度和施工质量均有益处。

(2) 龙口应选择在耐冲河床上，以免截流时因流速增大，引起过分冲刷。如果龙口段河床覆盖层较薄时，则应予以清除。

(3) 龙口附近应有较宽阔的场地，以便合理规划并布置截流运输路线及制作、堆放截流材料的场地。

龙口宽度原则上应尽可能窄一些，这样合龙的工程量较小，截流持续时间也短些，但以不引起龙口及其下游河床的冲刷为限。为了提高龙口的抗冲能力，减少合龙的工程量，须对龙口加以保护。龙口的防护包括护底和裹头。护底一般采用抛石、沉排、竹笼、柴石枕等。裹头就是用石块、块石铁丝笼、粘土麻袋包或草包、竹笼、柴石枕等把戗堤的端部保护起来，以防被水流冲坍。裹头多用于平堵戗堤两端或立堵进占端对面的戗堤。龙口宽度及其防护措施，可根据相应的流量及龙口的抗冲流速来确定。在通航河道上，当截流准备期通航设施尚不能投入运用时，船只仍需在拟截流的龙口通过。这时龙口宽度便不能太窄，流速也不能太大，以免影响航运。

3. 截流材料

截流材料的选择主要取决于截流时可能发生的流速及工程所用开挖、起重、运输等机械设备的能力，一般应尽可能就地取材。在黄河上，长期以来使用梢料、麻袋、草包、石料、土料等作为堤防溃口的截流堵口材料。在南方，如四川都江堰，则常用卵石竹笼、砾石和杩槎等作为截流堵河分流的主要材料。国内外大河流截流的实践证明，块石是截流的最基本材料。此外，当截流水力条件较差时，还须使用混凝土六面体、四面体、四脚体及钢筋混凝土构架等。

三、截流水力计算

截流水力计算主要解决两个问题：一是确定截流过程中龙口各水力参数，如单宽流量 q、落差 z 及流速 v 等的变化规律；二是确定截流材料的尺寸或重量。通过水力计算，不但在截流前可以有计划有目的地准备各种尺寸或重量的截流材料，规划截流现场的场地布置，选择起重及运输设备，而且在截流时，能预先估算出不同龙口宽度的截流参数，以便制定详细的截流施工方案，如抛投截流材料的尺寸、重量、形状、数量及抛投时间和地点等。

在截流过程中，上游来水量，也就是截流设计流量，将分别经由龙口、分水建筑物及戗堤的渗漏下泄，并有一部分拦蓄在水库中。截流过程中，若库容不大，拦蓄在水库中的水量可以忽略不计。对于立堵截流，作为安全因素，也可忽略经由戗堤渗漏的水量。这样，截流时的水量平衡方程式为：

$$Q_0 = Q_1 + Q_2 \tag{1-7}$$

式中 Q_0——截流设计流量，m^3/s；

Q_1——分水建筑物的泄流量，m^3/s；

Q_2——龙口的泄流量（可按宽顶堰计算），m^3/s。

随着截流戗堤的进占，龙口逐渐被束窄，由于经分水建筑物和龙口的泄流量是变化的，但二者之和恒等于截流设计流量。其变化规律是：截流开始时，截流设计流量的大部分经由龙口泄流，随着截流戗堤的逐步进占，龙口断面不断缩小，上游水位不断上升，经由龙口的泄流量越来越小，而经由分水建筑物的泄流量则越来越大。龙口合龙闭气以后，截流设计流量全部经由分水建筑物泄流。

为了计算方便，可采用图解法。图解时，先绘制上游水位 H_u 与分水建筑物泄流量 Q_1 的关系曲线和上游水位 H_u 与不同龙口宽度 B 的泄流量关系曲线，如图 1-20 所示。在绘制曲线时，下游水位可根据截流设计流量，在下游水位-流量关系曲线上查得。这样在同一上游水位情况下，当分水建筑物泄流量与某宽度龙口泄流量之和为 Q_0 时，即可分别得到 Q_1 和 Q_2。

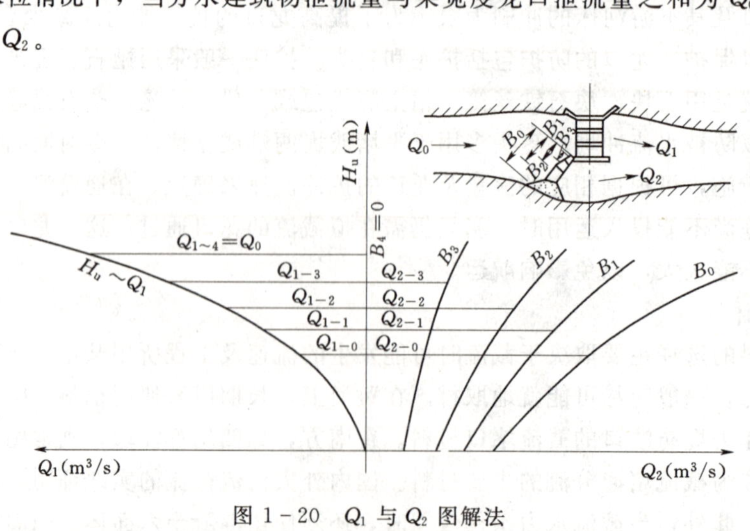

图 1-20 Q_1 与 Q_2 图解法

根据图解法可同时求得不同龙口宽度时的 H_u、Q_1 和 Q_2 值，在此基础上通过水力学计算即可求得截流过程中龙口诸水力参数的变化规律。由获得的龙口流速，查表 1-6，选择截流时所需抛投的截流材料。

表 1-6　　截流材料的适用流速

截流材料	适用流速 (m/s)	截流材料	适用流速 (m/s)
土　料	0.5～0.7	ϕ0.8×6m 装石竹笼	3.5～4.0
20～30kg 石块	0.8～1.0	3t 大块石或铁丝笼	3.5
50～70kg 石块	1.2～1.3	4.5t 混凝土六面体	4.5
麻袋装土（0.7×0.4×0.2m）	1.5	5t 大块石、大石串或铁丝笼	4.5～5.5
ϕ0.5×2m 装石竹笼	2.0	12～15t 混凝土四面体	7.2
ϕ0.6×4m 装石竹笼	2.5～3.0	20t 混凝土四面体	7.5
		ϕ1.0m，长 15m 的柴石枕	7～8

由于平堵、立堵截流的水力条件非常复杂，尤其是立堵截流，上述计算只能作为初步依据。在大、中型水利水电工程中，截流工程必须进行模型试验。但模型试验对抛投体的稳定也只能给出定性的分析，还不能满足定量要求。故在试验的基础上，还必须参考类似工程的截流经验，作为修改截流设计的依据。

第四节　施　工　度　汛

保护跨年度施工的水利工程，在施工期间安全度过汛期而不遭受洪水损害的措施称为施工度汛。施工度汛，需根据已确定的当年度汛洪水标准，制订度汛规划及技术措施。

一、施工度汛阶段

水利枢纽在整个施工期间都存在度汛问题，一般分为 3 个施工度汛阶段：①基坑在围堰保护下进行抽水、开挖、地基处理及坝体修筑，汛期完全靠围堰挡水，叫做围堰挡水的初期导流度汛阶段；②随着坝体修筑高度的增加，坝体高于围堰，从坝体可以挡水到临时导流泄水建筑物封堵这一时段，叫做大坝挡水的中期导流度汛阶段；③从临时导流泄水建筑物封堵到水利枢纽基本建成，永久建筑物具备设计泄洪能力，工程开始发挥效益这一时段，叫做施工蓄水期的后期导流度汛阶段。施工度汛阶段的划分与前面提到的施工导流阶段是完全吻合的。

二、施工度汛标准

不同的施工度汛阶段有不同的施工度汛标准。根据水文特征、流量过程线特征、围堰类型、永久性建筑物级别、不同施工阶段库容、失事后果及影响等制定施工度汛标准。特别重要的城市或下游有重要工矿企业、交通设施及城镇时，施工度汛标准可适当提高。这部分内容可参见表 1-1～表 1-4。由于导流泄水建筑物泄洪能力远不及原河道的泄流能力，如果汛期洪水大于建筑物泄洪能力时，必有一部分水量经过水库调节，虽然使下泄流量得到削减，但却抬高了坝体上游水位。确定坝体挡水或拦洪高程时，要根据规定的拦洪标准，通过调洪演算，求得相应最大下泄量及水库最高水位，再加上安全超高，便得到当年坝体拦洪高程。

三、围堰及坝体挡水度汛

由于土石围堰或土石坝一般不允许堰（坝）体过水，因此这类建筑物是施工度汛研究的重点和难点。

1. 围堰挡水度汛

截流后应严格掌握施工进度，保证围堰在汛前达到拦洪度汛高程。若因围堰土石方量太大，汛前难以达到度汛要求的高程时，则需要采取临时度汛措施，如设计临时挡水度汛断面，并满足安全超高、稳定、防渗及顶部宽度能适应抢险子堰等要求。临时断面的边坡必要时应作适当防护，避免坡面受地表径流冲刷。在堆石围堰中，则可用大块石、钢筋笼、混凝土盖面、喷射混凝土层、顶面和坡面钢筋网以及伸入堰体内水平钢筋系统等加固保护措施过水。若围堰是以后挡水坝体的一部分，则其度汛标准应参照永久建筑物施工过程中的度汛标准，其施工质量应满足坝体填筑质量的要求。长江三峡水利枢纽二期上游横向围堰，深槽处填筑水深达 60m，最大堰高 82.5m，上下游围堰土石填筑总量达 1060 万 m^3，混凝土防渗墙面积达 9.2 万 m^2（深槽处设双排防渗墙），要求在截流后的第一个汛期前全部达到度汛高程有困难，故在围堰上游部位设置临时子堰度汛，并在它的保护下施工第二道混凝土防渗墙。

2. 坝体挡水度汛

水利水电枢纽施工过程中，中、后期的施工导流，往往需要由坝体挡水或拦洪。例如主体工程为混凝土坝的枢纽中，若采用两段两期围堰法导流，在第二期围堰放弃时，未完建的混凝土建筑物，就不仅要担负宣泄导流设计流量的任务，而且还要起一定的挡水作用。又如主体工程为土坝或堆石坝的枢纽，若采用全段围堰隧洞或明渠导流，则在河床断流以后，常常要求在汛期到来以前，将坝体填筑到拦洪高程，以保证坝身能安全度汛。此时由于主体建筑物已开始投入运用，水库已拦蓄一定水量，此时的导流标与临时建筑物挡水时应有所不同。一般坝体挡水或拦洪时的导流标准，视坝型和拦洪库容的大小而定（见表 1－4）。

度汛措施一般根据所采用的导流方式、坝体能否溢流及施工强度而定。

当采用全段围堰时，对土石坝采用围堰拦洪，围堰必定很宽而不经济，故应将上游围堰作为坝体的一部分。如果用坝体拦洪而施工强度太大，则可采用度汛临时断面进行施工如图 1－21 所示。如果采用度汛临时断面仍不能在汛前达到拦洪高程，则需降低溢洪道底槛高程，或开挖临时溢洪道，或增设泄洪隧洞等以降低拦洪水位。也可以将坝基处理和坝体填筑分别在两个枯水期内完成。

对允许溢流的混凝土坝或浆砌石坝，则可采用过水围堰，允许汛期过水而暂停施工；也可在坝体中预留底孔或缺口，坝体的其余部分在汛前修筑到拦洪高程以上，以便汛期继续施工。

当采用分段围堰时，汛期一般仍由原束窄河床泄洪。由于泄流段一般有相当的宽度，因而洪水水位较低，可以用围堰拦洪。如果洪水位较高，难以用围堰拦洪时，对于非溢流坝，施工段坝体应在汛前修筑到洪水位以上，并采取好防洪保护措施；对能溢流的坝，则允许坝体过水，或在施工段坝体预留底孔或缺口，以便汛期继续施工。

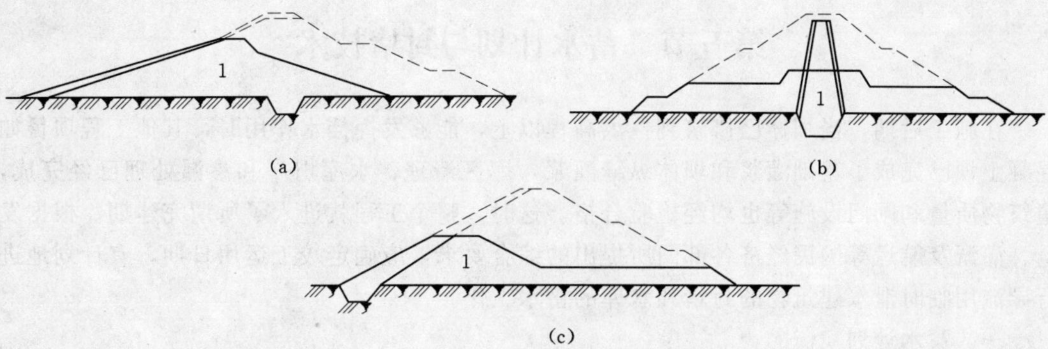

图 1-21　土坝拦洪度汛的临时断面

(a) 均质坝；(b) 心墙坝；(c) 斜墙坝

1—度汛临时断面

3. 临时断面挡水度汛应注意的问题

土坝、堆石坝一般是不允许过水的。若坝身在汛期前不可能填筑到拦洪高程时，可以考虑采用降低溢洪道高程、设置临时溢洪道并用临时断面挡水，或经过论证采用临时坝顶保护过水等措施。

采用临时断面挡水时，应注意以下几点：

(1) 在拦洪高程以上，顶部应有足够的宽度，以便在紧急情况下，仍有余地抢筑子堰，确保安全。

(2) 临时断面的边坡应保证稳定。其安全系数一般应不低于正常设计标准。为防止施工期间由于暴雨冲刷和其他原因而坍坡，必要时应采取简单的防护措施和排水措施。

(3) 斜墙坝或心墙坝的防渗体一般不允许采用临时断面，以保证防渗体的整体性。

(4) 上游垫层和块石护坡应按设计要求筑到拦洪高程，如果不能达到要求，则应考虑临时的防护措施。

为满足临时断面的安全要求，在基础治理完毕后，下游坝体部位应按全断面填筑几米后再收坡，必要时应结合设计的反滤排水设施统一安排考虑。

采用临时坝面过水时，应注意以下几点：

(1) 过水坝面下游边坡的稳定是一个关键，应加强保护或做成专门的溢流堰，例如利用反滤体加固后作为过水坝面溢流堰体等，并应注意堰体下游的防冲保护。

(2) 靠近岸边的溢流体堰顶高程应适当抬高，以减小坝面单宽流量，减轻水流对岸坡的冲刷。

(3) 为了避免过水坝面的冲淤，坝面高程一般应低于溢流堰体顶 0.5～2.0m 或修筑成反坡式坝面。

(4) 根据坝面过流条件合理选择坝面保护型式，防止淤积物渗入坝体，特别应注意防渗体、反滤层等的保护。

(5) 必要时上游设置拦污设施，防止漂木、杂物等淤积坝面，撞击下游边坡。

第五节　蓄水计划与封堵技术

在施工后期，当坝体已修筑到拦洪高程以上，能够发挥挡水作用时，其他工程项目如混凝土坝已完成了基础灌浆和坝体纵缝灌浆，库区清理、水库坍岸和渗漏处理已经完成，建筑物质量和闸门设施等也均经检验合格。这时，整个工程就进入了所谓完建期。根据发电、灌溉及航运等国民经济各部门所提出的综合要求，应确定竣工运用日期，有计划地进行导流用临时泄水建筑物的封堵和水库的蓄水工作。

一、蓄水计划

水库的蓄水与导流用临时泄水建筑物的封堵有密切关系，只有将导流用临时泄水建筑物封堵后，才有可能进行水库蓄水。因此，必须制订一个积极可靠的蓄水计划，既能保证发电、灌溉及航运等国民经济各部门所提出的要求，如期发挥工程效益，又要力争在比较有利的条件下封堵导流用的临时泄水建筑物，使封堵工作得以顺利进行。

水库蓄水解决两个问题，一是制订蓄水历时计划，并据此确定水库开始蓄水的日期，即导流用临时泄水建筑物的封堵日期。水库蓄水一般按保证率为75%～85%的月平均流量过程线来制订。可以从发电、灌溉及航运等国民经济各部门所提出的运用期限和水位的要求，反推出水库开始蓄水的日期。具体做法是根据各月的来水量减去下游要求的供水量，得出各月份留蓄在水库的水量，将这些水量依次累计，对照水库容积与水位关系曲线，就可绘制水库蓄水高程与历时关系曲线1（如图1-22所示）；二是校核库水位上升过程中大坝施工的安全性，并据此拟定大坝浇筑的控制性进度计划和坝体纵缝灌浆进程。大坝施工安全的校核洪水标准，通常可选用20年一遇的月平均流量。核算时，以导流用临时泄水建筑物的封堵日期为起点，按选定的洪水标准的月平均流量过程线，用顺推法绘制水库蓄水过程线2（如图1-22所示）。曲线3（如图1-22所示）为大坝分月浇筑高程进度线，它应包络曲线2，否则，应采取措施加快混凝土浇筑进度，或利用坝身永久底孔、溢流坝段、岸坡溢洪道或泄洪隧洞放水，调节并限制库水位上升。

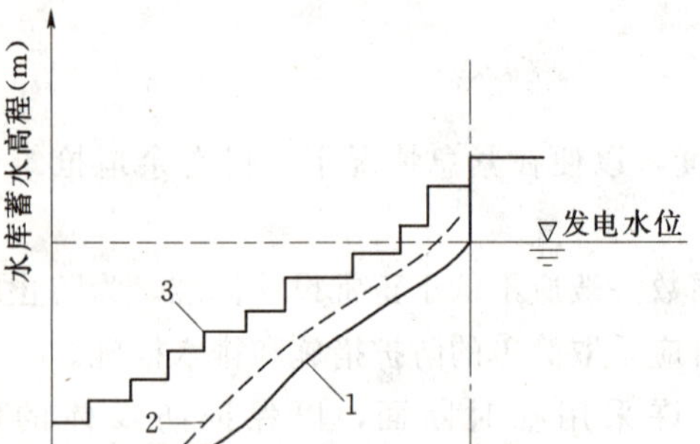

图1-22　水库蓄水高程与历时关系曲线

1—水库蓄水高程与历时关系曲线；2—导流泄水建筑物封堵后坝体度汛水库蓄水高程与历时关系曲线；3—坝体全线浇筑高程过程线

蓄水计划是施工后期进行施工导流、安排施工进度的主要依据。

二、封堵技术

导流用临时泄水建筑物封堵下闸的设计流量，应根据河流水文特征及封堵条件，选用封堵期5～10年一遇的月或旬平均流量。封堵工程施工阶段的导流标准，可根据工程的重要性，失事后果等因素在该时段5%～20%重现期范围内选取。

导流用的泄水建筑物，如隧洞、涵管及底孔等，若不与永久建筑物相结合，在蓄水时都要进行封堵。由于具体工程施工条件和技术特点不同，封堵方法也多种多样。过去多采用金属闸门或钢筋混凝土叠梁。金属闸门耗费钢材；钢筋混凝土叠梁比较笨重，大都需用大型起重运输设备，而且还需要一些预埋件，这对争取迅速完成封堵工作不利。近年来有些工程中也采用了一些简易可行的封堵方法，如利用定向爆破技术快速修筑拟封堵建筑物进口围堰，再浇筑混凝土封堵；或现场浇筑钢筋混凝土闸门；或现场预制钢筋混凝土闸门，再起吊下放封堵等。

导流用底孔一般为坝体的一部分，因此，封堵时需要全孔堵死。而导流用的隧洞或涵管则并不需要全洞堵死，常浇筑一定长度的混凝土塞，就足以起永久挡水作用。混凝土塞的最小长度可根据极限平衡条件由下式求出：

$$l=\frac{KP}{\omega\gamma gf+\lambda c} \tag{1-8}$$

式中 K——安全系数，一般取 1.1～1.3；

P——作用水头的推力，N；

ω——导流隧洞或涵管的截面面积，m^2；

γ——混凝土重度，kg/m^3；

f——混凝土与岩石（或混凝土接触面）的摩阻系数，一般取 0.6～0.65；

c——混凝土与岩石（或混凝土接触面）的摩阻系数，一般取（5～20）$\times10^4$Pa；

λ——导流隧洞或涵管的周长，m；

g——重力加速度，m/s^2。

此外，当导流隧洞的断面面积较大时，混凝土塞的浇筑必须考虑降温措施，不然产生的温度裂缝会影响其止水质量。在堵塞导流底孔时，深水堵漏问题也应予以重视。不少工程在封堵的关键时刻，漏水不止，使封堵施工出现紧张和被动局面。

第六节 导流方案的选择

一个水利水电工程的施工，从开工到完建往往不是采用单一的导流方法，而是几种导流方法组合起来配合使用，以取得最佳的技术经济效益。整个施工期间各个时段导流方式的组合，通常就称为导流方案。

一、导流方案选择

导流方案的选择，受各种因素的影响。一个合理的导流方案，必须在周密地研究各种影响因素的基础上，拟定几个可能的方案，进行技术经济比较，从中选择技术经济指标优越的方案。

选择导流方案时应考虑以下主要因素。

1. 水文条件

河流的流量大小、水位变化的幅度、全年流量的变化情况、枯水期的长短、汛期洪水的延续时间、冬季的流冰及冰冻情况等，均直接影响导流方案的选择。一般来说，对于河床宽、流量大的河流，宜采用分段围堰法导流。对于水位变化幅度大的山区河流，可采用允许基坑淹没的导流方法，在一定时期内通过过水围堰和淹没基坑来宣泄洪峰流量。对于枯水期较长的河流，充分利用枯水期安排工程施工是完全必要的。但对于枯水期不长的河流，如果不利用洪水期进行施工，就会拖延工期。对于流冰的河流应充分注意流冰的宣泄问题，以免凌汛期流冰壅塞，影响泄流，造成导流建筑物失事。

2. 地形条件

坝区附近的地形条件，对导流方案的选择影响很大。对于河床宽阔的河流，尤其在施工期间有通航、过筏要求的河道，宜采用分段围堰法导流。当河床中有天然石岛或沙洲时，采用分段围堰法导流有利于导流围堰的布置，尤其利于纵向围堰的布置。例如，黄河三门峡水利枢纽的施工导流，就曾巧妙地利用了黄河激流中的人门岛、神门岛及其他石岛来布置一期围堰，取得了良好的技术经济效果。长江三峡水利枢纽的围堰布置亦是利用了河床右侧的中堡岛。在河段狭窄、两岸陡峻、山岩坚实的地区，宜采用隧洞导流。至于平原河道，河流的两岸或一岸比较平坦，或有河湾、老河道可以利用时，则宜采用明渠导流。

3. 工程地质及水文地质条件

河流两岸及河床的地质条件对导流方案的选择与导流建筑物的布置有直接影响。若河流两岸或一岸岩石坚硬、风化层薄，且有足够的抗压强度时，则有利于选用隧洞导流。如果岩石的风化层厚且破碎，或有较厚的沉积滩地，则适合于采用明渠导流。当采用分段围堰法导流时，由于河床的束窄，减小了过水断面的面积，使水流流速增大。这时，为了使河床不遭受过大的冲刷，避免把围堰基础淘空，应根据河床地质条件来决定河床可能束窄的程度。对于岩石河床，抗冲刷能力较强，河床允许束窄程度较大，甚至可达到88%，甚至流速增加到7.5m/s的。但对覆盖层较厚的河床，抗冲刷能力较差，其束窄程度都不到30%，流速仅允许达到3.0m/s。此外选择围堰型式时，基坑是否允许淹没，是否能利用当地材料修筑围堰等，也都与地质条件有关。水文地质条件则对基坑排水工作和围堰型式的选择有很大关系。因此，为了更好地进行导流方案的选择，要对地质和水文地质勘测工作提出专门要求。

4. 水工建筑物的型式及布置

水工建筑物的型式和布置与导流方案相互影响，因此在决定建筑物的型式和枢纽布置时，应该同时考虑并拟定导流方案；而在选定导流方案时，又应该充分利用建筑物型式和枢纽布置方面的特点。如果枢纽组成中有隧洞、渠道、涵管、泄水孔等永久性泄水建筑物，在选择导流方案时应该尽可能加以利用（如图1-23所示）。在设计永久性泄水建筑物的断面尺寸并拟定其布置方案时，应该充分考虑施工导流的要求。如果采用分段围堰法修建混凝土坝，应当充分利用水电站与混凝土坝之间或混凝土坝溢流段和非溢流段之间的隔墙作为纵向围堰的一部分，以降低导流建筑物的造价，而且对于第一期工程所修建的混凝土坝，应该核算它是否能够布置二期工程导流构筑物（如底孔、预留缺口等）。黄河三门峡水利枢纽溢流坝段的宽度，主要就是由二期导流条件所控制的。与此同时，为了防止河床冲刷过大，还应核算河床的束窄

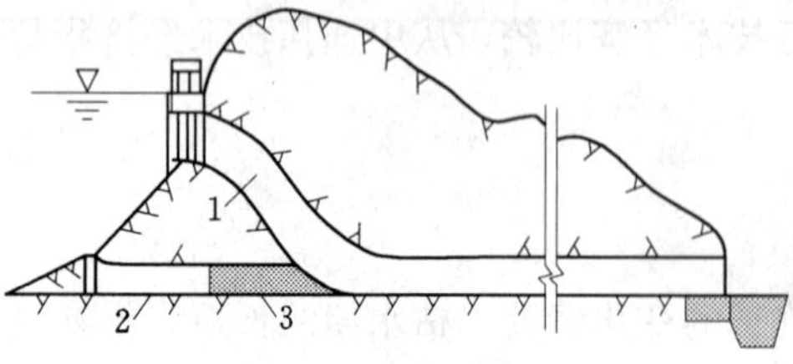

图1-23 利用永久性隧洞导流
1—永久性隧洞进口段；2—临时导流洞；3—混凝土封堵段

程度，保证有足够的过水断面来宣泄施工流量。就挡水建筑物的型式来说，土坝、土石混合坝和堆石坝的抗冲能力小，除采用特殊措施外，一般不允许从坝体过水，所以多利用坝体以外的泄水建筑物如隧洞、明渠等或坝体范围内的涵管来导流。这种情况下，通常要求在一个枯水期内将坝体抢筑到拦洪高程以上，以免水流没顶，发生事故。至于混凝土坝，特别是混凝土重力坝，由于抗冲能力较强，允许流速可达 25m/s，所以不但可以通过底孔泄流，而且还可以通过未完建的坝体过水，大大增加了导流方案选择的灵活性。

5. 施工期间河流的综合利用

施工期间，为了满足通航、筏运、渔业、供水、灌溉以及水电站运转等需求，导流方案的选择比较复杂。如前所述，在通航河流上，大都采用分段围堰法导流。要求河流在束窄以后，河宽仍能便于船只的通行，水深、流速等也要满足通航能力的要求，束窄断面的水深应与船只吃水深度相适应，最大流速一般不得超过 2.0m/s；遇到特殊情况时，还需与当地航运部门协商研究确定。对于浮运木筏或散材的河流，在施工导流期间要避免木材堵塞泄水建筑物的进口，或者壅塞已束窄的河床导流段。在施工中后期，水库拦洪蓄水时，要注意满足下游供水、灌溉用水和水电站运行的要求。有时为了保证渔业需求，还要修建临时过鱼设施，以便鱼群能正常地回游。

6. 施工进度、施工方法及施工场地布置

水利水电工程的施工进度与导流方案密切相关，通常是根据导流方案才能安排控制性施工进度计划。在水利水电枢纽施工导流过程中，对施工进度起控制作用的关键性时段主要有导流建筑物的完工期限，截断河床水流的时间，坝体拦洪的期限，封堵临时泄水建筑物的时间以及水库蓄水发电的时间等。各项工程的施工方法和施工进度直接影响各时段导流工作的正常进行，后续工程也无法正常施工。例如修建混凝土坝，采用分段围堰法施工时，若导流底孔没有建成，就不能截断河床水流并全面修建第二期围堰；若坝体没有达到一定高程且未完成基础及坝身纵缝灌浆以前，就不能封堵底孔，水库便无法按计划正常蓄水。因此，施工方法、施工进度与导流方案三者是密切相关的。

此外，施工场地的布置亦影响导流方案的选择。例如，在混凝土坝施工中，当混凝土生产系统布置在河流一岸时，以采用全段围堰法导流为宜；若采用分段围堰法导流，则应以混凝土生产系统所在的河流一岸作为第一期工程，避免出现跨越两岸的交通运输问题。

除了综合考虑以上各方面因素以外，在选择导流方案时，还应使主体工程尽早发挥效益，以简化导流程序，降低导流费用，使导流建筑物既简单易行，又安全可靠。

二、控制性施工进度

根据规定的工期和选定的导流方案，施工过程中会要求各项工程在某时期（如截流前、汛前、下闸或底孔封堵前）必须完成或达到某种程度。依此编制的施工进度表就是控制性施工进度。

绘制控制性施工进度表时，首先应按导流方案在图上标出各导流时段的导流方式和几个起控制作用的日期（如截流、拦洪度汛、下闸或封堵导流泄水建筑物等的日期），然后再确定在这些日期之前各项工程应完成的进度，最后经施工强度论证，制定出各项工程实际最佳进度，并绘制在图表中。

【例题 1-2】 某山区水库由土坝、输水洞、溢洪道及水电站所组成（图 1-24）。河谷较宽，土坝工程量较大。主河床在右侧，覆盖较厚，坝基处理较复杂。左侧为滩地，地质条件较好。施工期间无灌溉、航运、筏运等要求。工期定为3年。该工程的输水隧洞进口高程较高，在施工期可在进口另开导流洞口作为导流用，水电站在隧洞出口处。根据该工程的情况，如用全段围堰法，预计在一个枯水期不可能将坝基处理完毕并将土坝修至拦洪高程，故采用分段围堰法施工。第一期从第一年汛后开始到第二年汛后，由在左岸开挖的导流明渠导流，进行右坝段的坝基处理和坝体填筑，第二年汛期由左岸河床段泄流度汛。第二期于第二年汛后截流开始，用隧洞导流，进行左坝段的坝基处理和坝体填筑直至大坝完建，第三年汛期由坝体拦洪，并在第三年年底第一台机组发电，第四年汛前工程全部建成。

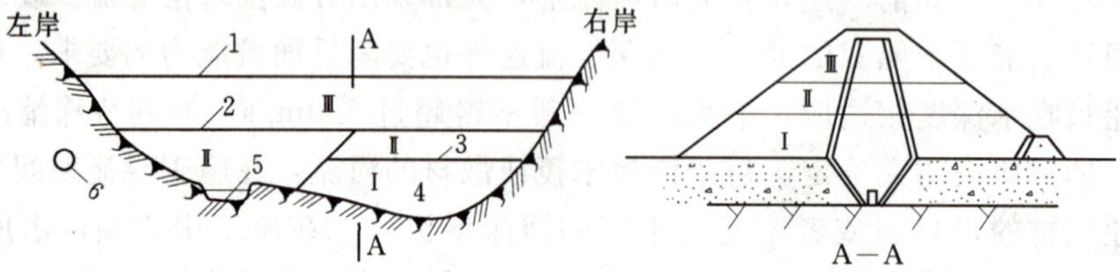

图1-24 ［例题1-2］的土坝施工分期示意图

1—坝顶；2—坝体拦洪高程；3—右坝段度汛高程；
4—原河道；5—导流缝；6—输水洞

根据所拟定的导流方案，可以确定施工中的控制点：①右坝段必须于第二年汛前达到度汛高程，以确保安全度汛；②左、右坝段均需在第三年汛前达到拦洪高程；③输水隧洞必须于第二年汛后截流前完成，以备汛期泄洪。水电站在隧洞出口处，为避免施工干扰，需在输水隧洞完成以后进行施工。据此绘制的各项工程的控制性施工进度见表1-7。

表1-7　　　　［例题1-2］的水库控制性施工进度表

工程项目		第一年		第二年				第三年				第四年	
		3	4	1	2	3	4	1	2	3	4	1	2
导流工程	右岸围堰												
	左岸围堰						◀						
	左导流渠												
坝　基	右坝段												
	左坝段												
坝　体	右坝段					▼度汛高程							
	左坝段									▼拦洪高程			
输水隧洞										封堵▶	蓄水		
溢洪道													
水电站											1台机组发电▼		
导流方式			左导流渠导流					输水隧洞导流					

【例题1-3】　新安江水电站工程，挡水建筑物为混凝土重力坝，坝顶长465.4m，最大坝高105m，水电站厂房为坝后溢流式，属Ⅰ级建筑物。根据水文资料分析，河床水

深变幅为 3～20m。汛期在 4 月 16 日～8 月 31 日，其 5%频率的最大洪水量为 16000 m^3/s，枯水期为 9 月 1 日～ 4 月 15 日，其 5%频率的最大流量为 4600m^3/s。在施工组织设计中，拟定了三种导流比较方案：①分段围堰底孔导流；②分段围堰梳齿或缺口导流；③全段围堰隧洞导流。经过分析比较，考虑到梳齿式缺口封堵进度太慢，而开挖专用的导流隧洞又不经济，故最后决定采用分段围堰底孔导流的方案（如图 1－25 所示）。

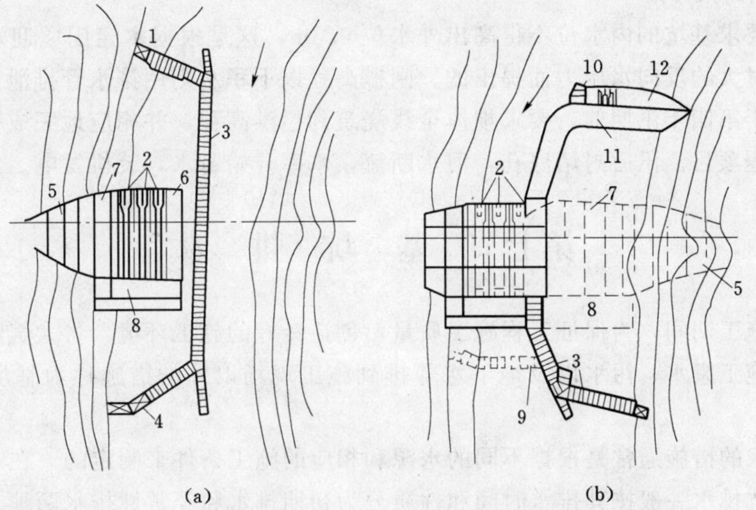

图 1－25　新安江水电站工程的分段围堰法导流布置图

（a）第一期束窄河床导流；（b）第二期底孔导流

1—上游充退水闸；2—导流底孔；3—木笼围堰；4—下游充退水闸；5—非溢流坝段；6、7—溢流坝段；8—水电站厂房；9—第三期木笼围堰；10—预留的一期围堰；11—木笼混凝土混合围堰；12—戗土

根据河床宽度，采用两段施工，第一期先围右岸，由束窄河床导流；第二期围左岸，由底孔导流。右岸先施工是基于以下原因：对外交通线路及混凝土生产系统均布置在右岸；右岸的地质构造比较复杂，开挖以后，如发现地质情况不良，处理起来比较主动。相应地，先围右岸出现的主要问题是：河道主流将顶冲第一期围堰；第二期底孔导流时，出流流速较大，对右岸岩石破碎地段不利，需采取加固措施。

第一期围堰占据河床的宽度，根据束窄段河床的允许流速，一、二期工程的施工强度和底孔布设的要求等，河床束窄程度选定为 60%。

由于该工程的工程量大，一、二期工程均难以在一个枯水期内完成，而且河床狭窄，洪水流量又大，故在汛期只能采取基坑过水。第一期由基坑和被束窄的河床共同过水；第二期由基坑和底孔共同泄洪。因此，一、二期围堰均采用过水型式，其挡水高度按枯水期流量（4600m^3/s）设计。根据当地木材供应情况，采用了木笼围堰。

根据拟定的围堰布置和底孔断面（3 个 10m×13m）进行导流水力学计算和水工模型试验，求得枯水期第一期上游水位高出河底 14.5m，第二期高出 22m。相应的束窄河床的最大流速约为 6m/s，底孔内流速约为 12m/s，对于岩石河床、木笼围堰及混凝土底孔，该流速均在允许范围以内。

为了在汛期能安全地通过围堰及基坑进行泄洪，基坑必须有冲水和退水设备。当汛期河水流量超过设计流量时，可预先打开充水设备，将基坑冲水到一定深度；当河水开始退落时，基坑中的积水可通过退水设备及时排出。在本工程中，采用闸和排水管来进行冲水和退水。第一期工程的闸和排水管布置在上、下游横向围堰上。闸的总过水宽度是根据涨水速率最快的洪峰过程线并保证在 50min 内将基坑充水至水深 11.5m（总水量为 60 万 m^3）的要求来确定的。

退水时要求基坑的内水位不得高出外水位 0.3m，这是根据木笼围堰迎水面的防渗面板不得承受过大的反向水压力而提出的。闸槛高程以下积水则用排水管排泄。

本工程于第四年汛期前，要求坝体全线浇筑到拦洪高程，并相应地完成基础灌浆和纵缝灌浆等工程项目。汛后封堵底孔，河水断流，水库开始蓄水，装机发电。

第七节　基　坑　排　水

在工程施工期间，为保证工程施工质量，创造良好的施工环境，将大气降水、基坑积水、渗水、施工废水、污水以及地下水等排到施工现场以外的措施称为基坑排水或施工排水。

基坑排水的措施通常是根据不同的水源和相应的施工条件来制定的。在水利工程施工过程中，基坑排水一般按其排水时间和性质分为初期排水和经常性排水两种。

一、初期排水

在河床截流、围堰合龙闭气以后，将基坑内的积水以及在基坑积水排除过程中，从围堰堰体和围堰基础的渗水及可能出现的大气降水等排除的一种措施，称为施工初期排水。排除积水时，基坑内外会产生水位差，引起周边地下水向围堰和基坑的渗流。初期排水流量一般应根据地质情况、工程等级、工期长短及施工条件等因素，参考实际工程经验，按式（1-9）来确定：

$$Q = \frac{(2 \sim 3)V}{T} \tag{1-9}$$

式中　Q——初期排水流量，m^3/s；

V——基坑积水体积，m^3；

T——初期排水时间，s。

排水时间 T 主要受基坑水位下降速度的限制。基坑水位的允许下降速度视围堰型式、地基特性及基坑内水深而定。水位下降太快，则围堰或基坑边坡中动水压力变化过大，容易引起坍坡；下降太慢，则影响基坑开挖时间。因此，一般下降速度限制在 0.5～1.0 m/d以内。对于土围堰应小于 0.5m/d；对于木笼及板桩围堰应小于 1.0m/d。

根据初期排水流量即可确定所需排水设备的容量，并按规定配置备用量。排水设备一般常用离心式水泵。为运转方便，应选择容量不同的离心式水泵，以便组合运行。

二、经常性排水

为保持干地施工，在施工过程中，需经常进行排水。经常性排水一般采用的方法有明排法和人工降低地下水位法两种型式。

1. 施工明式排水

明排法又称施工明式排水，一般是在施工过程中，在施工场地内设置排水系统（通常由排水沟和集水井组成），再用水泵将积水排到施工场地以外。

基坑内积水排干后，围堰内外的水位差增大，此时渗透流量相应增大，对围堰内坡、基坑边坡和底部的动水压力加大，容易引起管涌或流土，造成坍坡和基坑坑底隆起的严重后果。因此在经常性排水期间，应进行周密的排水系统的布置、渗透流量的计算和排水设备的选择，并注意观察因堰内坡、基坑边坡及坑底面的变化，保证工程施工安全、顺利进行。

通常应考虑两种不同情况，一种是基坑开挖过程中的排水系统布置；另一种是基坑开挖完成后，修筑建筑物时的排水系统布置。在进行布置时，最好能两者结合起来考虑，并使排水系统尽可能不影响工程的施工。

基坑开挖过程中布置排水系统，应以不妨碍开挖和运输工作为原则。一般常将排水干沟布置在基坑中部，以利于两侧出土。随着基坑开挖工作的进展，逐渐加深排水干沟和支沟，通常保持干沟深度为1.0～1.5m，支沟深度为0.3～0.5m。集水井布置在建筑物轮廓线的外侧，集水井的井底应低于干沟的沟底。

有时由于基坑开挖的深度不一，基坑底部不在同一高程，这时应根据基坑开挖的具体情况来布置排水系统，有的工程就采用了层层截流、分级抽水的办法，即在不同高程上布置截水沟、集水井和水泵站，进行分级排水。

修建建筑物时的排水系统，通常都布置在基坑的四周。排水沟应布置在建筑物轮廓线的外侧，距基坑边坡坡脚不小于0.3～0.5m。排水沟的断面和底坡，取决于排水量的大小。一般排水沟底宽不小于0.3m，沟深不大于1.0m，沟底坡降不小于0.002。在密实土层中，排水沟可以不用支撑；但在松土层中，则需用木板或麻袋装石来加固。

水经排水沟流入集水井，在井边设置水泵站，将水从集水井中抽出。集水井布置在建筑物轮廓线以外较低的地方，与建筑物外缘的距离必须大于井的深度。井的容积至少要能保证水泵停工10～15min，由排水沟流入井中的水量不致漫溢。集水井可为长方形，边长1.5～2.0m，井的深度应低于排水沟底1.0～2.0m。在土中挖井，其底面应铺填反滤料以防冲刷。在密实土中，井壁可用框架支撑；在松软土中，宜用板桩加固，如板桩接缝漏水，则需在井壁外设置反滤层。由于水泵的使用年限和水中的含沙量多少有关，因此，在集水井设计时，要考虑既能用来集聚排水量，又具有澄清水的功能。为了保护水泵，安设的集水井宜稍大稍深一些。

为防止下雨时地面径流进入基坑，增加抽水量，往往在基坑外缘挖排水沟或截水沟，以拦截地面水。排水沟或截水沟的断面及底坡应根据流量及土质而定，一般沟宽和沟深不小于0.5m，沟底坡降不小于0.002。基坑外地面排水系统最好与道路排水系统相结合以便自流排水。

2. 人工降低地下水位

在经常性排水过程中，为了保持基坑开挖工作始终在干地进行，常常要多次降低排水沟和集水井的高程，变换水泵站的位置，这将会影响开挖工作的正常进行。此外，在开挖细砂土、砂壤土一类地基时，随着基坑底面的下降，坑底与地下水位的高差愈来愈大，在地下水渗透压力作用下，容易产生边坡脱滑、坑底隆起等事故，对开挖工作带来不良影响。而采用人工降低地下水位，由于地下水产生的倾斜流动，动水压力的垂直分力使土层变得密实，土层内浮容重变为湿容重，相对增加了上层土的自重对下层土的压实作用，从而使得地基的沉陷量减少，承载力增大，为基坑开挖创造了有利条件。由于地下水位降低以后，边坡不受渗流作用，因此在开挖边坡较陡的地方施工时，通常也可采用人工降低地下水位的方法。

人工降低地下水位的基本做法是：在基坑周围钻设一些井，地下水渗入井中后，随即被抽走，使地下水位线降到开挖的基坑底面以下。人工降低地下水位的方法，根据排水的工作原理来分，有管井法和井点法两种。管井法是单纯重力作用排水，井点法还附有真空或电渗排水的作用。排水方法的选择，与土层的地质构造、基坑形状、开挖深度等都有密切关系，但一般主要按其渗透系数的大小进行选择。重力排水法适用于渗透系数较大、地下水埋藏浅（基坑低于地下水位）、颗粒较粗的砂砾及岩石裂隙发育的地层；而井点法则适用于土质差、渗透系数小的地层。

第二章　爆　破　工　程

在水利水电工程施工中，通常采用爆破来开挖基坑和地下建筑物所需要的空间，开采石料以及完成某特定的施工任务，如定向爆破筑坝、开渠、截流，水下爆破和周边控制爆破等。认真探索爆破的机理，正确掌握各种爆破技术，对加快工程进度，提高工程质量，降低工程成本具有十分重要的意义。

第一节　爆破的基本原理

炸药爆炸属于化学爆炸。炸药在某种起爆能的作用下，瞬时（约十万分之一秒）内发生化学分解，产生高温（几千℃）、高压（几百亿帕，约几十万个大气压）的气体，对相邻的介质产生极大的冲击压力，以波的形式向四周传播。若传播介质为空气，称为空气冲击波，为岩土，则称为地震波，即固体冲击波。

一、无限均匀介质中的爆破作用

工程中的介质总是有限和不均匀的。为了研究方便起见。假设爆破作用的介质是无限和均匀的。在这种理想介质中的爆破作用，冲击波以药包中心为球心，呈同心球向四周传播。距球心越近，作用于介质的压力越大，距球心越远，由于介质的阻尼，使作用于介质的压力波逐渐衰减，直至全部消逝。若沿此球心切割一平面，可将爆破作用的影响圈划分为如下几个部分，如图 2-1（a）所示。

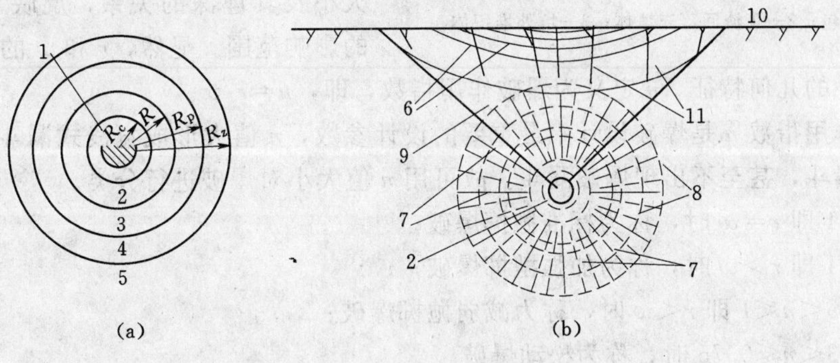

图 2-1　爆破作用示意图

（a）无限介质内；（b）有限介质内

1—药包；2—压缩圈；3—抛掷圈；4—松动圈；5—震动圈；6—弧板状裂缝；7—内部径向裂缝；8—内部环向裂缝；9—爆破漏斗；10—临空面；11—临空面裂缝

（1）压缩圈（粉碎圈）：紧邻药包的部分介质，若为塑性体将受到压缩形成一空腔，若为脆性体将遭到粉碎形成粉碎圈。

（2）抛掷圈：压缩圈外具有抛掷势能的介质。这部分介质当具有逸出的临空面，将发生抛掷，这个范围称为抛掷圈。

（3）松动圈：抛掷圈外围的一部分介质，爆破作用只能使其破裂松动，这一范围称为松动圈。

（4）震动圈：松动圈以外的介质，随着冲击波的进一步衰减，只能使这部分介质产生震动，称为震动圈。

由药包中心向外，相应各圈的半径叫压缩半径 R_C、抛掷半径 R、松动半径 R_p、震动半径 R_z。各圈半径的大小与炸药的特性、药包结构、爆破方式以及介质的特性密切相关。

二、有限介质中的爆破作用

爆破作用受到临空面的影响，亦即爆破作用半径能到达临空面的爆破，称为有限介质中的爆破作用，如图 2-1（b）所示。工程爆破多属于这类爆破。冲击波从岩石介质到空气介质，越过临空面必然产生反射，形成拉力波。当拉力波形成的拉应力与由药包传来的压力波的压应力之差超过岩石的瞬时抗拉强度时，便从临空面向药包反射，引起弧状裂缝。与此同时，压力波在岩石中传播其波阵面产生切向拉应力从而引起径向裂缝。于是，由弧状和径向裂缝将岩石切割成碎块。但由于天然岩石本身存在不规则的节理和裂缝，加之与药包距离不等，能量分布不均，实际被爆破的岩石是形状各异、大小不等的块体。

在有限介质中爆破，当药包的爆破作用具有使部分介质直接飞逸出临空面的能量时，往往形成一个倒立圆锥形的爆破坑，这个坑称为爆破漏斗，如图 2-2 所示。

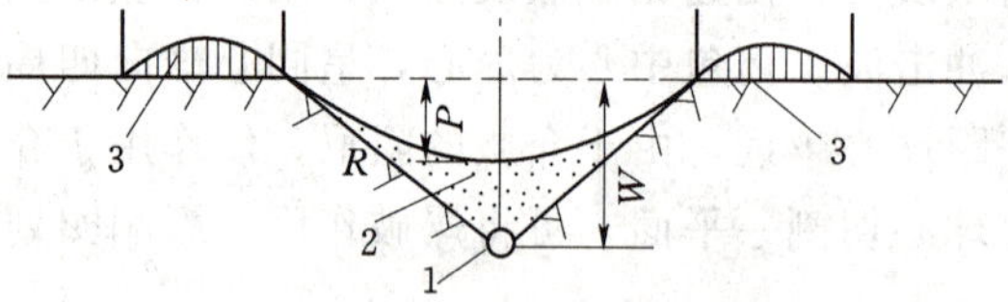

图 2-2　爆破漏斗示意图

1—药包；2—飞渣回落充填体；3—坑外堆积体

爆破漏斗的几何特性参数有：药包中心至临空面的最短距离，即最小抵抗线长度 w，爆破漏斗底半径 r，爆破作用半径 R，可见漏斗坑深度 P 和抛掷距离 L。爆破漏斗的几何特征反映了药包重量大小及其埋深的关系，反映了爆破作用的影响范围。显然，r 和 w 的比值 n 反映了爆破漏斗的几何特征。n 定义为爆破作用指数，即，$n=r/w$。

爆破作用指数 n 是爆破设计中最重要的设计参数，n 值大形成宽浅式漏斗，n 值小形成窄深式漏斗，甚至不出现爆破漏斗。故可用 n 值大小对爆破进行分类。

当 $n=1$ 即 $r=w$ 时，称为标准抛掷爆破；

当 $n>1$ 即 $r>w$ 时，称为加强抛掷爆破；

当 $0.75<n<1$ 即 $r<w$ 时，称为减弱抛掷爆破；

当 $0.33<n\leqslant 0.75$ 时，称为松动爆破。

不因爆破使临空面产生破坏的爆破，称为隐藏式爆破。这种爆破只在介质内部引起破坏，故又称内部爆破，可用于炸胀药壶。

相应于以上各类爆破的药包称为标准抛掷药包加强抛掷药包、减弱抛掷药包 、松动药包和炸胀药包。

抛掷爆破将部分介质抛出，其中部分介质又回落到爆破漏斗坑中，回落后坑的可见深度 p，称为可见漏斗深度，可按下式计算：

$$P=CW(2n-1) \tag{2-1}$$

式中　C——介质系数，对于岩石，$C=0.33$，对粘土 $C=0.4$。

抛掷堆积距药包中心的最大距离称为抛距，按（2-2）式计算：

$$L = 5nW \tag{2-2}$$

三、药包的种类和药包重量的计算

药包的类型不同，爆破的效果各异。按形状，药包分为集中药包和延长药包，具体可通过药包的最长边 L 与最短边 a 的比值进行划分：当 $L/a\leqslant 4$ 时，为集中药包；当 $L/a>4$ 时，为延长药包。对于大爆破，采用洞室装药，常用集中系数 Φ 来区分药包的类型。

当 $\Phi\geqslant 0.41$ 时为集中药包；反之，为延长药包。集中系数可按下式计算：

$$\Phi = 0.63\frac{\sqrt[3]{V}}{b} \tag{2-3}$$

式中　b——药包中心至药包最远点距离，m；

V——药包的体积，m^3。

对于单个集中药包，其药包重量可按如下公式计算：

$$Q = KW^3 f(n) \tag{2-4}$$

式中　K——单位耗药量，kg/m^3；

W——最小抵抗线长度，m；

$f(n)$——爆破作用指数函数。

对于标准抛掷爆破：　$f(n)=1$

对于加强抛掷爆破：　$$f(n) = 0.4 + 0.6n^3 \tag{2-5}$$

对于减弱抛掷爆破：　$$f(n) = \left(\frac{4+3n}{7}\right)^3 \tag{2-6}$$

对于松动爆破：　$$f(n) = n^3 \tag{2-7}$$

松动爆破，当 $n=0.7$ 时，$f(n)=(0.7)^3\approx 0.33$。这时松动爆破的单位用药量 $K=0.33K$。标准抛掷爆破的单位用药量 K 值，参见表 2-1 确定。

尚需指出，由表 2-1 确定的 K 值，是标准情况的 K 值。所谓标准情况系指：标准抛掷爆破、标准炸药（国内以 2 号岩石铵梯炸药为标准炸药）、爆破在一个临空面的标准情况下进行。随着临空面的增多，单位耗药量随之减少：有两个临空面为 $0.83K$；有三个临空面为 $0.67K$。对于采用非标准炸药，尚须用爆力换算系数 e 对 K 进行修正。

$$e = e_b/e_i \tag{2-8}$$

式中 e_i——实际采用炸药的爆力值，cm^3；

e_b——标准炸药爆力值，cm^3，国内以 2 号岩石铵梯炸药为标准炸药，其爆力值为 $320cm^3$。

$e_i=350cm^3$（1 号岩石铵梯炸药）其爆力换算系数 $e=320/350=0.917$；$e_i=250cm^3$（2 号或 4 号铵油炸药），$e=320/250=1.28$。经试验，梯恩梯的 $e=0.86$，62%硝化甘油炸药的 $e=0.75$，黑火药的 $e=1.70$。

对于延长药包，药包重量与药包和临空面的相对位置有关，故应分别不同情况计算。

当药包与临空面垂直，通常装药长度为孔长的 1/3，堵塞长度为孔长的 2/3，最小抵抗线长度 w 为孔长的 5/6，如图 2-3 所示。

表 2-1　　　　　　　　单位耗药量 K 值

岩石种类	K 值 (kg/m³)	岩石种类	K 值 (kg/m³)
粘土	1.0～1.1	砾岩	1.4～1.8
坚实粘土、黄土	1.1～1.25	片麻岩	1.4～1.8
泥灰土	1.2～1.4	花岗岩	1.4～2.0
页岩、千枚岩、板岩、凝灰岩	1.2～1.5	石英砂岩	1.5～1.8
石灰岩	1.2～1.7	闪长岩	1.5～2.1
石英斑岩	1.3～1.4	辉长岩	1.6～1.9
砂岩	1.3～1.6	安山岩、玄武岩	1.6～2.1
流纹岩	1.4～1.6	辉绿岩	1.7～1.9
白云岩	1.4～1.7	石英岩	1.7～2.0

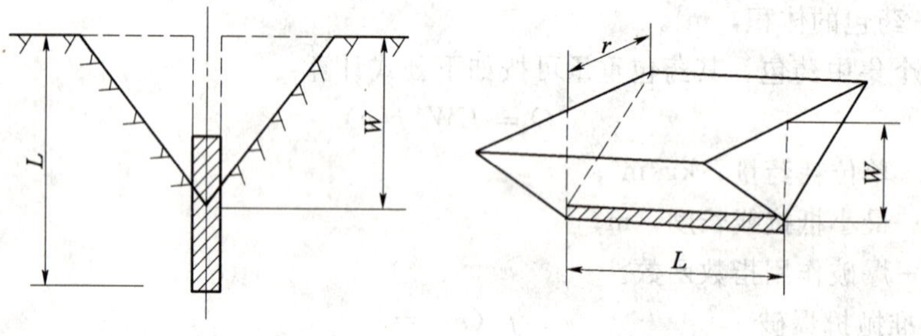

图 2-3　延长药包爆破漏斗示意图

(a) 药包垂直临空面；(b) 药包平行临空面

其标准抛掷爆破的药包重量为：

$$Q = kW^3 = \frac{125}{216}kL^3 \tag{2-9}$$

当药包与临空面平行，延长药包爆破后形成的爆破漏斗为三棱柱体，其体积为：

$$V = \frac{1}{2}(2rW)L = nW^2L \tag{2-10}$$

因此，这时对于标准抛掷爆破（$n=1$）的装药量为：

$$Q = KW^2L \tag{2-11}$$

上述计算公式中，单位耗药量 K 值的确定，应考虑多方面的因素，经综合分析后定出：

(1) 查表。参考定额或有关资料提供的数据，见表 2-1。

(2) 参考条件相似的工程或本工程的实际单位耗药量的统计数据。

(3) 在需要进行爆破的岩石中，进行标准抛掷爆破漏斗试验，实测和计算出单位耗药量。

总之，装药量的多少，取决于爆破岩石的体积、爆破漏斗的规格和其他有关参数。但上述计算公式，对于爆破质量、岩石破碎块度等要求，均未得到反映。因此，必须在实际应用中根据现场具体条件和技术要求，加以必要的修正。

以上所列的装药量计算公式都是以单自由面集中药包爆破为前提的。但在工程实践中，都采用成组药包；同时，为了改善爆破效果，大都利用更多的自由面进行爆破。这样，就使得爆破漏斗的形状和大小变得很复杂。因此，在计算装药量时，就需要按具体情况确定每个药包所能爆破的体积和需要的装药量，然后进行累计，从而得出总装药量。

第二节　钻孔机具和工程炸药

一、钻孔机具

孔眼爆破中，钻孔作业费用占爆破工程总费用的70%以上，钻孔消耗的时间占爆破工程各工序时间消耗50%以上。所以，研究钻孔机具和钻孔方法具有十分重要的意义。

浅孔作业多用轻型手提式风钻，其自重为20～25kg，多用于向下钻垂直孔，向上及倾斜钻孔，则多采用支架式重型风钻钻孔。风钻采用的风压一般为4×10^3Pa～6×10^5Pa（4～6大气压），风耗量一般为2～4m^3/min。国内当前用的风钻有Y—30型、YT25型和YT23型（原7655型），最后一种自重轻、效率高、结构简单、操作维修方便，且带有气腿支架。

采石场和基坑的深孔作业多用大型钻机，常用的钻机有三种类型。

1. 冲击式钻机（图2-4）

钻机安放在可移动的履带轮上，其工作特点是只能钻垂直向下的孔，而不能钻斜孔。钻具悬挂在钢索上，借助偏心的传动机构，完成向上提升，向下冲击的动作。钻具凭其自重自由下落，冲击岩石，因此钻具的自重和落高是机械类型的控制参数。国产CZ—20型钻机钻具重1000kg，用于钻松软岩石。CZ—2型钻机钻具重550～1300kg，用于钻坚硬岩石。钻孔直径，前者为150～500mm；后者为150～300mm。

冲击钻孔时，每冲击一次，钻具提离孔底，钢索旋转带动钻具旋转一个角度，这样使钻具均匀破碎孔底岩石，形成圆形钻孔。孔内岩渣用清渣筒清除。为了冷却钻头，钻进时应不断向孔内加水。

2. 回转式钻机（图2-5）

这种钻机的传动装置，工作时通过伞齿将传动轴的水平转动转换为钻杆的垂直转动，借助推进装置顶压钻杆向下运动。钻杆端部可装各种钻头，当钻硬度一般的岩石时，可用普通工具钢钻头，钻头与孔底间投放钢砂；当钻中等硬度岩石时，可用嵌有合金刀片的钻头；当钻坚硬岩石时，则宜用钻石钻头。钻进过程中为了排除岩粉，冷却钻头，由钻杆顶部，通过空心钻杆向孔内注水。钻进松软岩石时，可向孔内注入泥浆，使岩屑悬浮至泥浆表面排出孔外，同时也起到固护孔壁的作用。

回转式钻机可钻斜孔，较冲击式钻机自重轻，钻进速度快，钻进深度大。常以可钻的最大深度来表示钻机的型号。例如国产XJ—100型和XJ—300型回转式钻机，可钻最大深度分别分100m和300m。钻孔孔径一般为90、110mm。由于是回转钻进，当采用岩芯管时，可取出整段的岩芯，故又称为岩芯钻机。

3. 潜孔钻（图2-6）

潜孔钻钻孔是由回转和冲击完成的，结构上较以上两种钻机有了进一步改进，钻孔效

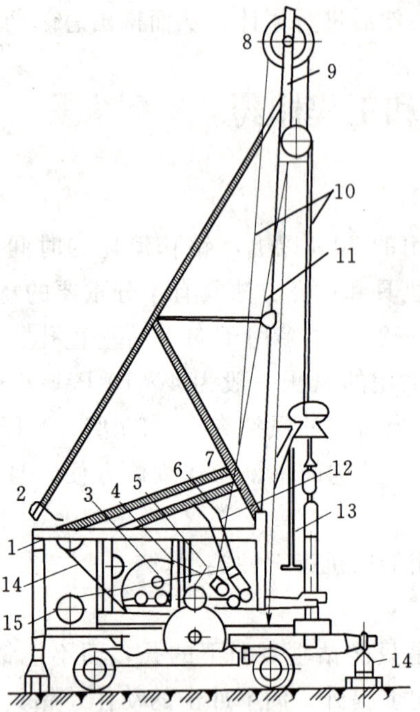

图 2-4 钢索式冲击式钻机

1—机架；2—导向滑轮；3—钻具提升绞车；4—清渣筒绞车；5—冲击轮；6—摇杆；7—压轮；8—钻桅；9—天轮；10—提升钻具钢索；11—清渣筒提升钢索；12—连杆；13—钻具；14—千斤顶；15—发动机

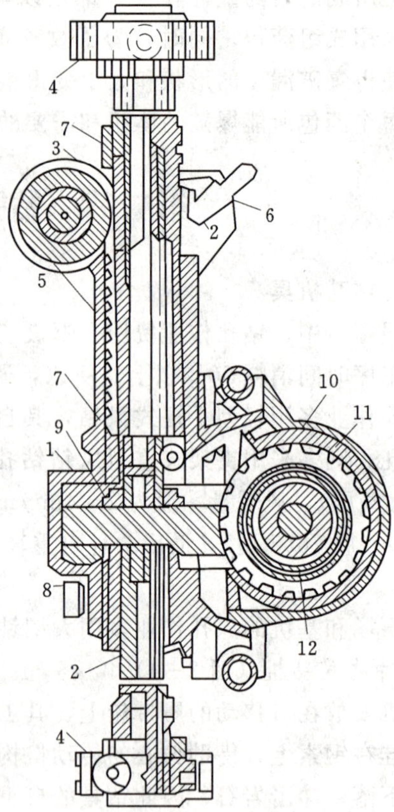

图 2-5 回转式转机传动部件

1—立轴箱壳；2—立轴；3—齿筒；4—卡盘；5—给进齿轮；6—齿筒掣爪；7～8—滚珠轴承；9—斜齿轮；10—横轴箱壳；11—横轴齿轮；12—横轴

率很高。在岩石的牢固系数 $f=6\sim10$ 的条件下，平均台班进尺达 35～45m。通常一根钻杆的有效钻孔深度为 8m，因此当孔深不超过 8m 可不接钻杆，钻进效率更高。国内常用的 YQ—150A 型钻机，钻孔直径 170mm，钻孔方向有 45°、60°、75°、90°四种。

二、炸药

在外能的激发下，能发生化学爆炸的单质和混合物称为炸药。

（一）炸药的基本性能

1. 爆速

任何炸药包都有一定的尺寸。整个药包中的爆炸反应并不是同时进行，而是从引爆点开始逐步扩展开去的。爆炸反应沿着药包传播（称为爆轰波）的速度称为爆速。常用的工程炸药的爆速为 2000～8000m/s。

2. 敏感度

炸药在外能作用下发生爆炸的难易程度，称为炸药的敏感度。炸药在热能（加热、火花）和机械能（撞击、摩擦）或爆炸能等的作用下，都能发生爆炸。掌握炸药对上述外能的敏感度，对炸药的起爆、运输、贮存及使用的安全都有重要意义。工程炸药的敏感度应该是较低的，以策安全；而用于制造雷管等的起爆炸药的敏感度则应是较高的，以利可靠的引爆。

3. 爆力

这是指炸药在介质中爆炸做功的总能力，是对介质整体的压缩、破坏和抛掷的能力。爆热、爆温和爆压越高的炸药，其爆力越大，对介质的破坏作用越强烈，破坏的范围也越大。爆力的大小用铅柱扩大法测定，系将一定量的炸药放置于标准铅柱中规定尺寸的圆孔内，爆炸后，以圆孔扩大部分的体积立方厘米数来衡量。

4. 猛度

这是指炸药爆炸对药包邻近介质产生压缩、粉碎的能力。猛度的大小用铅柱压缩法测定，系将定量炸药置于标准铅柱上面的钢板上，爆炸后，铅柱被压缩成蘑菇形，以其被向下压缩的毫米数来衡量。

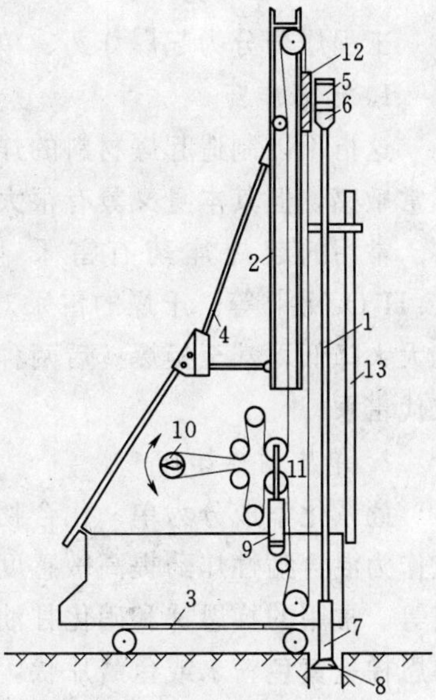

图 2-6　潜孔钻结构示意图

1—钻杆；2—滑架；3—履带行走机构；4—拉杆；5—电动机；6—减速箱；7—冲击器；8—钻头；9—推压气缸；10—卷扬机；11—托架；12—滑板；13—副钻杆

爆力和猛度常合称为威力。威力大的炸药称为猛性或烈性炸药。猛度与爆力都是热能向机械能转化的表现形式，但猛度反映了爆炸初始阶段在气体高压作用下的做功能力，而爆力则反映了药包爆炸整个过程中做功的总能力。

5. 氧平衡

常用炸药成分中，大都有 C、H、O、N 四种元素。爆炸时，这些元素可以化合成 H_2O（水蒸气）、CO_2、N_2、CO、NO、NO_2 等气体。如果炸药爆炸后，炸药中的氧（爆炸反应极快，外界的氧来不及参与反应）恰好能够使碳、氢完全氧化生成 CO_2 和 H_2O，无剩余氧，则称为零氧平衡；如有多余的氧，就会再把氮氧化成 NO 和 NO_2，称为正氧平衡；如果氧的含量不足，则还会有一部分碳只能被氧化成 CO，称为负氧平衡。

零氧平衡的炸药爆破效果好，不产生有毒气体，比较安全。正氧平衡和负氧平衡的炸药爆炸生成 NO、NO_2、CO 等有毒气体，是吸热反应，都要吸收一部分热量，降低爆破效果。

6. 最佳密度

这为炸药能获得最大爆破效果的密度。凡高于或低于此密度，爆破效果都会降低。

7. 安定性

炸药在其贮存中，具有保持自身性质稳定不变的能力。

8. 殉爆距

炸药药包的爆炸引起相邻药包起爆的最大距离，以厘米计。

（二）工程炸药

工程炸药分为起爆炸药、单质猛性炸药和混合猛性炸药三类。

1. 起爆炸药

这指用以制造起爆材料的炸药，这类炸药的爆力和猛度都很高，对冲击、摩擦或火焰非常敏感，但其本身又具有很大的化学安定性。

常用的起爆炸药有雷汞［$Hg(CNO_2)$］、氮化铅［$Pb(N_3)_2$］、二硝基重氮酚［$C_6H_2O_5N_4$］等。干燥的雷汞对撞击、摩擦和火花极为敏感，安全性差，受潮后敏感度又大大降低，甚至拒爆。后两种起爆炸药的敏感度低于雷汞且均耐水，成本又较低，故已取代雷汞。

2. 单质猛性炸药

此系化学成分为单一化合物，爆力与猛度都很高的一类炸药，也多用于制造起爆材料或作为混合猛性炸药提高敏感度的敏化材料，如梯恩梯、硝化甘油、黑索金、特屈儿、泰安等。常用的梯恩梯和硝化甘油都不溶于水，在水中不降低爆炸性能，可用于水下爆破。梯恩梯呈黄色粉末或鱼鳞片状，爆炸后呈负氧平衡，产生有毒的一氧化碳，故不适用于地下工程爆破。硝化甘油的机械感度和爆炸敏感度都很高，不宜单独使用，须与硝酸铵等配制成硝化甘油炸药使用。

3. 混合猛性炸药

此系由爆炸性成分和非爆炸性成分（一般为可燃物）按一定比例混合制成的炸药，是工程中应用最广的一类炸药，我国使用的主要是硝酸铵类炸药，水下爆破或爆破坚硬岩石时也使用硝化甘油炸药。

（1）硝酸铵类炸药。这是以硝酸铵为主要成分的一大类炸药的总称，包括铵梯炸药、铵油炸药、浆状炸药和乳化油炸药等。

1）铵梯炸药：主要由硝酸铵、梯恩梯和木粉三种成分配成。采用不同的配合比，并掺入少量其他不同作用的成分，可制成具有不同性能的各类铵梯炸药。按其应用条件不同，铵梯炸药可分为露天铵梯、岩石铵梯、安全铵梯等品种。露天铵梯多用于露天爆破，允许产生一定的有毒气体，对其配比的氧平衡值要求较低。岩石铵梯主要用于无瓦斯和矿尘爆炸危险的地下开挖工程，严格限制有毒气体的生成量，要求炸药为零氧平衡或接近零氧平衡。安全铵梯用于有瓦斯或矿尘爆炸危险的地下开挖工程，除要求有毒气体符合规定标准外，还必须保证在其爆炸时不引爆瓦斯和矿尘，因此往往掺有15%～20%的氯化钠作为消焰剂，使其爆炸时不致产生火花而引爆瓦斯和矿尘。

铵梯炸药的敏感度较低，安全性好，而威力较高，在水利工程开挖中应用广泛。其缺点是吸湿性和结块性强，吸湿、结块后敏感度大大降低，常常拒爆，故应注意防潮。无可靠防水措施时，不宜用于水眼或水下爆破。

各种铵梯炸药按其配比的不同，又分为若干型号，2号岩石铵梯炸药是水利水电等工程中过去应用最多的炸药，被定为“标准炸药”，其成分重量比为：硝酸铵85%、梯恩梯11%、木粉4%。其爆力为320cm^3，猛度为12mm。

2）铵油炸药：由硝酸铵、柴油与木粉组成。有多种型号，其中92－4－4型的三种成分配比为92∶4∶4。与铵梯炸药相比，铵油炸药不用梯恩梯，原料来源广，成本低，使用更加安全，且可以在施工现场配制。其威力略低于铵梯炸药。缺点是敏感度低，起爆较困难，且吸湿、结块性严重，爆炸性能降低更甚；贮存期在雨季不宜超过 7 天，因价格低廉，常用于大爆破。

3）浆状炸药：是以硝酸铵、梯恩梯为主要成分的一种含水炸药，呈浆糊状，便于灌装炮孔。抗水性强，装药密度高，安全性好。缺点是起爆敏感度低，在露天有水的深孔爆破中应用广泛。

4）乳化油炸药：主要成分是硝酸铵水溶液，另加乳化剂、粘结剂、可燃剂、敏化剂等配成，呈浅黄或白色乳脂状。可用塑料薄膜管灌装，具有高抗水性，敏感度较低，使用安全、方便，爆力为 250～310cm^3，猛度为 18～20mm，是近年来国外广泛应用，国内迅速推广的一种先进的新型工程炸药。

（2）硝化甘油炸药：因其主要成分是硝化甘油而得名，其他成分为硝酸铵、硝化棉、木粉等。因常为可塑胶体，故又名胶质炸药。爆力大于 360cm^3，猛度大于 16mm，爆速大于 8000m/s。硝化甘油炸药威力大，抗水性好，常用于极硬岩石及水眼或水下爆破。缺点是价格昂贵，对撞击、摩擦、火花敏感度很高，运输、储存、使用中应特别注意安全。普通硝化甘油炸药当温度降至 8～10°C 时，即开始冻结。半冻状态时，敏感度极高，严禁使用，气温在 10℃以下须使用硝化甘油炸药时，应采用加入防冻剂的耐冻硝化甘油炸药，冻结温度可降至－20～－25℃。

第三节　起爆方法及起爆材料

利用外能使药包爆炸的过程称为起爆，常用的起爆方法有：火雷管起爆，电雷管起爆，导爆索起爆，导爆管起爆和联合起爆。常用的起爆材料有导火索、火雷管、电雷管、导爆索、导爆管等。

一、火雷管起爆法

这是利用点燃的导火索产生的火焰使火雷管爆炸，进而引起药包爆炸的方法。

1. 火雷管

由管壳、起爆炸药、加强帽三部分组成，如图 2－7 所示。管壳常用铜、铝、纸、塑料等制成，可以起保护起爆炸药和保证爆轰以及防潮的作用。管壳一端开口，以便插入导火索，另一端压成凹形穴，起聚能作用，可使指向后方的爆炸冲击波能量集中，加强对雷管后方炸药的引爆作用。加强帽是中心有小孔的金属帽，既可保护起爆炸药安全、防潮，又可让导火索的火焰穿过，引爆起爆炸药。起爆炸药分为正、副两部分。正起爆炸药在前，多采用对火花和热敏感度很高的雷汞、氮化铅、二硝基重氮酚等炸药；副起爆炸药在后，多采用敏感度亦较高的高威力的黑索金、特屈儿、梯恩梯等烈性炸药。早期的雷管起爆炸药以雷汞为主，“雷管”即因此得名。火雷管按副起爆炸药的多少分为十个序号，号数大的药量多，起爆能力大。工程中常用 6 号和 8

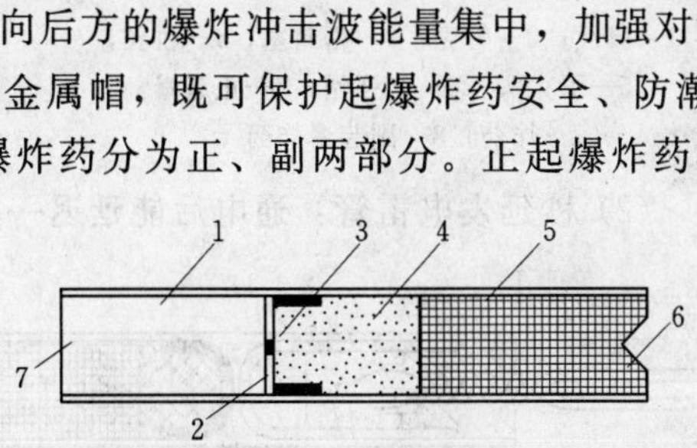

图 2－7　火雷管构造

1—管壳；2—加强帽；3—中心孔；4—正起爆炸药；5—副起爆炸药；6—聚能穴；7—开口端

号雷管。雷管遇撞击、挤压、摩擦、加热和火花都易爆炸，所以运输、保管和使用中应特别注意。另外还要注意防潮，以免降低敏感度。特别潮湿的工作面上不得使用纸雷管或装有雷汞的火雷管，以免拒爆；在有瓦斯矿尘爆炸危险的坑道中，不得使用铝壳雷管，以免爆炸飞出的炽热铝片引起瓦斯矿尘爆炸。

2. 导火索

导火索是以黑火药为药芯，以棉线、塑料布、沥青等材料卷成的圆形索。导火索借其药芯的燃烧传递火焰引爆火雷管。导火索不得受潮、浸油、折断，燃速应在100～125s/m以内，燃烧中不得有断火、透火、外壳燃烧、速燃、缓燃或爆燃等现象发生。导火索须借助点火器材点燃。

火雷管起爆法操作简便，成本较低，在小型、分散的浅孔及裸露药包爆破中广泛应用。缺点是：工人直接在爆破工作面点炮，安全性差，控制起爆顺序不准确，难以达到良好的爆破效果；在起爆前无法用仪表检查准备工作的质量，出现瞎炮（拒爆）的可能性大，因此不宜用于重要的、大型的爆破工程中。

二、电雷管起爆法

电雷管起爆法是利用电雷管通电起爆产生的爆炸能引爆药包的方法。

1. 电雷管

电雷管按起爆时间的不同，分为即发电雷管和延发电雷管。延发电雷管又分为秒延发雷管和毫秒延发雷管，后者又称为微差雷管。

(1) 即发电雷管：是通电后瞬即爆炸的电雷管，如图2-8所示。电雷管装药部分与火雷管相同，不同之处在于管内前段装有电点火装置。该装置由脚线、电桥丝及引火药组成。为了固定脚线和封住管口，在管口段灌以硫磺或装置塑料塞，外面再涂以防水密封胶。当接通电源后，电流通过康铜丝或镍铬丝做成的电桥丝，发热而点燃引火剂后将火花直接传给正起爆炸药，引起爆炸。即发电雷管也分为十个序号。

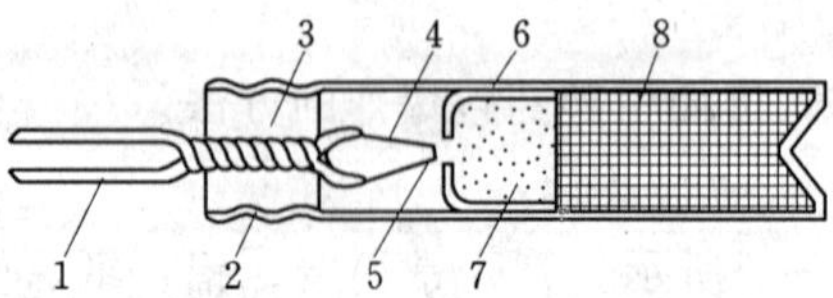

图2-8 即发电雷管

1—脚线；2—管壳；3—密封塞；4—桥丝；5—引火头；6—加强帽；7—正起爆炸药；8—副起爆炸药

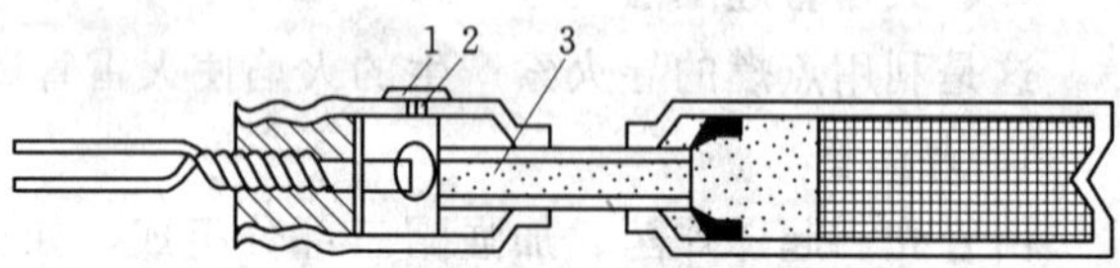

图2-9 秒延发电雷管

1—蜡纸；2—排气孔；3—精致导火索

(2) 秒延发电雷管：通电后能延迟一段时间管称为延发电雷管。延发时间较长，以秒为单位计量的称为秒延发电雷管（见图2-9）；延发时间较短，以毫秒为单位计量的称为毫秒延发电雷管（见图2-10）。秒延发电雷管与即发电雷管的区别，仅在于引火头与正起爆炸药之间安置了缓燃物质。通常是用一小段精制的导火索作为延发

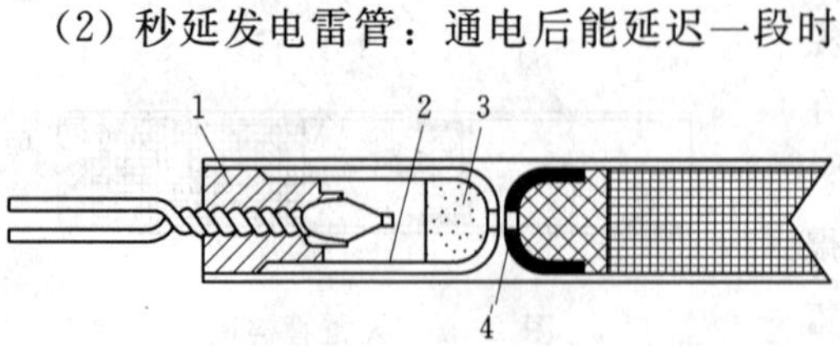

图2-10 毫秒电雷管

1—塑料塞；2—延期内管；3—延期药；4—加强帽

物，缓燃、燃速准确。改变导火索的长度，可以做成延发期不同的秒延发电雷管。我国秒延发电雷管系列分为 7 段，延发期从 1 段的不大于 0.1s、2 段的 1.0＋0.5s 到 7 段的 7.0＋1.0s 不等，可根据爆破工程的需要选用。秒延发电雷管虽能解决分批起爆的问题，但因延发时间过长，爆破效果并不十分理想。为了满足近代微差爆破技术的需要，已逐步以毫秒电雷管取代。特别是在有瓦斯和矿尘爆炸危险的地下爆破中，不准使用秒延发电雷管，必须用毫秒电雷管。

(3) 毫秒电雷管：其构造与秒延发电雷管的差异仅在于延期药不同。毫秒电雷管的延期药是用极易燃的硅铁和铅丹混合而成，再加入适量的硫化锑以调整药剂的燃烧速度，使延发时间准确，毫秒电雷管的段数很多，一般为 18～20 段，有的多达 38 段，使用时应注意查看产品说明书。延发时间各不相同，如我国常用的 20 段系列的延发时间 1 段的不大于 3ms、2 段的 25±10ms 到 20 段的 2000±150ms 不等。

2. 电爆网路及其计算

将各电雷管用导线联接起来，使之成为一个整体，即为电爆网路。它能将电源供给的电流分配到每一个电雷管，使之具有足够的准爆电流，通电后，能使雷管全部起爆。最小准爆电流指的是能使雷管引火头在规定时间内引燃的最低限度电流强度值。单发电雷管起爆时，康铜桥丝雷管为 0.5～0.8A，镍铬桥丝雷管为 0.4～0.5A；成组电雷管起爆时，直流电为 2A，交流电为 2.5A；大爆破时，应保证达到 4～5A 以上。由于联结方式不同，可以构成型式不同的电爆网路。电爆网路包括电雷管、脚线、端线、联接线、区域线和主线等部分（见图 2-11）。

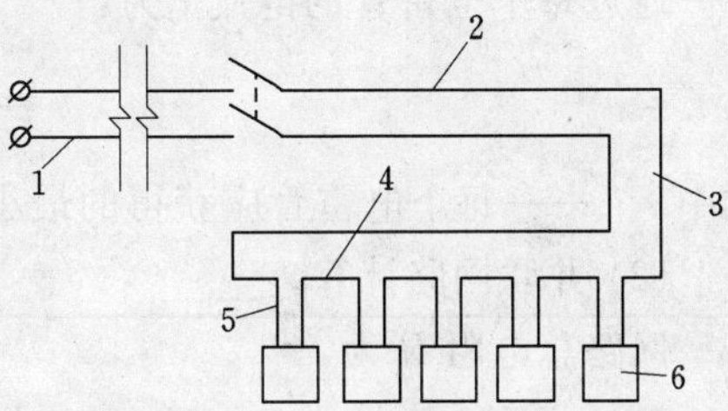

图 2-11　电爆网路的组成

1—电源线；2—主线；3—区域线；4—连接线；5—端线；6—脚线（药包）

电爆网路必须进行计算，复杂的必须专门设计。电爆网路设计计算的目的是确定合适的网路联接方案；计算各分支及整个网路上的电阻值；并根据选定的电源电压，求出通过整个网路及每个电雷管的电流值；校核各雷管的电流能否保证符合准爆条件的要求；作出爆破器材和导线的预算，供作施工备料的依据。电爆网路的联接方式有串联、并联和混联三类（见图 2-12）。在电源电压相同的情况下，由于联接方式不同，流经电雷管的电流强度是不同的。但电雷管的电阻已经固定，且每个雷管要求的准爆电流是一定的，能否满足要求，就需要计算。电爆网路计算的理论基础是电工学中的线路欧姆定律。

(1) 串联网路计算。

网路总电阻 R 为：

$$R = R_L + nr \ (\Omega) \tag{2-12}$$

式中　R_L——导电线路电阻（为端线、联接线、区域线、主线电阻之和）；

n——电雷管数目；

r——每个电雷管的电阻。

网路总电流 I 为：

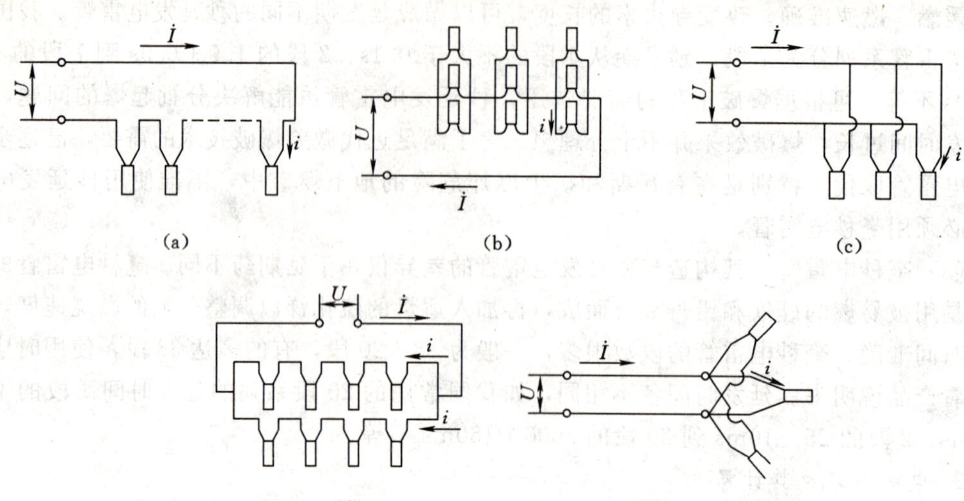

图 2-12 电爆网路的联接型式

(a) 串联；(b) 分段并联；(c) 并簇联；(d) 并串联；(e) 串并联

U—电源电压；i—雷管电流；I—网路电流

$$I=\frac{U}{R}=\frac{U}{R_{\mathrm{L}}+nr} \tag{2-13}$$

式中 U——电源电压，V。

通过每个电雷管的电流 i 为：

$$i=I=\frac{U}{R_{\mathrm{L}}+nr}\geqslant i_{\mathrm{p}} \tag{2-14}$$

式中 i_{p}——每个电雷管应获得的最小准爆电流，A。

(2) 并联网路计算。

网路总电阻 R 为：

$$R=R_{\mathrm{L}}+\frac{r}{n} \tag{2-15}$$

网路总电流 I 为：

$$i=I=\frac{U}{R_{\mathrm{L}}+\frac{r}{n}} \tag{2-16}$$

通过每个雷管的电流 i 为：

$$i=\frac{I}{n}=\frac{U}{n\left(R_{\mathrm{L}}+\frac{r}{n}\right)}=\frac{U}{nR_{\mathrm{L}}+r}\geqslant i_{\mathrm{p}} \tag{2-17}$$

(3) 混联网路计算。混联网路有串并联、并串联以及并串并联、串并串联等多种型式，均是按自电雷管起至电源的网路联接方式命名的。如串并联是先将若干个电雷管串联成组，再将若干串联组并联在一起，然后与电源联接。

混联网路的计算，基本上同串联和并联，只需从雷管处向电源方向分步计算即可。如并串联计算时，先算出并联电阻，再算串联后总电阻，进而求出总电流，然后从电源处向雷管逐步分配电流，最后验算每个雷管。

串联网路的优点是联结简单，操作容易，所需电流小，电线耗量少，事先易于检查整个网路的导通情况，但只要有一个电雷管出故障，整个网路就会断路拒爆。并联网路的优点是不会因为某个电雷管断路而引起其余雷管拒爆，但网路所需总电流大，联结线消耗多，且无法检查每一个雷管是否处于完好状态。混联网路综合了串联和并联的优点，避免了它们的缺点。

简单的串联与并联网路多用于小规模的爆破中；规模较大，炮眼（洞室）分布较集中的爆破，则多用混联方式。

电雷管起爆方法的优点是：操作人员撤至安全地点后才送电起爆，可以同时起爆大量药包，可以准确控制起爆时间和延发时间，可以在爆破前用仪表检查电雷管和整个电爆网路。缺点是：操作复杂，技术要求高；作业时间较长；要消耗较多电线，同时需有足够的电源；有雷电时不能进行操作，当地有杂散电流存在时，须采用抗杂散电流雷管，否则操作时也有很大危险。

三、导爆索起爆法

导爆索起爆法是利用雷管引爆导爆索，再由导爆索网路引爆炸药。它主要用于深孔和洞室爆破。

导爆索是以黑索金、泰安等单质炸药为药芯，以棉、麻等纤维为被覆材料，能传递爆轰的索状起爆器材，为与导火索区别，表面染成红色。它的端部用雷管起爆后，即可利用自身的爆炸性能直接引爆整个网路的药包，不需再在药包中加设雷管，导爆索的抗水性很好，可在水下引爆。导爆索的爆速在6500m/s以上，因此，由导爆索网路引爆的各药包几乎是齐爆的。如有延期起爆要求，可以在网路内连入不带电点火装置的特殊延发雷管——继爆管。

导爆索可用火雷管或电雷管引爆。雷管的聚能穴应朝向传爆方向。导爆索网路的联结方式可以分为分段并联（图2-13）和并簇联。

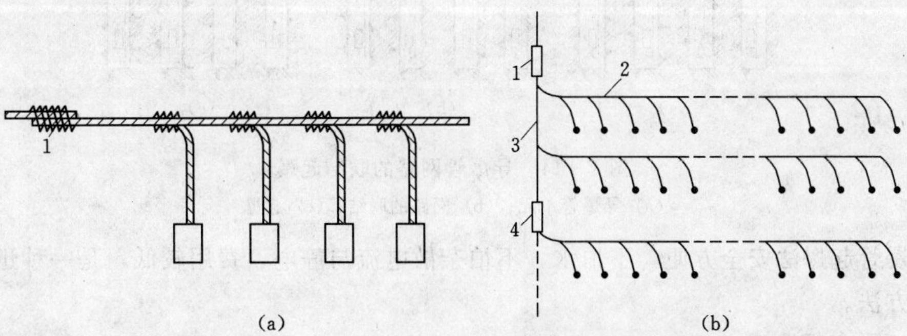

图2-13 导爆索单向分段并联

(a) 不带继爆管；(b) 带继爆管

1—雷管；2—分支干索；3—主干索；4—继爆管

分段并联是在深孔或药室外敷设一条主干索，然后将炮孔或药室中引出的支干索分别绑在主干索上，这种联结方法起爆可靠，导爆索消耗量小。

并簇联是将所有深孔或药室中引出的支干索联成一捆或数捆，然后与主干索相联结。这种方法消耗导爆索多，故只适用于药包（深孔）比较集中的场合。

导爆索的爆炸能量足以引爆任何炸药，故没有网路计算的问题；导爆索起爆法操作技术简单，安全可靠；可以使成组深孔和药室同时起爆；不受水和散杂电流（采用表面涂消焰剂的安全导爆索）的干扰，可以在有水和杂电的场合使用。缺点是导爆索价格昂贵，也不能用仪表检查网路敷设质量。

四、导爆管起爆法

导爆管起爆法是一种新型非电起爆方法，它使用的主要起爆材料导爆管是一根外径3mm、内壁涂有薄层单质炸药的薄塑料软管。导爆管用火或撞击均不能引爆，须用起爆枪或雷管才能起爆。导爆管起爆后，爆轰波以2000m/s的速度通过软管，但软管并不被破坏。导爆管只能传递爆轰波，其爆炸能量不足以引爆药包，一般其末端须与普通雷管或非电毫秒雷管配合，才能使药包起爆。

使用导爆管起爆药包时，起爆雷管通过塑料塞用机械卡口方法与导爆管连接，然后安置在药包内。导爆管的另一端则自炮孔孔口引出，插入由硬塑料压制成的连接块中。连接块的作用是把导爆管联结成爆破网路，同时，又可通过连接块中的低威力传爆雷管把爆轰波传播下去，而不衰减。进行网路联结时，应将各导爆管单元［图2-14（a）］的导爆管末端对折后插入相邻导爆管单元的连接块中［图2-14（b）］。这种联结方式简单可靠。网路联结完毕后，将导爆管的起爆端封口（以火柴的火焰将导爆管熔化粘合），然后绑上击发雷管，其聚能穴朝向导爆管传爆方向。

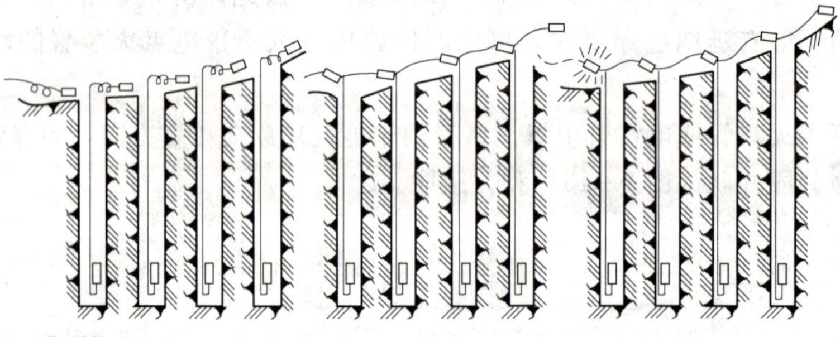

图2-14 导爆管网路的联结起爆

（a）导爆管单元；（b）网路的联结；（c）起爆

导爆管起爆法安全方便，不怕水，不怕杂散电流与静电，费用较低，是一种迅速发展的起爆方法。

五、联合起爆法

在大量炸药爆破时，为了确保爆破安全可靠，避免发生拒爆事故，首要的问题是要保证起爆的可靠性。提高起爆可靠性的措施，一种是采用双重起爆网路，分别提供两套起爆能量；另一种是加大起爆炸药包的起爆能力，使之准确起爆。具体地讲，前者可采用两套相互独立的电爆网路，或用少量高感度炸药去引爆大量低威力炸药。后者是用相当于总药量10%左右的较高感度的铵梯炸药和成束雷管或起爆索装入木箱或塑料袋中制成起爆体，去起爆洞室内的由低感度铵油炸药组成的大药包。

第四节 爆破基本方法

工程中通常采用的爆破方法有浅孔爆破法，深孔爆破法，药壶爆破法和洞室爆破法等。爆破方法的选择取决于施工条件、工程规模和开挖强度的要求。

一、浅孔爆破法

孔深小于5m、孔径小于75mm的炮孔爆破通称为浅孔爆破。

浅孔爆破的炮孔可人工锤击钢钎打成或用小型钻孔机具（如风钻等）钻成。浅孔爆破法可用于小型料场、渠道、路堑、基坑保护层开挖、坚土预松、地形复杂不便于大型机械作业地区的石方开挖、旧建筑物控制爆破拆除及地下工程爆破开挖等，是应用最广泛的一种爆破方法。浅孔爆破法爆破单位土石方的钻孔工作量较大，耗药量亦较大，用其爆破大量土石方很不经济。

1. 炮孔布置

布置炮孔位置时，应尽量利用自由面较多的地形，或者用爆破有计划地改造地形，使前批爆破为后批爆破创造较多的自由面，以提高爆破效果。应尽量防止炮孔方向与最小抵抗线方向一致，以免爆破时首先将炮孔堵塞物冲出，形成爆破效果很差的空炮（向上冲的称为冲天炮）。浅孔爆破法用于料场、基坑及渠道开挖，一般采用台阶式布置方式，称为梯段爆破（图2-15）。这样，钻孔、爆破和出渣等工序可以平行进行，能形成比较平整的上、下台阶面，有利于钻孔施工和出渣运输。炮孔布置的主要技术参数如下。

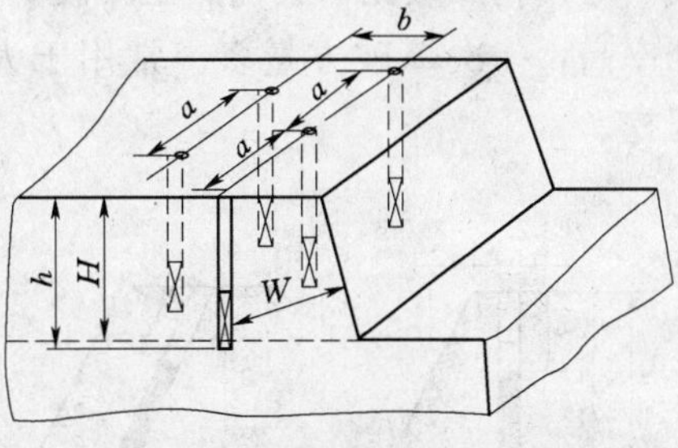

图2-15 浅孔爆破台阶式布置
a—炮孔间距；b—炮孔排距；H—台阶高度；h—炮孔深度；W—最小抵抗线

（1）最小抵抗线W：通常根据钻孔直径和岩石性质确定，即：

$$W = Kd \qquad (2-18)$$

式中 W——最小抵抗线（取药包中心至自由面的最短距离），m；

K——系数，一般取15～30，坚硬岩石取较小值，中等坚硬岩石取较大值；

d——钻孔最大直径，cm。

（2）台阶高度H：应大于W，以免产生冲天炮，影响爆破效果，即：

$$H = (1.2 \sim 2.0)W \qquad (2-19)$$

（3）炮孔深度h：软硬不同的岩石，应采用不同的孔深，以免超挖或欠挖，使基面不平，影响出渣运输及台阶钻孔。

在坚硬岩石中 $$h = (1.1 \sim 1.15)H \qquad (2-20)$$

在松软岩石中 $$h = (0.85 \sim 0.95)H \qquad (2-21)$$

在中硬岩石中 $$h = H \qquad (2-22)$$

（4）炮孔间距及排距：应保证爆破后孔间不留残埂且使炸药消耗尽量少。一般平面上交错布置为梅花形，如图 2-16 所示。这样，采用多段延发雷管，逐排起爆，可以增加自由面，提高爆破效果。

炮孔顺台阶坡顶线方向间距 a，按不同起爆方法确定。

火雷管起爆时　$a=(1.2\sim2.0)W$　(2-23)

电雷管起爆时　$a=(0.8\sim2.0)W$　(2-24)

炮孔间的排距 b 一般采用：

$$b=(0.8\sim1.2)W \tag{2-25}$$

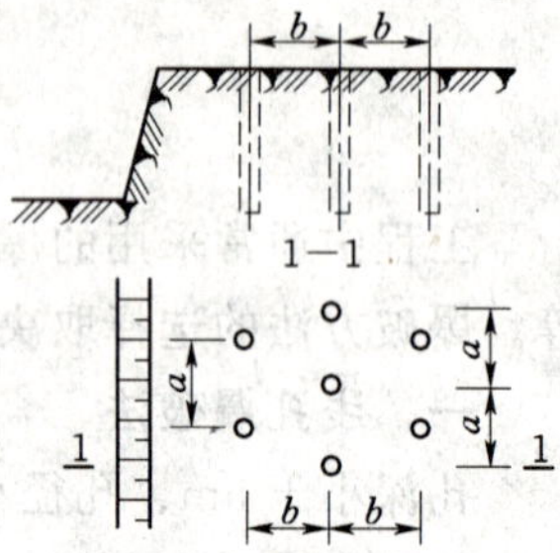

图 2-16　炮孔平面布置

2. 装药

浅孔法常用松动爆破，装药量 Q 按下式计算：

$$Q=0.33Kabh\ (\mathrm{kg}) \tag{2-26}$$

装药长度通常为孔深的 1/3～1/2，雷管置于自上部算起装药全长的 1/3～1/2 处。孔口段应用炮泥堵塞。

二、深孔爆破法

孔深大于 5m、孔径大于 75mm 的炮孔爆破称为深孔爆破。深孔多用各类专用钻机钻成。与浅孔爆破比，其优点是爆破单位土石方所需的钻孔工作量较小，炸药消耗量少，生产率高，一次爆破方量多。常用于大型工程深基坑开挖、大型采石场采石及大型劈坡开挖。

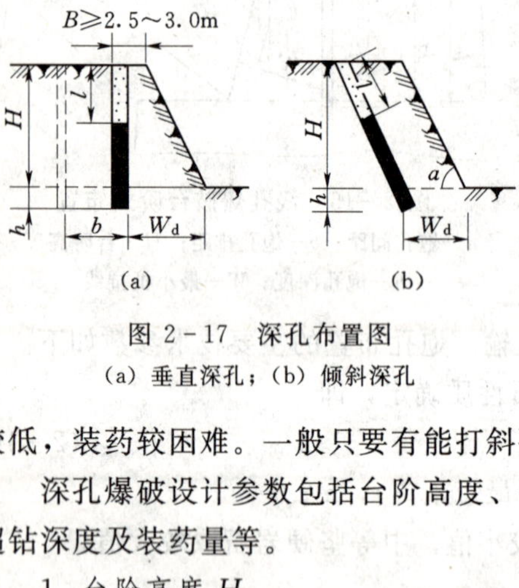

图 2-17　深孔布置图
(a) 垂直深孔；(b) 倾斜深孔

深孔爆破的炮孔可以布置成垂直孔和倾斜孔两种型式，如图 2-17 所示。倾斜炮孔与坡面平行，岩石破碎较均匀，大块率低，可大量节省对大块解小的时间和炸药；且炮孔底部至台阶坡脚的水平距离（称为底盘抵抗线）较小，有利于避免产生残埂；能利用钻孔机械的钻孔角度的调整来形成所需要的台阶面坡度，且爆后坡面平整；钻孔开口处至台阶坡顶线的距离较垂直孔的大，钻孔施工较安全。但倾斜孔钻孔难度较大，效率较低，装药较困难。一般只要有能打斜孔的设备（如潜孔冲击钻），均应采用倾斜孔。

深孔爆破设计参数包括台阶高度、钻孔直径、底盘抵抗线、孔距、排距、堵塞长度、超钻深度及装药量等。

1. 台阶高度 H

应满足总体布置要求，有利于机械设备的运行，能充分发挥装渣机械的作用，保证开挖质量和施工安全，且所用的辅助工作量最小。

实践经验认为，当采用 3～4m^3 电铲装渣时，台阶高度以 12m 为宜，最大不超过 15m；当采用 1～2m^3 电铲装渣时，台阶高度以 10m 为宜，最大不超过 12m。

2. 钻孔直径 d

钻孔直径由采用的钻机来确定，即：

$$d=FD(\mathrm{mm}) \tag{2-27}$$

式中　D——钻头直径，mm；

F——扩大系数（对于坚石，$F=1.06\sim1.08$，对于次坚石，$F=1.10\sim1.14$，对于松软石，$F=1.20\sim1.40$）。

3. 底盘抵抗线 W_d

为避免留残埂和简化计算，在深孔爆破中，一般不采用最小抵抗线，而采用底盘抵抗线，如图 2-17 所示。

底盘抵抗线选得过大，则残埂多，过小则既浪费炸药又增加钻孔工作量。根据钻孔机械安全作业条件，底盘抵抗线应为：

$$W_d = H\text{ctg}\alpha + B\ (\text{m}) \tag{2-28}$$

式中　H——台阶高度，m；

α——台阶坡角，一般为 $60^\circ\sim75^\circ$；

B——炮孔中心线至坡顶中心线的安全距离（一般 B 不小于 2.5～3m），m。

底盘抵抗线也可用下述经验公式确定：

$$W_d = HD\eta\frac{d}{150}\ (\text{m}) \tag{2-29}$$

式中　D——岩石硬度影响系数，一般取 0.46～0.56；

η——阶梯高度影响系数，见表 2-2。

表 2-2　　阶梯高度影响系数 η 值

H (m)	10	12	15	17	20	22	25	27	30
η 值	1.0	0.85	0.74	0.67	0.60	0.56	0.52	0.47	0.42

4. 孔距 a 与排距 b

孔距按下式计算：

$$a = mW_d(\text{m}) \tag{2-30}$$

式中　m——邻接系数（a 与 W_d 的比值），通常 $m=0.8\sim2.0$，对松软岩石取较小值；采用即发爆破时取较小值，微差爆破时取较大值。

排间孔一般呈梅花形布置，当呈等边三角形错开布置时，排距与孔距的关系为：

$$b = a\sin60^\circ = 0.866a \tag{2-31}$$

5. 堵塞长度 L

合理的堵塞长度通常为孔径的 16～32 倍，当采用分段装药结构时，可以短一些。

6. 超钻深度 h

超钻是为了降低装药中心位置，以利克服台阶底部阻力避免残埂。一般 h 为：

$$h = (0.15\sim0.35)W_d(\text{m}) \tag{2-32}$$

式中的系数，在台阶高度大，抵抗线大或岩石坚硬时取较大值；当岩石松软，层理节理发育时取较小值。

7. 装药量 Q

垂直孔
$$Q = qaHW_d \tag{2-33}$$

倾斜孔
$$Q = qaHW_d/\sin\alpha_2 \tag{2-34}$$

上二式中　Q——装药量，kg；

q——松动爆破单位耗药量，kg/m^3；

a——孔距，m；

α_2——倾斜孔水平倾角。

三、药壶爆破法

为了减少钻孔工作量，当孔眼爆破装药量超过堵塞长度要求时，可先用少量炸药进行多次隐藏式爆破，形成装药体积较大的药壶从而使孔眼爆破的延长药包变成集中药包。药壶爆破适合于地势陡峻的露天开挖。由于扩壶工作需要反复进行，为了保证安全，每次扩壶后须有一段散热的间隔时间，因此费时、费工。再则，爆破能量集中于药壶四周，爆破后岩石块度不匀。药壶爆破的孔深过浅，爆效较低；过深，钻孔和药壶清碴困难。药壶清碴常用带勺的钢钎，也有用水和炸药一同放入，爆破时使水、渣一道喷出，这时应采用防水炸药。药壶爆破如图 2-18 所示。

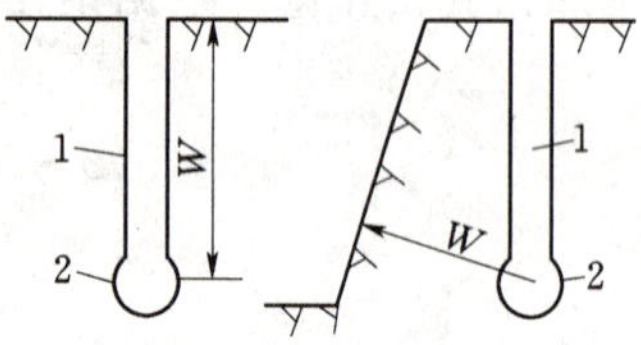

图 2-18　药壶爆破示意图

1—炮孔；2—药壶

扩壶用药量 Q_1 的计算，与设计主药包的重量 Q 有如下关系：

$$Q_1 = Q/P \tag{2-35}$$

式中　P——炸胀指数，与岩石的等级有关，参见表 2-3。

表 2-3　　炸胀指数和扩壶次数

岩石分类名称	岩石级别	炸胀系数	扩壶系数
粘土	Ⅲ～Ⅳ	≥200	2
泥灰岩、致密粘土、砂质粘土	Ⅳ～Ⅴ	100～200	2～3
致密泥灰岩、白垩、贝壳岩、石灰岩	Ⅴ～Ⅵ	25～50	2～4
中等硬度的石灰岩、含泥石灰的或软弱的白云石、云母化的或高岭土化的石英岩	Ⅴ～Ⅵ	10～25	3～4
铁质石英岩、致密的石英岩、花岗岩、含有石棉的花岗岩、中等硬度的磷灰石、石灰岩、白云岩、容易炸胀的石膏	Ⅴ～Ⅷ	5～10	3～6
砂质砂岩、角石、燧石、蛇纹石、坚硬的白云岩、大理石、磷灰石、石灰石、不容易炸胀的石膏	Ⅷ～ⅩⅥ	1～5	5～8

四、洞室爆破法

水利工程中，常采用数以吨计的炸药来采料、截流或定向爆破筑坝，故需开凿洞室装药进行大量爆破。药室由平洞或者竖井相连，其布置如图 2-19 所示。

1. 导洞与药室

根据地形条件，导洞可选择平洞或竖井。当开挖工作量大体相近时，选择平洞更方便施工、节约投资、加工快进度。满足工作的最小尺寸，平洞一般取 1.2m×1.8m；竖井取 1.5m 见方。为了减少开挖工作量和自然通风良好，平洞不宜过长；竖井深度以不超过 30m 为宜。对于群体药包，为了减少洞井开挖量，洞、井宜布置成 T 形或倒 T 型。药室以设计成近正方形为好。药室容积 V（m^3）按下式计算：

$$V = CQ/\Delta \tag{2-36}$$

式中　C——炸药的装填系数。它与药室支护及装药方式有关。有支护时可取 1.5～1.8；

无支护时可取 1.1～1.25。散装取小值，袋装取大值；

Q——装药量，t；

Δ——炸药密度，t/m³。

药室间距 a（m）：

$$a=(1.1\sim1.2)W_P \quad (2-37)$$

式中 W_P——两相邻药室的平均最小抵抗线长度，m。

W_P 可根据药室埋没深度（H）确定：

$$W_P=(0.6\sim0.8)H \quad (2-38)$$

药室排距 b（m）：

$$b=(1.3\sim1.4)W_P \quad (2-39)$$

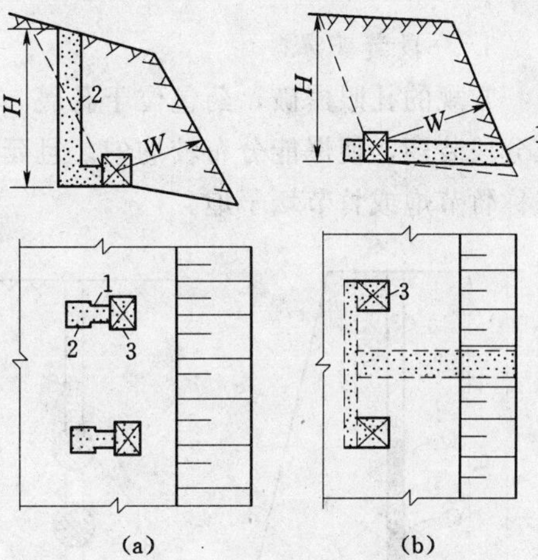

图 2-19　洞室爆破布置示意图

(a) 竖井布置；(b) 平洞布置

1—平洞；2—竖井；3—药室

2. 洞室爆破施工要点

(1) 装药：在施爆前一两天，甚至几小时完成装药。装药时，导洞和药室采用 12～36V 的低压电灯照明。装药前应对洞室内的松石进行处理，并做好排水和防潮工作。装药的程序是先在药室四周装填主要的炸药，再放置猛度较高、性能稳定的炸药，最后于中部放置起爆体。起爆体重 20～25kg，内部装有敏感性高、传爆速度大的烈性炸药，其中安放几个电雷管组或传爆线束。起爆药量通常为总装药量的 1%～2%。

(2) 堵塞：先用木板封闭药室，木板外再用粘壤土填塞 3～5m，最后用石渣料堵塞。总的堵塞长度应不小于最小抵抗线长度的 1.2～1.5 倍。对 T 型导洞可采用较小的堵塞长度。

(3) 引爆系统：为保证安全准爆，电爆网路宜采用复式并—串联。即药室内雷管间用并联，药室间用串联，同样的并—串网路有两套，最终并联在同一条主线上。起爆电源的电压要稳定，电流要保证不低于安全准爆电流。

装药至起爆的各个环节都必须做好安全检查和警戒。

五、提高爆破效果的方法和措施

改善和提高爆破效果，归根结底是提高爆破的有效能量利用率，根据不同的情况可以采取如下不同的措施。

1. 合理利用临空面

实践证明，充分利用多面临空的地形，或人工创造多面临空的地形，有利于降低爆破的单位耗药量。当采用高阶梯深孔爆破时，平行坡面的斜孔爆破，由于爆破时沿坡面阻抗大体相等，且反射拉力波的作用范围增大，较之垂直炮孔，其能量利用率可提高 50%。斜孔爆破，爆后边坡稳定，块度均匀，有利于提高装车效率。

2. 采用毫秒微差爆破技术

采用毫秒迟发连续爆破法，特别是在深孔作业中，可降低单位耗药量 15%～25%，且使超径大块料降低到 1%以下。这种爆破法的实质在于增大破碎岩体应力的同时，爆破连续进行增长了应力的作用时间，不断创造临空面，从而提高了爆破的有效能量利用率。

3. 分段装药爆破

常规的孔眼爆破，药包位于孔底，爆能集中，爆后块度不匀。为改善爆破效果，沿孔长分段装药，使爆能分布较均匀，且延长了爆压的作用时间。分段装药如图 2 - 20 所示，俗称竹节炮或竹节坛子炮。

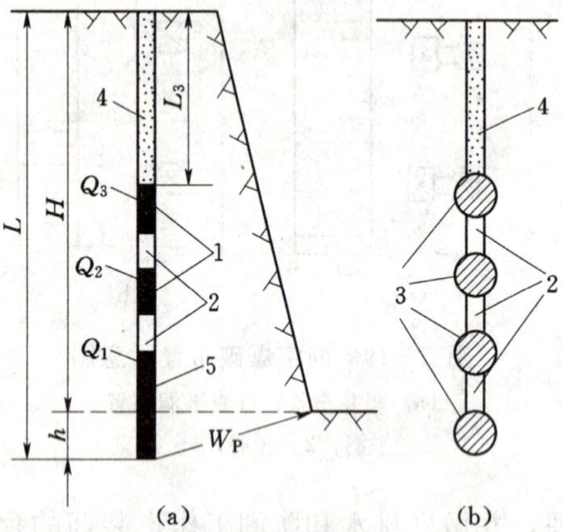

图 2 - 20 分段装药药包构造图

(a) 竹节炮；(b) 竹节坛子炮

1—药包；2—空穴；3—药壶；4—堵塞段；5—底药包

分段装药的药包（或药壶）宜设在坚硬完整的岩层内，空穴设于软弱岩层内，且用木架支垫或砾石充填。在孔深 20rn 以内，一般分为 2～3 段。分段药包中，其底部药包通常占总用药量的 60%～70%。堵塞段长应大于或等于 0.7 倍计算抵抗线。分段装药的原理还可用于洞室爆破中，国外在大爆破中采用条形装药和间隔条形装药，不仅可以节约洞室开挖量，而且有利于改善爆破效果。

4. 采用空隙药包

药包和孔壁（洞壁）间留一定空气间隙，构成空隙药包结构。由于空隙的存在，降低了爆炸的峰压，从而降低或避免了粉碎作用，由于空隙的存在，增长了爆压的作用时间，在最佳空隙比的情况下，可以获得最大的爆破冲量（爆压与爆压作用时间的乘积），从而提高爆破的有效能量利用率。所谓药包的空隙比，系指药包体积与药室体积之比。对应于最大爆破冲量的空隙比称为最佳空隙比。最佳空隙比随爆破介质和药包结构而异。

5. 保证堵塞质量和堵塞长度

实践证明，当爆破其他条件相同时，堵塞良好的爆破效果，比堵塞不好的可以高几倍，足见保证堵塞质量和堵塞长度十分重要。

第五节 水利水电工程中的特殊爆破

一、预裂爆破和光面爆破

为了保护设计边界以外的岩体不受破坏，并获得平整的开挖轮廓，国外 20 世纪 50 年代提出、国内 70 年代以来迅速发展了预裂爆破和光面爆破技术，将控制爆破技术提高到一个崭新的水平。水利工程中，预裂爆破主要用于深基坑及坝肩边线控制爆破，光面爆破主要用于隧洞或其他地下建筑物的边线控制爆破。

1. 预裂爆破

预裂爆破是在设计开挖线上布置加密、减弱装药的深孔药包，并先期同时起爆，形成一条沿炮孔中心线连线方向延伸的平整的预裂缝，再逐层爆破主体开挖区，该预裂缝即起到反射主爆冲击波的屏蔽作用，保护设计轮廓外岩体不受破坏。预裂爆破布置如图 2 - 21 所示。

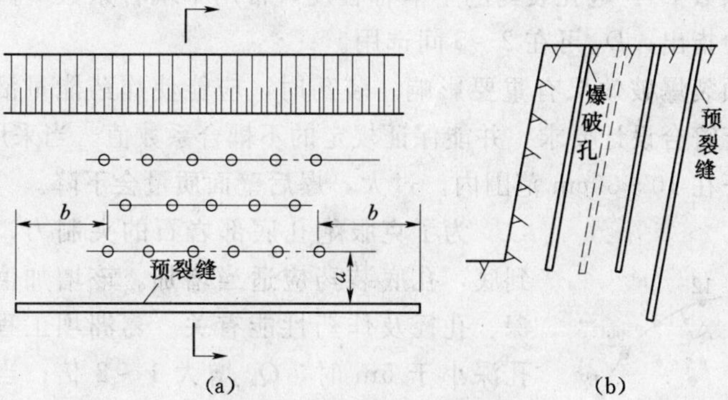

图 2-21 预裂爆破布置图

(a) 平面图；(b) 剖面图

实现预裂爆破的关键在于加密布孔、减弱装药和同时起爆。

在炮孔中采用不耦合连续装药（炮孔直径大于药卷直径的装药）或不耦合空气间隔装药（药卷不连续的装药），爆炸时，药包爆炸冲击波在炮孔空腔内由于空气的缓冲作用会有一定程度的衰减，作用于孔壁的压力会有所降低，当参数选择适当时，该压应力会低于孔壁岩石的动抗压强度（该值高于静抗压强度），不致对孔壁岩石造成压碎破坏。但爆炸在孔壁形成的环向（切向）拉应力却可大于岩石的动抗拉强度而使孔壁产生放射状的径向裂隙。随着应力波的扩展，波头压力进一步衰减，径向裂隙在离开孔壁约几倍孔半径处即行停止。但如果孔距较近，并同时起爆，则在邻孔中心连线上相遇的切向拉应力将叠加而可大于岩石的动抗拉强度，使裂缝贯穿整个孔间而形成留有半圆形残孔的预裂缝面。与此同时，爆破高压气体将对缝面两侧岩体产生强大推力，从而形成有一定宽度的预裂缝。预裂缝需有足够的宽度才能对保留岩体起到充分的屏蔽作用。实践经验指出，裂缝在地表面上的宽度，对于松软岩，须大于 2cm，而较坚硬岩石，大于 0.6cm 即可。

为了防止主爆区的爆破冲击波绕过预裂缝的底部和两端破坏保留岩体，预裂孔的深度应比主爆孔的深度大 1.0～1.5m（通常按 10 倍主爆孔直径计），预裂孔端孔位置应超过主爆孔端孔 7～10m。

预裂爆破主要参数的计算，目前尚无公认的理论公式，工程实践中大都采用经验公式估算或参考经验数据确定，再经现场试验调整确定。

（1）炮孔装药量：一般以线装药密度 Q_x 表示。它是指除炮孔堵塞段和孔底段的增加药量外，每米孔长的装药量。

当钻孔机械选定后，可根据钻孔半径 r 与岩石抗压极限强度 $[\sigma]$ 按下式计算：

$$Q_x = 2.75[\sigma]^{0.53} r^{0.38} \tag{2-40}$$

式中 Q_x——线装药密度，g/m。

式（2-40）的适用范围是：$[\sigma]$ =10～150MPa；r=23～85mm。

（2）炮孔间距 a

$$a = \sqrt{\left(\frac{Q_X}{0.36[\sigma]^{2/3}}\right)^3} \text{ (cm)} \tag{2-41}$$

(3) 不耦合系数 D_d：炮孔装药的不耦合程度，常用不耦合系数 $D_d=r/r_d$（r_d 为药卷直径）表示。经验指出，D_d 可在 2～5 间选用。

装药结构对预裂爆破效果有重要影响。装药时，应能使炸药能量沿炮孔长度均匀分布，线装药密度能符合设计要求，并能保证规定的不耦合系数值。当采用间隔装药时，空气间隔长度要保证在 10～30cm 范围内。过大，爆后壁面质量会下降。

为了克服炮孔底部岩石的夹制力，保证预裂缝贯通到底，孔底装药应适当增加。该增加值与岩石软硬、孔深、孔径及炸药性能有关。葛洲坝工程的经验是：当炮孔深小于 5m 时，Q_x 增大 1～2 倍；当炮孔深介于 5～10m 之间时，Q_x 加大 2～3 倍；当炮孔深大于 10m 时，Q_x 加大 3～5 倍。增加的药量应均匀布置在孔底 1～2m 长度上。

预裂爆破一般用导爆索起爆。装药可用胶质炸药切成细条连续绑在导爆索上；将铵梯炸药装在软、硬塑料管中连续绑在导爆索上；或将采用了防水措施的 2 号岩石炸药或耐冻胶质炸药间隔绑在导爆索上亦可。

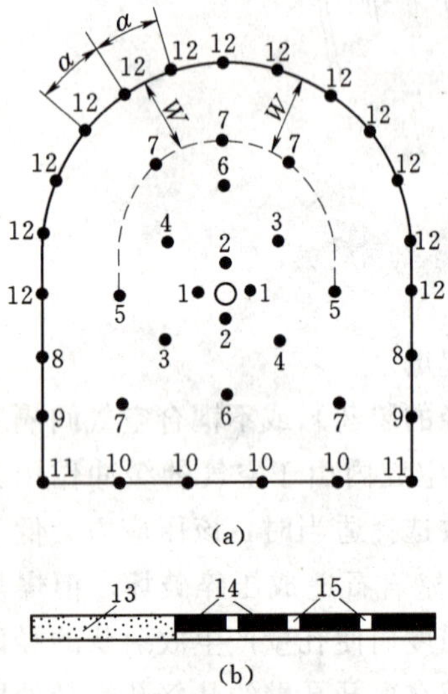

图 2-22 光面爆破洞挖布孔图
(a) 炮孔布置；(b) 边孔装药结构
1～12—炮孔孔段编号；13—堵塞场；14—药卷；15—空隙

2. 光面爆破

光面爆破是在设计开挖线上布置一排加密的光面孔，进行减弱的不耦合线装药，先爆主体部位的岩石，再同时起爆光面孔药包，将主爆孔与光面孔间留下的保护层（也称光爆层）炸除，形成一个贯通各光面孔的平整的开挖面并保护边界外岩体不受破坏。

光面爆破的起爆程序与预裂爆破不同，光面爆破洞挖作业是先掏槽（1～2 孔段），次崩落（3～8 孔段），后周边（9～12 孔段），如图 2-22 所示。段内同时起爆，段与段间分段延期起爆。

光面爆破属于双自由面爆破，有爆除保护层的任务。计算主要参数的经验公式如下：

$$W=(7\sim 20)D \tag{2-42}$$

$$a=(0.6\sim 0.8)W \tag{2-43}$$

$$Q_x=qaW \tag{2-44}$$

上三式中 D——钻孔直径，m；

q——松动爆破单位耗药量，kg/m^3；

W——最小抵抗距，m；

a——光面孔间距，m；

Q_x——线装药量，kg/m。

与常规爆破方法比较，光面爆破的钻孔长度和炸药用量都较大，但由于减少了超欠挖量，围岩稳定性能好，减少了临时支护、灌浆和衬砌工程量，从而使隧洞工程的总投资大为减少。对于不衬砌隧洞，当过流能力要求不变时，由于减少洞壁糙率，从而减少开挖面，效果尤其显著。

二、定向爆破原理及筑坝技术

1. 定向爆破原理

假设在无限介质中有两个空穴，A 装有球形药包，B 为空孔。药孔 A 爆炸后，由于空孔 B 表面没有阻力，介质流将向 B 孔集中，犹如空孔成了吸引介质流的中心。若将药包视为正极，空孔视为负极，二者相当于静电学中的电偶，故称爆炸偶极子，如图 2-23 所示。

实际工程中，药包与临空面的关系，相当于爆炸偶极子，设临空面的曲率半径为 R_0，药包中心到临空面任意点的距离为 R，其最短距离为最小抵抗线长度 W。当进行抛掷爆破时，介质从爆破漏斗中抛出，其抛掷速度 V，由爆破流体力学推求可得如下关系式：

$$V = C_1 \frac{W}{R^3}(1 + W/2R_0) \tag{2-45}$$

漏斗内介质获得的抛掷动能 E_k 可表达为：

$$E_k = \frac{mv^2}{2} = \frac{m}{2}C_1^2 \frac{W^2}{R^6}(1 + W/2R_0)^2 \tag{2-46}$$

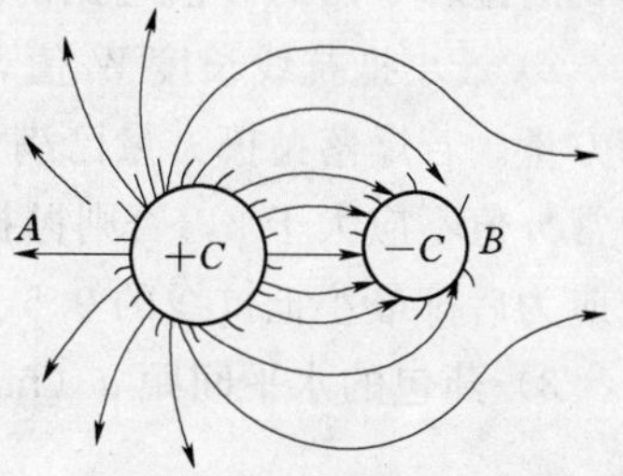

图 2-23　爆炸偶极子作用示意图

A—药包（+C 实际药包）；

B—空孔（−C 虚拟药包）

实验和理论均证明，抛掷速度与介质质点距药包中心 R 的三次方成反比，该质点获得的抛掷动能 E_k 与 R 的六次方成反比。同时也说明临空面对抛掷速度的影响，临空面越向内弯曲，即 R_0 越小，则 V 越大，E_k 更大，抛掷越集中，表现了临空面的聚能作用。介质流主要沿着药包中心至临空面的最短距离，即沿最小抵抗线 W 的方向抛射是其必然结果。根据这一定向原理，充分利用天然地形布置药包，或利用辅助药包创造人工临空面，满足工程定向抛掷的要求。定向爆破可以用来截流、筑坝、开渠、移山填谷等。下面仅就定向爆破筑坝作一简要介绍。

2. 定向爆破筑坝

(1) 定向爆破筑坝的基本要求：利用陡峻的岸坡布药，定向抛掷岩石至预定位置，拦断河道，然后通过人工修整达到坝的设计轮廓。定向爆破筑坝，地形上要求河谷狭窄，岸坡陡峻（通常在 40°以上），山高山厚应为设计坝高的 2 倍以上；地质上要求爆破区岩性均匀、强度高、风化弱、构造简单、覆盖层薄、地下水位低、渗水量小；水工上对坝体有严格防渗要求的多采用斜墙防渗；对坝体防渗要求不甚严格的，可通过爆破控制粒度分布，抛成宽体堆石坝，不另筑防渗体。泄水和导流建筑物的进出口应在堆积范围以外并满足防止爆震的安全要求；施工上要求爆破前先完成导流建筑物、布药岸的交通道路、导洞药室的施工及引爆系统的敷设等。

(2) 定向爆破筑坝的药包布置：可以采用一岸布药，或两岸布药。当河谷对称，两岸地形、地质、施工条件较好，则应采用双岸爆破，有利于缩短抛距，节约炸药，增加爆堆方量，减少人工加高工程量。当一岸不具备以上条件，或河谷特窄，一岸山体雄厚，爆落方量已能满足要求，则一岸爆破也是可行的。

定向爆破筑坝药包布置应是在保证安全的前提下，尽量提高抛掷上坝方量，减少人工加高培厚及善后处理工作量。从维护工程安全出发，要求药包位于正常水位以上，且大于垂直破坏半径。药包与坝肩的水平距离应大于水平破坏半径。药包布置应充分利用天然凹岸，在同一高程按坝轴线对称布置单排药包。当河段平直，则宜布置双排药包，利用前排的辅助药包创造人工临空面，利用后排的主药包保证上坝堆积方量。

(3) 定向爆破筑坝参数选择：

1) 爆破作用指数 n 值的选择，首先应满足抛掷距离的要求，同时应使用药量最省。通常，n 值采用 1～1.75，岸坡陡、河谷窄取小值；反之，取大值。若采用双排或双层布药，后排和下层的 n 值应比前排和上层的 n 值大 0.25～0.5。

2) 最小抵抗线长度 W 值，主要取决于抛掷方向和抛距的要求，同时应满足爆落和抛掷方量。若爆落抛掷方量已满足设计要求，只是抛距不够，W 值可不变，只需加大 n 值，通常 n 值不应大于 2，否则抛掷堆积过分分散。当采用双排药包时，前排药包的最小抵抗线应为后排最小抵抗线的 0.5～0.8。W 与药包埋深之比 W/H 应在 0.6～0.8 间选取。

3) 药包的水平间距 a (m) 或垂直间距 b (m)，应分别满足如下关系：

$$0.5W(n+1) \leqslant a \leqslant nW \tag{2-47}$$

$$nW \leqslant b \leqslant W\sqrt{1+n^2} \tag{2-48}$$

式中 W——相邻药包最小抵抗线的平均值，m；

n——爆破作用指数的最大值。

4) 定向爆破装药量计算，鉴于定向爆破药包多用加强抛掷爆破，对于单个集中药包药量习惯用如下公式计算：

$$Q = KW^3(0.4+0.6n^3)\sqrt{\frac{W}{25}} \tag{2-49}$$

对于条形药包以单位长度装药量即线装药密度的公式计算：

$$Q' = \frac{KW^3(0.4+0.6n^3)\sqrt{\frac{W}{25}}}{0.55(n+1)} \tag{2-50}$$

爆破可分期进行，但多采用一期爆破。起爆则采用同排同层同时起爆，异排异层延期起爆，先下后上，先辅后主，延发时间一般取 2s。

三、岩塞爆破

岩塞爆破系水下的一种控制爆破。在已成水库或天然湖泊内取水发电、灌溉、供水和泄洪时，为修建隧洞的取水口工程，避免在深水中建造围堰，采用岩塞爆破是一种经济而有效的方法。它的施工特点是先从引水隧洞出口开挖，直到掌子面到达库底或湖底邻近，然后预留一定厚度的岩塞，待隧洞和进口控制闸门井全部完建后，一次将岩塞炸除，使隧洞和水库连通。岩塞布置如图 2-24 所示。

岩塞的布置应根据隧洞的使用要求、地形、地质因素来确定。岩塞宜选择在覆盖层薄、岩石坚硬完整且层面与进口中线交角大的部位，特别应避开节理、裂隙、构造发育的部位。岩塞的开口尺寸应满足进水流量的要求。岩塞厚度应为开口直径的 1～1.5 倍，太厚，难于一次爆通，太薄则不安全。

岩塞爆落的石渣常用集渣和泄渣两种方式进行处理。前者是在正对岩塞的洞内挖一集渣坑，让爆落的大部分石渣抛入坑内，且运行期中，坑内石渣不被带走；后者只适用于灌

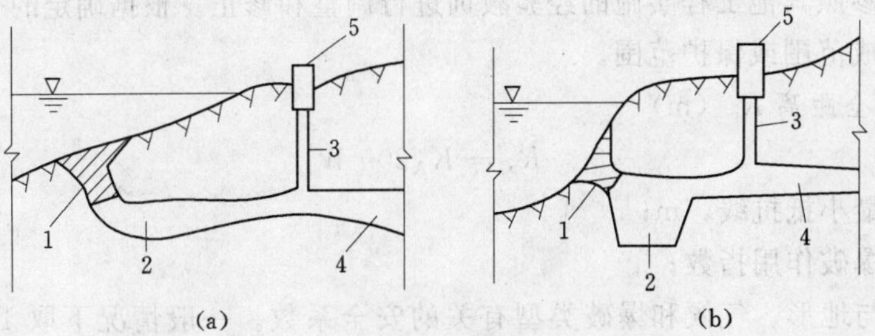

图 2-24　岩塞布置图

(a) 设缓冲坑；(b) 设集渣坑

1—岩塞；2—集渣坑；3—闸门井；4—引水隧洞；5—操纵室

溉、供水和防洪工程，而不适用于发电隧洞。岩塞爆破时让闸门开启，借助高速水流将石渣冲出洞口。为避免石渣瞬间拥塞，可设一个流线型缓冲坑，其容积相当于爆落石渣总量的 1/4～1/5。当洞径不大，爆落渣量少时，也可不设缓冲坑。

水下岩塞爆破装药量计算，应考虑岩塞上静水压力的阻抗，用药量应比常规抛掷爆破药量增大 20%～30%，即：

$$Q_s = (1.2 \sim 1.3)Q = (1.2 \sim 1.3)KW^3(0.4 + 0.6n^3) \qquad (2-51)$$

其中爆破作用指数 n，国内取 1.0～1.5。单位用药量通常比标准抛掷爆破单位用药量增大 20%～30%。

为了控制进口形状，岩塞周边采用预裂爆破减震防裂。国内采用的预裂孔距为 30cm，孔径为 45～55mm，孔深为 3～8m。连续装药，线装药密度为 270g/m，能保证进口爆破成型良好。起爆网路采用复式并—串—并联，或增补一套传爆线起爆，能确保安全准爆的效果。

岩塞爆破药室在岩塞内成“王”字形布置，药室开挖采用浅孔小炮并打少量的超前孔以探明渗水和岩层情况。若发现渗水，当漏水集中时，可用胶管排出洞外，当漏水量小而分散时，可进行灌浆处理。无论炸药和雷管部需进行防水处理。毫秒雷管可放在橡皮球内，封闭后涂上黄油即可防水。起爆炸和导爆索可放在塑料袋（管）中、封口后涂上黄油防水、防潮。

第六节　爆破安全技术

在爆破作业中实现文明施工，必须确保爆破安全。爆破安全有双重意义：一是人的安全；二是邻近建筑物及其地基的安全。爆破作业中的不安全因素有爆破飞石、地震波、空气冲击波和有毒气体等。分析这些不安全因素，采取防护措施，是爆破作业文明生产的重要内容和前提。飞石、地震波、空气冲击波的防护有个安全距离要求问题；有毒气体的防护，既有炸药种类的选择问题，也有将有毒气体采取措施降低到容许限量的问题，现分别介绍如下。

一、安全距离

在制订和实施爆破安全规程以前，应对各种情况的安全距离结合工地的实际情况分别进行计算，并参照其他工程实施的经验教训进行调整和修正。根据确定的安全距离，划分各种情况的警戒范围或保护范围。

1. 飞石安全距离 R_p（m）

$$R_p = K_A 20n^2W \tag{2-52}$$

式中 W——最小抵抗线，m；

n——爆破作用指数；

K_A——与地形、气候和爆破类型有关的安全系数。一般情况下取 1.0～1.5；风速大而又顺风时取 1.5～2.0 或更大一些；抛掷爆破时正对最小抵抗线方向或地面坡度大于 30°的下坡方向可取 1.5；山谷或垭口地形时，应取为 1.5～2.0。对于最小抵抗线大于 25m 或单侧松动爆破以及双侧加强松动爆破，特别是在土中爆破，上述飞石安全距离公式计算值偏大。对于地形陡峻、高差悬殊处，则计算值偏小，尚应增加一定富裕值，以策安全。

2. 爆破地震作用的安全距离 R（m）

爆破地震安全，多采用质点振速进行控制，即以实测质点振速小于或等于允许质点振速为判据，尚可按下式用允许质点振速［V］推求爆破地震作用的安全距离 R。［V］可查表 2-4 确定。

$$V = K\left(\frac{Q^\beta}{R}\right)^\alpha \tag{2-53}$$

式中 β——药包形状系数，一般取 1/3 或 1/2；

Q——一次同时起爆药量，kg；

R——爆心距测点的距离，m；

K——与地形、地质和装药条件有关的系数；

α——震动衰减指数。

表 2-4　房屋建筑物和构筑物允许质点振速［v］

序 号	房屋建筑物和构筑物情况	允许质点振速（cm/s）
1	简易木结构房	5
2	砖砌居住房屋	5
3	无胶结材料的大型砌块房屋	1.2～1.5
4	砖砌体烟囱	2～5
5	钢筋混凝土烟囱	5
6	工业厂房内有精密贵重仪器设备者	1.5～3
7	一般厂房、运输栈桥、大中型桥梁	5～10
8	计算机中心及机电设备中控室	0.5～2
9	钢筋混凝土框架结构炉渣砌块墙体	5～7
10	钢筋混凝土框架结构砖砌墙体	7～15
11	钢构件结构（视高度和跨度大小而异）	8～16

续表

序　号	房屋建筑物和构筑物情况	允许质点振速（cm/s）
12	整浇钢筋混凝土仓库	17～20
13	高度 100m 以上的电台发射塔电视塔	1～3
14	跨度 8～10m 顶部岩石坚硬或中等坚硬洞室	8～12*
15	跨度 15～18m 顶部岩石坚硬或中等坚硬洞室	7～10*
16	跨度 19～25m 顶部岩石坚硬或中等坚硬洞室	4～6*

注　有 * 号的上限值为：岩壁可能出现裂缝但不会垮塌。

3. 空气冲击波影响的安全距离 R_B（m）

空气冲击波为球形波，为保证人身安全，其波阵面的超压不应大于 1.96×10^4Pa。对于建筑物避免危害影响的半径可按下式计算：

$$R_B = K_B\sqrt{Q} \tag{2-54}$$

式中　Q——一次同时起爆药包重量，kg；

K_B——与装药情况和限制破坏程度有关的系数，可查表 2-5 确定。

表 2-5　　爆炸空气冲击波安全距离系数 K_B 值

破 坏 程 度	安全级别	K_B	
		裸露药包	埋入药包
安全无损坏	Ⅰ	50～150	10～50
玻璃窗偶然破坏	Ⅱ	10～50	5～10
玻璃窗全毁，门窗局部破坏	Ⅲ	5～10	2～5
隔墙、门窗、板棚破坏	Ⅳ	2～5	1～2
砖石木结构破坏	Ⅴ	1.5～2	0.5～1
全部破坏	Ⅵ	1.5	/

4. 殉爆的安全距离 r_s（m）

炸药、炸药库、雷管库之间应相隔一段殉爆安全距离，防止一处爆炸引起另一处发生爆炸。

（1）炸药与炸药间的殉爆安全距离 r_{si}：

$$r_{si} = \sqrt{\sum_{i=1}^{n} k_{si}^2 Q_i} \tag{2-55}$$

式中　i——贮存炸药的品种编号；

Q_i——i 种炸药药包的重量，kg；

k_{si}——i 种炸药殉爆安全距离系数，由主动和被动药包的品种和贮存情况决定，参见表 2-6。

（2）雷管对炸药的殉炸安全距离 r_{s2}：雷管作为主动药包来考虑，其殉爆安全距离与贮存雷管的数目有关，可粗略按下式估算：

$$r_{s2} = 0.06\sqrt{n} \tag{2-56}$$

式中　n——贮存雷管个数。

表 2-6　　　　　　　　　　　　　**炸药殉爆安全距离系数 K_s 值**

主动药包		被动药包			
		硝铵类炸药		40%以上胶质炸药	
炸药种类	埋藏方式	裸露	埋藏	裸露	埋藏
硝铵类炸药	裸露	0.25	0.15	0.35	0.25
	埋藏	0.15	0.10	0.25	0.15
40%以上胶质炸药	裸露	0.50	0.30	0.70	0.50
	埋藏	0.30	0.20	0.50	0.30
备注	1. 裸露式为放置在地表的药包，适用于贮存炸药的轻型建筑物及堆积空台上的炸药。 2. 埋藏式适用于防护墙内贮存的炸药。				

5. 有害气体扩散安全距离 $[R_r]_{max}$（m）

炸药爆炸生成的各种有害气体，如一氧化碳、二氧化碳、二氧化硫和硫化氢等，在空气中含量超过一定数量就会危及人身安全。爆破有害气体的许可含量视有害气体的种类不同而各异，可参考有关安全规程确定。

爆炸生成的有害气体随扩散距离增加，含量渐减，直至体积浓度达到许可标准，这段扩散距离可作为有害气体扩散的控制安全距离，可按下式计算确定：

$$[R_r]_{max} = 160\sqrt[3]{Q}(1 + 0.5V_B) \tag{2-57}$$

式中　Q——爆破炸药总重量，t；

V_B——爆破时可能出现的最大风速，m/s。

二、瞎炮及其处理

通过引爆而未能爆炸的药包称为瞎炮。产生瞎炮不仅达不到预期的爆破效果，造成物力、财力的浪费，而且会直接影响现场施工人员的人身安全。故及时查明瞎炮并加以处理，才能保证施工安全。通常，炮孔外有残留的导火索、引爆电线或传爆线，炮孔附近地表有裂缝，而无明显松动和抛掷现象，炮孔或药室间有明显未爆破的间隔等都是瞎炮的迹象。产生瞎炮的原因主要是爆破器材失效或损伤，例如雷管、炸药过期失效，引爆线损伤或接触不良，非防水炸药受潮、浸水，引爆系统的导火索、传爆线折断，接线折断，起爆的电流电压不足等。制度不严，操作不当，也常常是产生瞎炮的重要原因。为避免瞎炮，关键在于做好预防检查工作。应认真查对爆破器材的有效期，做好质检，选择安全可靠的起爆网路，小心铺设网路，起爆前应全面检查网路和电源。爆后，安全人员应先进现场，发现瞎炮后立即设置明显标志，由炮工进场当班处理，如情况复杂，应会同有关部门商定处理方案。当时间延误，应做好交班工作，明确交代处理意见和职责。工地处理瞎炮常用的方法如下：

（1）距瞎炮炮孔 30～60cm，钻平行炮孔装药爆破，但切勿与瞎炮炮孔斜交钻孔。

（2）若通过检查证实雷管的电阻正常，炸药未失效，则宜接线重新起爆。

（3）若证实炸药已失效，且其敏感度不高，则可将炮泥掏出，再装起爆药引爆。

（4）对散装的粉状硝铵炸药可用水冲洗，冲出炮泥和炸药，对于不防水的包装炸药也可浸水灌泡，使其失效再予以清除。

（5）对于深孔和洞室爆破出现瞎炮，最好重新接线起爆。洞室爆破若属起爆体内的问题，应清除堵塞物，取出起爆体进行检查处理，惟需注意邻近药包爆破后，引起药量和导洞的变形和错动，谨防洞顶垮塌。对炸药亦应浸泡后再行清除。

三、爆破作业安全防护措施

（1）爆破器材在运输中不得抛掷、撞击，严防明火接近，起爆器材和炸药应分开运输、贮存和保管，贮存地点相互间应有足够的殉爆安全距离。装药洞室内应采用36V以内的低压照明。

（2）在可能范围内减小孔距、孔深，选择较小的爆破作用指数以减小抛掷距离和飞石。通过布孔和起爆顺序的调整，改变最小抵抗线的方向，避免最小抵抗线正对居民区、重要建筑物、主要施工机械设备以及其他重要设施。

（3）采用分段延期、毫秒微差爆破，前者可减少一次起爆药量，后者兼有调整震动周期和减震作用。也可在被保护建筑物正对药包方向的外缘打防震孔，挖防震槽或进行预裂爆破，以截阻爆区传来的震波。

（4）尽量避免采用裸露爆破，不仅可节约炸药，而且对减少飞石和空气冲击波压力均具有明显的作用。水下爆破采用气幕防震，利用气泡压缩变形吸收能量，减轻水中冲击波对被保护目标的破坏，效果也很显著。

（5）对飞石的防护措施尚可根据被保护对象的特征和施工条件而异。在平地开挖宽度不大于4m的沟槽，采用拱式或壳体式覆盖最合理，覆盖物可随爆点而移动。挡板式覆盖宜设在高于爆破对象的天然或人工支承上，距爆破表面不小于0.3～0.5m，但架设拆除费时费工。网式、链式覆盖对房屋建筑物有一定效果，但难避免漏网小石。浅孔爆破在孔口压土袋，大量爆破用填土覆盖被保护建筑物，后者填筑和清除覆土工作量大，但防止飞石破坏有明显效果。

此外，严格爆破作业的规章制度，对施工人员进行安全教育也是保证施工安全的重要环节。

第三章 土石坝工程

土石坝亦称填筑坝和当地材料坝，按施工方法一般分为碾压式土石坝、抛填式堆石坝、定向爆破堆石坝和水力冲填坝等。国内外均以碾压式土石坝采用最多。碾压式土石坝按防渗体型式一般又可分为均质土坝、心墙土石坝、斜墙土石坝、面板堆石坝以及复合土工材料防渗土石坝等；碾压式土石坝防渗体材料常见有粘土防渗体、混凝土粘土防渗体、沥青混凝土防渗体、复合土工材料防渗体。土质心（斜）墙堆石坝、混凝土面板堆石坝、沥青混凝土防渗体堆石坝是当今土石坝的主导坝型。本章着重加以论述。

土石坝具有鲜明的施工特点：

(1) 筑坝所需土石可就地取材，还可以充分利用各种开挖料。与混凝土坝相比，土石坝所需钢材、水泥、木材比较少，可以减轻对外交通运输的工作量，是一种经济、安全、环保和工期短、适应性好、施工方便的坝型。由于岩土力学和试验技术的进步以及施工技术的发展，筑坝材料的品种范围还在逐步扩大。

(2) 土石坝工程量大，施工强度高，当前机械化施工水平已经可以在合理工期内完成大量土石方开挖和填筑。机械设备和运输线路质量成为施工的关键因素。

(3) 土石坝施工和自然条件关系极为密切。由于水文、地质、气象因素的不确定性和筑坝材料的千差万别，对土石坝的导流标准、拦洪度汛方式以及有效工作时间要进行充分细致的综合研究，做好坝料的室内外试验研究工作和施工设计，并根据条件变化，及时调整施工参数和修正施工方案，实施动态施工管理。

(4) 实践经验甚为重要。由于自然环境的不同，每座土石坝都有其特殊性，因之土石坝是一门实践性很强的工程门类，重视积累施工经验和借鉴他人经验，是提高施工水平的重要环节。

(5) 原型观测具有特殊地位。由于设计参数和计算方法的局限以及复杂多变的施工过程，原型观测对于检验设计合理性和监测施工质量及运行安全，具有特别重要的意义。

新时期土石坝施工技术的发展以重型土石方机械及振动碾等大型施工设备的成功实践为主要标志，使土质心墙堆石坝和混凝土面板堆石坝成为现代高土石坝的两种主导坝型。用振动碾薄层碾压可以得到密实而变形较少的堆石体，解决了传统的混凝土面板堆石坝因抛填堆石的大量变形而导致的面板断裂、接缝张开和大量渗漏的问题，从而使这种坝型重新兴起。同时，振动压实可使爆破开采的堆石料全部上坝，也使大粒径的砂砾（卵）石填筑大坝成为可能，对软岩料也可用提高压实密度的方法弥补岩块强度的不足。振动凸块碾、平板振动器等压实工具也逐步得到应用，不断拓宽着适用防渗料的范围。振动碾的使用提高了土石坝的安全性、经济性和适用性。高效率的汽车运输坝料逐渐取代有轨运输坝料方式。这种进步在 1976 年竣工的碧口土石坝上初现端倪。20 世纪 70 年代后期建设的石头河土石坝标志着我国土石坝施工技术进入了一个新阶段。80 年代中后期施工的鲁布革心墙坝在土石坝施工技术的发展中起着承前启后的作用。20 世纪最后几年建设的小浪底斜心墙坝、黑河心墙坝，极大地丰富了土石坝施工的实践经验，全面地提高了我国的土石坝施工技术水平。

碾压式混凝土面板堆石坝是国际上 20 世纪 60 年代末重新崛起的坝型，由于其安全性、经济性、适应性好，施工方便而得到迅速发展。进入 80 年代中期，以西北口、关门山等工程为代表，开始用现代技术修建混凝土面板堆石坝；进入 90 年代该坝型更得到极为迅速的发展，已成为高、中土石坝的两种主导坝型之一。天生桥一级混凝土面板堆石坝坝高 178m，填筑方量 1800 万 m^3，面板面积 18 万 m^2，其工程规模和技术难度居世界前列。其填筑强度创造了 4.8 万 m^3/d、117.93 万 m^3/月的新水平。用激光导向反铲修整垫层料坡面、溢洪道开采上坝料的控制爆破等技术在施工中起到了重要作用，它的建成将促进我国 200m 级的超高面板坝的发展。

由于沥青混凝土具有防渗性能好、适应变形能力强、工作量较少等特点，加上实践的经验积累，10 多年来，以沥青混凝土作为防渗体的土石坝在我国也得到长足的发展。以现代技术建成的浙江天荒坪沥青混凝土面板坝（坝高 72m）、长江三峡茅坪溪沥青混凝土心墙堆石坝（坝高 100m）和四川南桠河冶勒沥青混凝土心墙堆石坝（坝高 125m）表明，沥青混凝土防渗体堆石坝已经成为有很强竞争实力的一种坝型。

20 多年前，我国土工织物等土工合成材料的研究和应用开始起步，80 年代用土工膜修补、加固了百余座病险坝，90 年代用土工膜修补和新建了数十座土石坝。近年来，该材料在堤防和堰坝防渗体工程中的应用规模和应用效果，得到了工程界的认可。由于这种新坝型建造历史较短，技术尚不够成熟，一些坝的设计施工还有不足之处，有待各界共同努力，以求得到这一技术的不断进步和完善。

近年来，一批高土石坝的相继建成和动工修建，标志着我国的土石坝施工水平已经进入世界先进行列。这些工程使用的自卸汽车的吨位和挖掘机斗容量随填筑规模的加大而增大，碾压设备都采用了大型自行式或牵引式振动碾，冲击式压实设备开始试验应用。测试手段和观测设备埋设技术都有了同步的发展。由于施工技术水平的提高和采用先进的施工设备与工艺，深覆盖层地基处理技术也取得了跨越式进步。

第一节　土石料场规划

土石坝在施工前，应对坝址附近的土石料性质、储量及分布情况等，进行一次复查。在复查的基础上，再对各种料场在不同施工阶段中的使用程序，填筑部位及供求量的平衡等问题，作出从空间、时间、质与量诸方面的全面规划。

空间规划，系指对料场位置、高程的恰当选择，合理布置。土石料的上坝运距尽可能短些，高程上有利于重车下坡，减少运输机械功率的消耗。近料场不应因取料影响坝的防渗稳定和上坝运输；也不应使道路坡度过陡引起运输事故。坝的上下游、左右岸最好都选有料场，这样有利于上下游、左右岸同时供料，减少施工干扰，保证坝体均衡上升。用料时原则上应低料低用，高料高用，当高料场储量有余裕时，亦可高料低用。同时料场的位置应有利于布置开采设备、交通及排水通畅。对石料场尚应考虑与重要建筑物、构筑物、机械设备等保持足够的防爆、防震安全距离。

时间规划，就是要考虑施工强度和坝体填筑部位的变化。随着季节及坝前蓄水情况的变化，料场的工作条件也在变化。在用料规划上应力求做到上坝强度高时用近料场，低时用较远的料场，使运输任务比较均衡。对近料和上游易淹的料场应先用，远料和下游不易淹的料场后用；含水量高的料场旱季用，含水量低的料场雨季用。在料场使用规划中，还应保留一部分近料场供合龙段填筑和拦洪度汛高峰强度时使用。

料场质与量的规划，是料场规划最基本的要求，也是决定料场取舍的重要因素。在选择和规划使用料场时，应对料场的地质成因、产状、埋深、储量以及各种物理力学指标进行全面勘探和试验。勘探精度应随设计深度加深而提高。在施工组织设计中，进行用料规划，不仅应使料场的总储量满足坝体总方量的要求，而且应满足施工各个阶段最大上坝强度的要求。

料尽其用，充分利用永久和临时建筑物基础开挖渣料是土石坝料场规划的又一重要原则。为此应增加必要的施工技术组织措施，确保渣料的充分利用。例如，若导流建筑物和永久建筑物的基础开挖时间与上坝时间不一致时，则可调整开挖和填筑进度，或增设堆料场储备渣料，供填筑时使用。

料场规划还应对主要料场和备用料场分别加以考虑。前者要求质好、量大、运距近，且有利于常年开采；后者通常在淹没区外，当前者被淹没或因库区水位抬高，土料过湿或其他原因中断使用时，则用备用料场保证坝体填筑不致中断。

在规划料场实际可开采总量时，应考虑料场查勘的精度、料场天然容重与坝体压实容重的差异，以及开挖运输、坝面清理、返工削坡等损失。实际可开采总量与坝体填筑量之比一般为：土料 2～2.5；砂砾料 1.5～2；水下砂砾料 2～3；石料 1.5～2；反滤料应根据筛后有效方量确定，一般不宜小于 3。另外，料场选择还应与施工总体布置结合考虑，应根据运输方式、强度来研究运输线路的规划和装料面的布置。料场内装料面应保持合理的间距，间距太小会使道路频繁搬迁，影响工效；间距太大影响开采强度，通常装料面间距取 100m 为宜。整个场地规划还应排水通畅，全面考虑出料、堆料、弃料的位置，力求避免干扰以加快采运速度。

第二节　土石坝的挖运机械及配套方案选择

土石坝施工中，从料场的开挖、运输，到坝面的平料和压实等各道工序，均由互相匹配的具有独特功能的工程机械来完成，构成“一条龙”的生产工艺流程，即为土石坝的综合机械化施工。

一、挖运机械

（一）挖掘机械

1. 挖掘机械的分类及用途

挖掘机械的种类繁多，就其构造及工作特点，有循环单斗式和连续多斗式之分。就其传动系统又有索式、链式和液压传动之分，挖掘机的分类及用途见表 3－1。液压传动具有突出的优点，现代工程机械多采用液压传动。水利工程中常见的单斗挖掘机械如图3－1所示。

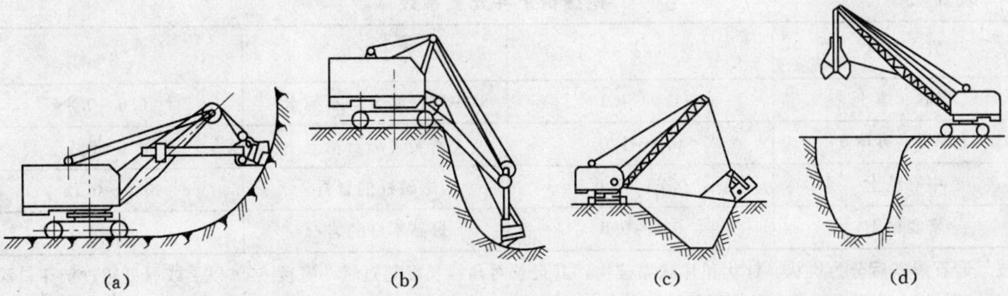

图 3-1　单斗挖掘机

(a) 正向铲挖掘机；(b) 反向铲挖掘机；(c) 索铲挖掘机；(d) 抓铲挖掘机

表 3-1　挖掘机械的分类及用途

分类要素	型　　式	用　　途
工作装置	正铲、反铲、索铲、抓铲	挖掘基坑，疏通河道、道路，清理废墟，挖掘水库和河道，剥离表土，挖装土石材料等
动力装置	电力驱动式、内燃机驱动式、混合动力等	
动力传递和控制方式	机械式、机械液压式、全液压式	
行走方式	履带式、轮胎式、拖挂式	
作业方式	循环作业式（单斗挖掘机）、连续作业式（多斗挖掘机）	

2. 挖掘机生产率计算

循环式单斗挖掘机和连续式多斗挖掘机的实际小时生产率可按下式确定：

$$P = 60nqk_{充}\ k_{松}\ k_{误}\ k_{时} \quad (m^3/h) \tag{3-1}$$

式中 n——对于单斗挖掘机系指每分钟循环工作次数，可根据表 3-2 进行换算；

q——铲斗的几何容量，m^3；

$k_{充}$——铲斗充盈系数，表示实际装料容积与土斗几何容积的比值，见表 3-3；

$k_{松}$——土壤可松性系数，见表 3-4；

$k_{误}$——联合作业延误系数，考虑运输工具影响挖掘机的工作时间，有运输工具配合时，可取 0.9；无运输工具配合时，应取 1.0；

$k_{时}$——时间利用系数，可取 0.8～0.9。

由式（3-1）可见，若要提高挖掘机械的实际生产率，必须提高循环式挖掘机的循环次数，即缩短每一循环的工作时间，如加长土斗的中间斗齿以减小切土阻力和切土时间，减小挖卸之间的转角等。此外，当挖掘松散土料时，可更换较大的土斗以增大土斗容积；加强机械的现场维修，合理布置掌子面，协调并改善回车和错车场地，改善挖运设备的配合等，都将有利于提高挖掘机械的实际生产率。

表 3-2　挖掘机一次挖掘循环延续时间　　单位：s

铲斗类型	挖掘机斗容（m^3）						
	0.8	1.5	2.0	3.0	4.0	6.0	9.5
正铲	16～28	16～28	18～28	18～28	20～30	24～34	28～36
反铲	24～33	28～37	30～39	36～46	42～50	43～52	46～56

表 3-3　　挖掘机铲斗充盈系数

岩土名称	$k_{充}$	岩土名称	$k_{充}$
湿砂、壤土	1.0～1.1	中等密实含砾石粘土	0.6～0.8
小砾石、砂壤土	0.8～1.0	密实含砾石粘土	0.6～0.7
中等粘土	0.75～1.0	爆破好的岩石	0.6～0.75
密实粘土	0.6～0.8	爆破不好的岩石	0.5～0.7

注　岩石爆破后分为块状、针状和片状爆破物，其最长对角线长度超过铲斗宽度 60%以上或厚度超过铲斗口深度 55%以上为爆得不好；最长对角线长度小于铲斗宽度 30%以下或厚度小于铲斗 20%以下为爆得好；介于两者之间的为一般的。

表 3-4　　土壤的可松性系数

挖掘机斗容 (m^3)	土壤级别					
	Ⅰ	Ⅱ	Ⅲ	Ⅳ	爆破好的岩石	爆破不好的岩石
0.8～2.0	0.89	0.82	0.79	0.74	0.68	0.67
2.5～3.8	0.91	0.83	0.80	0.76	0.69	0.68
4.0～6.0	0.93	0.85	0.82	0.78	0.71	0.69
6.0～10.0	0.95	0.87	0.83	0.80	0.73	0.70

（二）推土机

1. 推土机的性能和特点

推土机是一种在履带式拖拉机上安装推土板等工作装置而成的一种铲运机械，是水利水电建设中最常用、最基本的机械，可用来完成场地平整、基坑开挖、渠道开挖、推平填方、堆积土料、回填沟槽、清理场地等作业，还可以牵引振动碾、松土器、拖车等机械作业。它在推运作业中，距离不能超过 60～100m，挖深不宜大于 1.5～2.0m，填高小于2～3m。

推土机按安装方式分为固定式和万能式；按操纵方式分为钢索和液压操纵，按行驶分为履带式和轮胎式。推土机推运土料采用前进推料后退开行。为提高生产率，常采取下坡推土、沟槽推土、并列推土等方法。水利工程中常见的推土机械如图 3-2 所示。

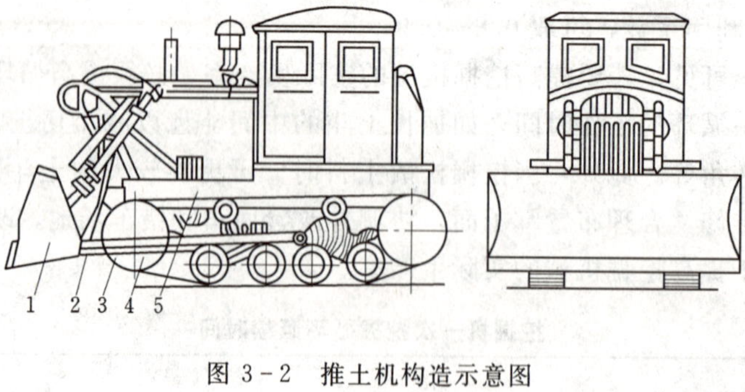

图 3-2　推土机构造示意图

1—推土板；2—液压油缸；3—推杆；4—引导轮；5—托架

2. 推土机的生产率计算

推土机实际生产率（直铲推送土石、散砾料）。

$$p = 60qk_{坡}\ k_{时}\ /T \tag{3-2}$$

$$T = 2L/v + 0.5$$

式中 p——推土机生产率，自然方，m^3/h；

q——推土机推运土料的体积，m^3；

$k_{坡}$——坡度影响系数，下坡推土取 1.07～1.26，上坡推土取 0.41～0.86；

$k_{时}$——时间利用系数，可取 0.7～0.75；

T——推土机一次工作循环时间，min；

L——推土机一次行程距离，m；

v——推土机行进速度，m/min。

q 的确定方法：①根据推土机说明书推荐的性能参数确定；②根据推土板尺寸参数计算。

$$q = h^2 Bk_{松}\ \tan\phi k_{损}\ /2 \tag{3-3}$$

式中 h——推土板高度，m；

B——推土板宽度，m；

$k_{松}$——土壤的可松性系数，一般取 0.70；

ϕ——推土板前土壤的自然倾角，(°)；

$k_{损}$——土石推移时的损失系数，取 0.75～0.95（松散土壤和运距大时取小值）。

（三）铲运机

1. 铲运机的性能和特点

铲运机是利用装在前后轮之间的铲斗，在行驶中进行铲削、装载、运输、铺卸土壤循环作业的铲土运输机械，它机动灵活、高效，能独立完成铲土、运土、卸土、铺土、综合作业。按行驶方式，铲运机分为牵引式和自行式。前者用拖拉机牵引铲斗，后者自身有行驶动力装置。当今多用自行式，因其结构轻便，可带较大的铲斗，行驶速度高，多用低压轮胎，有较好的越野性能。履带式铲运机的经济运距在 500m 以内，轮胎自行式铲运机的经济运距为 800～1500m。适用于四级以下岩石和含水率适中的土壤、砂砾石铲运作业。水利工程中常见的轮胎自行式铲运机械如图 3-3 所示。

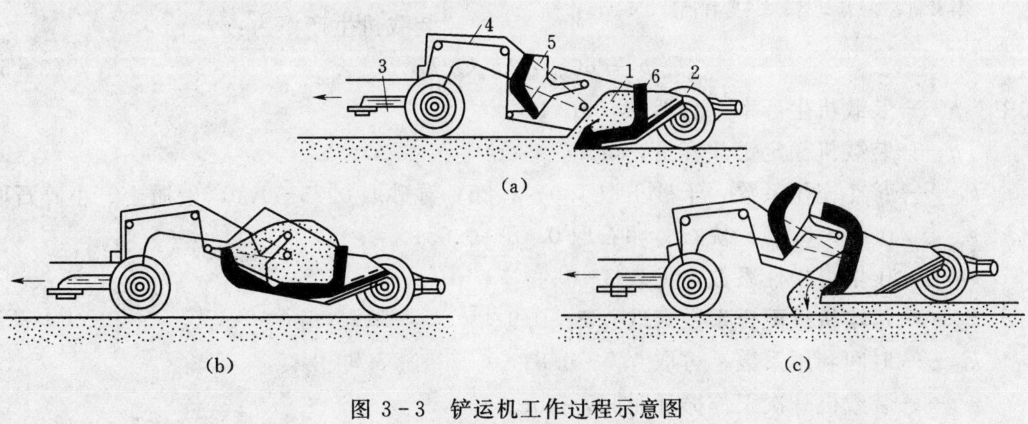

图 3-3 铲运机工作过程示意图

(a) 铲土；(b) 运土；(c) 卸土

1—铲斗；2—行走装置；3—连挂装置；4—操纵装置；5—斗门；6—斗底和半后壁

2. 铲运机的生产率计算

铲运机生产率

$$p = 60qk_{充} k_{松} /T \quad (3-4)$$

$$T = 2L/v + 2$$

式中 p——铲运机生产率，自然方，m^3/h；

q——铲斗的容量，m^3；

$k_{充}$——铲斗充盈系数，砂子取 0.75，其他土壤取 0.85～1.0，最高可达 1.3；

$k_{松}$——土壤可松性系数，砂土取 0.56～0.93，亚粘土取 0.78～0.87，粉土取 0.77～0.81，粘土取 0.76～0.78；

T——铲运机一次工作循环时间，min；

L——铲运机一次行程距离，m；

v——铲运机行进速度，m/min。

（四）装载机

1. 装载机的分类及特点

装载机是一种短程装运结合的机械，具有机动灵活、适应性强、作业效率高等特点。装载机主要用途是铲取散粒材料并装上车辆或料斗，还可用于集渣、装运、挖掘、推运、平整地面和牵引车辆，如更换装置，尚可用于抓举和起重等作业。装载机按照行走装置不同可分为履带式和轮胎式，按照铲斗卸料方式不同可分为前卸式和侧卸式。当前使用最多的是四轮驱动铰接转向的轮式装载机，其铲斗多为前卸式，有的兼可侧卸。水利工程中常见的 ZL—40 型装载机械如图 3-4 所示。

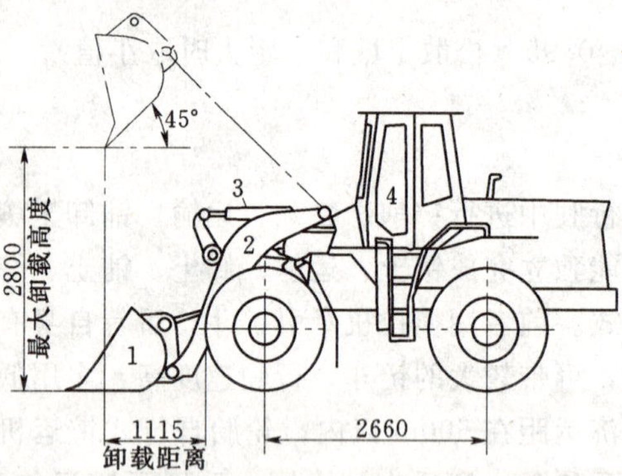

图 3-4 ZL—40 型装载机外形尺寸图（单位：mm）

1—装载机；2—活动臂；3—臂杆油缸；4—操作台

2. 装载机生产率计算

装载机生产率为：

$$p = 60qk_{充} k_{松} k_{配} k_{时} /t \quad (3-5)$$

式中 p——装载机生产率，自然方，m^3/h；

q——装载机额定铲斗容量，m^3；

$k_{充}$——铲斗充盈系数，干砂土取 1.0～1.25，湿砂取 0.75～1.0，硬质土、小碎石取 0.65～0.75，块石、卵石取 0.45～0.65；

$k_{松}$——土壤可松性系数，见表 3-4；

$k_{配}$——运输机械配合系数，取 0.8～0.9；

$k_{时}$——时间利用系数，可取 0.7～0.8；

t——装载机一次工作循环时间，min。

二、开挖运输方案

（一）综合机械化施工的基本原则

土石坝施工中，从料场的开挖、运输，到坝面的铺料和压实各工序，优先考虑用机械施工，在大中型土石坝中，力争实现综合机械化，施工组织应遵循以下原则：

(1) 确保主要机械发挥作用。主要机械是指在机械化生产线中起主导作用的机械，充分发挥它的生产效率，有利于加快施工进度，降低工程成本。如土方工程机械化施工中，施工机械组合为：挖掘机、自卸汽车、推土机、振动碾；挖掘机为主要机械，其他为配套机械，挖掘机如出现故障或工效降低，会导致停产或施工强度下降。

(2) 根据机械工作特点进行配套组合。连续式开挖机械和连续式运输机械配合；循环式开挖机械和循环式运输机械配合，形成连续生产线。否则，需要增加中间过渡设备。

(3) 充分发挥配套机械作用。在选择配套机械，确定配套机械的型号、规格和数量时，其生产能力要略大于主要机械的生产能力，以保证主要机械的生产能力。

(4) 便于机械使用维修管理。选择配套机械时，尽量选择一机多能型，减少衔接环节。同一种机械力求型号单一，便于维修管理。

(5) 合理布置、加强保养、提高工效。严格执行机械保养制度，使机械处于最佳状态，合理布置工作面和运输道路。

(二) 挖运方案选择

坝料的开挖与运输，是保证上坝强度的重要环节之一。开挖运输方案，主要根据坝体结构布置特点、坝料性质、填筑强度、料场特性、运距远近、可供选择的机械型号等多种因素，综合分析比较确定。土石坝施工中开挖运输方案主要有以下几种。

1. 挖掘机开挖，自卸汽车运输上坝

正向铲开挖、装车，自卸汽车运输直接上坝，通常运距小于10km。自卸汽车可运各种坝料，运输能力高，设备通用，能直接铺料，转弯半径小，爬坡能力较强，机动灵活，使用管理方便，设备易于获得。

在施工布置上，正向铲一般采用立面开挖，汽车运输道路可布置成循环路线，装料时停在挖掘机一侧的同一平面上，即汽车鱼贯式的装料与行驶，这种布置形式可避免汽车的倒车时间，正向铲采用60°～90°角侧向卸料，回转角度小，生产率高，能充分发挥正向铲与汽车的效率。

2. 挖掘机开挖，皮带机运输上坝

皮带机的爬坡能力强、架设简易，运输费用较低，与自卸汽车相比可降低费用1/3～1/2，运输能力也较大，适宜运距小于10km，皮带机可直接从料场运输上坝；也可与自卸汽车配合，做长距离运输，在坝前经漏斗卸入汽车转运上坝；或与有轨机车配合，用皮带机转运上坝作短距离运输。图3-5为固定带式运输机的构造图。

3. 采砂船开挖，机车运输，转胶带机上坝

国内一些大中型水电工程施工中，广泛采用采砂船开采水下的砂砾料，配合有轨机车运输。有轨机车是一种效率较高的运输工具，它具有机械结构简单、修配容易的特点。当料场集中，运输量大，运距大于10km，可用有轨机车进行水平运输。有轨机车的临建工程量大，设备投资较高，对线路坡度和转弯半径要求也较高。不能直接上坝，在坝脚经卸料装置转胶带机运土上坝。水利工程中常见的链斗式采砂船如图3-6所示。

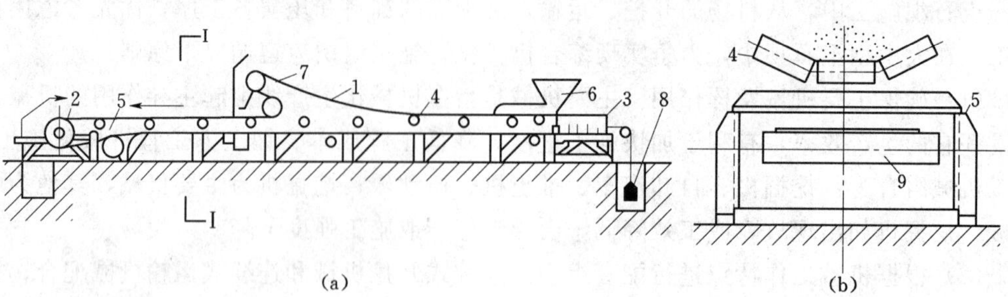

图 3-5　固定带式运输机构造图

(a) 纵剖面图；(b) 横剖面图

1—皮带；2—驱动鼓轮；3—张紧鼓轮；4—上托辊；5—机架；
6—喂料器；7—卸料小车；8—张紧重锤；9—下托辊

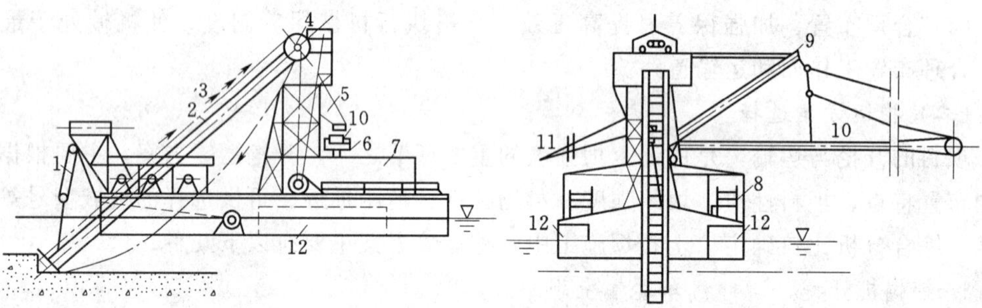

图 3-6　链斗式采砂船

1—斗架提升索；2—斗架；3—链条和链斗；4—主动链轮；5—卸料漏斗；6—回转盘；
7—主机房；8—卷扬机；9—吊杆；10—皮带机；11—泄水槽；12—平衡水箱

4. 斗轮式挖掘机开挖，皮带机运输，转自卸汽车上坝

当填筑方量大，上坝强度高的土石坝，料场储量大而集中，可采用斗轮式挖掘机开挖。它的生产率高，具有连续挖掘、装料的特点。斗轮式挖掘机将料转入移动式胶带机，其后接长距离的固定式皮带机至坝面或坝面附近经自卸汽车运至填筑面。这种布置方案，可使挖、装、运连续进行，简化了施工工艺，提高了机械化水平和生产率。水利工程中常见的斗轮挖掘机如图 3-7 所示。

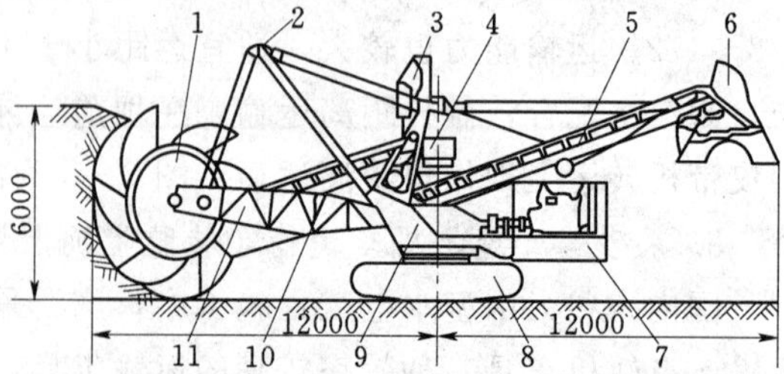

图 3-7　斗轮式挖掘机（单位：mm）

1—斗轮；2—升降机构；3—司机室；4—中心料仓；5—卸料皮带机；6—双槽卸料斗；7—动力装置；8—履带；9—转台；10—受料皮带机；11—斗轮臂

坝料的开挖运输方案很多，但无论采用何种方案，都应结合工程施工的具体条件，组织好挖、装、运、卸的机械化联合作业，提高机械利用率；减少坝料的转运次数；各种坝料的铺筑方法及设备应尽量一致，减少辅助设施；充分利用地形条件，统筹规划和布置。

三、挖运强度与挖运机械数量的确定

土石坝施工的挖运强度取决于土石坝

的填筑强度，填筑强度又取决于施工中的气象水文条件、施工导流方式、施工分期、工作面的大小、劳动力、机械设备、燃料动力供应情况等因素。对于大中型工程，平均日填筑强度通常为1～3万m^3，高的达10万m^3左右。在施工组织设计中，一般根据施工进度计划各个阶段要求完成的坝体方量来确定填筑和挖运强度。合理的施工组织管理应有利于实现均衡生产，避免生产大起大落，使人力、机械设备不能充分利用，造成不必要的浪费。

(1) 坝体分期填筑强度 Q_d (m^3/h) 可按下式计算：

$$Q_d = v_d k k_1/(TN) \tag{3-6}$$

式中 v_d——坝体分期填筑方量，m^3；

k——施工不均匀系数，可取1.2～1.2；

k_1——考虑沉陷、削坡、损失等影响系数，可取1.15～1.2；

T——分期时段的有效工作日数，d；按分期时段的总日数，扣除节假日、降雨及气温影响可能的停工日数；

N——每日的工作小时数，以20h计。

(2) 分期施工运输强度 Q_T (m^3/h)：

$$Q_T = Q_d k_2 \gamma_d/\gamma_y \tag{3-7}$$

式中 k_2——土料运输损失系数，取1.05～1.10；

γ_d——设计干表观密度，t/m^3；

γ_y——土料松散状态下干表观密度。

(3) 坝体分期施工的开挖强度 Q_c (m^3/h)：

$$Q_c = Q_d k_3 \gamma_d/\gamma_n \tag{3-8}$$

式中 k_3——开挖及运输中的损失系数，可取1.05～1.10；

γ_n——土料的天然干表观密度，t/m^3。

(4) 满足上坝填筑强度要求的挖掘机数量 N_c 为：

$$N_c = Q_c/P_c \tag{3-9}$$

式中 P_c——1台挖掘机的生产率，m^3/h。

(5) 满足上坝填筑强度要求的汽车数量 N_a 为：

$$N_a = Q_c/P_a \tag{3-10}$$

式中 P_a——1辆汽车的生产率，m^3/h。

配合一台挖掘机所需的汽车数量，其总的生产率应略大于一台挖掘机的生产率，即 $nP_a \geqslant P_c$。

为了充分发挥自卸汽车的运输效能，应根据挖掘机械的斗容量选择具有适宜容量的汽车型号。挖掘机装满一车斗数的合理范围应为3～5斗，通常要求装满一车的时间不超过3.5～4min，卸车时间不超过2min。

第三节 土 料 压 实

一、土料压实基本理论

土是松散颗粒的集合体，其自身的稳定性主要取决于土料内摩擦力和粘结力。而土料的内摩擦力、凝聚力和抗渗性都与土的密实性有关，密实性越大，物理力学性能越好。例如：干表观密度为 $1.4t/m^3$ 的砂壤土，压实后若提高到 $1.7t/m^3$，其抗压强度可提高4倍，渗透系数将降至原来的1/200。由于土料压实，可使坝坡度陡，减少工程量，加快施工进度。

土料压实效果与土料的性质、颗粒组成与级配、含水量以及压实功能有关。粘性土与非粘性土的压实有显著的差别。一般粘性土的粘结力较大，摩擦力较小，具有较大的压缩性，但由于它的透水性小，排水困难，压缩过程慢，所以很难达到固结压实。而非粘性土料正好相反，它的粘结力小，摩擦力大，具有较小的压缩性，但由于它的透水性大，排水容易，压缩过程快，能很快达到密实。

土料颗粒大小与组成也影响压实效果。颗粒越细，空隙比就越大，就越不容易压实。所以粘性土压实干表观密度低于非粘性土压实干表观密度。颗粒不均匀的砂砾料，比颗粒均匀的砂砾料达到的干表观密度要大一些。

含水量是影响粘土压实效果的重要因素之一。当压实功能一定时，粘土的干表观密度随含水量增加而增大，并达到最大值，此时的含水量为最优，大于此含水量后，干表观密会减小，因此时土料逐渐饱和，外力被土料内自由水抵消。非粘性土料的透水性大，排水容易，不存在最优含水量，含水量不作专门控制。

压实功能的大小，也影响着土料干表观密度的大小。压实功能增加，干表观密度也随之增大而最优含水量随之减少。说明同一种土料的最优含水量和最大干表观密度，随压实功能的改变而变化，这种特性对于含水量较低（小于最优含水量）的土料比对于含水量较高（大于最优含水量）的土料更为显著。

二、压实机械及生产率计算

（一）压实机械及压实方法

不同土料其物理力学性质也不同，因此，使之密实的作用外力也不同。粘性土料粘结力是主要的，要求压实作用外力能克服粘结力；非粘性土料（砂性土料、石渣料、砾石料）内摩擦力是主要的，要求压实作用外力能克服颗粒间的内摩擦力。不同的压实机械设备产生的压实作用外力不同，可分为碾压、夯击和振动三种基本类型。

碾压的作用力是静压力，其大小不随作用时间而变化。

夯击的作用力为瞬时动力，有瞬时脉冲作用，其大小随时间和下落高度而变化。

振动的作用力为周期性的重复动力，其大小随时间呈周期性变化，振动周期的长短，随振动频率的大小而变化。

图 3-8 羊脚碾外形图

1—羊脚；2—加载孔；3—碾滚筒；4—杠辕框架

碾压和夯击用于各类土，振动法仅适用于砂性土。常用的压实机械有羊脚碾、气胎碾、振动碾、夯实机械。

1. 羊脚碾

羊脚碾的外形如图 3-8，它是碾的滚筒表面设有交错排列的截头圆锥体，状如羊脚。钢铁空心滚筒侧面设有加载孔，加载大小根据设计需要确定。加载物料有铸铁块和砂砾石等。羊脚的长度随碾滚的重量增加而增加，一般为碾滚直径的 1/6～1/7。羊脚过长，其表面面积过大，压实阻力增加，羊脚端部的接触应力减小，影响压实效果。重型羊脚碾碾重可达 30t，羊脚相应长 40cm。碾压时，羊脚碾的羊脚插入土中，不仅使羊脚端部的土料受到压实，侧向土料也受到挤压，从而达到均匀压实的效果，如图 3-9 羊脚碾压实原理。在压实过程中，羊脚对表层土有翻松作用，无需刨毛就能保证土料良好的层间结合。

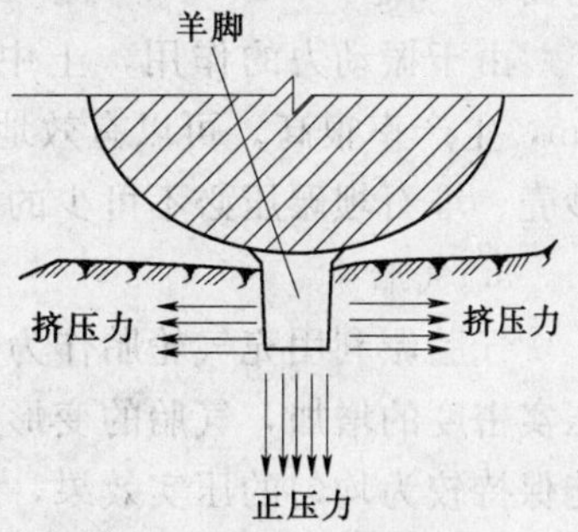

图 3-9 羊脚碾压实原理

和其他碾压机械一样，羊脚碾的开行方式有如下两种：进退错距法和圈转套压法。前者操作简便，碾压、铺土和质检等工序协调，便于分段流水作业，压实质量容易保证，其开行方式如图 3-10（a）所示；后者要求开行的工作面较大，适合于多碾滚组合碾压。其优点是生产效率较高，但碾压中转弯套压交接处重压过多，易于超压。当转弯半径小时，容易引起土层扭曲，产生剪力破坏，在转弯的四角容易漏压，质量难以保证。其开行方式如图 3-10（b）所示。国内多采用进退错距法。用这种开行方式，为避免漏压，可在碾压带的两侧先往复压够遍数后，再进行错距碾压。错距宽度 b（m）按下式计算：

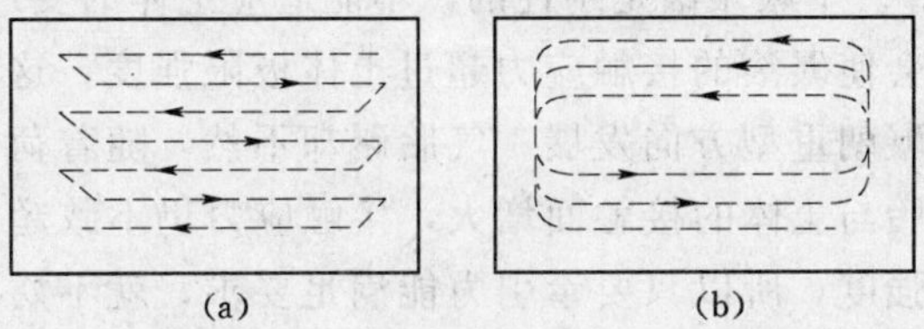

图 3-10 碾压机械开行方式

（a）进退错距法；（b）圈转套压法

$$b = B/n \tag{3-11}$$

式中 B——碾滚净宽，m；

n——设计碾压遍数。

2. 振动碾

振动碾是一种具有静压和振动双重功能的复合型压实机械。常见的类型是振动平碾，也有振动变形（表面设凸块、肋形、羊脚等）碾。它是由起振柴油机带动碾滚内的偏心轴旋转，通过连接碾面的隔板，将振动力传至碾滚表面，然后以压力波的形式传到土体内部。非粘性土的颗粒比较粗，在这种小振幅、高频率的振动力的作用下，摩擦力大大降低，由于颗粒不均匀，惯性力大小不同而产生相对位移，细粒滑入粗粒孔隙而使空隙体积减小，从而使土料达到密实。然而，粘性土颗粒间的粘结力是主要的，且土粒相对比较均匀，在振动作用下，不能取得像非粘性土那样的压实效果。振动碾的构造

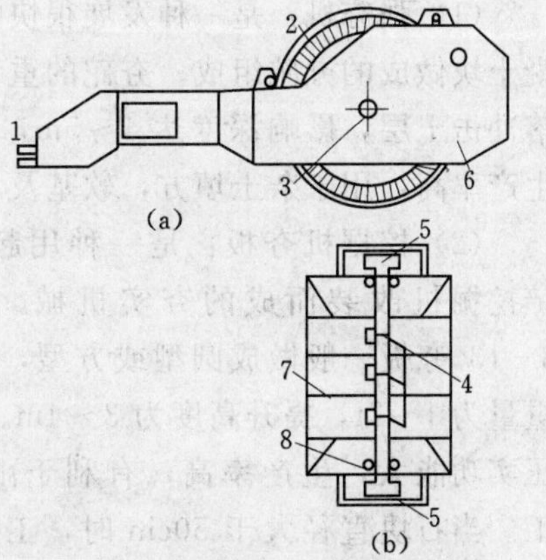

图 3-11 振动碾构造示意图

1—牵引挂钩；2—碾滚；3—轴；4—偏心块；5—轮；6—车架侧壁；7—隔板；8—弹簧悬架

见图 3-11。

由于振动力的作用，土中的应力可提高 4～5 倍，压实厚度达 1m 以上，有的高达 2m，生产率很高。可以有效地压实堆石体、砂砾料和砾质土，也能压实粘性土，是土坝砂壳、堆石坝碾压必不可少的工具，应用非常广泛。

3. 气胎碾

气胎碾利用充气轮胎作为碾子，在碾压土料时，气胎随土体的变形而变形。随着土体压实密度的增加，气胎的变形也相应增加，从而使气胎与土体的接触面积随之增大，始终能保持较为均匀的压实效果，如图 3-12 所示。它与刚性碾比较，气胎不仅对土体的接触压力分布均匀，而且作用时间长，压实效果好，压实土料厚度大，生产效率高。

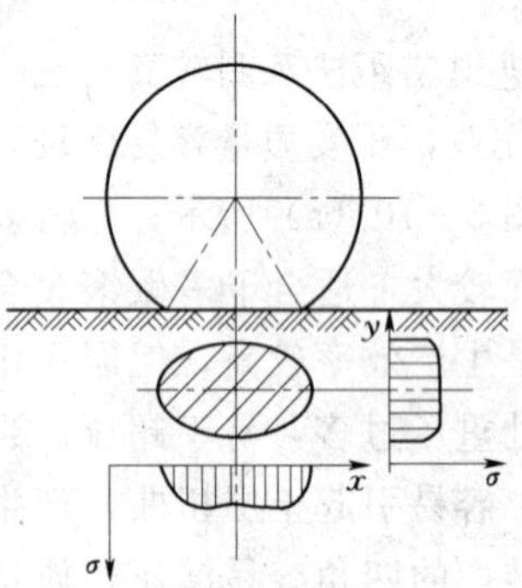

图 3-12　气胎碾压实应力分布图

气胎碾可根据压实土料的特性调整其内压力，使气胎对土体的压力始终保持在土料的极限强度内。通常气胎的内压力，对粘性土以 $(5\sim6)\times10^5$Pa、非粘性土以 $(2\sim4)\times10^5$Pa 最好。平碾碾滚是刚性的，不能适应土体的变形，荷载过大就会使碾滚的接触应力超过土体极限强度，这就限制了这类碾朝重型方向发展。气胎碾却不然，随着荷载的增加，气胎与土体的接触面增大，接触应力仍不致超过土体的极限强度。所以只要牵引力能满足要求，就不妨碍气胎碾朝重型高效方向发展。它既适用于粘性土的压实，也可以压实砂土、砂砾石、粘土与非粘性土的结合带等。能做到一机多用，有利于防渗土料与坝壳土料平起同时上升；与羊脚碾联合作业效果更佳，如气胎碾压实，用羊脚碾收面，有利于上下层结合；羊脚碾碾压，气胎碾收面，有利于防雨。

4. 夯实机械

夯实机械是一种利用冲击能来击实土料的一种机械，有强夯机、挖掘机夯板等，用于夯实砂砾料，也可以用于夯实粘性土。适于在碾压机械难于施工的部位压实土料。

(1) 强夯机：是一种发展很快的强力夯实机械。它是由高架起重机和铸铁块或钢筋混凝土块做成的夯砣组成。夯砣的重量一般为 10～40t，由起重机提升 10～40m 高后自由下落冲击土层，影响深度达 4～5m，压实效果好，生产率高，用于杂土填方，软基及水下地层。

(2) 挖掘机夯板：是一种用起重机械或正铲挖掘机改装而成的夯实机械。其结构见图 3-13。夯板一般做成圆型或方型，面积约 1m²，重量为 1～2t，提升高度为 3～4m。主要优点是压实功能大，生产率高，有利于雨季、冬季施工。当石块直径大于 50cm 时，工效大大降低，压实粘土料时，表层容易发生剪力破坏，目前看有逐渐被振动碾取代之势。

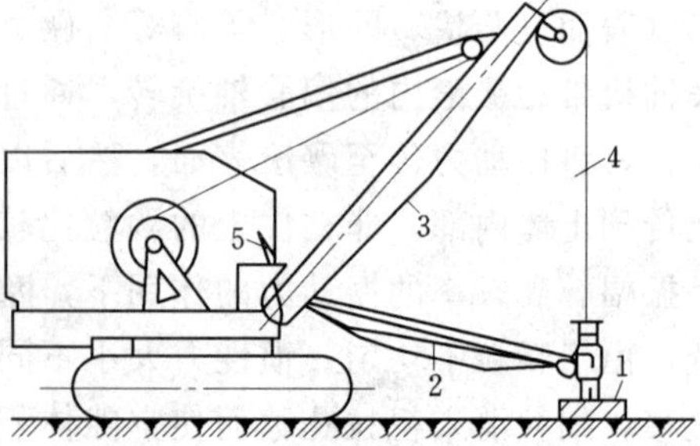

图 3-13　挖掘机夯板示意图

1—夯板；2—控制方向杆；3—支杆；4—起重索；5—定位杆

(二) 压实机械的生产率

由于碾压机械和夯实机械的工作特点不同，其生产率计算亦各异，分别介绍如下。

1. 碾压机械的生产率计算

$$p = v(B - C)hk_t/n \tag{3-12}$$

式中 p——碾压机械生产率，压实方（m^3/h）；

n——碾压遍数；

v——碾的行驶速度，m/h；

B——碾压带宽度，m；

C——碾压带搭接宽度，m；

h——碾压层厚度，m；

k_t——时间利用系数。

2. 夯实机械的生产率计算

$$p = 60m(B - C)^2 hk_t/n \tag{3-13}$$

式中 p——夯实机械生产率，击实方，m^3/h；

n——夯击遍数；

m——每分钟夯击次数；

B——夯板底宽，m；

C——夯迹重叠，宽度，m；

h——夯实厚度，m；

k_t——时间利用系数。

（三）压实机械的选择

1. 选择压实机械的原则

选择压实机械通常需考虑以下一些原则：

(1) 可能取得的设备类型；

(2) 能够满足设计压实标准；

(3) 与压实土料的物理力学性质相适应；

(4) 满足施工强度要求；

(5) 设备类型、规格与工作面的大小、压实部位相适应；

(6) 施工队伍现有装备和施工经验等。

2. 各种压实机械的适用情况

根据国产碾压设备情况，宜用 50t 气胎碾碾压粘性土、砾质土，压实含水量略高于最优含水量（或塑限）的土料。用 9.0～16.4t 的双联羊脚碾压实粘性土，重型羊脚碾宜用于含水量低于最优含水量的重粘性土，对于含水量较高、压实标准较低的轻粘性土也可用肋型碾和平碾压实。13.5t 的振动碾可压实堆石与含有大于 500mm 特大粒径的砂卵石。用直径 110cm 重 2.5t 的夯板夯实砂砾料和狭窄场面的填土，对与刚性建筑物、岸坡等的接触带，边角、拐角等部位可用轻便夯夯实，例如采用 HW—01 型蛙式夯。

各种碾压机械的适应性可归纳如表 3-5，表中○表示适用，△表示可用。

表 3-5　　各种碾压设备的适用情况

	堆石	砂、砂砾料		砾质土	粘性土	粘　土		软弱风化土石混合料
		优良级配	均匀级配			低中强度粘土	高强度粘土	
5～10t 振动平碾	△	○	○	○	△	△	△	
10～15t 振动平碾	○	○	○	○	△	△	△	
振动凸块碾			△	△	○	○	△	
振动羊脚碾				△	△	○	△	
气胎碾		○	○	○	○	○	○	
羊脚碾				△	○	○	○	
夯板		○	○	○	○	△	△	
尖齿碾								○

三、压实标准与碾压试验

（一）压实标准

土料压实得越好，物理力学性能指标就越高，坝体填筑质量就越有保证。但对土料过分压实，不仅提高了费用，还会产生剪力破坏。因此，应确定合理的压实标准。不同性质土石料，压实标准也各不相同。

1. 粘性土料

粘性土料的压实标准，主要以压实干表观密度和施工含水量这两个指标来控制。

1）压实干表观密度确定。压实干表观密度用击实试验来确定。我国采用击实仪 25 击［87.95（t·m）/m^3］作为标准压实功能，得出一般不少于 25～30 组最大干表观密度的平均值 $\gamma_{d.max}$（t/m^3）作为依据，从而确定设计干表观密度 γ_d（t/m^3）：

$$\gamma_d = m\gamma_{d.max} \tag{3-14}$$

式中　m——施工条件系数，也称为压实度，一般Ⅰ、Ⅱ级坝及高坝，采用 0.97～0.99，中低坝采用 0.95～0.97。

此法对大多数粘土料是合理的、适用的。但是，土料的塑限含水量、粘粒含量不同，对压实度都有影响，标准压实功能 87.95（t·m）/m^3 只是个经验数值，应进行以下修正：①以塑限 W_p（下同）含水量为最优含水量，由试验从压实功能与最大干密度、最优含水量曲线上初步确定压实功能；②考虑沉降控制的要求，即通过选定的干表观密度满足压缩系数 α=0.0098～0.0196cm^2/kg 左右，控制压缩系数；③当天然含水量与塑限含水量接近且易于施工时，选择天然含水量作为最优含水量来确定压实功能。

2）施工含水量确定。施工含水量是由标准击实条件时的最大干表观密度确定的，最大干表观密度对应的最优含水量 W_{op}（下同）是一个点值，而实际的天然含水量总是在某一个范围内变动。为适应施工的要求，必须围绕最优含水量规定一个范围，即含水量的上下限。在击实曲线上以设计干表观密度值 γ_d 作水平线与曲线相交的两点就是施工含水量的控制范围。如图 3-14 所示。A 型曲线较平缓，B 型曲线较陡，因此满足 γ_d 的含水量范围两者是不同的，前者比后者大得多。

当含水量低于“W_{op}－0.05”时，填筑土体容易发生裂缝；含水量从小于“W_{op}（或

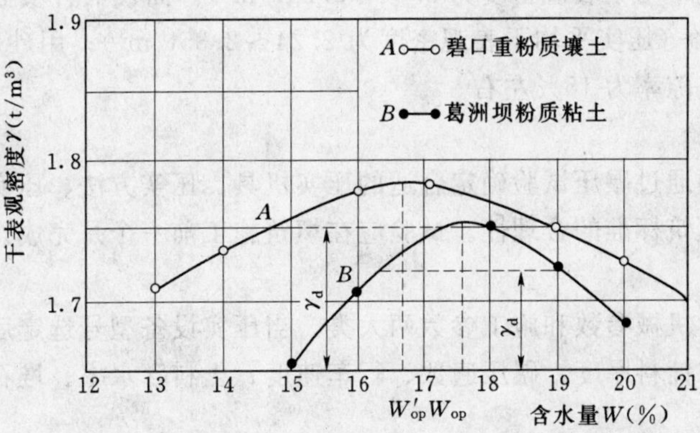

图 3-14 设计干表观密度与施工含水量范围

W_p) $-$ (0.02～0.03)" 增加到接近 W_{op}时土的柔性大大增加。

此外，施工含水量的范围还要考虑到施工碾压的可能性，例如含水量超过"$W_{op}+$ 0.02"左右，羊脚碾碾压困难。

通常对压实标准要求较高的土石坝，施工含水量的上限一般不超过"W_{op}（或 W_p）$+$（0.02～0.03)；下限一般不低于"W_{op}（或 W_p）-0.02"。

较为理想的是用低于 W_{op}的土料填筑心墙下部，以降低孔隙水压力和压缩性；而用高于 W_{op}的土料填筑其上部及邻近坝肩的区段，以增加塑性和变形能力，从而减少开裂的可能性。

2. 砂土及砂砾石

砂土及砂砾石的压实程度，与颗粒级配及压实功能关系密切，一般用相对密度 D_r 表示。

$$D_r=\frac{e_{max}-e}{e_{max}-e_{min}} \tag{3-15}$$

式中 e_{max}——砂石料的最大孔隙比；

e_{min}——砂石料的最小孔隙比；

e——设计孔隙比。

在施工现场，当使用相对密度不方便时，可换算成相应的干表观密度 γ_p（t/m³)：

$$\gamma_p=\frac{\gamma_{max}\gamma_{min}}{\gamma_{max}-D_r(\gamma_{max}-\gamma_{min})} \tag{3-16}$$

式中 γ_{max}——砂石料最大干表观密度，t/m³；

γ_{min}——砂石料最小干表观密度，t/m³。

设计的相对密度，与地震等级、坝高等有关。一般土石坝，或地震烈度在 5 度以下的地区，D_r 不宜低于 0.67；对高坝，或地震烈度为 8～9 度时，D_r 应不小于 0.75。对砂性土，还要求颗粒不能太小和过于均匀，级配要适当，并有较高的密实度，防止产生液化。

3. 石渣及堆石体

石渣及堆石体作为坝壳填筑料，压实指标一般用空隙率表示。根据国内外的工程实践经验，碾压式堆石坝坝体压实后空隙率应小于 30%，为了防止过大的沉陷，一般规定为

22%～28%（压实平均干表观密度为2.04～2.24t/m³）。面板堆石坝上游主堆石区空隙率标准为21%～25%（压实平均干表观密度为2.24～2.35t/m³）；用砂砾料填筑的面板坝，砂砾料压实平均空隙率为15%左右。

（二）碾压试验

筑坝材料必须通过碾压试验确定合适的压实机具、压实方法、压实参数及其他处理措施，并核实设计填筑标准的合理性。试验应在填筑施工前一个月完成。

1. 压实参数

压实参数包括机械参数和施工参数两大类。当压实设备型号选定后，机械参数已基本确定。施工参数有铺料厚度、碾压遍数、行车速度、土料含水率、堆石料加水量等。

2. 试验组合

试验组合方法有经验确定法、循环法、淘汰法（逐步收敛法）和综合法，一般多采用逐步收敛法。试验中，碾压参数组合可参照表3-6进行。压实试验前，先以室内试验确定的最优含水量进行现场试验，通过理论计算并参照已建类似工程的经验，初选几种碾压机械和拟定几组碾压参数。先固定其他参数，变动一个参数，通过试验得到该参数的最优值；然后固定此最优参数和其他参数，再变动另一个参数，用试验求得第二个最优参数值。依此类推，通过试验得到每个参数的最优值。最后用这组最优参数再进行一次复核试验。当试验结果满足设计、施工要求，即可作为现场使用的施工碾压参数。

表3-6　各种碾压设备的碾压参数组合

碾压机械	凸块振动碾（压实粘性土及砾质土）	羊脚碾	气胎碾	夯板	振动平碾（压实堆石及砂砾料）
机械参数	选择1种碾重和凸块接触压力	选择3种碾重或羊脚接触压力	轮胎的气压、碾重各选择3种	夯板的自重、直径各选择3种	选择1种碾重
施工参数	1. 选3种铺土厚度 2. 选3种碾压遍数 3. 选3种含水量	1. 选3种铺土厚度 2. 选3种碾压遍数 3. 选3种含水量	1. 选3种铺土厚度 2. 选3种碾压遍数 3. 选3种含水量	1. 选3种铺土厚度 2. 选3种夯实遍数 3. 选3种夯板落距 4. 选3种含水量	1. 选3种铺土厚度 2. 选3种碾压遍数 3. 充分洒水①
复核试验参数	按最优参数试验	按最优参数试验	按最优参数试验	按最优参数试验	按最优参数试验
全部试验组数	10	13	16	19（16）②	10（7）③
每一参数实验单元大小（m）	6×10	6×10	6×10	8×8	10×20

① 堆石的洒水量约为其体积的30%～50%，砂砾料约为20%～40%；
② 夯板直径通常是固定的，故一般只有16组；
③ 碾重通常是固定值，故一般只有7组。

粘性土料压实含水量可取 $W_1=W_p+2\%$；$W_2=W_p$；$W_3=W_p-2\%$ 三种进行试验。W_p 为土料的塑限。

3. 试验分析整理

按不同压实遍数（n）、不同铺土厚度（h）和不同含水量（W）进行压实，取样。每一个组合取样数量为：粘土、砂砾石10～15个；砂及砂砾6～8个；堆石料不少于3个。分别测定干表观密度、含水量、颗粒级配。可作出不同铺土厚度时压实遍数与干表观密度、含水量曲线，如图 3－15 所示。根据上述关系曲线，再作铺土厚度 h、压实遍数 n、最大干表观密度 γ_{max}、最优含水量 W_{0P} 关系曲线，如图 3－16 所示。

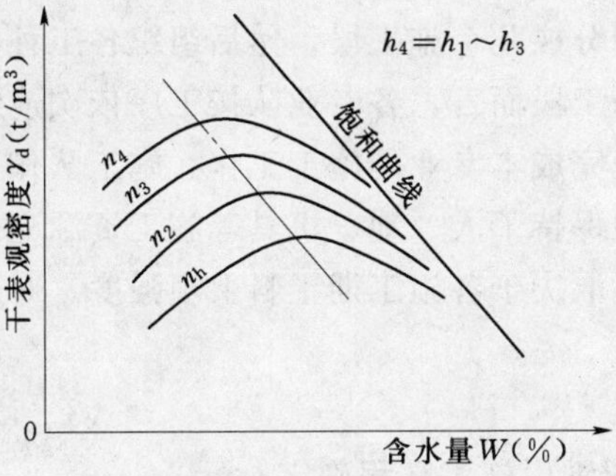

图 3－15　铺土厚度、压实遍数与干密度、含水量关系曲线

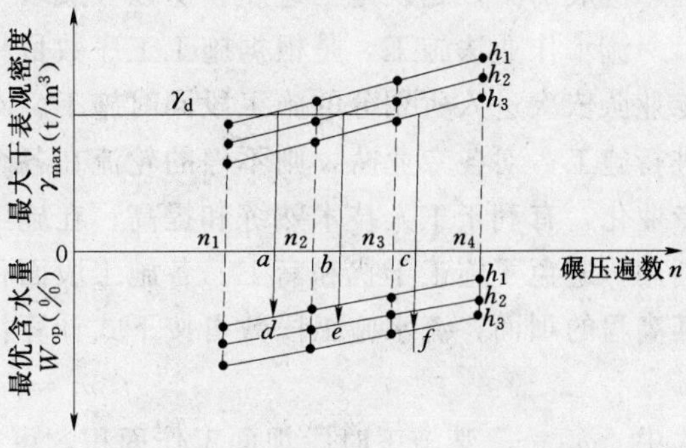

图 3－16　铺土厚度、压实遍数与最大干密度、最优含水量关系曲线

在图 3－16 曲线上，根据设计干表观密度 γ_d，分别查取不同铺土厚度所需的碾压遍数 a、b、c 及相应的最优含水量 d、e、f。然后计算铺土厚度与压实遍数比值，即 h_1/a、h_2/b、h_3/c，取最大者。因为单位压实遍数的铺土厚度最大，需要压实功能最少，最经济合理。确定了合理的压实参数后，将选定的含水量控制范围与天然含水量比较，看是否便于施工控制。否则适当改变含水量或其他参数再进行试验。

由于非粘性土料的压实效果受含水量影响不显著，故只需作铺土厚度、压实遍数和干表观密度的关系曲线，见图 3－17。根据设计要求的干表观密度 γ'_d，求出不同铺土厚度对应的压实遍数 a'、b'、c'，然后仍以单位压实遍数的压实厚度进行比较，以 h_1/a'、h_2/b'、h_3/c' 三值之中的最大者为最经济合理，其相应的压实参数可选作现场施工的压实参数。

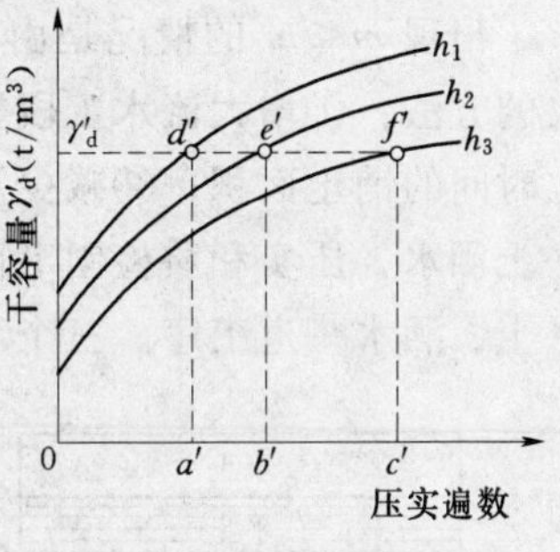

图 3－17　干容重、压实遍数、铺土厚度关系曲线

在施工中选择合理的碾压方式、铺土厚度及压实遍数，是综合各种因素试验确定的。有时对同一种土料采用两种压实机具、两种压实遍数是最经济合理的。例如陕西省石头河工程心墙土料压实，铺土厚度 37cm，先采用 8.5t 羊脚碾碾压 6 遍，后用 25～35t 气胎碾碾压 4 遍，取得了经济合理的压实效果。

第四节　坝面填筑作业

当基础开挖和基础处理及隐蔽工程验收合格后，就可进行坝体的填筑。坝体填筑包括基本作业（卸料、平料、压实及质检）和辅助作业（洒水、刨毛、清理坝面和接缝处理）。

一、坝面流水作业施工组织

坝面作业由于工作面狭窄、工种多、工序多、机具多，如施工组织不当，将产生干扰，造成窝工，延误施工进度。所以一般多采用流水作业法组织坝面施工。

流水作业法施工，是根据施工工序数目将坝面划分成几个施工段，然后组织各工种的专业队依次进入所划分的施工段同时施工。对同一施工段而言，各专业队按工序依次连续进行施工；对各专业队，则不停的轮流在各个施工段完成本专业的施工工作。施工队作业专业化，有利于工人技术熟练和提高；在施工过程中保持了人、地、机具等施工资源充分利用，避免了施工干扰和窝工。各施工段面积的大小取决于各施工期土料上坝强度。对于某高程的坝面，流水施工段数可按下式计算：

$$m = \omega_{坝} / \omega_{日} \tag{3-17}$$

式中 $\omega_{坝}$——某施工时段坝面工作面积，可按设计图纸由施工高程确定，m^2；

$\omega_{日}$——每个流水班次的铺土面积，m^2，$\omega_{日} = Q_{运}/h$；

h——铺土厚度，m。

如以 m'表示流水工序数目，当 $m=m'$时，表示流水施工段数等于流水工序数，说明流水作业中，人、地、机具等充分发挥作用；当 $m>m'$时，表示流水施工段数大于流水工序数，说明流水作业中，人、机具充分发挥作用，但有闲余工作面；当 $m<m'$时，表示流水施工段数小于流水工序数，说明人、机闲置，流水作业不能正常进行，这种情况应予避免。

出现 $m<m'$的情况是由于坝体升高，工作面减小，所划分的流水工序过多所致。解决的方法：①增大流水工段数 m 值，可采取缩短流水单位时间、降低上坝强度、减少单位时间的铺土面积；②减少流水工序数目 m'值，合并一些工序，使 $m=m'$。例如将铺土、平土洒水、压实和质检刨毛四道工序，合并为三道工序，如可将前两道工序合并为铺土、平土、洒水一道工序。三个工作面的流水作业如图 3-18 所示。

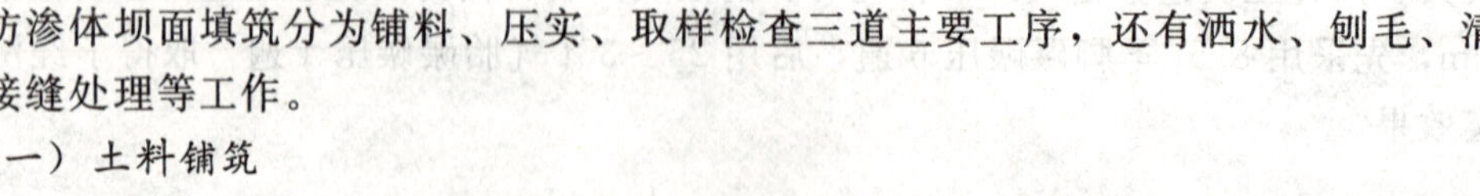

图 3-18 坝面流水作业示意图

二、土料防渗体施工

防渗体坝面填筑分为铺料、压实、取样检查三道主要工序，还有洒水、刨毛、清理坝面、接缝处理等工作。

（一）土料铺筑

土料铺筑分为卸料与平料两道工序。选择铺料方法主要考虑以下两点：一是坝面平整、铺料层厚均匀，不得超厚；二是对以压实合格土料不过压，防止产生剪力破坏。

防渗体土料铺筑应沿坝轴线方向进行，采用自卸汽车卸料，推土机平料，宜增加平地机平整工序，便于控制铺土厚度和坝面平整。推土机平料过程中，应采用仪器或钢钎及时检查铺层厚度，发现超厚部位应立即进行处理。土料与岸坡、反滤料等交界处应辅以人工仔细平整。铺料方法有以下几种。

1. 进占法铺料

防渗体土料应用进占法卸料，即汽车在已平好的松土层上行驶、卸料，用推土机向前进占平料，这种方法铺料不会影响洒水、刨毛作业。

2. 后退法铺料

汽车在已压实合格的坝面上行驶并卸料，此法卸料方便，但对已压实土料容易产生过压，对砾质土、掺和土、风化料可以选用。应采用轻型汽车（20t 以下），在填土坝面重车行驶路线要尽量短，且不走一辙，控制土料含水率略低于最优值。

（二）土料压实

1. 主要压实机械及施工特点

防渗体土料压实机械主要用凸块振动碾，亦有采用气胎碾。凸块振动碾因其良好的压实性能，国内外已广泛采用，成为防渗土料的主要压实机具。目前国内使用的碾重约为10～20t，适用于粘性土料、砾质土及软弱风化土石混合料，压实功能大，厚度达30～40cm，一般碾压4～8遍可达设计要求，生产效率高。压实后表层有8～10cm的松土层，填土表面不需刨毛处理。气胎碾国内目前使用的碾重为18～50t，国外已采用100t或更大的碾重，铺层厚度较大（20～50cm），碾压遍数较少（6～15遍），生产效率高，适用于高强度施工。

2. 压实方法

碾压机械压实方法已趋标准化，即均采用进退错距法，此法碾压与铺土、质检等工序分段作业容易协调，便于组织平行流水作业。碾压遍数较少时也可采用一次压够遍数、再错车的方法。分段碾压碾迹搭接宽度：垂直碾压方向不小于0.3～0.5m，顺碾压方向应为1.0～1.5m。

碾压方向应沿坝轴方向进行。在特殊部位，如防渗体截水槽内或与岸坡结合处，应用专用设备在划定范围沿接坡方向碾压。

碾压行车速度一般取2～3km/h，不得超过4km/h。

（三）坝面土料含水率调整及层面处理

1. 坝面土料含水率调整

土料含水率调整应在料场进行，仅在特殊情况下可考虑在坝面作少许调整。

(1) 土料加水。当上坝土料的平均含水率与碾压施工含水率相差不大，仅需增加1%～2%左右时，可采用在坝面直接洒水。

加水方式分为汽车洒水和管道加水两种。汽车喷雾洒水均匀，施工干扰小，效率高，宜优先采用。管道加水方式多用于施工场面小、施工强度较低的情况。

加水后的土料一般应以圆盘耙或犁使其掺和均匀。

粗粒残积土在碾压过程中，随着粗粒被破碎，细粒含量不断地增多，压实最优含水率也在提高。碾压开始时比较湿润的土料，到碾压终了可能变得过于干燥，因此，碾压过程中要适当地补充洒水。

(2) 土料的干燥。当土料的含水率大于施工控制含水率上限的1%以内时，碾压前可用圆盘耙或犁在填筑面进行翻松晾晒。

(3) 在干燥和气温较高天气，为防止填土表面失水干燥，应做喷雾加水养护。

2. 填土层结合面处理

当使用平碾、气胎碾及轮胎牵引凸块碾等机械碾压时，在坝面将形成光滑的表面。为保证土层之间结合良好，对于中高坝防渗体或窄心墙，铺土前必须将压实合格面洒水湿润并刨毛深1～2cm。对低坝，经试验论证后可以不刨毛，但仍须洒水湿润，严禁在表土干燥状态下，在其上铺填新土。

（四）结合部位处理

防渗体与坝基（包括齿槽）、两岸岸坡、溢洪道边墙、坝下埋管及混凝土墙等结合部位的填筑，须采用专用机具、专门工艺进行施工，确保填筑质量。

1. 截水槽回填

(1) 槽基处理完成后，排除渗水，从低洼处开始填土。不得在有水情况下填筑。

(2) 槽内填土厚度在0.5m之内时，可采用轻型机具（如蛙式夯等）薄层碾压，填土厚度超过0.5m时，可采用选定的压实机具和压实参数压实。

2. 铺盖填筑

(1) 铺盖在坝体内与心墙或斜墙连接部分，应与心墙或斜墙同时填筑，坝外铺盖的填筑，应于库内充水前完成。

(2) 铺盖完成后，应及时铺设保护层，已建成铺盖上不准进行打桩、挖坑等作业。

3. 防渗体与坝基结合部位填筑

(1) 粘性土、砾质土坝基，应将表面含水率调至施工含水率上限，用与防渗体相同的碾压参数压实，然后洒水刨毛铺填新土。

(2) 无粘性土坝基铺土前，坝基应洒水压实，然后按设计要求回填反滤料和第一层土料。铺土厚度可适当减薄，土料含水率调节至施工含水率上限，宜用轻型压实机具压实。

(3) 坚硬岩基或混凝土盖板上，开始几层填料可用轻型碾压机具直接压实，填筑至少0.5m以上时方允许用凸块碾或重型气胎碾碾压。

4. 防渗体与岸坡或混凝土建筑物结合部位填筑

(1) 填土前，混凝土面必须清除其表面的乳皮、粉尘等杂物。岩面上的泥土、污物、松动岩石等必须清除干净。

(2) 在混凝土或岩面上填土时，应洒水湿润，并边涂刷浓泥浆、边铺土、边夯实，泥浆涂刷高度须与铺土厚度一致，并应与下部涂层衔接，严禁泥浆干涸后再铺土和压实。泥浆土与水质量比宜为1∶2.5～1∶3.0，涂层厚度3～5mm。土砂平起法施工示意图如图3-19所示。

(3) 裂隙岩面上填土时，应按设计要求对岩面进行妥善处理，再按先洒水，然后边涂刷浓水泥粘土浆或水泥砂浆、边铺土、边压实（砂浆初凝前必须碾压完毕）程序。涂层厚度可为5～10mm。

(4) 防渗体与岸坡结合带的填土，其含水率应调至施工含水率上限，选用轻型碾压机具薄层压实，不得使用凸块碾压实，防渗体与结合带碾压搭接宽度不应小于1.0m。局部碾压不到的边角部位，可使用小型机具压实。

(5) 混凝土墙、坝下埋管两侧及顶部0.5m范围内填土，必须用小型机具压实，其两侧填土应保持均衡上升。

(6) 岸坡、混凝土建筑物与砾质土、掺和土结合处，应填筑 1～2m 宽塑性较高的接触粘土（粘粒含量和含水率都偏高），避免直接接触。

(7) 如岸坡过缓，结合处碾压后土料因侧向位移，若出现“爬坡、脱空”现象，应将其挖除。

5. 填土接缝处理要求

防渗体及均质坝的横向接坡不宜陡于 1∶3，高差不宜超过 15m。在龙口段或其他特殊部位，需采用更陡的接合坡度与更大高差时，应提出论证。

(1) 斜墙和窄心墙内一般不应留有纵向接缝。均质土坝可设置纵向接缝，宜采用不同高度的斜坡与平台相间形式，平台间高差不宜大于 15m。

(2) 坝体接缝坡面可使用推土机自上而下削坡，适当留有保护层随坝体填筑上升，逐层清至合格层。接合面削坡合格后，要控制其含水率为施工含水率范围的上限。

三、反滤层施工

反滤层填筑与相邻的防渗体土料、坝壳料填筑密切相关。合理安排各种材料的填筑顺序，既可保证填料的施工质量，又不影响坝体施工速度，这是施工作业的重点。

(一) 反滤层填筑次序及适用条件

反滤层填筑方法大体可分为削坡法、挡板法及土砂松坡接触平起法三种。削坡法和挡板法主要与人力施工相适应，现已不再采用。20 世纪 60 年代以后，开始采用土砂松坡接触平起法，该法能适应机械化施工，已成为趋于规范化的施工方法。该方法一般分为先砂后土法、先土后砂法、土砂平起法几种，它允许反滤料与相邻土料“犬牙交错”，跨缝碾压。

1. 先土后砂法

先土后砂法是先填压 2～3 层土料再铺一层反滤料与土料齐平，然后对反滤料的土砂边沿部分进行压实，如图 3-19 (a) 所示。由于土料压实时，表面高于反滤料，土料的卸、铺、平、压都是在无侧限的条件下进行的，很容易形成超坡。在采用羊脚碾压实时，要预留 30～50cm 松土带，避免土料被羊脚碾插入反滤层内。当连续晴天时，土料上升较快，应注意防止土体干裂。

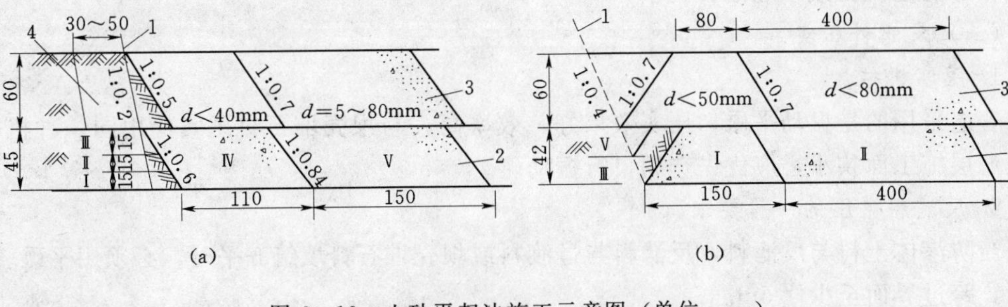

图 3-19 土砂平起法施工示意图（单位：cm）

(a) 先土后砂法；(b) 先砂后土法；

1—心墙设计线；2—已压实层；3—待压层；Ⅰ、Ⅱ、Ⅲ、Ⅳ、Ⅴ—填料次序

2. 先砂后土法

先砂后土法，如图 3-20 (b) 所示是先在反滤料的控制边线内，用反滤料堆筑一小

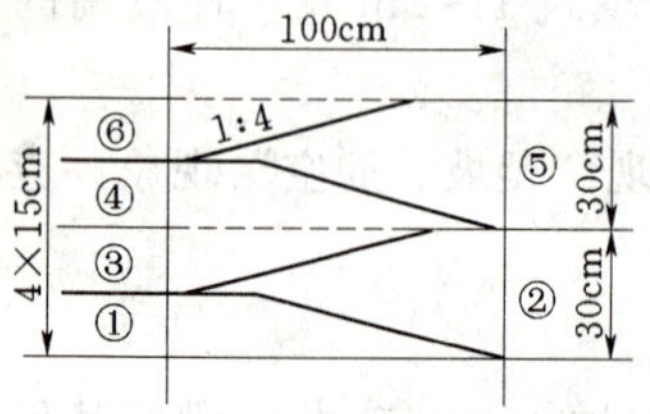

图 3-20 土砂交替法

①、②、③、④、⑤、⑥—铺料顺序

堤，再填筑 2～3 层土料与反滤料齐平，然后骑缝压实反滤料与土料的结合带。此法填土料时有反滤料做侧限，便于控制防渗土体边线。由于土料在有侧限下压实，松土边很少，故采用较多。

3. 土砂交替法

土砂交替法是先填筑一层土，再填筑一层砂料，然后两层土一层砂交替上升。填筑次序见图 3-20。

（二）反滤料铺填

反滤料填筑分为卸料、铺料、界面处理、压实几道工序。

1. 卸料

采用自卸汽车卸料，车型的大小应与铺料宽度相适应，卸料方式应尽量减少粗细料分离。

当铺料宽度小于 2m 时，宜选用侧卸车或 5t 以下后卸式汽车运料。较大吨位自卸汽车运料时，可采用分次卸料或在车斗出口安装挡板，以缩窄卸料出口宽度。

为了减少反滤层与土料及堆石料分区界面上粗、细料的分离，方便界面上超径石的清除，自卸汽车卸料次序应“先粗后细”，即按“堆石料——过渡料——反滤料”次序卸料。当反滤层宽度大于 3m 时，可沿反滤层以后退法卸料。反滤料在备料场加水保持潮湿，也是减少铺料分离的有效措施。

2. 铺料

一般较多采用小型反铲（斗容 $1m^3$）铺料，也有使用装载机配合人工铺料，当反滤层宽度大于 3m 时，可采用推土机摊铺平整。

3. 界面处理

（1）反滤层填筑必须保证其设计宽度，填土与反滤料的“犬牙交错”带宽度一般不得大于填土层厚的 1.5 倍。

（2）为了保证填料层间过渡，要避免界面上的超径石集中现象。采用“先粗后细”顺序铺料时，应在清除界面上的超径石后，再铺下一级料。使用小型反铲将超径石移放至与本层相邻的粗料区或坝壳堆石区。

（三）反滤料压实

1. 压实机械

普遍采用的是振动平碾，压实效果好，效率高，与坝壳堆石料压实使用同一种机械。因反滤层施工面狭小，应优先选用自行振动碾。

2. 反滤料碾压的一般要求

当防渗体土料与反滤料，反滤料与过渡料或坝壳堆石料填筑齐平时，必须用平碾骑缝碾压，跨过界面至少 0.5m。

四、坝壳料施工

土石坝坝壳料按其材料分为堆石、风化料、砂砾（卵）石三类。不同材料由于其强度、级配、湿陷程度不同，施工采用的机械及工艺亦不尽相同。

坝面填筑作业包括铺料、碾压、取样检查三道主要工序，还有洒水、超径石处理等项工作。坝壳特殊部位，如分期填筑接缝、靠近岸坡结合带及坝体上下游坡面应采用专门施工方法进行处理。

(一) 坝壳料铺填

1. 坝壳料铺填方法

(1) 坝壳石料铺料基本方法分为进占法、后退法、混合法三种，其铺料特点及适用条件见表 3-7。

表 3-7　　汽车运输不同铺料方法比较

铺料方法	图　示	特点及适用条件
进占法		推土机平料容易控制层厚，坝面平整，石料容易分离，表层细粒多，下部大块石多，有利于减少施工机械磨损，堆石料铺填厚度 1.0m
后退法		可改善石料分离，推土机控制不便，多用于砂砾石和软岩；层厚一般小于 1.0m
混合法		适用铺料层厚大（1.0～2.0m）的堆石料，可改善分离，减少推土机平整工作量

(2) 堆石料一般应用进占法铺料，堆石强度在 60～80MPa 的中等硬度岩石，施工可操作性好。对于特硬岩石（强度大于 200MPa），由于岩块边棱锋利，施工机械的轮胎、链轨节等损坏严重，同时因硬岩堆石料往往级配不良，表面不平整影响振动碾压实质量，因此施工中要采取一定的措施，如在铺层表面增铺一薄层细料，以改善平整度。

(3) 级配较好的石料，如强度 30MPa 以下的软岩堆石料，砂砾（卵）石料等，宜用后退法铺料，以减少分离，有利于提高密度。

(4) 不管用何种铺料方法，卸料时要控制好料堆分布密度，使其摊铺后厚度符合设计要求，不要因过厚而难以处理。尤以后退法铺料更需注意。

2. 坝面超径石块处理

(1) 对于振动碾压实，石料允许最大粒径可取稍小于压实层厚；气胎碾可取层厚的 1/2～2/3。

(2) 超径石块应在料场内解小，少量运至坝面的大块石或漂石，在碾压前应作处理。一般是就地用反铲挖坑将之掩埋在层面以下，或用推土机移至坝外坡附近，作护坡石料。少量超径石也可在坝面用冲击锤解小。

(二) 坝壳料压实

坝壳透水料和半透水料的主要压实机械有振动平碾、气胎碾等。

振动平碾适用于堆石与含有漂石的砂卵石、砂砾石和砾质土的压实。振动碾压实功能大，碾压遍数少（4～8 遍），压实效果好，生产效率高，应优先选用。气胎碾可用于压实砂、砂砾料、砾质土。

1. 坝壳料碾压一般要求

（1）除坝面特殊部位外，碾压方向应沿轴线方向进行。一般均采用进退错距法作业。在碾压遍数较少时，也可一次压够后再行错车的方法，即搭接法。

（2）施工主要参数铺料厚度、碾压遍数、加水量等要严格控制；还应控制振动碾的行驶速度，符合规定要求的振动频率、振幅等参数。

（3）分段碾压时，相邻两段交接带的碾迹应彼此搭接，垂直碾压方向，搭接宽度应不小于0.3～0.5m，顺碾压方向应不小于1.0～1.5m。

2. 加水

为提高堆石、砂砾石料的压实效果，减少后期沉降量，一般应适当加水，但大量加水需增加工序和设施，影响填筑进度。

（1）加水的作用。堆石料加水的主要作用，除在颗粒间起润滑作用以便压实外，更重要的是软化石块接触点，在施工期间造成石块尖角和边棱破坏，使堆石体更加密实，以减少坝体后期沉降量。砂砾料在洒水充分饱和条件下，才能达到有效的压实。

（2）加水量。堆石、砂砾料的加水量还不能给出一个明确的标准，一般依其岩性、细粒含量而异。对于软化系数大、吸水率低（饱和吸水率小于2%）的硬岩，加水效果不明显，经对比试验确定，也可不加水碾压。对于软岩及风化岩石，其填筑含水量必须大于湿陷含水量，最好充分加水，但应视其天然含水量及降水情况而定。如加水碾压将引起泥化现象时，其加水量应通过试验确定。堆石加水量依其岩性、风化程度而异，一般约为填筑量的10%～25%；砂砾料的加水量宜为填筑量的10%～20%，对小于5mm含量大于30%及含泥量大于5%的砂砾石，其加水量宜通过试验确定。

对砂砾料或细料较多的堆石，宜在碾压前洒水一次，然后边加水、边碾压，力求加水均匀。对含细粒较少的大块堆石，宜在碾压前洒水一次，以冲掉填料层面上的细粒料，改善层间结合。但碾压前洒水，大块石裸露会给振动碾压带来不利。对软岩堆石，由于振动碾压后表面产生一层岩粉，碾压后也应洒水，尽量冲掉表面岩粉，以利层间结合。

（三）接缝处理

1. 坝壳与岸坡接合部的施工

坝壳与岸坡或混凝土建筑物接合部位施工时，汽车卸料及推土机平料，易出现大块石集中、架空现象，且局部碾压机械不易碾压。该部位宜采用如下施工技术措施。

（1）与岸坡接合处2m宽范围内，可沿岸坡方向碾压。不易压实的边角部位应减薄铺料厚度，用轻型振动碾或平板振动器等压实机具压实。

（2）在接合部位可先填1～2m宽的过渡料，再填堆石料。

（3）在接合部位铺料后出现的大块石集中、架空处，应予处理。

2. 坝壳填料接缝处理

坝壳分期分段填筑时，在坝壳内部形成了横向或纵向接缝。由于接缝处坡面临空，压实机械作业距坡面边缘留有0.5～1.0m的安全距离，坡面上存在一定厚度的松散或半压实料层。另外，铺料过程中难免有部分填料沿坡面向下溜滑，这更增加了坡面较大粒径松料层的厚度，其宽度一般为1.0～2.5m。坝壳料填筑中应采取适当措施，将接缝部位压实，其处理方法见表3-8。

表3-8　坝壳料接缝处理方法

施工方法		施工要点	适用条件
留台阶法（见图3-21）		1. 先期铺料时，每层预留1.0～1.5m的平台； 2. 新填料松坡接触； 3. 碾碾骑缝碾压	适用填筑面大；不需削坡处理，应优先选用
削坡法	推土机削坡（见图3-22）	1. 推土机逐层削坡，其工作面比新铺料层面抬高一层； 2. 削除松料水平宽度为1.5～2.0m； 3. 新填料与削坡松料相接，共同碾压	削坡工序可在铺料以前平行作业，施工机动灵活，能适应不同的施工条件
	反铲或装载机削坡	1. 削坡工序须在铺新料前进行； 2. 新填料与压实料相接	
	人工		砂砾料等小粒径石料

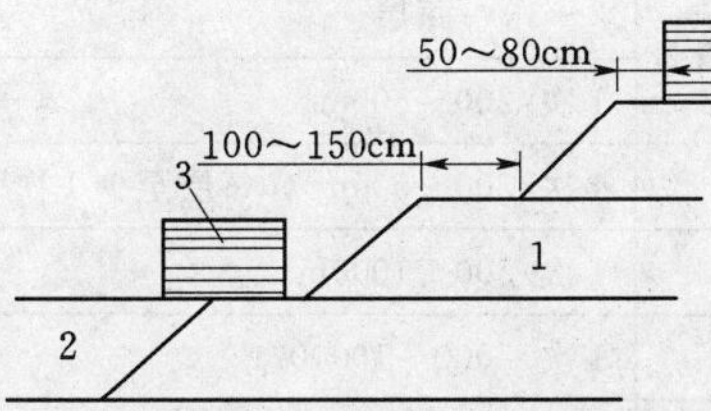

图3-21　坝壳料接缝留台阶示意图

1—先期填料；2—后期填料；3—骑缝碾压

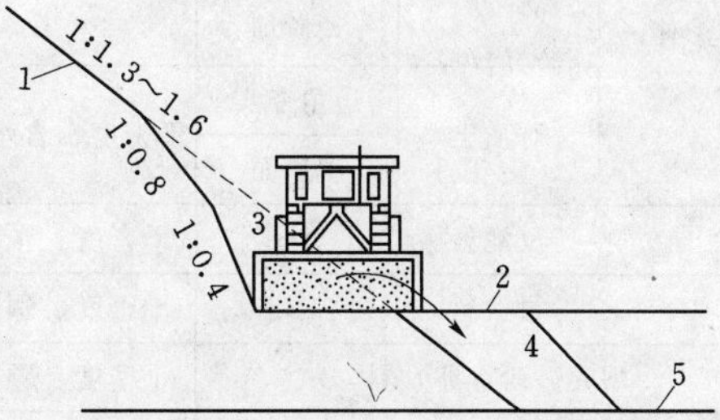

图3-22　推土机削坡示意图

1—填料接坡；2—新铺料层面；3—削除坡料；4—削坡料填放区；5—压实合格面

第五节　施工质量控制、事故处理及冬雨季施工

土石坝施工的整个过程中，加强施工质量检查和控制是保证施工质量的重要措施；同时，对施工中出现的质量事故，必须及时地认真处理，确保坝体的安全运行。

一、质量检查控制

（一）料场的质量检查和控制

各种筑坝材料应以料场控制为主，必须是合格的筑坝材料方能运输上坝。不合格的材料应在料场处理合格后方能上坝，否则按废料处理。在料场建立专门的质量检查站，主要控制：①是否在规定的料区开采，是否将草皮、覆盖层等清除干净；②坝料开采加工方法是否符合规定；③排水系统、防雨措施、负温下施工措施是否完备；④坝料性质、级配、含水率是否符合要求。

（二）坝体填筑质量检查和控制

坝面填筑质量是保证土石坝施工质量的关键。应严格按施工技术要求进行控制，检查的项目和内容主要有：①各填筑部位的边界控制及坝料质量，防渗体与反滤料、部分坝壳料平起关系；②碾压机具规格、质量，振动碾振动频率、激振力，气胎碾气胎压力等；③铺料厚度和碾压参数；④防渗体碾压层面有无光面、剪切破坏、弹簧土、漏压、欠压、裂缝等；⑤防渗体每层铺土前，压实土体表面是否按要求进行了处理；⑥与防渗体接触的岩石面上的石粉、泥土以及混凝土表面的乳皮等杂物的清除情况；⑦与防渗体接触的岩石面或混凝土面上是否涂泥浆等；⑧过渡料、堆石料有无超径石块、大块石集中和夹泥等现象；⑨坝体与坝基、岸坡、刚性建筑物等的结合，纵横向接缝的处理与结合，土砂结合处的压实方法及施工质量；⑩坝坡控制情况。

坝体填筑质量的检查部位和次数见表 3－9 所示。

表 3－9　　坝体压实检查次数

<table>
<tr><th colspan="3">坝料类别及部位</th><th>检查项目</th><th>取样（检测）次数</th></tr>
<tr><td rowspan="5">防渗体</td><td rowspan="3">粘性土</td><td>边角夯实</td><td rowspan="3">干密度、含水率</td><td>2～3 次/每层</td></tr>
<tr><td>碾压面</td><td>1 次/100～200m³</td></tr>
<tr><td>均质坝</td><td>1 次/200～500m³</td></tr>
<tr><td rowspan="2">砾质土</td><td>边角夯实</td><td rowspan="2">干密度、含水率大于 5mm 砾石含量</td><td>2～3 次/每层</td></tr>
<tr><td>碾压面</td><td>1 次/200～500m³</td></tr>
<tr><td colspan="3">反滤料</td><td>干密度、颗粒级配、含泥量</td><td>1 次/200～500m³，每层至少 1 次</td></tr>
<tr><td colspan="3">过渡料</td><td>干密度、颗粒级配</td><td>1 次/500～1000m³</td></tr>
<tr><td colspan="3">坝壳砂砾（卵）料</td><td>干密度、颗粒级配</td><td>1 次/5000～10000m³</td></tr>
<tr><td colspan="3">坝壳砾质土</td><td>干密度，含水率，小于 5mm 含量</td><td>1 次/3000～6000m³</td></tr>
<tr><td colspan="3">堆石料①</td><td>干密度、颗粒级配</td><td>1 次/10000～100000m³</td></tr>
</table>

① 堆石料颗粒级配试验组数可比干密度试验适当减少。

检查方法：测密度时，采用环刀法取样，应取压实层的下部，采用挖坑灌砂法或灌水法，试坑应挖在层间结合面上。对于砂料、堆石料，取样所测的干表观密度，平均值应不小于设计值，标准差不大于 0.1g/cm³，当样本数小于 20 组时，应按合格率不小于 90%，不合格干表观密度不得低于设计干表观密度的 95%控制。对于防渗土料，干表观密度或压实度的合格率不小于 90%，不合格的干表观密度或压实度不得低于设计干表观密度或压实度的 98%。取样除表中规定外，根据地形、地质、土料性质、施工条件，对防渗体选定若干个固定断面，每升高 5～10m，取代表性试样进行室内物理力学性质试验，作为复核工程设计及工程管理的依据。必要时应留样品蜡封保存，竣工后交工程管理单位。

二、事故处理

土石坝在施工期或在初期运用中常发生裂缝、滑坡、坝体及坝基漏水等质量问题。对这些常见的质量问题，一方面要加强控制、严格管理，尽量避免质量问题的产生；另一方面对已经出现的质量问题要采取切实可行的措施处理，防止其继续扩大，进一步危害大坝安全。

（一）干缩、冻融裂缝

干缩裂缝多发生在施工期上下游坝坡或坝顶的填筑面上，其特征是规律性差，呈龟裂状，从几厘米到几十厘米深不等，多系铅直，上宽下窄呈楔形。如不及时处理．将加速水力劈裂或不均匀沉陷裂缝的产生和发展，造成严重的危害。其防止方法是及时作好护坡和保护层。对已出现的裂缝，可视深浅的不同，采用开挖回填或将裂缝全部铲除重新回填处理。对于均质土坝，缝长不超过 0.5m，缝宽不超过 5mm 时。也可不处理，当坝体浸水后，一般可自行闭合。

在寒冷地区，粘性土填筑后的表面，遭受到反复冻融而形成冻融裂缝和因融化的土不能恢复原有的密实度而形成松土层。寒冷地区施工停歇期，粘性填土表面应采用临时性保护层，防止冻融裂缝。

（二）沉陷裂缝

由于岸坡过陡或坡率变差大，地基不均匀沉降，黄土湿陷变形，坝体施工期填筑高差过大及坝体压实不够等原因而产生沉陷裂缝。这种裂缝有横向和纵向两种，而以横向裂缝危害更大。

对横向裂缝，不论其大小，都应进行严格的处理，防止贯穿坝体漏水失事。如裂缝深度在 1.5m 以内，可沿缝开挖成梯形断面，应挖至裂缝尖灭后再加深 0.2～0.5m，以防止遗漏“多”字形或“纺锤形”裂缝的存在；在裂缝水平方向的开挖宽度，应延伸裂缝尖灭后再加长 1～2m。裂缝开挖后应避免日晒雨淋，防止雨水渗入缝内，回填时要注意新老土料的结合。

对于裂缝较深，开挖困难，开挖回填工程量过大，或是一些隐蔽裂缝，以采用灌浆处理的方法为宜。灌浆材料一般为粘土或与坝体相同的土料；为改善浆液性质，也可根据不同情况掺入适量的水泥、细砂、水玻璃或铝粉等。

纵向裂缝宽度大于 1cm 时，可挖除裂缝再回填夯实；若宽度小于 1cm，既短又不太深时，可不作处理；但应将表面封闭，防止雨水侵入造成弊害。

（三）滑坡裂缝

土坝的滑坡多出现在均质土坝的施工期或初期运用中，根据裂缝的不同特点，可分成滑弧形式滑动和塑流滑动两大类。

1. 滑弧形式滑动

产生的原因可能是设计边坡陡于坝体稳定边坡；填筑土料粘粒含量较高，含水量过大，填筑速度过快，上部填土荷载不断增加，土体渗透系数小，孔隙压力不易消散；施工质量不好，土料含水量过低。压实未达到设计干表观密度要求，以致土体松软，抗剪强度过低；水库蓄水后浸润线形成，土体饱和，库水位骤降，逐渐发生滑动。这种滑坡裂缝的特点是：从表面上看，裂缝呈“U”字形。两端向坝脚伸展；从剖面上看，呈弧形滑动，如图 3－23 所示。这种裂缝一般有较大的错距，并有明显的擦痕。

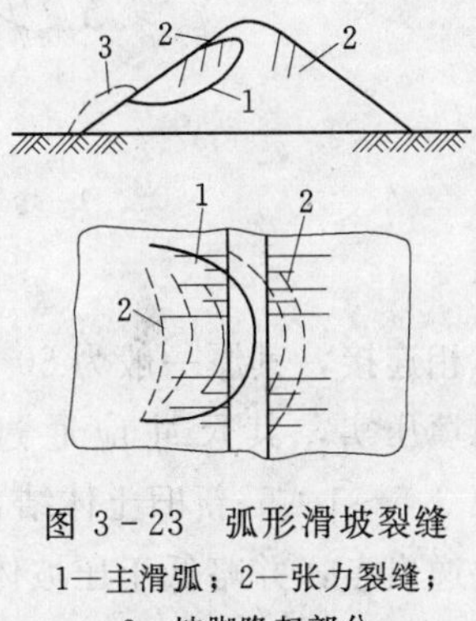

图 3－23　弧形滑坡裂缝

1—主滑弧；2—张力裂缝；3—坡脚隆起部分

2. 塑流滑坡

产生的原因可能是地基有含水量较高的淤泥层，填筑前

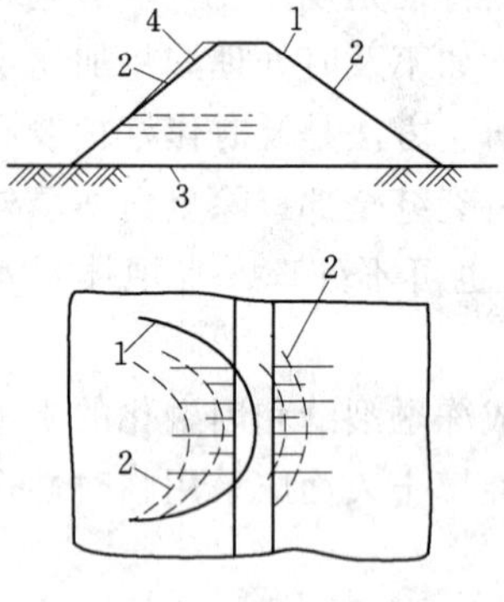

图 3-24 塑流滑坡裂缝
1—错动线；2—张力裂缝；
3—软弱层；4—塑流滑动体

未作严格的处理或泉眼渗水处理不好；冬季施工保温措施不当而产生冻土层，解冻或蓄水后形成软弱夹层；雨后或雪后坝面处理不好，土料含水量过高，形成塑流区。从表面上看，塑流滑动的滑弧形式与滑弧类似，但实际上有很大的差别。剖面上裂缝倾角很小，缝宽上下趋于一致，虽有错距，但无明显擦痕存在，如图 3-24 所示。这种滑动发生的速度快。情况严重时可能在瞬间将滑动体推向坝外；轻者经滑动后坝坡重新调整，坝体又复趋于平衡。

伴随滑坡裂缝的还有张力裂缝，发生滑坡时，坝体以较大的速度沿主滑弧向外移动，使周围土体受到拉应力而破坏。张力裂缝多属上宽下窄楔形状，裂缝有时错乱折叠，数量很多，往往成组出现。

土坝的滑坡可能危及坝身安全，在施工中，首先应尽可能避免和消除促成滑坡的因素，防止滑坡的产生。

如发现土坝在高水位或其他不利情况下（如地震等）可能滑坡时，应及早采取预防措施，一般可采取在坝脚压重或放缓边坡；或采取防渗、导渗措施以降低浸润线和坝基渗透压力，在特殊情况下，采取有针对性的专门措施，将坝局部翻修改建。

如判断必将发生滑坡且还有一定的抢护时间时，则应竭尽全力进行抢护，特别要注意安全。滑坡抢护的基本原则是：上部减载，下部加压。即在主裂缝部位进行削坡，而在坝脚部位进行压坡。

当滑坡已经形成且坍塌终止后，应根据滑坡产生的原因，采取多种综合措施处理。

如因坝身填土碾压不实，浸润线过高而造成的背水坡滑坡，在有条件放空水库的情况下，应以上游防渗为主，辅以下游压坡、导渗和放缓坝坡，以达到稳定坝坡的目的，如图 3-25 所示。可在迎水坡增建粘土斜墙，或坝体内做混凝土垂直防渗（不放空水库）；对于背水坡，在滑坡体下部修筑压坡体固脚。压坡体的底部设双向水平滤层，并与坝脚滤水

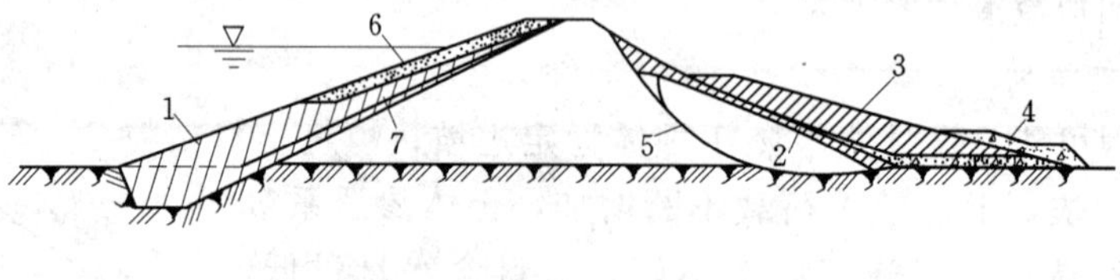

图 3-25 背水坡弧形滑坡处理示意图
1—增筑粘土斜墙；2—砂砾层；3—土料压坡体；4—滤水体；
5—滑裂线；6—块石护坡；7—原上游坝坡线

体相连接，其厚一般为 80～150cm。滤层上面的压坡体用砂、石料填筑，也可用土料分层回填压实，其尺寸应通过稳定分析确定，并不少于滑坡体高度的一半，边坡可为 1∶3.5～1∶5；新旧土体结合面，最好铺一层厚约 50～100cm 砂砾层，高度必须超过浸润线逸出点，并略低于压坡体顶面，填筑砂层时，应充分洒水压实。

对于塑流滑坡，处理的重点是清除这些淤泥、黄土和砂层，并进行固脚阻滑。可先在

坝脚外适当距离，修筑一道固脚齿槽，然后将坝脚到齿槽的泥、土、砂层挖除，挖一段回填一段透水料，切忌全线同时开挖，引起二次滑坡。分段回填完毕后，应在与透水料的接合面上设置双向滤层，并延伸至新填坝脚以外，如图 3-26 所示。

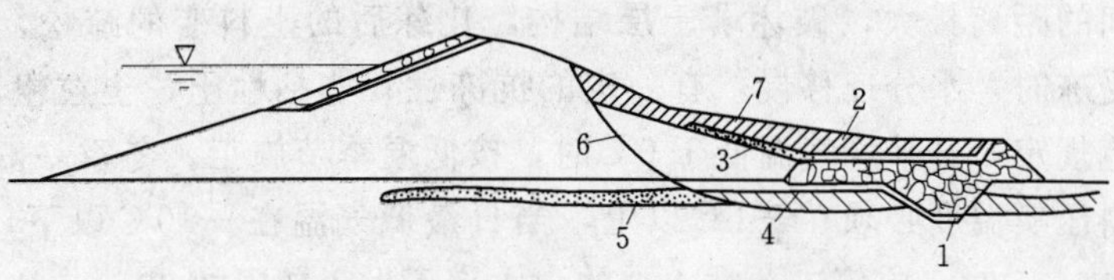

图 3-26 塑流滑坡处理示意图

1—双向滤层的块石固脚齿槽；2—回填土；3—砂层；4—原有滤体；5—软弱夹层；6—滑裂线；7—滑坡前坝坡线

对于滑坡体上部已松动的土体，应彻底挖除，然后按设计坝坡线分层回填夯实。开挖回填的次序应符合上部减载、下部压重的原则，切忌在滑坡体上部压重。开挖回填工作应分段进行，土料的含水量和干表观密度必须符合设计要求。滑坡主裂缝。一般不宜采用灌浆方法处理。滑坡处理前，应严格防止雨水渗入裂缝内，可加以覆盖，同时还应在裂缝上方修截水沟，截拦和引走坝面雨水。

（四）坝体及坝基的异常渗漏

对于能引起土体渗透破坏或渗漏量大影响蓄水兴利的，称为异常渗漏。异常渗漏往往逐渐发展，严重的能导致垮坝失事。

因施工不善而造成坝体渗漏的原因较多，如土料分层碾压不透，使上部密实，下部疏松，形成水平渗水带；碾压没达到要求的干密度；结合部位可能出现少压或漏压的松土带；土料含砂砾较多，渗透系数大；浸润线与设计不符，渗水从坝坡逸出；冬季施工，冻土层没彻底处理，形成软弱夹层；滤水体失效，使坝体浸润线升高等。坝基渗漏则是水平铺盖或垂直防渗设施施工质量差，基础未按设计处理好所致。

土坝渗透处理原则是“上截，下排”。“上截”就是在上游封堵渗漏入口，截断渗漏途径，防止渗入。基本措施可归纳为垂直防渗和水平防渗两种型式。“下排”就是在下游采用导渗和滤水措施，使渗水在不带走土料颗粒的前提下，迅速安全地排出，以达到渗透稳定。

（五）抗震加固

对于心墙坝的砂壳，往往存在着碾压不实、相对密度较低，抗震稳定性较差等问题。研究和采取适当的抗震加固措施，确保水库安全运用是一项十分重要和紧迫的任务。目前，较为普遍和行之有效的抗震加固技术主要有：振动水冲法、振动碾压法、爆破加密法以及增设堆石压重等。

振动水冲法加固地基是一种新技术。振冲法加固坝坡是用振冲器在砂壳中不断振动并冲水，使砂土先期振动液化，重新填料固结，以提高砂壳的密度。振冲加固大致可分为：震挤、浮振和固结三个过程。如山东省将该技术应用到松散砂壳坝的抗震加固工程中，使原有坝体砂壳相对密度从 0.20～0.40 的松散状态，经过振冲加固后达到 0.80 以上紧密状态，获得了良好的加固效果，为砂壳坝的抗震加固开辟了一条新的途径。

三、土石坝的冬雨季施工

(一) 冬季施工

当气温降至0℃以下，土料中发生水分迁移，结冰形成硬土层，难以压实。由于体积膨胀，使土粒间的距离扩大，破坏了土层结构，化冻后的土料变的疏松，降低了施工质量。由于粘土受冻时，水分迁移慢，有一定的抗冻性；非粘性土，土粒粗，水分迁移快，极易受冻。规范规定，日平均气温低于0℃时，按低温季节施工。冬季一般采取露天施工方式，要求土料压实温度必须在－1℃以上，当日最低气温在－10℃以下，或虽在0℃以下但风速大于10m/s时，应停工；粘土料的含水率不大于塑限的90%，粒径小于5mm的细砂砾料的含水率应小于4%；填土中严禁带有冰雪、冻块；土、砂、砂砾料与堆石料不得加水；防渗体不得受冻。低温施工应采取如下措施：

(1) 防冻措施：降低土料含水量，或采用含水量低的土料上坝；挖取深层正温土料，加大施工强度，薄层铺筑，增大压实功能，快速施工，争取受冻前压实结束。

(2) 保温措施：加覆盖物保温，如树叶、干草、草袋、塑料布等；设保温冰层，即在土料面上修土埂放水冻冰，将冰层下水放走，形成冰盖，冰盖下的空气夹层起到保温作用；在土料表面进行翻松等。

(二) 雨季施工

雨季施工最主要的问题是土料含水量的变化对施工带来的不利影响。粘土对含水量反应敏感，应避开雨天施工，非粘性土可在小雨时施工，大雨停工。雨季施工应采取有效措施；来雨前用光面碾快速压实松土，防止雨水渗入；铺料时，心墙向两侧、斜墙向下游铺成2%的坡度，以利排水；做好坝面防雨保护，如设防雨棚、覆盖苫布、油布等；做好料场周围的排水系统，控制土料含水量。

第六节 面板堆石坝施工

面板堆石坝是以堆石料（含砂砾石）分层碾压成坝体，并以混凝土或沥青混凝土作为防渗体的堆石坝，简称面板坝。这种坝型因断面小、安全性好、施工方便、适应性强、造价低等优点，受坝工界的普遍重视。

一、堆石材料的质量要求和坝体材料分区

面板堆石坝上游面有薄层面板，面板可以是刚性钢筋混凝土的，也可以是柔性沥青混凝土的。坝身主要是堆石结构。良好的堆石材料，尽量减少堆石体的变形，为面板正常工作创造条件，是坝体安全运行的基础。

(一) 面板堆石坝的坝体分区

堆石坝坝体应根据石料来源及对坝料的强度、渗透性、压缩性、施工方便和经济合理性等要求进行分区。在岩基上用硬岩堆石料填筑的坝体可按图3－27分区，从上游向下游依次分为垫层区、过渡区、主堆石区及下游堆石区。周边缝下部应设特殊垫层区。坝体上游部分的堆石体要求：压缩性要低，防止沉陷危及防渗面板；防渗性高，防止渗流过大。各区坝料的透水性应按水力过渡要求，从上游向下游逐渐增加。下游堆石区在下游水位以上的坝料不受此限制。

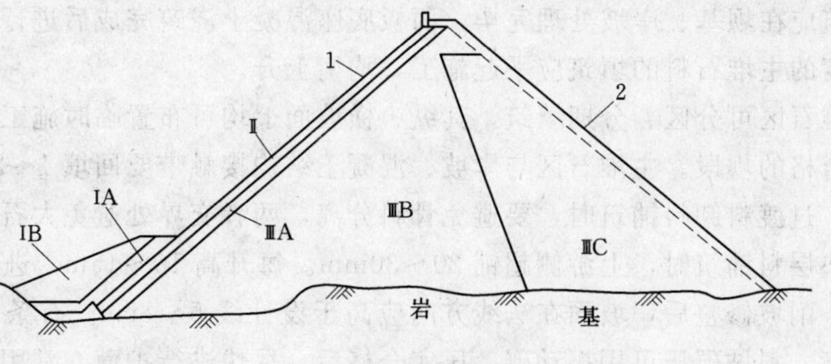

图 3-27 岩基上硬岩堆石坝体分区示意图
ⅠA—防渗土料；ⅠB—任意料；Ⅱ—垫层区；ⅢA—过渡料区；
ⅢB—主堆石区；ⅢC—任意料区或下游堆石区
1—面板；2—大块石护坡

垫层区的水平宽度应由坝高、地形、施工工艺和经济性比较确定。当用汽车直接卸料，推土机推平方法施工时，垫层区不宜小于3m，有专门的铺料设备时，垫层区宽度可减少，并相应增大过渡区的面积，主堆石区用硬岩时，到垫层区之间应设过渡区，为方便施工，其宽度不小于3m。

（二）堆石材料的质量要求

根据施工组织设计，查明各料场的储量和质量，如果利用施工中挖方石料时，要按料场要求增做试验。1、2级高坝坝料室内试验项目应包括坝料的颗粒级配、相对密度、抗剪强度和压缩模量，垫层料、砂砾料、软岩料的渗透和渗透变形试验。100m以上的坝，应测定坝料的应力应变参数。

1. 垫层料

要求有良好的级配，最大粒径为80～100mm，小于5mm的颗粒含量为30%～50%，小于0.075mm的颗粒含量不宜超过8%，中低坝可适当降低要求。用天然砂砾料作垫层料时，要求级配连续、内部结构稳定、压实后渗透系数为10^{-3}～10^{-4}cm/s。寒冷地区，垫层的颗粒级配要满足排水性要求。

2. 过渡料

过渡料要求级配连续、最大粒径不宜超过300mm。可用人工细石料、经筛分加工的天然砂砾料等，压实后的过渡料要压缩性小、抗剪强度高、排水性好。

3. 主堆石料

主堆石料可用坝基开挖料或料场开采石料，要求级配良好，最大粒径不应超过压实层厚度，小于5mm的含量不宜超过20%，小于0.75mm的颗粒含量不宜超过5%。在开采前应作专门的爆破试验。

4. 下游堆石区

该区起保护主堆石体及下游边坡稳定作用。要求采用较大石料填筑，允许有少量分散的风化岩。由于该区的沉陷变形对面板已影响甚微，故对石质及密度要求有所放宽。下游坝坡面用干砌石护面。

二、堆石坝填筑工艺、压实参数和质量控制

（一）填筑工艺

坝体填筑应在坝基、岸坡处理完毕，面板底座混凝土浇筑完成后进行。垫层料、过渡料和一定宽度的主堆石料的填筑应平起施工，均衡上升。

主、次堆石区可分区、分期填筑，其纵、横坡面上均可布置临时施工道路，但必须设于填筑压实合格的坝段。主堆石区与岸坡、混凝土结构接触带要回填1～2m宽过渡带料。

垫层料、过渡料卸料铺筑时，要避免骨料分离，两者交界处避免大石集中，超径石应予以剔除。垫层料铺筑时，上游侧超铺20～30mm。每升高10～15m，进行垫层坡面削坡修整和碾压，削坡修整后，坡面在法线方向应高于设计线5～8cm。有条件时宜用激光控制削坡的坡度。斜坡碾压可用振动碾。压实合格后，尽快进行护面，常用的形式有碾压水泥砂浆、喷乳化沥青、喷混凝土等。碾压砂浆表面、喷混凝土表面允许误差为±5cm。

坝料铺筑采用进占法卸料，及时平料，保持填筑面平整。用测量方法检查厚度，超厚及时处理。坝料填筑宜加水碾压，加水要均匀，控制加水量。采用振动平碾压实，碾重不小于10t。经常检测振动碾的工作参数。碾压应按坝料分区分段进行，各碾压段之间的搭接不应小于1.0m。坝体堆石区纵、横向接坡宜采用台阶收坡法施工，台阶宽度不宜小于1.0m，填筑高差不宜过大。

下游护坡宜与坝体填筑平起施工，护坡石宜选取大块石，机械整坡、堆码，或人工干砌，块石间嵌合要牢固。

（二）堆石体的压实参数和质量控制

1. 坝体填筑压实标准

坝体填筑压实标准见表3-10。压实参数需经压实试验确定。振动碾的压实参数可参考表3-11。

表3-10 坝体填筑标准

坝料	垫层料	砂砾石料	过渡料	主堆石料	下游堆石料
孔隙率	15～20		18～22	20～25	23～28
相对密度		0.75～0.85			

表3-11 振动碾的压实参数

土石料类型	碾重（t）	铺料厚度（m）	碾压遍数	备注
砂砾料	13.5	1.2～1.6	4～6	
风化料	13.5	1.0～1.5	4～6	
石渣料	13.5	1.0～1.5	4	
堆石料	13.5	1.0～1.5	4～6	堆石最大粒径应比铺料层厚小10～20cm
	10.0	0.6～0.8	4～6	

2. 堆石体的质量控制

坝体填筑的质量，一般要求为：堆石材料、施工机械符合要求；负温下施工时，坝基已压实的砂砾石无冻结现象，填筑面上的冰雪已清除干净。坝面压实，应对压实参数和孔隙率进行控制，以碾压参数为主。铺料厚度、碾压遍数、加水量等符合要求，铺料误差不宜超过层厚的10%，坝面保持平整。

坝料压实检查项目和取样次数见表3-12。

表3-12　　坝料压实检测项目和取样次数

坝　料		检查项目	检查次数
垫层料	坝面	干密度、颗粒级配	1次/500～1000m^3，每层至少1次
		渗透系数	次数不定
	上游坡面	干密度、颗粒级配	1次/1500～3000m^3
	小区	干密度、颗粒级配	每1～3层1次
过渡区		干密度、颗粒级配	1次/3000～6000m^3
砂砾料		干密度、颗粒级配	1次/5000～10000m^3
堆石料*		干密度、颗粒级配	1次/1万～10万m^3

*堆石料颗粒级配可比干密度试验次数适当减少。

检查方法：垫层料、过渡料和堆石料压实干密度的检测方法，宜采用挖坑灌水法，或辅以表面波压实密度仪法。施工中可用压实计实施控制，垫层料可用核子密度计法。垫层料试坑直径应不小于最大粒径的4倍；过渡料试坑直径应不小于最大粒径的3～4倍；堆石料试坑直径为最大粒径的2～3倍；试坑直径最大不超过2m。以上三种料的试坑深度均为碾实层厚度。

三、钢筋混凝土面板的分块和浇筑

（一）钢筋混凝土面板的分块

混凝土防渗面板包括趾板（面板底座）和面板两部分。防渗面板应满足强度、抗渗、抗侵蚀、抗冻要求。趾板设伸缩缝；面板设垂直伸缩缝、周边伸缩缝等永久缝和临时水平施工缝。混凝土防渗面板分缝分块见图3-28。

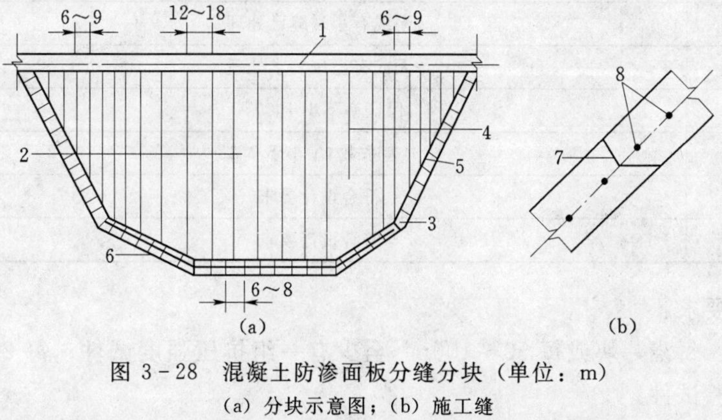

图3-28　混凝土防渗面板分缝分块（单位：m）

(a) 分块示意图；(b) 施工缝

1—坝轴线；2—面板；3—趾板；4—垂直伸缩缝；5—周边伸缩缝；
6—趾板伸缩缝；7—水平伸缩缝；8—面板钢筋

垂直伸缩缝从底到顶布置，中部受压区，分缝间距一般为12～18m；两侧受拉区按6～9m布置。受拉区设两道止水，受压区在底侧设一道止水，水平施工缝不设止水，但竖向钢筋必须相连。

（二）防渗面板混凝土浇筑

1. 趾板施工

趾板施工应在趾基开挖处理完毕，经验收合格后进行，按设计要求进行绑扎钢筋、设置锚筋、预埋灌浆导管、安装止水片及浇筑上游铺盖。混凝土浇筑中，应及时振实，注意止水片与混凝土的结合质量，结合面不平整度小于5mm。混凝土浇后28d以内，20m之内不得进行爆破；20m之外爆破要严格控制装药量。

2. 面板施工

面板施工在趾板施工完毕后进行。当坝高不大于70m时，面板在堆石体填筑全部结束后施工，这主要考虑避免堆石体沉陷和位移对面板产生的不利影响。高于70m的堆石坝，考虑需拦洪度汛，提前蓄水，面板宜分二期或三期浇筑，分期接缝应按施工缝处理。面板混凝土浇筑宜采用无轨滑模，起始三角块宜与主面板块一起浇筑。面板混凝土宜采用跳仓浇筑。滑模应具有安全措施，固定卷扬机的地锚应可靠，滑模应有制动装置。面板钢筋采用现场绑扎或焊接，也可用预制网片现场拼接。混凝土浇筑中，布料要均匀，每层铺料250～300cm。止水片周围需人工布料，防止分离。振捣混凝土时，要垂直插入，至下层混凝土内5cm，止水片周围用小振捣器仔细振捣。振动过程中，防止振捣器触及滑模、钢筋、止水片。脱模后的混凝土，要及时修整和压面。

滑模滑升时，要保持两侧同步，每次滑升距离不大于30cm，滑升间隔时间不应超过30min。面板浇筑的平均速度为1.5～2.5m/h。

面板混凝土浇筑质量检查项目和技术要求，见表3-13。

表3-13　面板混凝土浇筑质量检测项目和技术要求

项　目	质　量　要　求	检测方法
混凝土表面	表面基本平整，局部不超过设计线3cm，无麻面、蜂窝、狗洞、露筋	测量观察
表面裂缝	无或有小裂缝已处理	观察测量
深层及贯穿裂缝	无或有已按要求处理	观察检察
抗压强度	保证率不小于80%	试验
均匀性	离差系数 C_v 小于0.18	统计分析
搞冻性	符合设计要求	试验
抗渗性	符合设计要求	试验

检查数量要求：

趾板浇筑：每浇一块或每50～100m³ 至少有一组抗压强度试件；每200m³ 成型一组抗冻、抗渗检验试件。

面板浇筑：每班取一组抗压强度试件，抗渗检验试件每500～1000m³ 成型一组，抗冻检验试件每1000～3000m³ 成型一组，不足以上数量者，也应取一组试件。

第四章 混 凝 土 工 程

第一节 概 述

一、混凝土的发展史与工程应用

如今水泥混凝土是土木工程上一种司空见惯的建筑材料，至21世纪初全世界水泥混凝土的年用量已达100亿吨，然而它的发展历史并不遥远。1796年古希腊人和罗马人用粘土含量为20%～25%的石灰石煅烧后磨细，制得能抵抗水侵蚀的高强度天然水泥，从此，罗马水泥问世。1824年英国泥瓦工约瑟夫·阿斯普丁（Joseph Aspdin）申请了生产波特兰水泥（Portland Cement）的专利，从此进入了人工配制水硬性胶凝材料的新阶段。1850年法国人朗波特（Lambot）发明了钢筋混凝土（Reinforced Concrete），弥补了混凝土抗拉强度与抗折强度不足的缺陷。1918年艾布拉姆斯（D. A. Abrams）提出了水灰比理论。1928年法国弗莱西奈（Freyssinet）发明了预应力钢筋混凝土（Prestressed Concrete）施工工艺，并提出了混凝土徐变与收缩理论。1960年前后各国外加剂的研究成果大量涌现，为流态自密混凝土（Running Dense Concrete）和泵送混凝土（Pumping of Concrete）的发展创造了条件。1963年，美籍华人林同炎教授提出了“荷载平衡设计法”，使预应力混凝土的结构概念更加明确，设计方法更加简便。混凝土的施工方法在现场分仓浇筑的基础上也在不断发展改进，薄层碾压浇筑、预制装配，喷锚支护、滑模施工等新工艺相继出现。随后混凝土的有机化研究为聚合物混凝土（Polymer Concrete）和树脂混凝土（Resin Concrete）在特种工程的应用开辟了道路。随着科学技术的进步，混凝土正朝着高强度、高耐久性、低能耗、多用途和轻型的方向发展。

今天，混凝土及钢筋混凝土生产技术日臻完善，在交通、工民建、水利、化工、原子能和军事等工程上都有广泛应用。在水利水电工程中混凝土的用量尤为巨大，使用范围几乎涉及所有的水工建筑物，如大坝、水闸、水电站、抽水站、隧洞、港口、桥梁、堤防、护岸和渠系建筑物等。

二、混凝土的特点

混凝土能在土木工程中获得广泛应用，是因为它有如下优点：

(1) 混凝土拌和物具有一定的和易性和可塑性；

(2) 硬化后的混凝土抗压强度高、耐久性好；

(3) 除水泥外，其余组成材料来源广泛、价格低廉，经济性明显；

(4) 可按需要配制不同性能的混凝土，可改造性强。

混凝土的应用也受到一定的限制，是因为它存在如下缺点：

(1) 抗拉强度低、韧性差和抗侵蚀性弱；

(2) 钢材、水泥、木材的耗用量大，工程投资较多；

(3) 施工环节多，质量控制难度大。

三、施工过程

混凝土工程的施工环节主要包括：

（1）砂石骨料的采集、加工、贮存与温控，掺和料、外加剂和水泥的贮存，拌和水的温控；

（2）模板和钢筋的加工制作、运输与架设；

（3）混凝土的制备、运输、浇捣和养护。

第二节　混凝土骨料料场规划与开采

砂石骨料在混凝土组成材料中占有很大的比例，其质量优劣对混凝土强度、水泥用量和温控要求产生直接的影响，其使用量、颗粒级配和最大粒径的确定也影响到混凝土工程的造价。为此，要认真做好骨料料场规划，研究骨料的物理力学性能，把握好骨料开采、加工和堆存等环节。

一、骨料的类型

混凝土工程使用的骨料来源于天然砂砾料、人工砂石料和组合骨料。自然形成的砂卵石料，称为天然砂石料；而经过人工破碎形成的砂石料，称为人工砂石料；由天然砂石料与人工砂石料搭配使用时，称为组合骨料。工程上选用何种类型的砂石料，除考虑骨料自身的质量外主要取决于砂石料的综合成本。所谓砂石料综合成本，是指除计入开采、加工和运输成本外，还应包括料场及加工系统建设的土建和设备的一次性投资，以及采用不同类型骨料配制混凝土时，与其他成分材料差额的费用等。

骨料应根据优质、经济、就地取材的原则进行选择。

一般而言，应优先选用天然砂砾料，但其使用前提是：①天然砂砾料场分布于工程附近；②骨料质量合格且储量丰富；③级配及开采、运输条件合适。

换言之，当拟建工程附近没有能满足工程要求的天然砂砾料场，或其开采、加工及运输的综合成本已高于人工砂石料时，则选用人工砂石料。

组合骨料应以天然骨料为主，人工骨料为辅，常通过加工天然骨料超逊径弃料来补充短缺级配，实现两种料源的最佳搭配。

应该承认，人工骨料比天然骨料存在诸多的优越性，如级配便于调整、质量易于控制、开采不受环境条件影响、弃料明显减少、堆料场占地较少等。

工程开采中的弃渣，若质量符合要求应充分加以利用。它既可降低人工骨料成本、节省运渣费用，又可减少环境污染、缩减堆渣用地。

二、骨料料场规划

骨料料场规划是骨料生产系统设计的基础，料场规划应该经过充分全面的技术经济论证。因此，必须在满足工程对混凝土骨料的数量、质量、级配及供应能力等基本要求的基础上制订料场规划。确定最佳料源方案时要考虑的因素有：料场分布、开采条件、可用料的贮存量、骨料质量、天然级配、加工条件、弃料量、运输方式、运输距离及生产成本等因素。当然，骨料的料源在开采前应有详细的勘察资料，它是选定料场、设计骨料制备系统、制定工艺流程、拟定使用平衡计划的重要依据。

搞好砂石料场规划应遵循以下原则：

(1) 满足水工混凝土对骨料的各项质量要求，其储量应满足各设计级配的需要，并有必要的富裕量；

(2) 选用的料场，应场地开阔，高程适宜，储量大，质量好；

(3) 选择开采准备工作量小，施工简便，运距适宜的料场；

(4) 选择天然级配与设计级配较接近的料场；

(5) 分期使用料源时，前后期料场应统筹安排；

(6) 在料场附近用农田以外的场地堆料，并制订完工后的植被恢复计划；

(7) 料场规划应与通用的开采设备相适应；

(8) 开采速度和浇筑进度相协调，尽量减少骨料的贮量，提高利用率。

三、骨料的开采

(一) 骨料开采量的确定

砂石料开采量的确定，是以主体工程混凝土的设计用量与附加混凝土量的总和作为计算依据的。所谓附加混凝土量，是指用于工程地质缺陷处理、超挖回填和临时建筑工程所需的混凝土量以及施工过程中不可避免损耗的混凝土量等。在规划设计阶段，大中型工程的附加混凝土量可按5%～8%考虑；在施工阶段，则需结合主体工程的结构设计及工程地质条件等因素综合分析确定。对水工混凝土而言，砂石料需要量应针对各级配混凝土的需要量，按比例分别计算。在初步估算时，可按每立方米混凝土约需1.5m^3骨料计算，其中粗骨料约为1.067m^3，细骨料约为0.433m^3。折合成料场开采量，还需计入开采、加工、运输、储存等损耗系数。人工骨料和天然骨料的各种系数有所差别，计算时应分别考虑。

1. 天然骨料开采量

骨料开采量取决于混凝土中各种粒径骨料的需要量。若第i组骨料所需净料量为q_i，则要求开采天然骨料的总量Q_i（m^3，天然方）可按下式计算：

$$Q_i = (1+k)q_i/k_p p_i \quad (m^3) \tag{4-1}$$

式中 k——骨料生产过程的损失系数，是各生产环节损失系数的总和，即$k=k_1+k_2+k_3+k_4$，其中k_1、k_2、k_3、k_4参见表4-1；

k_p——砂砾料的松散系数，取1.15～1.35；

p_i——天然骨料中第i粒径组骨料的含量，%。

表4-1　天然骨料生产过程骨料损失系数表

产生骨料损失的生产环节		系数	损失系数值		
			砂	小石	大中石
开挖作业	水上	k_1	0.03	0.02	0.02
	水下		0.07	0.05	0.03
加工过程		k_2	0.07	0.02	0.01
运输堆存		k_3	0.05	0.03	0.02
混凝土生产		k_4	0.03	0.02	0.02

第 i 组骨料净料需要量 q_i（m^3，以松方计）与第 j 种强度等级混凝土的工程量 V_j（m^3）有关，也与该强度等级混凝土中 i 种粒径骨料的单位用量 e_{ij}（m^3/m^3）有关。于是，第 i 组骨料的净料需要量 q_i 为：

$$q_i = (1 + k_c)\sum e_{ij} V_j \quad (m^3,\text{以松方计}) \tag{4-2}$$

式中 k_c——混凝土出机后在运输、浇筑中的损失系数，为 0.01～0.02。

对混凝土工程量较小的临时工程，在料源充足条件下无需设置碎石加工系统时，取 Q_i 中最大值作为天然骨料的开采总量；或根据混凝土骨料的级配要求，在料场天然级配分布资料中根据"补充短缺粒径为最少，弃料量为最低"的原则选定某一粒径为控制粒径，再按此控制粒径的骨料需求量乘以扩大系数求得天然骨料的开采总量。

对混凝土工程量较大的工程，为避免弃料过多，影响成本，往往对开采的毛料进行破碎加工，开采总量则应依据破碎筛分平衡计算确定。

2. 人工骨料开采量

如需要利用开采石料作为人工骨料料源，则石料开采量 V_r，可按下式计算：

$$V_r = (1 + k)\alpha V_0/\beta\gamma \quad (m^3,\text{天然方}) \tag{4-3}$$

式中 k——人工骨料损失系数，对碎石，加工损失为 0.02～0.06，运输储存损失为 0.02～0.04；对人工砂，加工损失为 0.08～0.20；运输储存损失为 0.02～0.06；

α——每立方米混凝土的骨料用量，t/m^3；

V_0——混凝土的总需用量，m^3；

β——块石开采成品获得率，取 0.8～0.9；

γ——块石表观密度，t/m^3。

若有工程开挖料可供利用，计算 V_r 时应将利用量扣除。

（二）水下、陆上天然砂砾料的开采

河床和河滩料场的开采受水文条件影响大，对于水下开采的河床料场，开采作业主要受河水水位和流速的控制。应根据开采设备允许的作业流速和开采深度确定开采水位的上限，据此计算一年中的有效开采时间。河滩料场在汛期或冰冻期是否开采，须通过全面的技术经济比较来确定。一般采用采砂船或索铲挖掘机从河床或河滩开挖天然砂砾料。

对于以陆上为依托的陆基滩料场，其水下作业时的陆基基面高程，可按该处河道的水位流量关系与典型丰水年的流量过程线确定。过高的基面高程，会减少采料场的水上开采范围，而过低的基面高程则会缩短有效的水下开采时间。对于修筑围堰进行开采的河滩料场，应根据河流的水文特性来确定围堰高程。陆上开采天然砂砾料多用挖掘机开挖，用自卸汽车或矿车运输。

（三）碎石的开采

采石场一般采用钻爆法松动岩体，然后沿作业面进行采集和装运。爆破方式有洞室爆破和深孔爆破两种，前者原岩破碎平均粒径较大，即超径量多；后者则因采用微差挤压爆破法控制爆破后的骨料粒径，能有效地降低超径大块石的含量，并避免过多石渣的产生。超径大块石一般采用二次爆破或破碎锤处理。液压破碎锤可安装在液压反铲的斗臂上，能够自行在采场巡回作业，方便灵活；也可装设于专用的液压臂架上，配以液压站，固定设于破碎机进料口处。由于液压破碎锤具有安全高效等优点，正日益广泛地被采用。

对于颚式和旋回破碎机而言，允许最大进料粒径为其进料口尺寸的 80%～85%。常用破碎机的允许最大进料粒径见表 4-2。

表 4-2　　常用破碎机的允许最大进料粒径　　单位：mm

复摆颚式破碎机			简摆颚式破碎机			旋回破碎机		
破碎机型号	给料口尺寸	允许最大进料粒径	破碎机型号	给料口尺寸	允许最大进料粒径	破碎机型号	给料口尺寸	允许最大进料粒径
PEF0204	PEJ1521	210	PE30609	600×900	500	PXZ0506	500	420
PEF0406	400×600	340	PEJ0912	900×1200	750	PXZ0710	700	580
PEF0507	500×750	400	PEJ1215	1200×1500	1000	PXZ0913	900	750
PEF0609	600×900	500	PEJ1521	1500×2100	1300	PXZ1216	1200	1000
PEF0710	900×1200	630				PXQ0710	700	580
PEF0912	150×2100	750				PXQ0913	900	750
						PXQ1215	1200	1000

块石料场中往往存在大量的夹泥层、弱风化层，以及溶洞内夹泥等无用层系，必须在开采过程中严格控制粘土和弱风化岩石的含量。

四、骨料加工

为满足混凝土骨料的质量和级配要求，对开采的砂砾料或石料，必须进行加工分选。对于人工石料需要破碎、筛分及冲洗；对于天然砂砾料，也需要进行筛分及冲洗。通常冲洗是在筛分过程中进行。

骨料在破碎前应将岩石中的松软成分分离剔除。精选后的碎石骨料，能明显提高混凝土的强度。

（一）砂石料加工厂生产能力确定

天然砂砾料进行筛分加工，首先要确定筛分厂的生产能力。骨料加工生产能力必须满足混凝土高峰时段月平均浇筑强度的需要，或者满足骨料月最大开采强度的需要。

1. 按混凝土高峰时段月平均浇筑强度计算骨料加工能力

$$P=(1+K)\alpha K'\frac{Q}{Tmn} \tag{4-4}$$

式中　P——骨料加工能力，对天然骨料为 m^3/h，对人工骨料为 t/h；

Q——混凝土高峰期浇筑量，m^3；

T——混凝土高峰期持续时间，月；

K——骨料损耗系数，可参照公式（4-1）选用；

K'——考虑生产不均衡和级配变动的备用系数，对天然骨料为 1.2～1.7，对人工骨料为 1.2～1.3；

m——每月有效工作日数，取 25d；

n——每天有效工作时数，三班制取 20h，二班制取 14h；

α——每立方米混凝土的骨料用量，对天然骨料为 m^3/m^3，对人工骨料为 t/m^3。

2. 按骨料月最大开采强度计算骨料加工能力

$$P = \frac{qL}{mn} \tag{4-5}$$

式中 P——筛分厂所需的骨料加工生产能力，m^3/h；

q——骨料最大月开采强度，m^3；

m——每月有效工作日数，取 25～28d；

n——每天有效工作时数，三班制取 20h，二班制取 14h；

L——设备负荷不均匀系数，一般取 1.5。

3. 筛分厂设备数量的确定

根据上面公式（4-5）求得筛分厂生产率 P，按在一条工作线上混合料的实际供料量，来确定筛分厂所需的设备数量。

先求混合料在一条工作线上实际的每小时进料量：

$$Q_1 = \frac{P'}{R} \tag{4-6}$$

式中 P'——筛分机的生产率，m^3/h；

R——通过该层筛网的粒料量与混合料总量的比值（或为百分数）。

再计算所需筛分设备的套数：

$$N = P/Q_1(\text{套}) \tag{4-7}$$

式中 P——筛分厂需要的生产率，m^3/h。

在骨料生产过程中，还要使用一些清洗骨料的设备以清除其中的粘土、杂质等，如槽式洗泥机（用于清洗粗骨料）、沉砂箱和螺旋洗砂机（用于清洗细骨料），这些设备可分别按其要求的生产率，选用相应的设备台数。

（二）骨料破碎

破碎机的作用主要是加工碎石、破碎砂砾料中的超径石和制造人工砂。破碎机的类型很多，常用的有颚式破碎机、旋回破碎机、锥式破碎机、辊式破碎机及反击式破碎机等。

1. 颚式破碎机

颚式破碎机（图 4-1），是最常用的骨料粗碎和中碎设备，具有结构简单，自重较轻、价格便宜、外形尺寸小、高度低、进料尺寸大、排料口开度容易调整的优点。缺点是衬板容易磨损、颚板更换率高、功耗大、破碎石料中扁平状者较多。

2. 旋回破碎机

重型旋回破碎机适用于破碎各种硬度岩石，轻型旋回破碎机适用于破碎中等硬度以下岩石。旋回破碎机一般用作大型砂石厂的粗碎设备。其特点是自重大、能连续破碎、生产率高。

3. 锥式破碎机

锥式破碎机适用于破碎各种硬度岩石，是砂石厂中最常用的中碎和细碎设备。有标准、中型、短头三种腔型，弹簧和液压两种支承方式。其优点是工作可靠、磨损轻、破碎比大，功耗小，产量高，产品粒度均匀。缺点是构件复杂，机体笨重、维修较困难、价格较高，破碎产品中针片状颗粒含量较高。

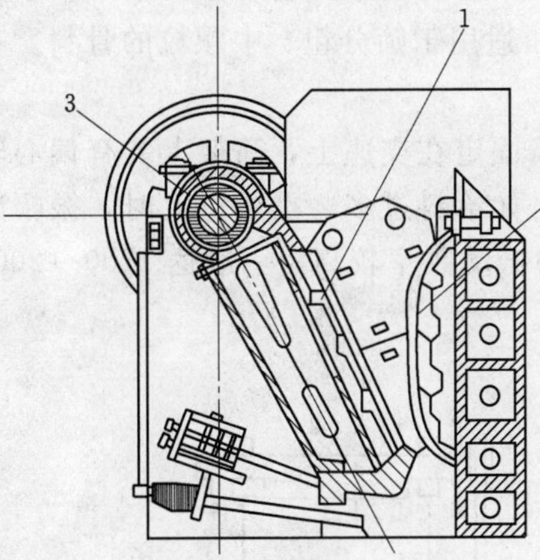

图 4-1 复摆式颚式破碎机

1—活动颚板；2—固定颚板；3—偏心轴

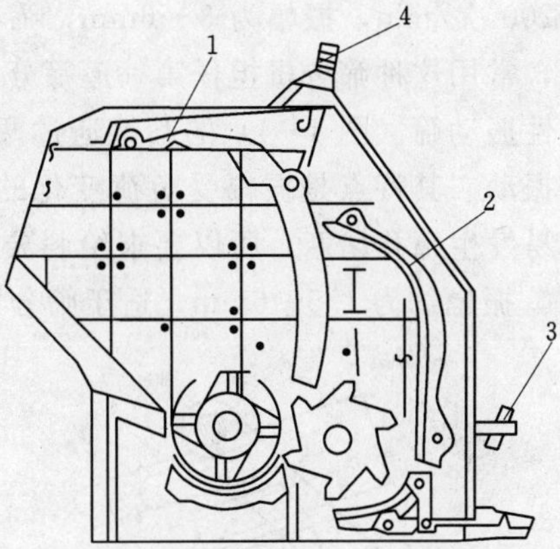

图 4-2 双转子反击式破碎机

1—第一道反击板；2—第二道反击板；3—调节螺栓；4—弹簧

4. 反击式破碎机

反击式破碎机（图 4-2）适于破碎中等硬度的岩石，可用作骨料的中碎、细碎和制砂。其优点是破碎比大，产品细，粒形好，产量高，能耗低，结构简单。缺点是板锤和衬板容易磨损，更换和维修工作量大，不宜破碎塑性和粘性物料，产品级配难以控制，容易产生过度粉碎。

（三）骨料筛分

振动筛在筛分厂中用来对骨料进行分级。按振动特点不同，振动筛可分为偏心振动筛、惯性振动筛、自定中心振动筛、重型振动筛和共振筛等几种类型。其共同特点是振动频率高，振幅小，当强烈振动时，细粒料易于筛出，因此可以获得较高的生产率和筛分效率。

偏心振动筛如图 4-3 所示，其筛架是通过内轴承安装在轴的偏心部位上，当由偏心轴旋转带动筛架作环形运动而产生振动。偏心振动筛的特点是振幅保持不变，即不随给料

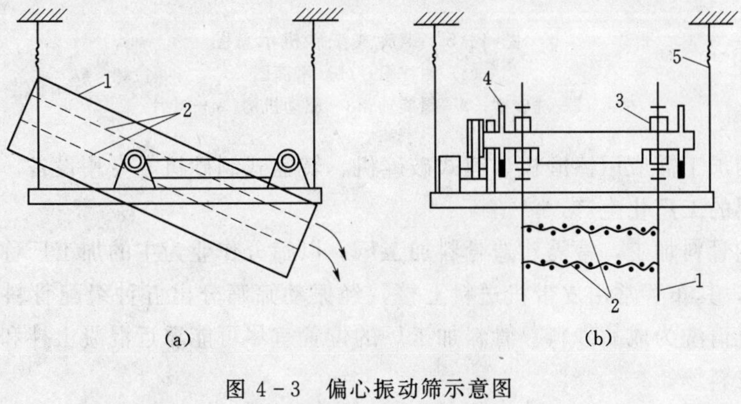

图 4-3 偏心振动筛示意图

（a）侧视图；（b）横剖面图

1—筛架；2—筛网；3—偏心部位；4—消振平衡重；5—消振弹簧

量的多少而变化，因而不易发生给料过多而引起筛孔堵塞的现象。它的振动频率一般为840～1200次/min，振幅为3～6mm，筛网2～3层，适用于筛分粗、中颗粒的骨料。在筛分中，常用这种筛分机担任第一道筛分。

惯性振动筛（图4-4）的筛架通过两侧支承钣簧固定在支座上，筛架上装有偏心轴而产生振动。其特点是振幅受负荷变化的影响较大，如给料过多、重量过大时，振幅减小，容易发生筛孔堵塞，所以要求给料要均匀。它的振动频率较高，一般达1200～2000次/min，振幅约为1.5～6mm，适于筛分中、细骨料。

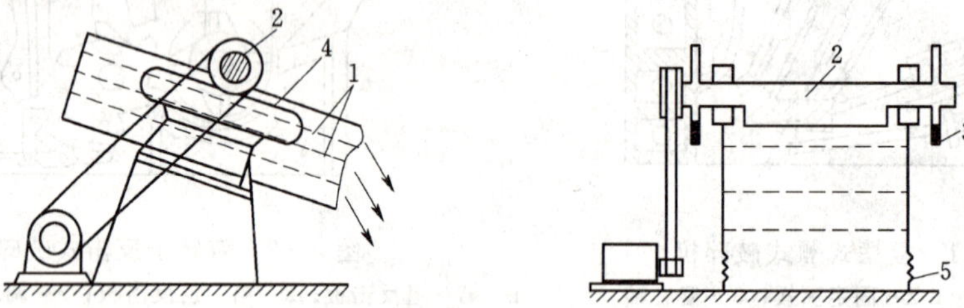

(a) (b)

图4-4　惯性振动筛示意图

(a) 侧视图；(b) 横剖面图

1—筛网；2—单轴起振器；3—配重盘；4—消振钣簧；5—电动机

（四）细骨料加工

天然砂砾料由筛分机筛取粗骨料后，细骨料经沉砂箱（池）沉淀并由螺旋洗砂机（图4-5）脱水即可堆存使用。

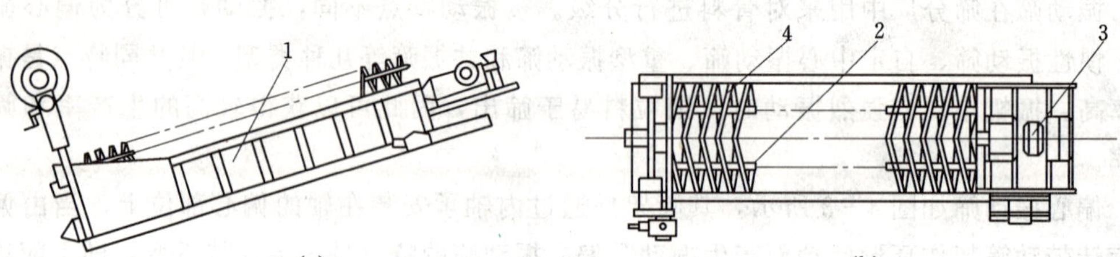

(a) (b)

图4-5　螺旋式洗砂机示意图

(a) 侧视图；(b) 平面图

1—洗砂槽；2—螺旋轴；3—驱动机构；4—叶片

人工砂的加工需应用棒磨机、锤式破碎机、转盘式制砂机等专用设备。

五、骨料的工厂化生产

大规模的骨料加工，常需建造骨料加工厂。以筛分作业为主的加工厂称为筛分楼，如图4-6所示，其布置常用皮带机送料上楼，经振动筛筛分出五种级配骨料，砂料则经沉砂箱和洗砂机清洗为成品砂料。骨料加工厂的位置宜尽可能靠近混凝土拌和系统，以便形成共用成品堆料场。

六、骨料的堆存

为了适应混凝土生产的不均衡性，可利用堆料场储备一定数量的骨料，以解决骨料的

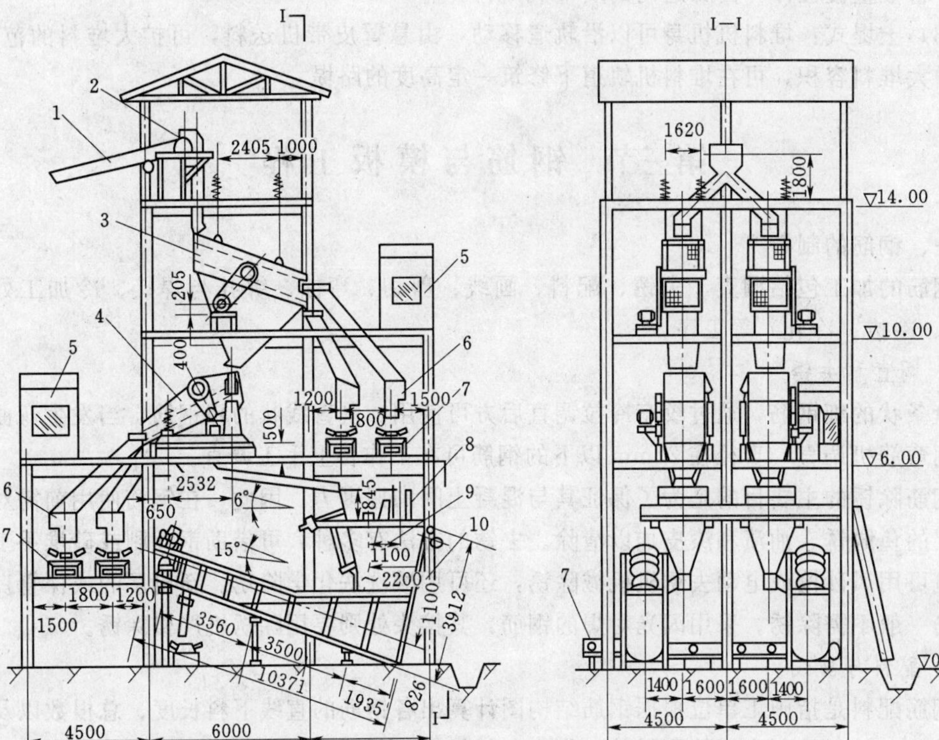

图 4-6　筛分楼配置示意图（单位：mm）

1—800 进料带式输送机；2—分叉溜槽；3—$SZZ_2$1500×4000 自定中心振动筛；4—$ZD_2$1500×4000 圆振动筛；5—隔音室；6—出料溜槽；7—B650 出料带式输送机；8—排水槽；9—4m^3 浓缩斗；10—FC12 型沉没式螺旋分级机

供需矛盾。粗细骨料总储备量通常可按高峰时段月平均值的 50%～80%考虑。当汛期或冰冻期停采天然砂砾料时，骨料总储备量须按停采期骨料需用量外加 20%的富裕度考虑。需要指出的是，确定成品骨料储存量的决定性因素是砂石含水量趋于稳定所需要的时间。在风干状态下，砂子经 5～6 天可以达到稳定含水量。

1. 骨料堆存的质量要求

(1) 为减少石子破碎，应使卸料跌落高度控制在 2.5m 以内。

(2) 砂料堆场应有良好的脱水系统，砂料要有足够（3 天以上）的脱水时间，使其含水率控制在 5%以内。

(3) 堆料场内还应设排污和排水系统，以保持骨料的洁净。

(4) 减缓料堆斜坡坡度，以免骨料滚动引起石子分离。

2. 骨料堆场的型式

(1) 台阶式：堆料与进料地面有一定高差，由汽车或机车卸料至台阶下，由地弄廊道顶部的弧门控制给料，再由廊道内的皮带机出料。

(2) 栈桥式：在平地上堆料可架设栈桥，在栈桥桥面安装皮带机，经卸料小车向两侧卸料，料堆呈棱柱体，由廊道内的皮带机出料。

(3) 土堤式：堆料机机身可以沿轨道移动，由悬臂皮带机送料，可扩大堆料的范围。为了增大堆料容积，可在堆料机轨道下修筑一定高度的路堤。

第三节 钢筋与模板工程

一、钢筋的制备

钢筋的加工包括调直、去锈、配料、画线、剪切、弯曲、绑扎与焊接、冷加工处理(冷拉、冷拔、冷轧)等工序。

1. 调直和去锈

盘条状的细钢筋，通过绞车冷拉调直后方可使用。呈直线状的粗钢筋，当发生弯曲时才需用弯筋机调直，直径在25mm以下的钢筋可在工作台上手工调直。

钢筋除锈的主要目的是为了保证其与混凝土间的握裹力。因此，在钢筋使用前需对钢筋表层的鱼鳞锈、油渍和漆皮加以清除。去锈的方法有多种，可借助钢丝刷或砂堆手工除锈，也可用风砂枪或电动去锈机机械除锈，还可用酸洗法化学除锈。新出厂的或保管良好的钢筋一般不需除锈。采用闪光对焊的钢筋，其接头处则要用除锈机严格除锈。

2. 配料与画线

钢筋配料是指施工单位根据钢筋结构图计算出各钢筋的直线下料长度、总根数以及钢筋总重量，从而编制出钢筋配料单，作为备料加工的依据。施工中确因钢筋品种或规格与设计要求不相符合时，须征得设计部门同意并按规范指定的原则进行钢筋代换。从降低钢筋损耗率考虑，钢筋配料要按照长料长用、短料短用和余料利用的原则下料。画线是指按照配料单上标明的下料长度用粉笔或石笔在钢筋应剪切的部位进行勾画的工序。

(1) 下料长度计算。

钢筋的外包尺寸与轴线长度之间存在一个差值，称为量度差值。在计算下料长度时，必须扣除该差值，公式如下：

下料长度＝各段外包尺寸之和－量度差值＋两端弯钩增长值

每个弯钩增长值视加工方式而定，采用人工弯曲时为6.25d，用机械弯曲时为5d。

而量度差值的大小与转角α大小、钢筋直径d及弯转内直径D有关。

表4-3　常见弯角与量度差值的关系

弯角α°	30	45	60	90
量度差值	0.35d	0.5d	0.75d	d

DL5169—2002《水工混凝土钢筋施工规范》对钢筋最小弯转直径D_{min}有着严格的规定。

①所有受拉光圆钢筋的末端应做180°半圆弯钩，弯转内直径不得小于2.5d；

②Ⅱ级及其以上钢筋的端头，当设计要求弯转90°时，当钢筋直径小于16mm时，其最小弯转内直径为5d；当钢筋直径大于16mm时，最小弯转内直径为7d；

③弯起钢筋处的圆弧内半径宜大于12.5d。

(2) 钢筋代换。

1) 当构件设计是按强度控制时，可进行等强度代换。若所需代换钢筋的设计强度和

总面积为 R_{g1} 和 A_{g1}，代换后的钢筋的设计强度和总面积为 R_{g2} 和 A_{g2}，则应使：

$$R_{g2}A_{g2} \geqslant R_{g1}A_{g1} \tag{4-8}$$

2）当构件按最小配筋率配筋时，可按等面积代换，即 $A_{g2} \geqslant A_{g1}$，若所需代换钢筋的直径和根数为 d_1 和 n_1，代换后的钢筋的直径和根数为 d_2 和 n_2，则

$$n_2 d_2^2 \geqslant n_1 d_1^2 \tag{4-9}$$

3）对受弯构件，代换后的钢筋按原排数布置不下而需要增加排数时，就会减少构件的有效高度而使截面抗弯能力降低，所以应采取等弯矩代换。当钢筋混凝土构件截面宽度为 b、弯曲抗压强度为 R_W 时，若所需代换钢筋的设计强度和总面积为 R_{g1} 和 A_{g1}，代换后的钢筋的设计强度和总面积为 R_{g2} 和 A_{g2}，钢筋代换前后钢筋合力至截面受压边缘的距离分别为 h_{01} 和 h_{02}，则

$$R_{g2}A_{g2}(h_{02} - R_{g2}A_{g2}/2R_W b) \geqslant R_{g1}A_{g1}(h_{01} - R_{g1}A_{g1}/2R_W b) \tag{4-10}$$

4）当构件按抗裂性求控制，代换后还应进行抗裂度验算。

5）梁的纵向受力筋与弯起筋应分别代换，以保证斜截面强度。

6）用不同直径代换时，同一截面内，同品种直径差不得大于 5mm。

代换还应满足构造方面的要求以及设计中提出的一些特殊要求。

3. 切断与弯曲

钢筋切断有手工切断、剪切机剪断和氧炔焰切割等方式。手工切断一般只能用于直径不超过 12mm 的钢筋，12～40mm 直径的钢筋一般都采用剪切机剪断，而直径大于 40mm 的圆钢则采用氧炔焰切割或用型材切割机切割。

钢筋的弯制包括画线、试弯、弯曲成型等工序。钢筋弯制分手工弯制和机械弯制两种，但手工弯制只能弯制直径小于 20mm 的钢筋。近来，除了直径不大的箍筋外，一般钢筋均采用机械弯制。图 4-7 为钢筋的机械弯曲过程示意图。

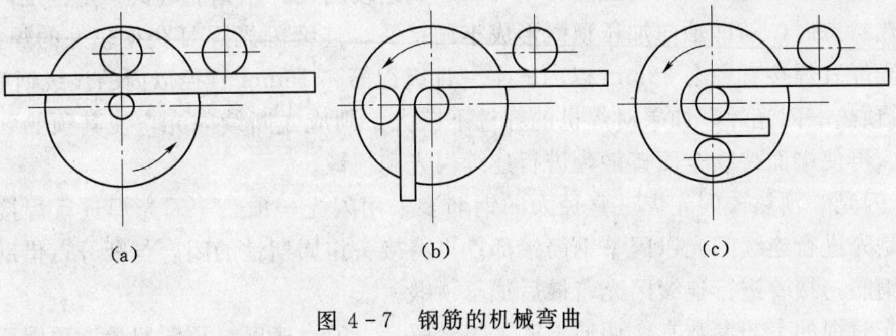

图 4-7 钢筋的机械弯曲

(a) 初始状态；(b) 弯曲 90°；(c) 弯曲 180°

弯制过的钢筋需用铅丝归类绑扎好，并挂上注明编号和使用位置的标签。

4. 焊接与绑扎

水利工程中钢筋焊接常采用闪光对焊、电弧焊、电阻点焊和电渣压力焊等方法，有时也用埋弧压力焊。

(1) 闪光对焊。

闪光对焊是利用对焊机将两段钢筋对头接触，通以低压强电流，待钢筋端部加热变软

后，轴向加压顶锻形成对焊接头。因钢筋在加热过程中会产生闪光故称闪光对焊。

闪光对焊一般在钢筋加工厂进行，主要用于不同直径（截面比小于1.5）或相同直径的钢筋接长，且能保持轴心一致。由于其加工成本低，焊接质量好，工效较高，所以热轧钢筋的接长往往采用闪光对焊。只有在工程现场不具备对焊条件时，才代之以电弧焊或其他焊接方法。表4-4为常用对焊机的技术规格。

钢筋对焊根据钢筋品种、直径、端面平整度及对焊机的容量不同，可采用连续闪光焊、预热—闪光焊和闪光—预热—闪光焊等工艺。对Ⅳ级钢筋中可焊性差的高强钢筋宜用强电流焊接，焊后还需进行通电热处理，以改善接头的塑性。

表4-4　　常用对焊机的技术规格

型　　号	UN_1—25	UN_1—75	UN_1—100	UN_2—150
额定容量（kVA）	25	75	100	150
额定暂载率（%）	20	20	20	20
初级电压（V）	220/990	220/380	380	380
次级空载电压（V）	1.76～3.52	3.52～7.04	4.5～7.6	4.05～8.1
最大送料行程（mm）	20	30	40～50	27
钳口最大距离（mm）	50	80	80	10～100
连续闪光焊接时最大直径（mm）	14	22	25	25
预热闪光焊接时最大直径（mm）	20	36	40	50
焊接生产率（次/h）	110	75	20～30	80
冷却水消耗量（L/h）	120	200	200	200

1）连续闪光焊。将钢筋夹紧在电极的两钳口上后，闭合电源，然后使两钢筋端面轻微接触。闪光一开始，就徐徐移动钢筋使其全面接触。如对焊机容量较大，足以将整个端面加热到熔化形成金属蒸汽的温度，则可以形成连续闪光，待钢筋端头一定范围内处于熔融的白热状态时，随即轴向加压顶锻形成牢固接头。连续闪光焊可获得较好的焊接质量。连续闪光焊宜焊接直径在22mm以内的Ⅰ～Ⅲ级钢筋和16mm直径以内的Ⅳ级钢筋。

2）预热—闪光焊。如果对焊机的容量不够大，则应先断续闪光，使其预热到适当的温度后，再使端面持续全面接触，进行连续闪光和顶锻。

3）闪光—预热—闪光焊。直径大的钢筋多采用闪光—预热—闪光焊进行焊接。其工艺过程是先进行连续闪光以闪平钢筋端部；再将接头作周期性的闭合与断开，借助断续闪光预热钢筋；接着进行连续闪光；最后加压顶锻。

闪光对焊的工艺参数有：调伸长度、闪光留量、闪光速度、顶锻留量、顶锻压力、顶锻速度、变压器级次等。

（2）电弧焊。

交流或直流弧焊机能使焊条与焊件在接触时产生高温电弧而熔化，待其冷却凝固以形成焊缝或接头，这种焊接工艺称为电弧焊。

钢筋焊接时应根据钢材等级和接头形式来选用焊条。电弧焊在一般情况下采用碱性或酸性焊条均可，但重要结构的钢筋焊接宜使用低轻型碱性焊条。焊接电流的大小取决于钢筋和焊条的直径。

钢筋电弧焊的接头形式有搭接焊、帮条焊和坡口焊。根据工程实际情况，钢筋接头处可采用单面焊或双面焊、平焊或立焊进行焊接。电弧焊的质量检验包括外观检查、拉力测试和非破损（超声波、γ射线、X射线等）检验。

电弧焊因其设备便于移动且操作简单，因此在工程现场使用得比较广泛，多用于钢结构焊接、钢筋骨架焊接、钢筋接头、钢筋与钢板的焊接、装配式结构接头的焊接等。

(3) 电阻点焊。

用于交叉钢筋焊接的电阻点焊，在工程中可代替绑扎焊接钢筋骨架和钢筋网。相互交叉的钢筋在焊接时，因接触点电阻较大通电后金属受热而熔化，在电极加压下可使钢筋接触点焊牢。

按使用场合不同，点焊机分为单点式、多头式、手提式和悬挂式。单点式点焊机用于较粗钢筋的焊接；多头式点焊机用于钢筋网焊接；手提式点焊机多用于施工现场；悬挂式点焊机用于钢筋骨架或钢筋网的焊接。

电阻电焊的工艺参数为电流强度、通电时间和电极压力。大电流（120～360A/mm^2）、短通电时间（0.1～0.5s）称为强参数焊接；小电流（80～120A/mm^2）、长通电时间（0.5s至数秒）称为弱参数焊接。点焊冷拉钢筋或冷拔钢丝必须用强参数，以避免因焊接升温而降低冷加工获得的强度。除点焊直径较大的热轧钢筋因焊机功率不足而采用弱参数外，一般钢筋点焊均采用强参数。电极压力的大小取决于钢筋直径，直径越大电极压力随之增大。

点焊不同直径的钢筋时，应按小直径钢筋选择焊接参数。

钢筋点焊的操作程序是：选择焊接参数——调整变压器级次——调整焊接（预压、通电、锻压）时间——调整电极行程——合闸通电——焊接。

点焊的质量检查有外观检查和强度检验两项。目测时焊点应无脱落、漏焊、裂缝、气孔、空洞、烧伤，熔化金属均匀饱满，制品尺寸正确误差在10mm以内。热轧钢筋焊点与冷处理钢筋焊点均应进行抗剪试验，冷处理钢筋焊点还应进行抗拉试验。

(4) 电渣压力焊。

电渣压力焊是利用电流通过渣池产生的电阻热将钢筋端部熔化，再施加压力使钢筋焊牢。该焊接方法多用于现浇钢筋混凝土结构内竖向钢筋的焊接接长。

电渣压力焊的施焊机具主要是弧焊机和焊接夹具，弧焊机的选用与焊接钢筋的直径有关，焊接直径不大于22mm的钢筋宜采用20kVA的交流弧焊机，焊接直径大于22mm的钢筋宜采用40kVA的交流弧焊机。焊接夹具由焊剂盒、上钳口（活动电极）、下钳口（固定电极）和加压机构（手柄、标尺、滑动架等）组成。

电渣压力焊主要包括引弧、稳弧和顶锻三个过程。施焊前，先将钢筋端部120mm范围内的铁锈除尽。夹具夹牢于下部钢筋上，上部扶直的钢筋夹牢于活动电极上，上下钢筋之间放入一小段电焊条或钢丝球作导电剂。装上药盒并装满焊药后，接通电路并操纵手柄引弧（用电弧引燃）。经历一定时间，使之形成渣池并使钢筋熔化（稳弧），再用手柄下送上部钢筋。断电后通过顶锻排除夹渣和气泡，冷却后形成钢筋接头。最后拆除药盒、夹具并清除焊渣。

电渣压力焊的工艺参数有焊接电流、渣池压力和通电时间，根据钢筋直径加以选择。

钢筋焊接后应对接头进行外观质量检查和试样拉力试验。

现在，有一种套管压接的方法，适用于所有场合所有规格的变形钢筋的连接。套管压接法多用于受作业空间限制不能采用电弧焊的地方，也比电渣焊更加简便可靠。

（5）埋弧压力焊。

埋弧压力焊多用于钢筋与钢板作T形接头焊接。它利用覆盖于焊接剂中焊接点处产生的高温电弧，熔化接触点处的金属，经加压顶锻形成焊件接头。

施焊前，用电磁吸盘（固定电极）将钢板固定在台面上，在拟焊接的部位放上焊剂盒，并将钢筋放在钳口（活动电极）内夹紧，放满焊剂后接通电源，将钢筋抬升1～3mm引弧。再操纵手柄使钢筋徐徐下沉，待钢板出现熔池后加压顶锻并断电。焊件冷却后，需敲去焊渣。

钢筋绑扎应按施工规范的要求进行。绑扎宜松紧得当、准确均匀、横平竖直；相邻绑扎点的铁丝扣要呈“八”字形，以免钢筋网格歪斜变形。绑扎接头不得位于钢筋弯曲处或最大应力集中处。钢筋绑扎采用18～22号铁丝，所需铁丝规格根据绑扎钢筋的直径而定，见表4-5。

表4-5　钢筋绑扎铁丝的选用

绑扎钢筋直径（mm）	铁丝规格	铁丝直径（mm）
6～12	22号	0.712
12～25	20号	0.914
25～32	18号	1.219

5. 冷加工处理

钢筋冷加工是指在常温下对钢筋施加一个大于屈服点强度而小于极限强度的外力使钢筋产生变形；当外力去除后，钢筋因改变了内部晶体结构的排列产生永久变形；经过一段时间之后，钢筋的强度得到较大的提高。钢筋冷加工处理的目的在于提高钢筋强度和节约钢材用量。

钢筋冷加工的方法有三类：冷拉、冷拔和冷轧。

（1）冷拉。

钢筋的冷拉需要在冷拉机械上进行。除了盘条状钢筋需要进行冷拉调直外，有时为了提高钢筋的屈服强度需要专门进行冷拉，对于直径在12mm以下的盘条钢筋若冷拉后钢筋长度增加4%～6%，则可节约钢筋约20%。

钢筋的冷拉控制有单控和双控两种。单控只需要控制钢筋的伸长率；双控不仅要控制钢筋的伸长率，同时还要控制冷拉应力。如钢筋已达到控制应力而冷拉率未超过允许值则认为合格；如钢筋已达到允许的冷拉率，而冷拉应力还小于控制值，则该批钢筋应降低强度使用。

钢筋冷拉卸荷后，在内应力的作用下其晶体组织自行调整的过程叫时效。时效后屈服强度进一步提高。时效分自然时效和人工时效两种。将冷拉后的Ⅰ、Ⅱ级钢筋在常温下放置15～20h即可完成自然时效；而将冷拉后的Ⅰ、Ⅱ级钢筋放在100℃温度下经2h就可完成人工时效。但是Ⅲ、Ⅳ级钢筋不能完成自然时效，一般通过通电加热至150～300℃，保持20min便可完成人工时效。

（2）冷拔。

将直径小于10mm的Ⅰ级光面钢筋在常温下用强力从冷拔机的钨合金拔丝模孔中以0.4～4.0m/s的速度拔过，因钢筋轴向被拉伸而径向被压缩，钢筋的抗拉强度可提高

50%～90%，硬度也有所提高，但塑性降低。钢筋冷拔工艺需经过轧头、剥壳（去除表面的氧化铁锈）和拔丝的过程。

经多次强力冷拔的钢筋，称为冷拔低碳钢丝。其甲级品用作预应力筋，乙级品可用于焊接骨架、焊接网片或用作构造筋等。冷拔钢丝的制作并非一次完成，经数次冷拔使钢筋截面逐步缩小，但每拔一次，钢筋直径的缩减宜控制在 $d_0/d=1.1 \sim 1.15$。

除原料钢筋的内在质量外，冷拔总压缩率便是影响冷拔钢丝质量的主要因素。冷拔总压缩率 β 是由盘条筋拔至成品钢丝的横截面总缩减率，即冷拔后的钢筋截面缩减面积与冷拔前的钢筋截面积之比的百分率。β 值越大，钢丝强度提高越多，但塑性降低也越多，故需严格控制冷拔总压缩率。

冷拔钢丝的检查验收包括外观（裂纹、机械损伤）检查和机械性能（拉力、反复弯曲）试验。

(3) 冷轧。

将盘条钢筋或直筋穿过冷轧机成对的有齿轧辊后，钢筋因受双向挤压作用而产生凹凸有致的变形。经冷轧的钢筋，屈服点强度可提高 350MPa，但塑性降低，同时因增大了钢筋表面的展开面积而提高了钢筋与混凝土的握裹力。

二、钢筋的安装

钢筋的安装可采用散装和整装两种方式。散装是将加工成型的单根钢筋运到工作面，按设计图纸绑扎或电焊成型。整装则是将地面上加工好的钢筋网片或钢筋骨架吊运至工作面进行安装。散装对运输要求相对较低，中小型工程用得较多。而大中型工程中，散装已逐步被整装所取代。

钢筋安装时应注意钢筋的位置、间距、保护层厚度及各个部位的型号、规格均应符合设计要求，同时还应特别注意不要让脱模剂或机油、泥土污染钢筋表面。钢筋安装的允许偏差，见 DL5169—2002《水工混凝土钢筋施工规范》中的规定。

为防止整装的特大钢筋网或钢筋骨架在运输安装过程中发生歪斜变形，可在斜向用钢筋拉结临时固定，并设钢筋桁架或焊接型钢加以固定。

三、模板工程

1. 对模板的基本要求

使混凝土按设计要求成型，承受混凝土水平与垂直作用力以及施工荷载，改善混凝土硬化条件是模板的主要作用，真空模板还能改善表面混凝土性能。

土建工程对模板的技术要求是：

(1) 型式简便，安装拆卸方便；

(2) 拼装紧密，支撑牢靠稳固；

(3) 成型准确，表面平整光滑；

(4) 经济适用，周转使用率高；

(5) 结构坚固，强度刚度足够。

2. 模板的组成和分类

(1) 模板的组成。

通常，模板由面板、加劲体（围檩）和支撑体（支撑桁架或钢架和锚固件）三部分组

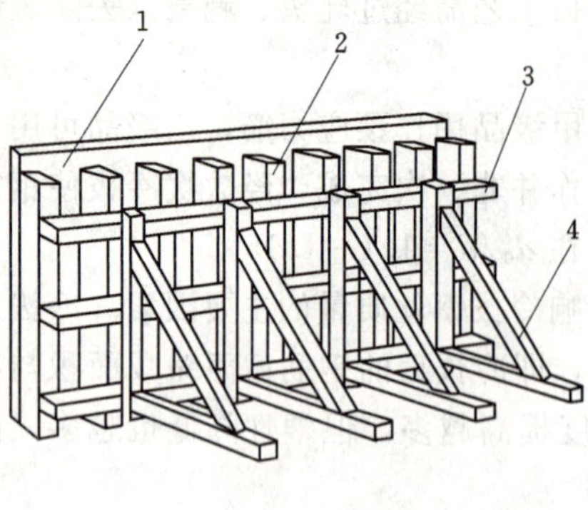

图 4-8　一种常见的模板结构

1—面板；2—纵围檩；3—横围檩；4—支撑架

成，如图 4-8 所示。有时，模板还附有行走部件。目前，国内常用的模板面板有标准木模板、组合钢模板、混合式大型整装模板和竹胶模板等。

(2) 模板的分类。

模板按制作材质可分为钢模板、木模板、钢木组合模板、混凝土或钢筋混凝土模板、地模以及竹模等。按使用特点可分为固定模板、拆移模板、移动模板和滑升模板。按形状可分为平面模板和曲面模板。按受力条件可分为承重模板和非承重模板。按支承受力方式可分为简支模板、悬臂模板和半悬臂模板。

这里仅介绍散装模板和整装模板。散装模板系指在现场临时拼装面板、加劲体和支撑体，使用后再将模板重新拆成散件。整装模板是一种将面板、加劲体、支撑体、行走部件以及作业平台预先拼装而成的单元式模板，如悬臂模板、滑动模板，以及用于隧洞衬砌的钢模台车等。由于二类模板的作业特点不同，它们的适用范围也有区别。散装模板的内业工作量小，但施工现场作业量大，故在技术力量相对薄弱的小型水利工程应用较多。整装模板因其现场作业量小，安装拆卸便捷，故大型水利工程经常加以应用。

1) 定型组合钢模板。定型组合钢模板设计采用模数制，使模板横竖都可以拼装成 50mm 进级的各种尺寸的面板。定型组合钢模板中使用最多是平面模板（图 4-9）和角模板（图 4-11）。此外，还有一种可供浇筑圆柱面的双曲可调模板（图 4-10）。

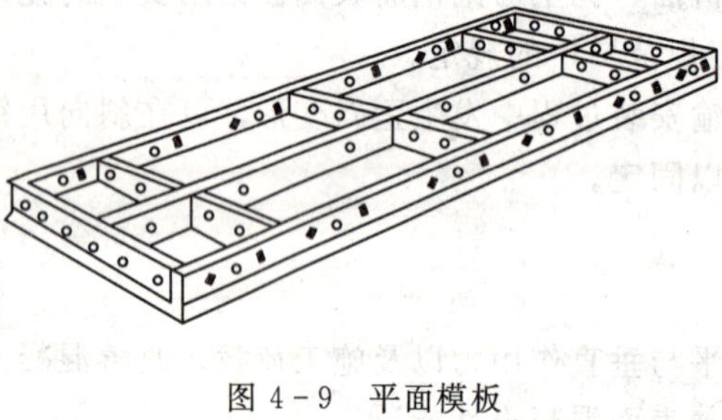

图 4-9　平面模板

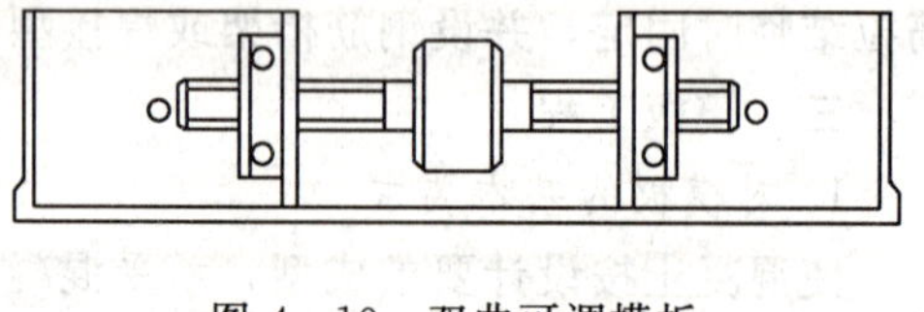

图 4-10　双曲可调模板

在浇筑体的转角处可以用角模板来连接角两边的平面模板。角模板分为三种，即阴角模、阳角模和连接角模（图 4-11）。

2) 悬臂模板。桁架式悬臂模板由面板和悬臂桁架（或悬臂梁）组成（图 4-12）。其面板可由定型组合钢模板组装而成，也可采用其他材质的模板拼装。桁架式悬臂模板的工作原理是，悬臂桁架（或悬臂梁）承受由面板传递的混凝土侧向荷载，并通过桁架杆将混凝土侧压力和面板自重传递到预先埋置于混凝土中的锚筋。悬臂模板的优点在于：不用拉条，便于机械化平仓振捣；周转次数多，拆装速度快，有利于混凝土快速经济施工。目前，悬臂模板是混凝土坝施工中用得最多的侧向模板。其缺点是模板结构复杂，悬臂端挠度偏小，施工中容易变形，故其使用高度被限制在 3m 以内。

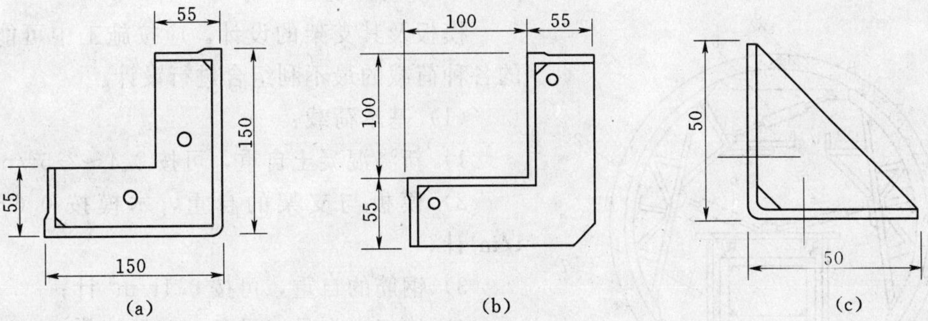

图 4-11　角模板

(a) 阴角模；(b) 阳角模；(c) 连接角模

3) 滑动模板。滑动模板多用于浇筑大坝溢流面或溢洪道。其行走除采用卷扬机拉动的方式外，还可利用千斤顶和爬钳推动（图 4-13）。后一种前行方式的工作特点是滑升行走平稳，易于保证溢流面线型的准确性。迄今为止，国内已有近 20 个工程采用这种滑动模板浇筑溢流面。

4) 钢模台车。钢模台车是用于隧洞混凝土衬砌的一种大型机械化模板，因其车架和模板支架均用型钢制作、模板也用钢材制成，故而得名。“针梁式钢模台车”（图 4-14）便是一种能进行全断面隧洞衬砌的钢模台车。它与传统的分两次浇筑成型的钢模台车相比，因其全断面一次衬砌成型故浇筑质量好，又因液压操纵灵活可靠、无需另铺轨道，故能提高工效约 20 倍。针梁由一根一定长度的金属箱形梁及前后抗浮液压千斤顶平台和支承架构成。针梁在框架梁腹内的上下移动靠框架梁内的千斤顶推动。对模板而言，针梁是承载支撑，是移动轨道，又能克服底拱混凝土浮力。“针梁式钢模台车”的模板由顶拱模板、底拱模板和一对边拱模板组成。调节梁架上的千斤顶和螺杆可供钢模板升降、拆除、移动和复位。

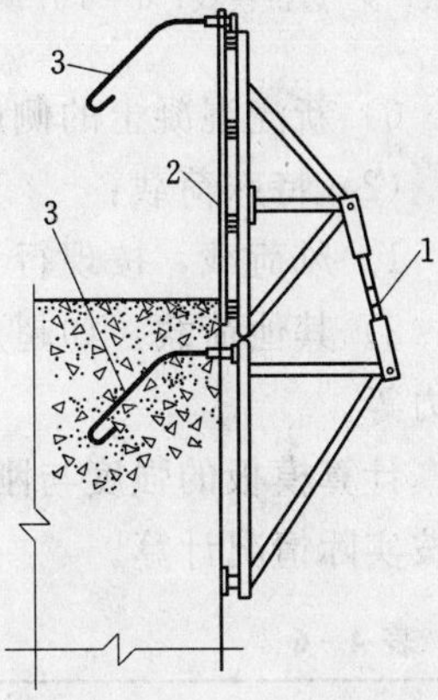

图 4-12　悬臂钢模板

1—调整螺栓；2—面板支承柱；3—预埋锚栓

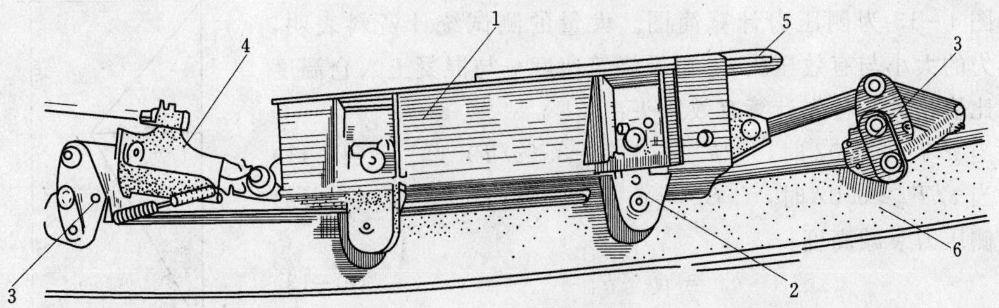

图 4-13　溢流面滑动模板

1—模板体；2—反扣轮；3—爬钳；4—千斤顶；5—吊环；6—轨道

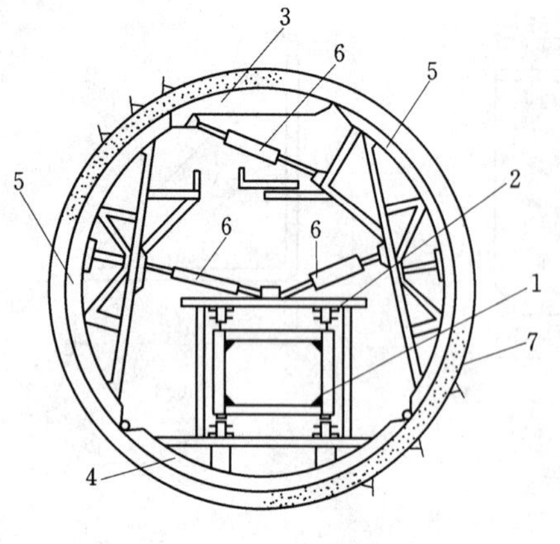

图 4-14 针梁式钢模台车

1—针梁；2—框架梁；3—顶拱模板；4—底拱模板；5—边拱模板；6—千斤顶；7—混凝土衬砌

3. 模板的设计荷载

模板及其支架的设计，应按施工中可能出现的各种荷载的最不利组合进行设计。

(1) 基本荷载：

1) 新浇混凝土自重，可按 2.4～2.5t/m^3 计；

2) 模板与支架的自重，木模按 0.6～0.8 t/m^3 计；

3) 钢筋的自重，可按 0.1t/m^3 计；

4) 施工中人员、设备、工具等荷载，计算模板的支撑楞木可按均布荷载 2.5kN/m^2 及集中荷载 2.5kN 验算；计算支承楞木可按 1.5kN/m^2 计；计算支架立柱时可按 1kN/m^2 计；

5) 振捣混凝土产生的荷载，可按 1kN/m^2 计；

6) 新浇混凝土的侧压力，可按公式（4-15）计算。

(2) 特殊荷载：

1) 风荷载，按现行《工业与民用建筑物荷载规范》确定；

2) 其他荷载，如超重堆料、工作平台重、平仓机重、非对称浇筑产生的混凝土水平推力等。

计算模板的强度与刚度，应按模板的种类选取表 4-6 中的基本荷载组合，特殊荷载可按实际情况计算。

表 4-6　　各种模板结构的基本荷载组合

模板类型		基本荷载组合	
		计算强度用	计算刚度用
承重模板	板、薄壳的底模板及支架	1+2+3+4	1+2+3
	梁、厚度大于 0.4m 其他混凝土结构的底模板及支架	1+2+3+5	1+2+3
竖向模板		6 或 5+6	6

(3) 侧压力计算：

图 4-15 为侧压力计算简图。大量的测试统计资料表明，侧压力的大小与有效压头 h_m 以及浇筑速度 v 与混凝土入仓温度 T 的比值相关。首先计算有效压头：

当 $v/T < 0.02$ 时，　$h_m = 0.5 + 35(v/T)$　　(4-11)

当 $v/T \geqslant 0.02$ 时，　$h_m = 1.10 + 5(v/T)$　　(4-12)

侧压力衰减高度：

$$h_0 = vt - h_m \tag{4-13}$$

最大侧压力：

$$P_m = k\rho g h_m \tag{4-14}$$

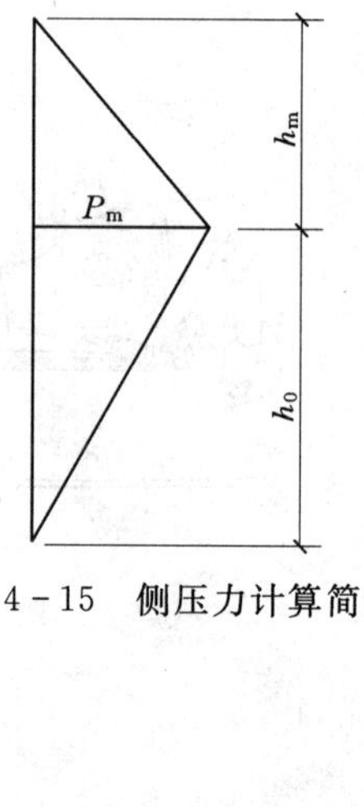

图 4-15 侧压力计算简图

上四式中　P_m——最大侧压力，Pa；

k——侧压力系数，不掺塑化剂时 $k=0.89$，掺塑化剂时 $k=0.9\sim1.0$；

t——混凝土初凝时间，h；

ρ——混凝土密度，$\rho=2500\text{kg/m}^3$；

g——重力加速度，$g=9.8\text{m/s}^2$；

v——混凝土浇筑速度，m/h；

T——混凝土入仓温度，℃。

于是，可计算出作用于 1m 水平向宽度上的总侧压力 F（N）

$$F=\frac{1}{2}P_m(h_m+h_0)\times1 \tag{4-15}$$

4. 模板作业

模板作业的内容有内业和外业之分。内业是指配板设计，即根据图纸上标示的建筑物形状与尺寸选定模板的类型及其数量，并确定模板的连接与支撑方式，制定模板安装和拆除的操作规程。外业包括模板的制作、运输、安装、拆除和维修。

模板安装前，必须按设计图纸进行测量放样，测量的精度应高于模板安装的允许偏差，但模板安装偏差须在允许范围内，见表 4-7。安装大跨度承重模板宜适当起拱，以使承载变形后的形状能符合设计要求。

表 4-7　　大体积混凝土木模安装的允许偏差　　单位：mm

偏差项目		混凝土结构的部位	
		外露表面	隐蔽内面
平板平整度	相邻两面板高差	3	5
	局部不平（用 2m 直尺检查）	5	10
结构物边线与设计边线		10	15
结构物水平截面内部尺寸		±20	
承重模板标高		±5	
预留孔洞尺寸及位置		10	

立模方法因模板类型和安装部位而异。大型整装模板常采用专用的模板起重机吊装或利用浇筑混凝土的起重机吊装，其他模板则可利用小型起重设备（5t 以下的汽车式起重机）吊装。模板安装作业，必须严格遵守起重安全技术规程，谨防事故发生。

模板拆除时间的影响因素主要有：设计要求、结构特性、混凝土强度增长情况、养护温度、外界气温等。模板拆除时间的确定应遵守下列规定：

1）非承重模板，应在混凝土强度超过 2.5MPa，并能保证其表面及棱角不因拆模而损坏时，方可拆除。

2）大体积混凝土，为防止温度冲击而发生表面裂缝，应考虑外界气温变化和风速影响，确定拆模时间。在遇冷风寒潮袭击时，不应拆模，在低气温下，应力求避免早晚和夜间拆模。

3）钢筋混凝土结构的承重模板，应在混凝土达到下列强度后方可拆除。

①对于悬臂板、梁：当构件跨度小于或等于2m时，混凝土强度达到设计值的70%后方可拆除模板；当构件跨度大于2m时，混凝土强度达到设计值的100%后方可拆模。

②对于其他梁、板及拱：当构件跨度小于或等于2m时，混凝土强度达到设计值的50%后方可拆除模板；当构件跨度为2～8m时，混凝土强度达到设计值的70%后方可拆模；当构件跨度大于8m时，混凝土强度达到设计值的100%后方可拆模。

总之，拆模期限应在进行混凝土强度试验后加以确定。拆下的模板、支架、联结件应及时清理和维修，并分类存放。

第四节　混凝土制备与运输

一、混凝土制备

混凝土的制备作业内容主要包括：按质按量地储存水泥与骨料、可靠灵活地供料运输、按工作精度称量配料、按设计与施工要求拌和混凝土、协调一致地出料与运输。

1. 混凝土配料

混凝土配料要按照配合比（重量法）设计要求，将各种组成材料拌制成均匀的拌和物。施工现场的混凝土配料要根据骨料含水状况采用施工配合比，水泥、水和外加剂的配料精度为±1%；骨料的配料精度为±2%。

2. 水泥的贮存

从质量和节约的观点出发，水利工程上普遍采用散装水泥拌制混凝土。散装水泥一般采用罐储量为50～1500t的圆形罐贮存，其装卸与转运工作主要依靠风动泵或螺旋输送器运输完成。袋装水泥多用于水泥用量不大的零星工程，一般贮存于满足防潮要求的水泥仓库之中，但需按品种、强度等级和出厂日期的不同分区堆放。

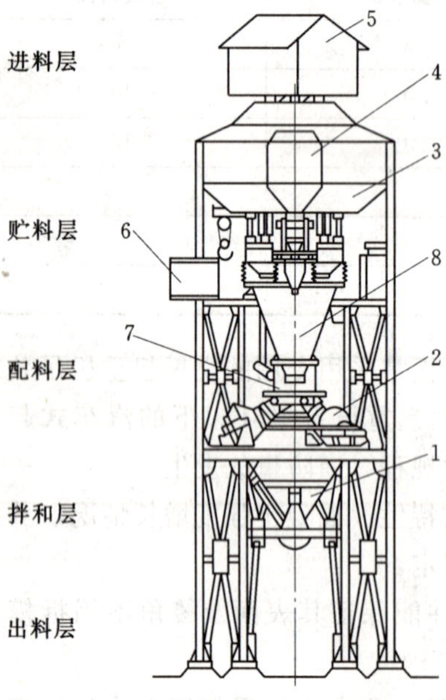

图 4-16　HL_1—09型拌和楼

1—混凝土出料斗；2—搅拌机；3—骨料仓；4—水泥仓；5—皮带机房；6—称量控制室；7—回转给料斗；8—集中给料斗

3. 混凝土拌和

（1）混凝土拌和机。

按工艺条件不同，混凝土拌和机可分为连续式和循环式两种基本类型。在连续式拌和系统中，原材料称配、拌和与出料整个过程是连续进行的。而循环式拌和机则需要将原材料的称配、拌和与出料等工序依次完成。目前，国内采用的循环式拌和机主要是自落式和强制式两类搅拌机。其中自落式拌和机又有双锥式和鼓筒式之别，双锥式拌和机又有反转出料和倾翻出料两种型式，鼓筒式逐渐被淘汰。双卧轴强制式拌和机在工程上应用最为广泛。

（2）拌和楼。

用料集中的大中型水利工程普遍采用拌和楼拌制混凝土，拌和楼多由型钢搭建装配而成，具有占地面积小、运行可靠、生产率高以及便于管理的特点，见图 4-16。

拌和楼各层设备由电子传动系统操作。水泥、掺和料和骨料用提升机和皮带机分别运送至贮料层的分格仓内。各分格仓下均配置自动秤和配料斗，称量过的物料汇入集料斗后由给料器送进拌和机。拌和水则由自动量水器计量后注入拌和机。拌和层内通常设置 2～6 台 $1m^3$ 以上的双锥形倾翻式拌和机，其生产容量有 $2\times1.5m^3$、$3\times1m^3$、$4\times3m^3$、$2\times3m^3$ 等。拌制好的混凝土卸入出料层，开启气动弧门便可将混凝土拌和物排入运输车辆的料罐中。

(3) 拌和站。

中小型水利工程、分散工程及零星工程一般采用由数台拌和机联合组成的拌和站拌制混凝土。在拌和机数量不多时，拌和站可在台地上呈“一”字形布置；而数量较多的拌和机则布置于沟槽两侧相向排列。拌和站的配料可由机械或人工完成，布置供料与配料设施时应考虑料场位置、运输路线和进出料方向。

20 世纪 80 年代以来，生产能力较高的大型混凝土拌和站（又称二阶式拌和楼）应运而生。它由大组件组装而成，现场安装花费的时间与费用大为减少。现代混凝土拌和站一般由双卧轴强制式拌和机、配料机、水泥储罐、风压系统以及计算机控制系统组成（图 4-17）。拌和机的生产率从 $50m^3/h$ 到 $150m^3/h$ 不等。

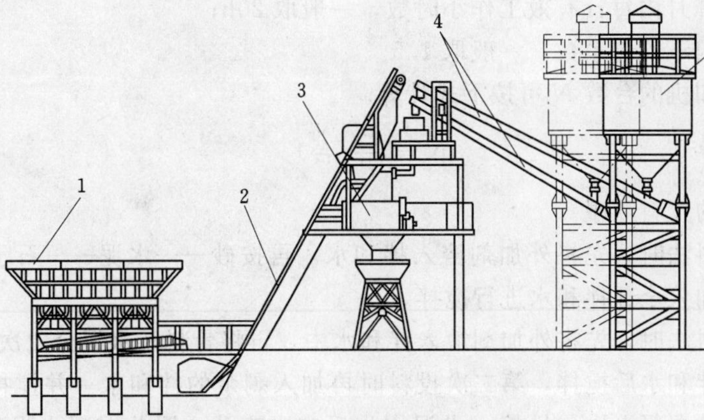

图 4-17　HZS50B 型混凝土拌和站

1—骨料配料机；2—机架；3—搅拌机；4—螺旋输送机；5—水泥仓

(4) 拌和时间。

混凝土的拌和时间应通过试验确定，最少拌和时间可参考表 4-8。

表 4-8　混凝土最少拌和时间

拌和机容量 Q (m^3)	粗骨料最大粒径 D_M (mm)	最少拌和时间 (s)	
		自落式拌和机	强制式拌和机
$0.8\leqslant Q\leqslant1$	80	90	60
$1\leqslant Q\leqslant3$	150	120	75
$Q>3$	150	150	90

注　对于加冰混凝土而言，拌和时间需适当延长，自落式拌和机延长 30s，强制式拌和机延长 15s。

(5) 混凝土生产率的确定。

每台混凝土拌和机的生产率 P 可按下式计算：

$$P = K_t \frac{3600V}{t_1 + t_2 + t_3 + t_4} \tag{4-16}$$

式中 K_t——时间利用系数，取 0.85～0.95；

V——拌和机出料容量，m^3；

t_1——进料时间，自动化配料为 10～15s，半自动化配料为 15～30s；

t_2——拌和时间，s；

t_3——出料时间，倾翻式为 15s，非倾翻式为 25～30s；

t_4——必要的技术间歇时间，双锥式为 3～5s。

施工阶段，混凝土系统需满足的小时生产能力 P' 一般根据施工组织设计安排的高峰月混凝土浇筑强度计算，即：

$$P' = K_h \frac{Q_{max}}{mn} \tag{4-17}$$

式中 P'——混凝土系统的生产率，m^3/h；

Q_{max}——高峰月混凝土浇筑强度，m^3/月；

m——高峰月有效工作天数，一般取 25d；

n——高峰月内每日有效工作小时数，一般取 20h；

K_h——浇筑不均匀系数，一般取 1.5。

工程所需拌和机的台数 N 可按下式计算。

$$N = \frac{P'}{P}(台) \tag{4-18}$$

(6) 拌和机的投料顺序。

采用一次投料法时，先将外加剂溶入拌和水，再按砂——水泥——石子的顺序投料，并在投料的同时加入全部拌和水进行搅拌。

采用二次投料法时，先将外加剂溶入拌和水中，再将骨料与水泥分二次投料，第一次投料时加入部分拌和水后搅拌，第二次投料时再加入剩余的拌和水一并搅拌。实践表明，用二次投料拌制的混凝土均匀性好，水泥水化反应也充分，因此混凝土强度可提高 10% 以上。“全造壳法”（图 4-18）就是二次投料法的一种实例，在同等强度下，采用“全造壳法”拌制混凝土，可节约水泥 15%；在水灰比不变的情况下，可提高强度 10%～30%。

对于吸水性强的多孔轻质骨料，应先用 2/3 的拌和水与轻骨料短时间搅拌一次，投入其余的组成材料后再一并搅拌。

二、混凝土的运输与入仓

1. 混凝土运输的基本要求

混凝土的运输能力要与搅拌、浇筑能力相适应，并以最短的时间和最少的转运次数将质量合格的混凝土从拌和楼（站）运往浇筑地点。混凝土运输的具体要求是：

1) 防止在运输过程中骨料离析，措施是避免振荡、减少转运、控制落高和浇筑前二次拌匀等。

2) 防止混凝土配合比改变，措施是防止砂浆漏失、避免日晒雨淋、拌和均匀不泌

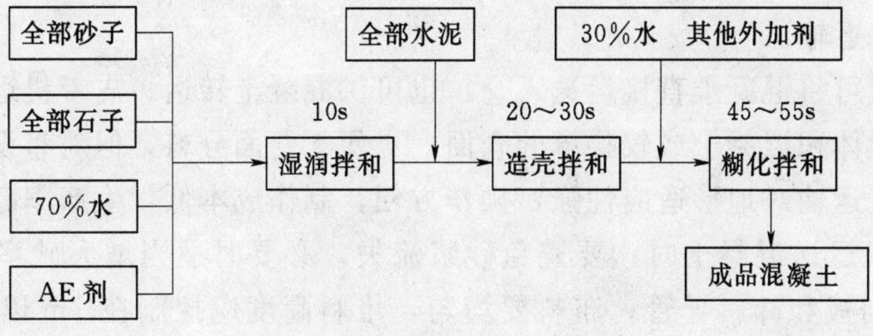

图4-18　全造壳法投料顺序

水等。

3）防止混凝土发生初凝，措施是为避免冷缝产生要控制运输时间和注意初凝时间的季节性变化等。

4）满足混凝土入仓温度的要求，措施是按浇筑强度及时供应混凝土、防止外界气温的不利影响等。

5）防止混凝土入仓有差错，措施是避免入仓混凝土的品种和强度等级混杂或错用。

2. 混凝土的水平运输

混凝土水平运输包括轨道运输、汽车运输、翻斗车运输、胶轮车运输、皮带机运输和管道压运等方案。水平运输方案的选择，主要与浇筑方案、拌和楼的位置、取料方式、地形条件等因素有关。

（1）轨道运输。

有轨机车拖运装载立罐的平板车，因其运输能力大、运输震动小、管理方便，故这种混凝土运输方式在大中型水利工程获得广泛应用。机车轨距主要取决于混凝土运输的强度、构件运输要求和现场布置条件。在我国，大型工程一般多采用1435mm的准轨线路，中、小型工程多用1000mm窄轨线路。

提升或搬运吊罐需借助起重设备，因此要确保吊钩、钢丝绳、吊罐的吊耳和放料口的完好。吊罐不得漏浆，应经常清洗。

轨道运输也存在一些缺点，如：要求混凝土工厂与混凝土浇筑供料点之间高差小、线路的纵坡小、转弯半径大，对复杂的地形变化适应性差，轨道土建工程量大，修建工期长，造价较高等。

（2）汽车运输。

运输混凝土的汽车主要有混凝土搅拌车、后卸汽车、侧卸汽车、料罐车（即汽车运送卧罐）等。汽车运输混凝土机动灵活，对地形变化适应性强，道路修建的工程量小且费用较低，缺点是能源消耗大，运输费用较高，不易管理，事故率较高。

从保证混凝土质量考虑，运输混凝土要使用专用车，车厢要平滑密闭不漏浆，装料厚度不应小于0.4m；直接运输混凝土入仓的车辆要将轮胎冲洗干净，必要时从栈桥进仓；卸料后应及时清洗车厢或料罐；要保持运输道路的平整通畅。

近几年美国Maxon公司开发研制的一种带有瓢状料罐的混凝土运输车，容量为4.6～23m^3，因其比混凝土搅拌车结构简单，造价低廉，并可运输大骨料与碾压混凝土，在美国水工建设中得到普遍应用。

(3) 皮带机运输。

运用皮带机可将混凝土直接运送入仓，也可供混凝土转运。皮带机运输适用于浇筑品种较为单一的大体积混凝土或较狭窄的仓面，也便于仓面分料，但对布设水平钢筋的部位须慎用。皮带机运输对地形适应性强，操作方便，制作成本低，生产率高。

采用皮带机运送混凝土时，要避免砂浆流失，必要时适当增大砂率；皮带机卸料处应设置挡板、刮板和卸料导管；布料要均匀，堆料高度应控制在1m以内；混凝土的垂直下落高度要严格控制，一般应不大于1.5m；溜管高度和运送混凝土的坍落度应经过试验论证；为避免不利气候条件的影响，露天皮带机需采取搭设盖棚或隔热保温等措施。

3. 混凝土的垂直运输

混凝土垂直运输主要依靠起重机械，如门机、塔机、缆机和履带式起重机等。

(1) 门机、塔机配合栈桥。

门机和塔机是大型水利水电工程用得最多的一种垂直起吊设备，它们与栈桥配合是进行混凝土垂直运输最常用的方式。

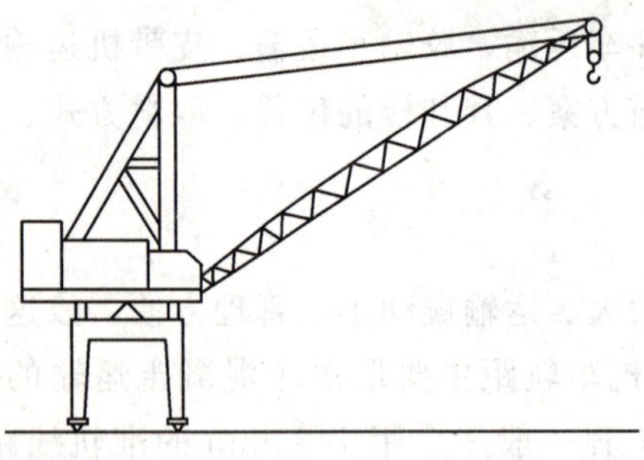

图 4-19 门式起重机

门式起重机的机身下有一可供运输车辆通过的门架（图 4-19），其起重重臂可上扬收拢，操纵灵便而且定位准确。高架门机的轨上高度大，从而增大了起重机的工作空间尤其适合于高坝施工，如图 4-20 所示。塔式起重机（图 4-21）在移动门架上加设了数十米高的钢塔，位于塔顶附近的起重臂能俯仰也能固定，在臂轨上滑动的起重小车可改变起重幅度，塔机的稳定性、起重能力和生产率都比门机低。

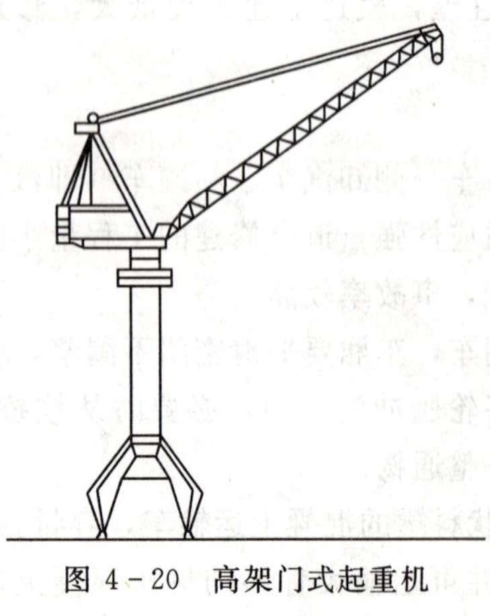

图 4-20 高架门式起重机

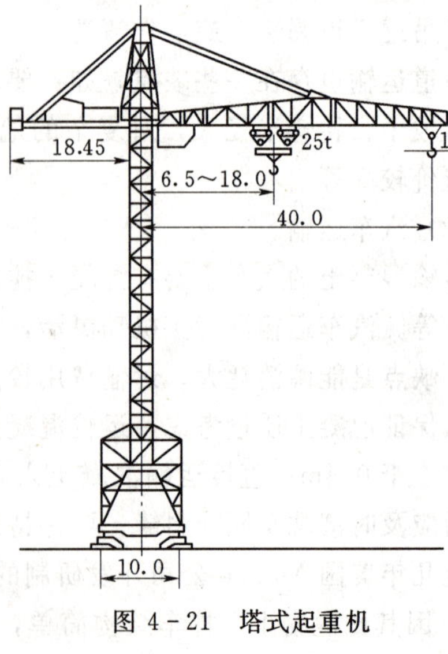

图 4-21 塔式起重机

架设栈桥是为了扩大起重机工作范围，给起重与运输机械提供行驶路线，并增加浇筑高度。栈桥布置型式如图4-22所示，有单线栈桥，双线栈桥，主、辅栈桥，多线多高程栈桥，坝外栈桥等。

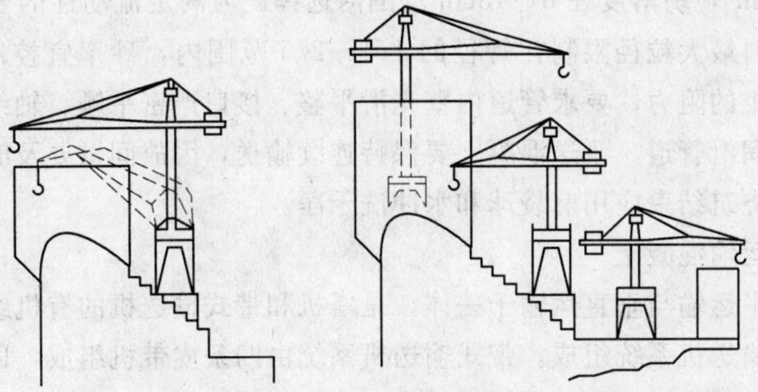

图4-22　栈桥式起重机

(2) 缆机。

在高山峡谷地区修建混凝土高坝多采用缆机，其布置形式有平移式、辐射式和混合式。缆索起重机（见图4-23）的承重缆索架设在首尾两个可以移动的钢塔架的顶部，其上行驶的起重小车由牵引索牵引移动，起重索则起吊重物，安装监控电视的操纵室布设于首塔之内。承重索由抗拉耐磨的高强钢丝制成，质量要求极为严格。缆机跨度为600～1000m，起重提升速度为100～290m/min，起重小车行驶速度为360～670m/min，其混凝土吊运能力达8～12罐/h。在我国，自1980年以来，缆机的应用相当普遍，如隔河岩、龙羊峡、白山、安康、东江、东风、万家寨等工程均使用缆机起吊物件。

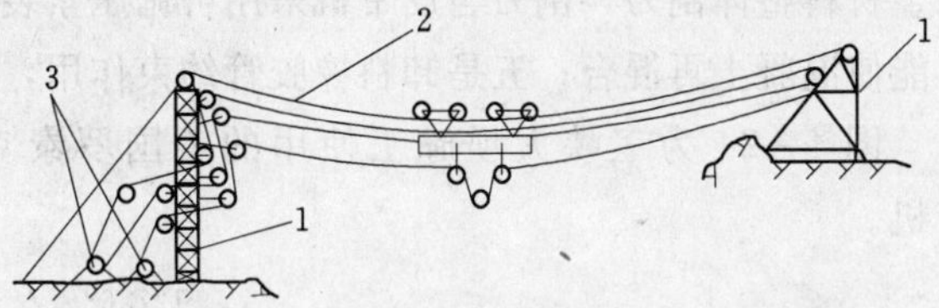

图4-23　缆机及其索道布置示意

1—钢塔架；2—索道系统；3—卷扬机

缆机的主要优点是：①安装不占主体工程工期，架立也不占浇筑部位；②不受导流、基坑过水和度汛的影响，因此年浇筑日增多；③浇筑仓位多，控制面积大，设备利用率高；④使用期长，生产率高。它的缺点是：①设置钢塔架平台所需工程量和资金多；②受地形限制，通用性差；③设备的设计制造周期长。

(3) 履带式起重机。

由履带式挖掘机改装成的起重机可吊运汽车所载混凝土料罐，虽起吊高度不大，但运转灵活，能负载行驶，在浇筑基础、护坦、护坡和墩墙部位的混凝土时应用较多。

4. 混凝土的连续运输

工程上可以一并完成水平方向与垂直方向运输混凝土的机械有：混凝土泵（管道运输）、汽车（综合运输）、塔带机（连续运输）和风动装置（压送运输）等。

(1) 泵送混凝土。

在钢筋稠密和仓面狭小等难以浇筑的部位，多采用混凝土泵管道输送颗粒级配小而坍落度大的混凝土。泵送混凝土具有许多优点，如：在压力作用下能提高密实性和强度，不会发生离析和降低坍落度的问题；受周围环境因素影响小；设备简单、辅助设施少、运输效率高、浇筑方便、劳力消耗少等。泵送混凝土的配合比与坍落度要经试验确定，最小水泥用量为 300kg/m³，坍落度在 8～18cm 范围内选择。为满足流动性的要求需掺入加气剂或塑化剂，粗骨料最大粒径限制在管径的 1/4～2/5 范围内，砂率宜控制在 40%～50%。为减小泵送混凝土的阻力，要求管道内壁光滑平整、接口严密平顺、轴线对齐一致，并先用水泥浆或砂浆润滑管道。泵送混凝土要保持连续输送，因故间歇要及时清洗以免残留混凝土堵塞管道。浇筑结束应用麻袋球和水冲洗干净。

（2）塔带机运输混凝土。

塔带机集水平运输与垂直运输于一体，是塔机和带式输送机的有机组合，它主要由塔式起重机和带式输送机系统组成。带式输送机系统由四条皮带机组成，即喂料皮带，转料皮带和内、外布料皮带。转料平台可沿塔柱不断爬升，满足混凝土大坝不断升高的要求。通过塔机的旋转和小车的变幅运动，可以不断变换卸料点的位置，实现仓面均匀布料。布料皮带的覆盖范围较大，布料半径可达 80～100m。

与塔带机连接的皮带机，可以一直延伸至拌和楼，每隔一定距离，设支撑柱，皮带机可以通过柱上的液压顶升装置上升或下降，适应混凝土大坝的施工要求。

现代运送混凝土的皮带机具有以下特点：一是带速较高，达 3～4m/s；二是皮带机的槽角较大（不小于 45°），可以比较有效地防止在坡度较大的情况下混凝土下滑；三是采用硬质合金材料整体刮刀，刮刀与皮带机采用可调压紧装置，确保刮净水泥浆；四是转料点的设计要能使混凝土再混合；五是卸料橡胶管约束作用，可使混凝土在下料过程中避免分离。

图 4-24 为三峡大坝施工使用的美国罗泰克（ROTEC）公司生产的 TC2400 型塔带机。

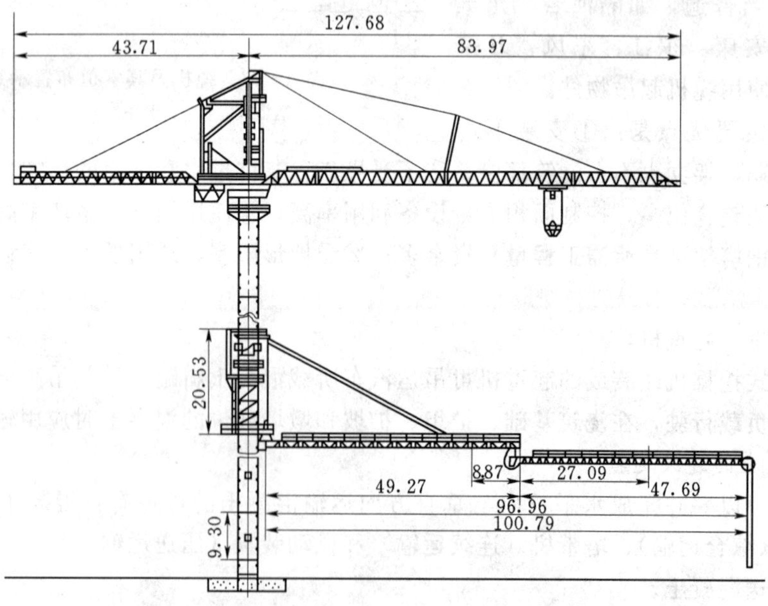

图 4-24　罗泰克公司 TC2400 型塔带机（单位：m）

混凝土供料采用汽车送料至受料斗，然后由两条跨度分别为 90m 和 120m 皮带机喂料，最大坡角达 26.3°，输送能力最大可达 6.38m³/min。塔带机可以用来运送干硬性及坍落度较小的常态混凝土，并可运送骨料最大粒径为 150mm 的混凝土。

5. 混凝土运输方案选择与运输机械数量确定

(1) 混凝土运输方案的选择步骤。

1) 根据水工建筑物的类型与规模、现场布置与施工条件，初定可选方案。

2) 经初步分析后筛选出几个主要方案。

3) 从实现总进度要求出发，进行各主要方案中主要运输机械的设备选型并计算出应配备的数量。

4) 通过技术经济分析，综合对比各主要方案的主要优缺点。

5) 从设备供应的现实出发，最终确定既可行又经济的混凝土运输方案。

(2) 起重机数量的确定。

1) 起重机台月生产率的计算：

$$Q_m = K_1 K_2 fmnq \tag{4-19}$$

式中 Q_m——每台起重机每月可吊运的混凝土数量，m³/（台·月）；

K_1——时间利用系数，在 0.62～0.80 内选取；

K_2——综合作业影响系数，只吊混凝土时取 1.0；只吊重件时取 0.80～0.85；一切辅助工作皆由起重完成时取 0.58～0.65；

f——每小时吊运次数，次/h；

m——每月工作天数，可取 25d/月；

n——每天工作时数，可取 20h/d；

q——每次吊运的混凝土数量，m³/次。

2) 所需起重机台数的计算：

$$N = \frac{Q_{max}}{Q_m} \tag{4-20}$$

式中 N——起重机台数，台；

Q_{max}——混凝土浇筑高峰月的浇筑强度，m³/月。

根据统计资料分析，在使用相同吊罐的情况下，缆机的台月生产率约为门塔机台月生产率的 3 倍。

6. 混凝土入仓

采用起重机进行混凝土垂直运输时，通常都是通过混凝土吊罐入仓。泵送混凝土和皮带机输送的混凝土可以直接入仓，或通过一段溜槽入仓。无论通过什么手段入仓，混凝土自由落体的高度都不得大于 2m。当混凝土卸料高度大于 2m 时，要通过溜筒来降低混凝土下落的速度，以防止混凝土发生离析。

第五节 混凝土的浇筑与养护

混凝土浇筑的施工过程包括：浇筑仓面的准备、混凝土的入仓铺料、平仓振捣和养护。

一、浇筑仓面的准备

浇筑仓面的准备工作包括基础面的处理、施工缝处理、立模和架设钢筋等。

1. 基础面处理

土基处理的基本要求是使土基具有一定的湿度和承载能力。砂砾地基的处理方法是，先清除杂物，整平基面，再洒水浸湿（15cm深）使其湿度与最优强度时的湿度相符，并浇贫混凝土垫层（厚度10～20cm），以防漏浆。对于软土基，应避免破坏或扰动原状土壤，先铺碎石（厚10～20cm）垫底，盖上湿砂（厚约5cm），压实后，再浇贫混凝土垫层（厚度10～20cm）。对于湿陷性黄土，应采取专门的处理措施。

岩基处理的总体要求是保证基岩面坚固、清洁和完好。岩基面处理的方法是，先清除表面的风化层、松软岩石、棱角、反坡以及杂物、泥土等，对于大破碎带、断层、溶洞、泉眼和地下水要进行特殊处理，并用高压水或压缩空气清扫岩面残留的碎屑、油渍和污物，再用压缩空气吹至岩面无积水，最后铺盖湿麻袋，或铺刷水泥砂浆，或喷涂塑料层，以防止岩基重新风化。岩基处理时，可利用凿子、钢丝刷、鹤嘴锄等手工工具，但主要借助于喷砂枪、高压水和压缩空气等高效作业手段。岩基浇筑前应保持洁净与湿润。

2. 施工缝处理

施工缝是指因施工条件限制或人为因素所造成的新老混凝土之间结合缝。为保证新老混凝土牢固地结合并满足水工建筑物整体性和抗渗性的要求，必须对施工缝进行处理，任务是将在老混凝土初凝后2小时左右形成的乳皮加以清除并使表层形成石子半露的麻面。乳皮是指先期浇筑的老混凝土表面的杂物和游离石灰（水泥膜）。

施工缝处理包括清除乳皮、仓面清扫和铺设砂浆三道工序。形成麻面的方法多种多样，有人工或风镐凿毛、钢刷机刷毛、风砂枪喷毛、高压水冲毛机冲毛和表面喷涂缓凝剂待混凝土终凝后再用压力水冲毛等。乳皮去除后，随即进行仓面清扫工作，即借助压力水将乳皮碎屑冲洗干净并排尽表面积水。在浇筑新混凝土之前，应铺设一层2～3cm厚的稍高于混凝土的设计强度的水泥砂浆、小级配混凝土或同等强度等级的富砂浆混凝土，水灰比较该部位混凝土的水灰比减少0.03～0.05，其目的在于增强新老混凝土之间的粘结。但其一次铺盖面积应与混凝土浇筑强度相适应。

3. 仓内模板、钢筋和预埋件的检查

模板架立后需检查的内容包括定位的准确性、支撑的牢固性、拼装的严谨性、板面的洁净性、脱模剂涂刷的均匀性以及弯曲拉条的纠正情况等。钢筋安装后，应检查其保护层厚度、位置、规格和数量的准确性以及绑焊的牢固性。另外，对止水、预埋件也应特别关注。预埋件分为两类，一类是安装设备所需要预埋的螺栓、套筒等，要采取可靠的固定措施以保证其位置的准确性。另一类预埋件是供永久观测用的各类传感器，要确保传感器不因混凝土的浇筑振捣而受到损坏。

4. 仓面布置的检查

仓面布置要满足从开仓至收仓正常浇筑的条件，对其检查的主要内容有：施工所需的工具设备配备数量及其完好率、照明器材与插座布设情况及其安全性、水电及压缩空气供应的可靠性、劳动组合的合理性等。

二、入仓铺料

混凝土入仓铺料方式有平层铺筑法、阶梯铺筑法和斜层铺筑法。

平层法是沿仓面的长边逐条逐层有序、连续地撒水平铺填，如图 4-25（a）所示。铺料层厚与拌和能力、振捣器性能、混凝土浇筑速度、运距和气温有关，一般为 30～50cm。当采用振捣器组振捣时，层厚可达 70～80cm。对于低流态混凝土及大型强力振捣设备时，浇筑层厚度通过试验加以确定。

需要指出的是，当下层混凝土已经初凝时再浇筑的上层混凝土无法与下层混凝土结合为一体，因为下层混凝土表面形成的乳皮无法在振捣时消失，这种因层间间歇时间过长而形成的软弱结合面称为冷缝。冷缝是一种严重的质量事故，因为混凝土结合面上的抗剪强度、抗拉强度和抗渗能力均有明显的下降。一般用混凝土初凝时间作为不产生冷缝的控制标准。

采用平层法浇筑混凝土的前提条件是，混凝土的制备、运输和浇筑能力须满足混凝土不产生冷缝的要求，即

$$P \geqslant \frac{BLh}{k(t_2 - t_1)} \tag{4-21}$$

式中 P——混凝土拌和工厂生产能力及运输浇筑能力，m^3/h；

k——运输浇筑时延误系数，取 0.8～0.85；

B——混凝土浇筑块短边的长度，m；

L——混凝土浇筑块长边的长度，m；

h——混凝土铺层的厚度，一般为 0.3m；

t_2——混凝土初凝时间，h；

t_1——混凝土从出机到入仓的时间，h。

当仓面面积大而混凝土的制备、运输和浇筑能力无法满足公式（4-21）的要求时，可采用斜层法浇筑或阶梯法浇筑，如图 4-25（b）、（c）所示，以避免出现冷缝。因为斜层法施工存在平仓振捣过程中砂浆极易产生流动而引起粗骨料分离的缺点，故工程上较多采用阶梯法浇筑混凝土。采用以上两种浇筑法时，为保证振捣密实，宜采用低坍落度（3～5cm）的混凝土。

(a)　　(b)　　(c)

图 4-25　混凝土铺料方式

(a) 平层法；(b) 斜层法；(c) 阶梯法

阶梯法浇筑的前提是薄层浇筑，根据吊运混凝土的设备能力和散热的需要，浇筑块高控制在 1.5m 以内，浇筑层厚度则小于 0.6m，每一浇筑条的宽度为 2～3m，阶梯上表面暴露部分宽度为 1m 左右，斜面坡度不陡于 1：2。采用斜层法浇筑时，层面坡度控制在 10°以内。

三、平仓与振捣

1. 平仓

所谓平仓，就是在保证分料均匀和有效防止混凝土分离的前提下将卸入仓内成堆的混凝土摊铺到要求的厚度。小型仓面一般采用人工持锹平仓或借助振捣器平仓，大型仓面则用推土机平仓。需要指出的是，振捣器平仓不能代替下道工序振捣。

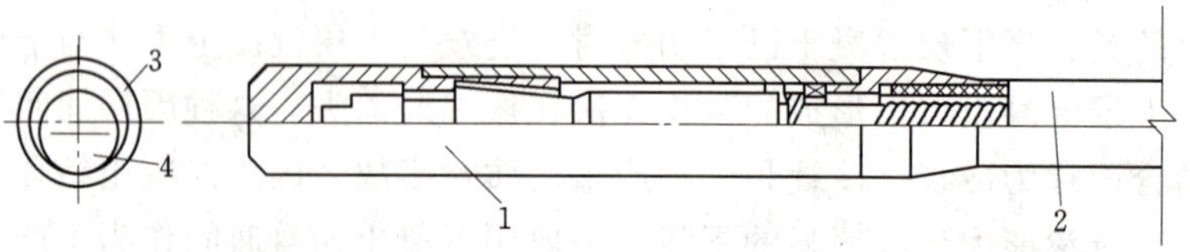

图 4-26 电动软轴行星插入式振捣器

1—振捣棒；2—软管；3—外滚道；4—行星转子

2. 振捣

振捣的目的是使混凝土获取最大的密实性，是保证混凝土质量和各项技术指标的根本措施和关键工序。

混凝土振捣的方式有多种。在施工现场使用的振捣器有内部振捣器、表面振捣器和附着式振捣器，使用得最多的是内部振捣器。而内部振捣器又分为电动式振捣器、风动式振捣器和液压式振捣器。大型水利工程中普遍采用成组振捣器。表面振捣器只适合薄层混凝土使用，如路面、大坝顶面、护坦表面、渠道衬砌等。附着式振捣器只适合用于结构尺寸较小而配筋密集的混凝土构件，如柱、墙壁等。在混凝土构件预制厂，多用振动台进行工厂化生产。振捣器的振动效果相当明显，在振捣器小振幅（1.1～2mm）和高频率（5000～12000r/min）的振动作用下，混凝土拌和物的内摩擦力大为下降，流动性明显增强，骨料在重力作用下因滑移而相互排列紧密，砂浆流淌填满空隙的同时空气泡逸出，从而使浇筑仓内的混凝土趋于密实并加强了混凝土与钢筋的紧密结合。

振动影响圈直径一般为振捣棒直径的 10 倍左右。为了避免漏振，应使振点呈格形或梅花形排列，振点间距约为影响半径的 1～1.5 倍，井然有序地按振点进行垂直振捣，并应使振捣器插入下层混凝土 5～10cm，以利上下层混凝土的结合。振动过程中振捣器应与模板保持 1/2 影响半径的距离，振捣器也不得触及钢筋和预埋件。混凝土振捣时间以 15～25s 为宜，不得欠振或过振，振捣时间过短则难以振捣密实，振捣时间过长会引起混凝土分离。

当混凝土坍落度较大而振捣层不超过 20cm 时，或在振捣器难以操作的部位，也可运用捣杆、捣铲或平头锤进行人工辅助捣实，但质量较差。

如果混凝土拌和物振捣已经充分，则会出现一些迹象：混凝土中粗骨料停止下沉、气泡不再上升、表面平坦泛浆。判断已经硬化成型的混凝土是否密实，应通过钻孔压水试验来检查，若渗水率 $\omega<10cm^3/(min \cdot m \cdot m)$ 则混凝土浇筑质量较好。

四、混凝土的浇筑程序

在混凝土开仓浇筑前，要对浇筑仓位进行统筹安排，以便井然有序地进行混凝土浇筑。安排浇筑仓位时，必须考虑的问题有：①便于开展流水作业；②避免在施工过程中产生相互干扰；③尽可能地减少混凝土模板的用量；④加大混凝土浇筑块的散热面积；⑤尽量减小地基的不均匀沉陷。

水利工程的实践表明，水工建筑物的构造比较复杂，混凝土的分块尺寸普遍较大，混凝土温度控制的要求相当严格，土建工程与安装工程的目标一致性尤为突出。因此，工程界对于各浇筑仓位施工顺序的安排都极为重视，比较成熟的浇筑程序有：对角浇筑、跳仓浇筑、错缝浇筑和对称浇筑（图 4－27）。

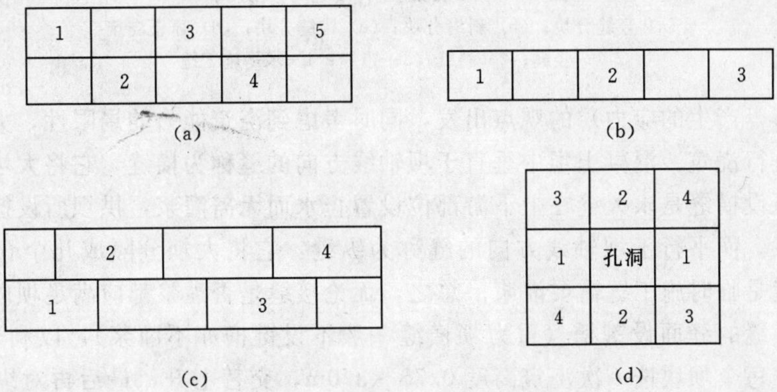

图 4－27　混凝土浇筑仓位安排

(a) 对角浇筑；(b) 跳仓浇筑；(c) 错缝浇筑；(d) 对称浇筑

五、混凝土养护

养护就是在混凝土浇筑完毕后的一段时间内保持适当的温度和足够的湿度，形成良好的混凝土硬化条件。养护是保证混凝土强度增长，不发生开裂的必要措施。

养护分洒水养护和养护剂养护两种方法。洒水养护就是在混凝土表面覆盖上草袋或麻袋，并用带有多孔的水管不间断地洒水。采用养护剂养护，就是在混凝土表面喷一层养护剂，等其干燥成膜后再覆盖上保温材料。

塑性混凝土应在浇筑完毕后 6～18h 内开始洒水养护，低塑性混凝土应在浇筑完毕后立即喷雾养护，并及早开始洒水养护。混凝土应连续养护，养护期内始终保持混凝土表面的湿润。养护持续期应符合 DL/T5144—2001《水工混凝土施工规范》的要求，一般不少于 28d，有特殊要求的部位宜适当延长养护时间。

第六节　混 凝 土 坝 施 工

一、大坝分缝分块

1．坝体分缝分块

混凝土大坝不可能连续不断地一次浇筑完毕，需要将坝体划分成若干浇筑块进行混凝土浇筑。坝体分缝分块的型式有四种：纵缝分块、斜缝分块、错缝分块和通仓浇筑（图 4－28）。

从保证大坝的整体性和减小结构应力（包括基础不均匀沉陷、混凝土自身体积变形和

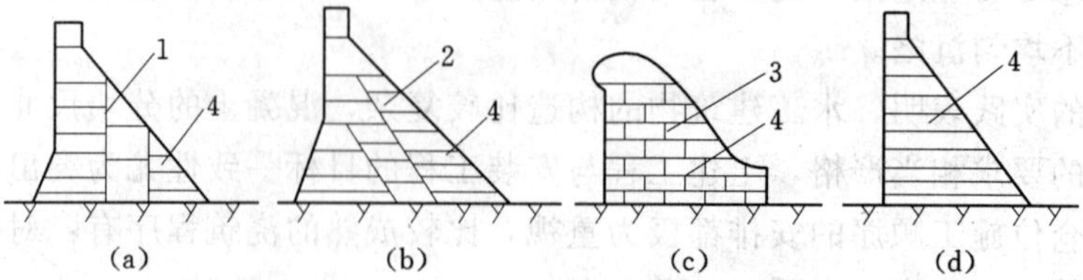

图 4-28　混凝土坝分缝分块防式

(a) 竖缝分块；(b) 斜缝分块；(c) 错缝分块；(d) 通仓浇筑

1—竖缝；2—斜缝；3—错缝；4—水平施工缝

温度收缩变形等产生的应力）的观点出发，同时考虑到浇筑能力的局限性，大坝混凝土必须分缝分块进行浇筑。混凝土坝中垂直于坝轴线方向的缝称为横缝，它将大坝分成若干坝段，重力坝所设横缝是永久缝在上下游部位设置止水而无需灌浆，拱坝所设横缝因要传递应力故需灌浆。而平行于坝轴线方向的缝称为纵缝，它将大坝分隔成几个仓以便分块浇筑，大坝纵缝是临时施工缝需要灌浆。总之，无论接缝是否灌浆都应满足坝体整体性的要求。纵缝和横缝的缝面设键槽（重力坝横缝一般不设键槽亦不灌浆），以利于传递应力。分缝分块后，每个坝块按一次浇筑高度 0.75～3.0m，交替上升，最后再对纵缝和横缝进行灌浆，将其连成整体。

2. 纵缝分块

所谓纵缝分块，是将坝段分成为若干柱状体浇筑混凝土，故又称柱状分块。施工时，需要对柱状块体从上游往下游依次编号。为了确保坝体的整体性，纵缝要进行接缝灌浆处理，或设置 1m 宽槽回填膨胀混凝土。因后者施工困难，故很少被采用。由于灌浆形成的接缝面的抗剪强度较低，需设置键槽以增强缝面抗剪能力。键槽的两个斜面应尽可能分别与坝体的两个主应力垂直，从而使两个斜面上的剪应力接近于零，如图 4-29 所示。键槽的形式有两种：直角三角形和梯形，我国多采用前者。

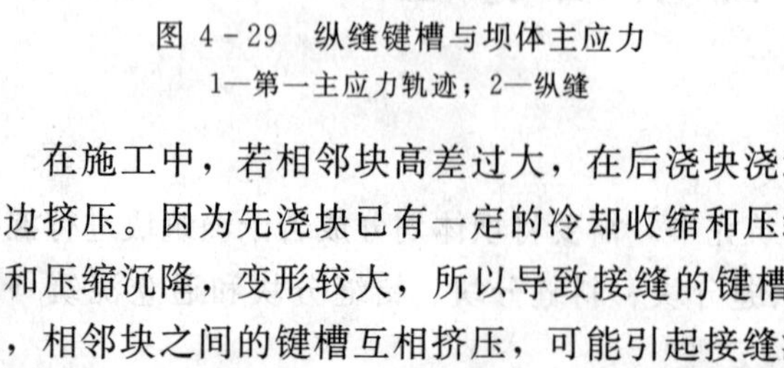

图 4-29　纵缝键槽与坝体主应力

1—第一主应力轨迹；2—纵缝

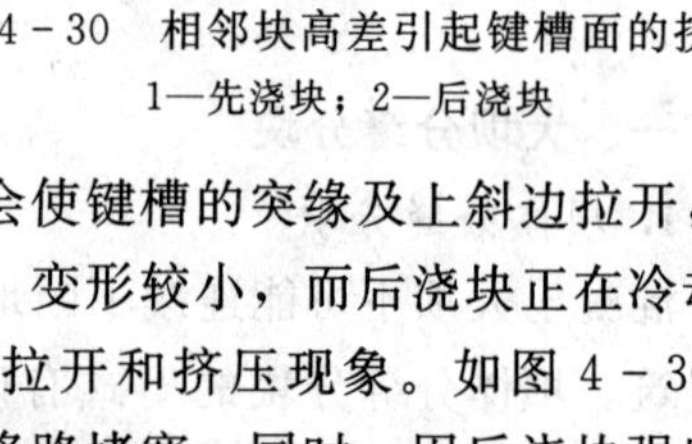

图 4-30　相邻块高差引起键槽面的挤压

1—先浇块；2—后浇块

在施工中，若相邻块高差过大，在后浇块浇筑后，会使键槽的突缘及上斜边拉开，下斜边挤压。因为先浇块已有一定的冷却收缩和压缩沉降，变形较小，而后浇块正在冷却收缩和压缩沉降，变形较大，所以导致接缝的键槽面出现拉开和挤压现象。如图 4-30 所示，相邻块之间的键槽互相挤压，可能引起接缝灌浆的浆路堵塞。同时，因后浇块强度较低，键槽易被剪断破坏。所以，对相邻块高差要作控制。高差控制值主要与先浇块键槽下斜边的坡度有关。当长边在下，坡度较陡，对避免挤压有利，当短边在下，坡度较缓，对挤压不利。上游块先浇，键槽长边在下，形成的高差称为正高差；下游块先浇，键槽短边在下，形成的高差称为反高差。因此，反高差比正高差控制的标准要更为严格。在我国，大坝相邻块高差控制标准是：正高差不超过 10～12m；反高差不超过 5～6m。

3. 斜缝分块

方向倾向于上游或下游的斜缝是沿两组主应力之一的轨迹面设置的，倾斜缝缝面剪应力很小。斜缝可不进行接缝灌浆，但需布置骑缝钢筋以确保坝体的整体性。斜缝两端必须并缝，在上游面整体浇筑以避免库水渗透入缝内，在斜缝终止处设置并缝廊道以避免斜缝向下伸展。斜缝分块的浇筑顺序不能颠倒，相邻块高差控制也严格。

4. 错缝分块

错缝分块又名砌砖法，是沿高度方向错开的竖缝进行分块。因其浇筑块不大，故混凝土温度控制的要求相对较低。并不贯通的竖缝无需接缝灌浆，但浇筑块间相互约束易产生温度裂缝，施工时彼此干扰也大。目前，错缝分块的浇筑方式已很少采用。

5. 通仓浇筑

通仓浇筑就是坝段内不再设纵缝，即一个坝段只有一个浇筑仓。由于浇块体尺寸大，所以温度控制要求严。例如，美国 1972 年建成的德沃歇克坝，是用通仓浇筑建成的规模最大的混凝土坝，高 219m，最大坝宽达 153m，规定混凝土浇筑温度不得高于 6.7℃和不低于 4.4℃，浇筑块高度 1.5m，在基础约束及老混凝土约束范围内，预埋冷却水管，管距 1.5m，冷却水流量最小为 15L/min，进口水温为 5.0±1.1℃，每隔 12 小时循环冷却水换向一次，每月冷却 21 天。此外，还根据当地气温条件规定，相邻坝段的高差，在每年 11 月 30 日至 3 月 1 日期间，不得超过 6m，其他各月不得超过 4.5m。

以上分缝形式各有优缺点，目前大中型重力坝及大型拱坝一般采用纵缝分块，小型重力坝及中小型拱坝一般采用通仓浇筑。

二、混凝土坝接缝灌浆

1. 接缝灌浆管路系统布置

接缝灌浆都是分区进行的，其灌区高度，一般为 10～15m，基础部位为 6～8m。灌区的面积，一般约为 150～300m^2。各灌区的灌浆管系统布置，主要分为盒式及骑缝式两类。

(1) 盒式灌浆管路系统。

盒式灌浆管路系统，由进、回浆干管和支管、出浆盒、排气槽及排气管组成，周围用止浆片封闭隔开而形成独立的灌区。

为了在灌浆时排除灌区接缝内空气，进浆顺序应使浆液自下上升。管路系统的布置原则如下：

1) 应能加速管路及接缝内的浆液循环，防止堵塞。

2) 尽量选用较短的管路布置。

3) 尽可能将各进、出管口集中布置，以便操作管理。

盒式灌浆管系统，布置型式有两类：一类是支管卧式布置，进、回浆干管立式布置；另一类是支管立式布置，进、回浆干管卧式布置。

图 4-31 (a) 的管路称为双回路布置，除一侧有进、回浆干管外，还在对侧设有事

故备用进、回浆干管。这种布置型式，多用于纵缝灌浆。其主要优点是进、回浆管不易被堵塞，遇事故比较容易处理，灌浆质量较有保障，但耗费管材较多。

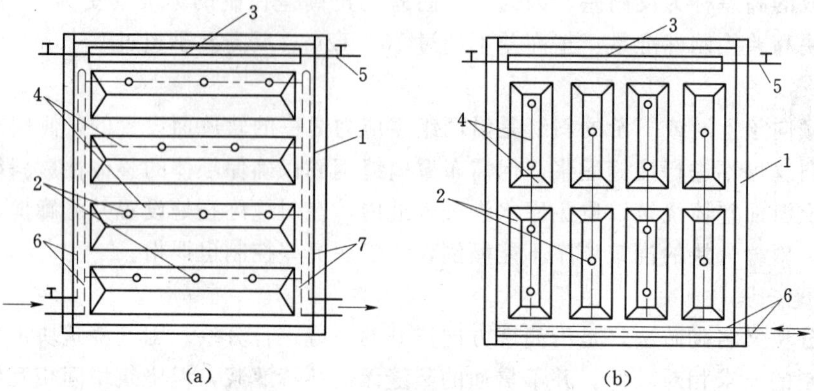

图 4-31　盒式灌浆管路系统布置

1—止浆片；2—出浆盒；3—排气槽；4—支管；5—排气管；
6—进、回浆干管；7—备用进、回浆干管

图 4-31（b）的管路称为单回路布置，只设有一套进、回浆干管，没有事故备用进，回浆干管。这种布置型式，多用于横缝灌浆。其主要缺点是进、回浆干管容易被堵塞，一旦发生堵塞，处理困难，所以在灌区较高时，很少采用单回路布置。

在支管卧式布置的双回路灌浆管路系统中，进、回浆干管也可放在坝块外部，如图 4-32 所示。

双回路管路系统的浆液循环可分为两路：一路经进浆管、支管、出浆盒、接缝至排气管放浆；另一路是经支管至对侧备用回浆管回浆。为防止堵塞，进、回浆干管及备用进、回浆干管及排气管口均应间歇放浆。排气管口间歇放浆还可排除接缝内的空气。

每个灌区四周的封闭止浆片起到阻止接缝通水和灌浆时水、浆漏逸的作用。上下游侧的止浆片，同时亦作坝体止水。

止浆片，距坝块表面或分块浇筑高程应不小于 30cm，以便止浆片外侧的混凝土能振捣密实。应保证靠近基岩的底部水平止浆片的可靠性，否则会造成坝基排水结构堵塞和灌浆困难。

止浆片应选用抗拉强度高且防锈的材料，由于镀锌钢板易腐蚀而引起止浆片失效，易造成漏浆和相邻灌区的串浆，因此，近年来已被塑料止浆片所取代。

盒式灌浆管路系统中的出浆盒，应布置在三角形键槽易于张开的一面，或布置在先浇块的横缝梯形键槽的凹槽部位。出浆盒在缝面上，均呈梅花形布置。每个出浆盒在纵缝担负的灌浆面积为 3～4.5m^2，在横缝担负的灌浆面积为 5～6m^2。在接缝不易张开的部位，可酌情加密。如在灌区底部的一些出浆盒，一般可将间距加密到 0.5m。出浆盒结构型式如图 4-33 所示。

由于接缝灌浆，是在封闭的灌区内进行的，所以必须设置排气槽和排气管来排除接缝内的空气。排气槽设置在灌区顶部，通常是在先浇块缝面形成。排气管连通于排气槽的一

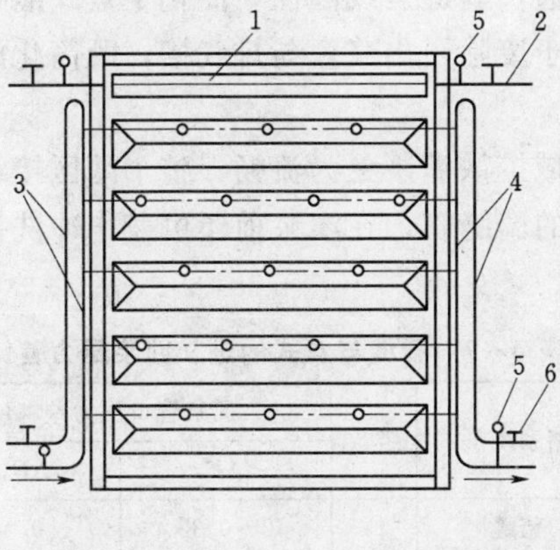

图 4-32　进、回浆干管布置在坝块外部

1—止浆片；2—排气管；3—进、回浆干管；4—备用进、回浆干管；5—压力表；6—阀门

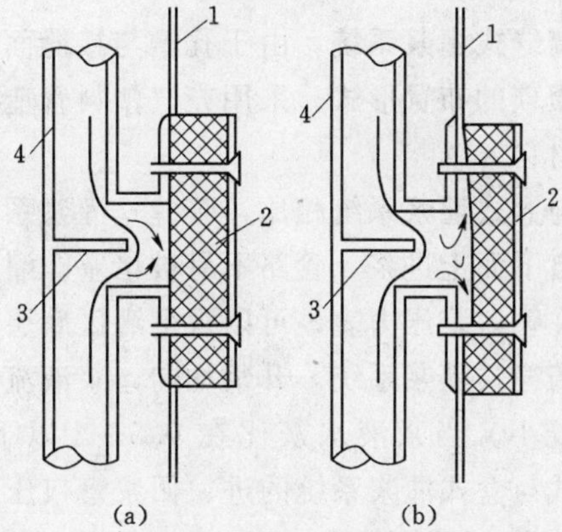

图 4-33　重复灌浆盒工作原理

(a) 出浆盒冲洗情况；(b) 重复灌浆情况

1—接缝；2—橡胶盖板；3—舌片；4—支管

侧或两侧。在后浇块浇筑前，排气槽应装置盖板，其材料一般为镀锌薄钢板或预制钢筋混凝土薄板。盖板的周边，应用水泥砂浆严密封闭，以防排气槽被堵塞。盖板与后浇混凝土之间，应有钢筋锚固。

排污槽设在灌区底部，通过排污管与外联通。在排污管出口装有压力表和阀门，以便掌握灌区底部的压力。

(2) 重复灌浆。

接缝灌浆管路系统，在进行一次灌浆之后会全部堵塞失效，无法进行重复灌浆。如需进行重复灌浆，应采用专门的重复灌浆系统。重复灌浆系统与一次灌浆系统的主要区别是出浆盒的构造不同，其他的管路系统完全一样。重复灌浆盒的构造如图 4-34 所示。

重复灌浆盒能保证在冲洗压力作用下，水不能进入接缝内；但在灌浆压力作用下，浆液能够顺利进入接缝。橡胶盖板的弹性变形量，是控制接缝启闭的关键。使用前须通过试验来选定橡胶盖板的弹性参数。出浆盒中舌片的作用是在冲洗时造成紊流，以利于出浆盒的冲洗。

(3) 骑缝式灌浆系统。

骑缝式灌浆系统，又称拔管式灌浆系统。灌浆系统的预埋件随坝块的浇筑先后分两次埋设。先浇块的预埋件有止浆片、垂直与水平的半圆木条、元钉及长脚马钉等。先浇块拆模后，拆除半圆木条就在先浇块的表面上形成了水平与垂直的半圆槽。后浇块的预埋件有连通管、接头、充气塑料拔管及短管等。后浇块浇筑一定时间之后（夏季 24 小时；冬季 48～72 小时）放气后拔出塑料管，即形成骑缝孔道。进、回浆干管布置在外部，通过插管与骑缝孔道相连，如图

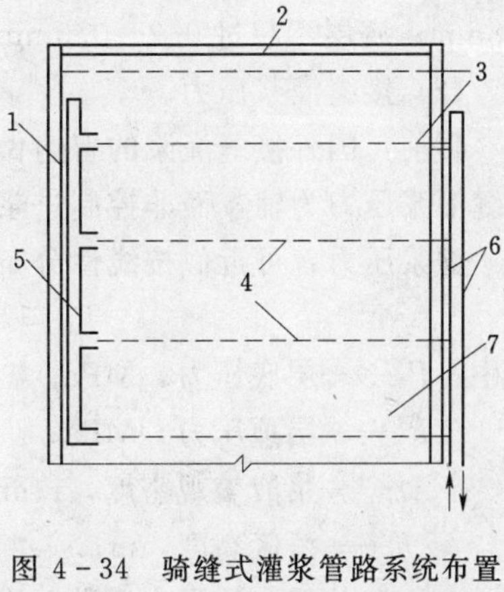

图 4-34　骑缝式灌浆管路系统布置

1—止浆片；2—排气孔；3—孔口拔管；4—骑缝孔；5—省浆连通管；6—进、回浆干管；7—横缝面

4 -34 所示。

骑缝式灌浆系统，由于孔槽与接缝面直接连通，骑缝全线灌注，简化了盒式灌浆系统那种繁琐的布置形式。采用充气塑料管造孔，由于废除了出浆盒与排气槽，既简化施工又节省材料。

与盒式灌浆系统相比，骑缝式灌浆系统的点域扩散灌浆更为流畅。整个灌区接缝可以同时自下而上进浆，管路不易被堵塞。灌区底部的骑缝管，在灌浆前还可兼作冲洗排污之用。在管口装压力表，可以观测灌区底层的压力。

骑缝式灌浆系统，升浆均匀，浆液流动阻力较小。当浆液水灰比在 0.5：1 以下，骑缝式与盒式灌浆系统的进、回浆管口压力差，如表 4 - 9 所示。

表 4 - 9　骑缝与盒式的进、回浆压力差比较

管路系统形式	组数	进、回浆管口压力差（MPa）	
		ΔP	ΔP_{max}
骑缝	13	0～0.35	0.40
盒式	6	0.20～0.30	1.21

骑缝式进、回浆管口的最大压力差 ΔP_{max}，较盒式的为小，这为接缝灌浆的顺利进行和提高最终浆液浓度创造了有利条件，灌浆质量更有保证。

2. 接缝张开度与接缝灌浆压力

（1）接缝张开度。

纵（横）缝接触面间缝隙的大小，称为接缝张开度。相邻浇筑块的高差、新老混凝土之间的温差、纵缝间距以及键槽坡度等都直接影响接缝张开度。接缝张开度是衡量接缝可灌性的主要指标，当张开度大于水泥最大颗粒直径的 3 倍时，才能避免水泥颗粒在缝内堵塞。通常所采用的接缝灌浆水泥，其细度几乎全部通过 100 号筛（孔径 0.15mm）。为了顺利灌浆，接缝张开度应大于 0.5mm，但其理想值为 1～3mm。张开度过大，将增加水泥用量，水泥浆结石也会引起较大的干缩。

随着灌浆压力的加大，接缝的张开度将增加，也会导致相邻接缝张开度减小。当灌浆压力过大时，甚至造成相邻接缝处局部闭合而失去可灌性，还可能在被灌接缝的坝块底层产生拉应力。所以对接缝增加的开度也必须严格控制，要求灌区顶层不超过 0.5～0.8mm；底层不超过 0.2～0.3mm。

（2）接缝灌浆压力。

目前，国外接缝灌浆的普遍做法是，以控制灌区层顶接缝灌浆压力为主，以控制层底接缝灌浆压力为辅，而非控制进浆管口压力。层顶接缝灌浆压力一般为 0.2MPa。

灌浆压力，可近似按线性分布计算：

$$P_0 = P_1 + 0.0098\gamma h + 0.0098\varepsilon\gamma h \tag{4-22}$$

式中　P_0——层底压力，MPa；

P_1——层顶压力，MPa；

γ——浆液表观密度，t/m^3；

h——灌区高度，m；

ε——缝内的阻力系数，在通道顺畅的情况下，纵缝取 0.5；横缝取 0.3。

灌浆前，应计算灌浆时代表性坝块的应力，当坝块应力导致相邻未灌缝挤压闭合时，应采取措施在相邻缝通水平压。通水压力可采用灌浆压力的 1/2，至灌浆层灌浆结束 18h

以后，方可解除相邻缝中的通水加压。

上层灌区通水冲洗和相邻缝通水平压按直线分布：

$$W_0 = W_1 + 0.0098\gamma h + 0.00098\gamma h \tag{4-23}$$

式中 W_0——灌区通水时底部压力，MPa；

W_1——灌区通水时顶部压力，MPa；

γ——水的表观密度，t/m^3；

h——灌区高度，m。

3. 接缝通水检查

(1) 全面通水检查。

全面通水检查的目的在于查明接缝的可灌性，并查找灌浆系统中串漏与堵塞的部位。通水检查有单开式和封闭式两种方式。

1）为查明各管路的互通情况，有必要进行单开式通水检查。即从各管口轮流进水，在进水管口达到设计通水压力的条件下，再逐一开启每一个管口，分别测定各管路的单开出水率。正常情况下，单开出水率应不小于 $0.05m^3/min$。

2）为查明灌浆系统的封闭完好情况和起压情况，需要进行封闭式通水检查。即在进浆管口进水的同时将其他管口关闭，当排气管口压力达到设计值时（如遇漏水严重，起压困难，可降低为设计压力的50%～70%），分别测定各道接缝的总漏水率，并查找外漏部位及隐蔽串漏部位。

对通水检查中发现的堵塞或欠通管道，应采用风水轮流冲洗、管口掏挖和补钻钻孔的方法进行疏通。对已观察到的外漏部位，应及时予以嵌堵。

(2) 缝面充水浸泡冲洗。

在接缝内充清水浸泡至少1d，冬季为降低水的冰点可用盐水溶液浸泡，使残存于管缝内的杂质溶解或松散，可以提高冲洗效果。通常的做法是，轮流从进浆管和排气管充水进风，自下而上和自上而下地反复冲洗，风水快速穿越管路、出浆盒和接缝，通过设置于灌区底部的排污槽和排污管将污水杂质排出，直至水清。

冲洗压力以排气管口的压力来控制，其值不应大于设计灌浆压力。为减轻风压冲洗的破坏性，气压应限制在0.2～0.3MPa之内。国外对风压冲洗持慎重态度，一般多用水压冲洗。

(3) 灌浆前通水检查。

在正式灌浆之前再次通水，一方面可检测灌浆系统的完好性，另一方面则可湿润接缝两侧的混凝土。

三、接缝灌浆施工

作为隐蔽工程，接缝灌浆必须采取得当的工艺措施和严格的施工程序，确保接缝灌浆后坝体的整体性和安全性。

1. 灌浆顺序及灌浆方法

(1) 灌浆顺序。

确定灌浆次序的原则是：①防止因坝块变形导致相邻接缝的张开度变小或闭合；②防止因施工期内坝块应力状态恶化引起灌浆接缝重新拉裂或遭剪切破坏；③能满足初期蓄水

高程的要求。

(2) 灌浆方法。

灌浆的方法分依次灌、同时灌、连续灌和间歇灌4种。大坝灌浆的顺序应按如下规定执行。

1) 在同一灌区，宜先从基础层开始依次向上灌浆。对单个灌区，在下层灌浆结束14d以后方可进行上层灌浆。若上下层互相串通，可两层同时施灌，将上层压力控制值作为调整下层缝顶压力的依据。若下层灌浆已达到要求，可先于上层结束，但上下层灌浆的结束时差宜控制在1h以内。

2) 为避免沿一个方向灌注形成的累加变形影响后灌接缝的张开度，横缝灌浆可采取从大坝中部向两岸或两岸向中部会合的灌浆顺序。考虑到接缝灌浆引起的附加应力可以抵消坝体挡水后坝踵的部分拉应力，纵缝灌浆一般自下游向上游推进。但有时为了改善上游坝踵的应力状态，在完成上游第一道纵缝施灌以后，再按自下游向上游的顺序灌浆。

3) 对位于倾斜面、陡坡岩基的坝块或相互串块的情况，一般将同高程的相邻灌区同时施灌。对漏水率较大、接缝容积大和接缝张开度小的灌区应先行施灌，但两缝灌浆先后结束的时间应控制在0.5～1h以内。

4) 同高程各相邻灌区，尽可能采用多缝同时灌浆，也可采用逐区连续或逐区间歇灌浆（间歇时间不少于3d）的方式，进浆次序则依接缝容积和坝块受力条件而定。施灌前，除验定灌浆压力外，还应明确相邻缝的允许压力差。

5) 同高程相邻的纵缝与横缝，其施灌顺序没有强制性规定，但考虑到纵缝以受压为主，横缝以受剪为主，所以它们的灌浆间隔时间有所不同。如先灌垂直梯形键槽的横缝，则要等7～10d后才可灌纵缝；如先灌水平三角形键槽的纵缝浆，则要等14d后才可灌注横缝。

6) 根据坝块及水泥结石的受力条件，可以确定纵缝与横缝灌浆的先后次序。一般是先横缝后纵缝。如需要考虑坝块的侧向稳定，也可按先纵缝后横缝的顺序施灌。但任何情况下同一坝块的纵缝与横缝不宜同时灌注，否则对坝块受力不利，而且容易扰动接缝内未凝固的浆体。

7) 对于较陡岩坡的接触灌浆，应安排在混凝土坝块相邻纵缝或横缝灌浆完毕之后进行，以利于接触灌浆时的坝块稳定。

8) 在靠近岩基部位的接缝灌浆区，如岩基中有中压或高压帷幕灌浆，一般先灌接缝后灌帷幕；如有必要先进行中压帷幕灌浆，则需对附近接缝同时采取冲洗措施，以防帷幕灌浆串堵了接缝灌浆系统。

值得一提的是，无论采取多区同灌或多区连灌的方式，每个灌区要求配备一台灌浆机。施灌过程中，要注意观察有无漏水情况，并掌握好闭浆时间。施灌的水泥浆液在初凝之前未发现漏水现象，则认为合格。闭浆时间以8h为宜，因为灌注的水泥浆在该时段内基本上已凝固。

2. 钻孔灌浆

一旦发生因施工工艺不善造成灌浆系统阻塞，虽经疏通处理仍然无效的情形，即可采用钻孔灌浆的方法。如灌浆质量不符合设计要求，亦可采用钻孔重复灌浆，可从大坝的侧面、顶面、下游面或廊道内进行风钻钻孔，孔洞要斜穿缝面。钻孔孔径一般为46～62mm，每孔可控制灌浆面积3～6m^2。若用钻机钻孔，则应垂直贯穿纵缝键槽或横缝骑缝，按孔距3～5m施钻，孔径一般为130mm或150mm。

钻孔灌浆的方法及要求：

(1) 全缝面钻孔灌浆。从坝体两侧钻孔，各自连通形成灌浆系统。灌浆自下而上分组进行，两侧同时进浆，直至顶部排气孔（管）排水或排浆，即告灌浆结束。

(2) 原管道结合钻孔灌浆。有两种方式：

1) 以原管道为主，钻孔为辅。先将所有钻孔用管道联通起来自成一套灌浆系统，该灌浆系统与原管道灌浆系统分别使用一台灌浆机灌浆。先由原管道进浆，钻孔敞开排浆；灌至最终级稠度浆液时，再从钻孔进浆灌注。

2) 以钻孔为主，原管道为辅。在两套灌浆系统中，先对钻孔灌浆系统的最下一组施灌，按自下而上分组推进的方式灌浆，该期间由原管道间断放浆。灌至最终级稠度浆液时，再从原管道灌浆系统进浆灌注。

四、灌浆质量检查评定

接缝灌浆的总体要求是浆体充填密实，胶结良好且具有一定强度。接缝灌浆的质量优劣，一般借助分析灌浆记录资料来评定，并通过现场检查来验证。

对灌浆记录资料分析，主要包括以下几项内容：

(1) 灌浆坝体温度和灌浆时间，均应满足坝块的设计要求，灌浆坝体温度偏差不得大于0.5℃；

(2) 灌浆时接缝增加的开度值应不超过设计规定；

(3) 灌浆管（孔）道系统及缝面排气系统应顺畅，单开出水率应大于0.025m^3/min；

(4) 灌浆压力应达到设计规定的灌浆层顶排气管口压力；

(5) 灌浆结束时，排气管口的浆液稠度，要达到最终级稠度；

(6) 灌浆结束前的吸浆率应小于0.0004m^3/min或趋近于零；

(7) 灌浆过程中有无堵管，漏浆以及中断等情况；

(8) 水泥干料充填容积应为接缝实测容积或计算容积的1.2～1.5倍。

灌浆结束28d后，还应通过有代表性的灌区，进行钻孔取样，观察水泥结石充填和胶结情况，并进行有关的物理力学性能试验。钻孔过程中还应作压水试验，检查有无漏水情况。

在取出混凝土芯并获取必要的资料后，对所有检查孔都应进行专项回填灌浆，并用水泥砂浆回填。

第七节 碾压混凝土坝施工

碾压混凝土是用振动碾压实的超干硬性混凝土，其水泥用量和用水量都较少，内部掺有一定比例的粉煤灰等粉状掺和料。碾压混凝土筑坝综合了常态混凝土安全性高和抗渗透性强以及土石坝高效率施工和造价低廉的优点，体现出优质、经济和快速的施工特点。碾压混凝土筑坝的主要工序有：搅拌机拌和、自卸汽车及皮带运输机运输、摊铺机薄层摊铺混凝土、振动碾压实等。

一、发展概况

意大利于1965年修建的高172m的阿尔佩盖拉坝（Alpa Gera），打破了传统的混凝土坝体分缝分块浇筑的施工方法，采用了全线不分块同时浇筑上升的通仓薄层浇筑新工艺。它采用了汽车运送混凝土拌和料、推土机平仓、振捣器振捣、切缝机切割横缝、上游铺设防渗面板的筑坝方式。这不仅加快了筑坝速度，降低了工程成本，而且也为机械化作业创造了更为有利的条件。尔后，瑞士在大狄克逊坝工程采用了坍落度仅1～3cm、胶凝材料和用水量较低的干贫混凝土和大型强力振捣器，这不但节省了水泥用量，改善了坝体温度控制条件，而且提高了坝体混凝土的质量。

1970年美国工程师学会在加州召开了“混凝土快速施工会议”，拉斐尔（J. M. Raphael）提交了一篇题为《最优重力坝》的论文，提出在砂石毛料中加水泥作为填筑材料，用高效率的土石方机械运输和压实方法筑坝的概念。1972年美国土木工程学会召开了“混凝土坝经济施工会议”，坎农（R. W. Cannon）的论文《用土料压实方法建造混凝土坝》，介绍了无坍落度贫混凝土振动碾压的试验结果和上下游坝面浇筑富混凝土采用水平滑模的设想。1973年在第11届国际大坝会议上，莫法特（A. I. B. Moffat）在《适用于重力坝施工的干贫混凝土研究》的论文中推荐使用干贫混凝土筑坝和机械压实的施工方法以减小造价。

1974年巴基斯坦塔贝拉坝（Tarbela）的泄洪隧洞出水口被洪水冲垮，修复工作必须在春季融雪之前完成，工期要求十分紧张，施工速度必须极其快速。于是采用天然骨料和低水泥用量拌制的碾压混凝土进行修复，在42天时间里填筑了35万m^3碾压混凝土，证明了碾压混凝土快速施工是可行的。

不到几年工夫，碾压混凝土坝就从构想转变成现实。1980年世界上第一座碾压混凝土坝——日本岛地川重力坝问世。该坝高89m，上游面用3m厚的常态混凝土起防渗作用，坝体碾压混凝土的胶凝材料用量为120kg/m^3，其中粉煤灰占30%。碾压层厚度为50cm和70cm，每一层碾压完毕后，停歇1～3d再继续填筑上升，用切缝机切割形成坝体横缝。这就是世界上第一代实用的碾压混凝土筑坝方法——RCD方法（Roller compacted Dam）。这种新方法与传统的柱状浇筑法相比，在加快建坝速度、降低造价、改善坝体温度场状况和简化温度控制措施等方面均具有明显的优越性，因而在日本很快取得了共识并得到推广应用。

1982年美国建成了世界上第一座全断面碾压混凝土重力坝——柳溪坝（Willow Creek）。该坝高52m，坝长543m，不设纵横缝。其内部碾压混凝土的胶凝材料用量仅66kg/m^3，压实层厚度为30cm，采用连续浇筑法施工，节省了碾压层间的间歇时间。与常态混凝土坝相比，该坝工期缩短约1年半，造价节省约60%，显示出碾压混凝土坝快速经济的巨大优势。在实践中人们逐渐形成了以美国为代表的连续碾压上升筑坝的RCC方法（Roller compacted concrete）。因其施工速度更为快捷、可应用高效率的大型施工机械在大仓面施工、无需采取混凝土温度控制措施、造价低廉，RCC方法比日本的RCD方法更具优越性。但柳溪坝由于混凝土胶凝材料用量过低，施工工艺也较粗放，暴露出坝体混凝土均质性较差和碾压层面结合质量不能尽如人意的问题。

在吸取国外碾压混凝土筑坝的经验和教训的基础上，中国自1978年相继从坝工设计、温度控制、混凝土材料组成、混凝土配合比到混凝土施工工艺，展开了全面的试验研究和探索工作。

1986年，福建坑口水电站混凝土重力坝作为中国第一座碾压混凝土重力坝胜利建成。该坝高56.8m，坝顶长122.5m，混凝土方量为4.2万m^3，不分缝，全断面碾压连续上升，坝体下部碾压层厚度为56cm，坝体上部碾压层厚度为33cm，胶凝材料用量为140kg/m^3，其中粉煤灰占57%，坝体上游面用6cm厚的沥青砂浆作防渗层。在试验研究、工程实践和借鉴国外先进经验的基础上，中国逐步形成了质量能满足各种技术指标的碾压混凝土筑坝技术，即“高掺粉煤灰、中胶凝材料用量、大仓面薄层铺筑、连续碾压上升”的技术模式。目前，我国已成为世界上建造碾压混凝土坝的主要国家之一。

二、碾压混凝土的组成材料及其配合比

1. 碾压混凝土的组成材料

碾压混凝土是由水泥、水、砂子、石子、掺和料和外加剂所组成。

（1）水泥。

我国水工碾压混凝土一般采用425号或525号硅酸盐水泥或矿渣硅酸盐水泥，并掺入30%～65%粉煤灰。美国多使用Ⅱ型水泥。日本则使用粉煤灰硅酸盐水泥，因其内含有30%的粉煤灰，施工时就不再掺用掺和料了。通常，胶凝材料用量一般120～160kg/m^3。我国SL54—94《水工碾压混凝土施工规范》中规定，大体积建筑物内部碾压混凝土的胶凝材料用量不宜低于130kg/m^3，其中水泥熟料用量不宜低于45kg/m^3。碾压混凝土宜选用初凝时间较长、强度增长较快、水化热较低及耐磨性较好的水泥。

（2）骨料。

碾压混凝土的骨料包括砂子与石子，其用量约占混凝土重量的85%～90%。砂石材料的品质要求是洁净、坚硬、级配良好，不含过多的有害物质。

为防止施工过程中粗骨料分离并有效控制砂浆用量，国内外粗骨料最大粒径一般取定为80mm，粗骨料比例多为大石∶中石∶小石＝3∶4∶3。砂子的细度模数以2.20～3.00为宜，人工砂中细粉（小于0.16mm颗粒）含量不超过17%，砂的含水率控制在6%以下以减少局部集中泌水现象。碾压混凝土砂率比一般常态混凝土高，二级配砂率范围为32%～37%，三级配砂率范围为28%～32%。从提高碾压混凝土的密实性考虑，宜采用连续级配的骨料，各种骨料级配可参照表4-10选取。

表4-10　　骨料粒径级配参考表

最大粒径 D_{max} (mm)	几种级配的不同粒径骨料所占百分率（%）			
	120～80mm	80～40mm	40～20mm	20～5mm
120	20～35	20～32	20～30	20～5
80		20～40	20～40	25～0
40			40～55	45～0
20				100

（3）外加剂。

碾压混凝土一般应掺用缓凝减水剂（木质素磺酸钙、糖蜜、DH_4a 等），以降低拌和物的 VC 值，改善其粘聚性，降低早期绝热温升，减少冷缝出现。掺用引气剂，可增强碾压混凝土抗冻性，其掺量为胶凝材料用量的 0.015%～0.020%。对有抗冻要求的碾压混凝土，原则上应采用复合引气剂。

（4）掺和料。

碾压混凝土多掺用活性掺和料，以减少水泥用量、降低绝热温升、提高后期强度、改善混凝土的工作性并降低工程造价。掺和料的品种有粉煤灰、粒化高炉矿渣、火山灰质材料等。

（5）碾压混凝土配合比。

水泥用量少、砂率较大、掺和料掺量多是碾压混凝土特点。碾压混凝土的强度与物理力学性能与单位用浆量、水胶比［$W/(C+F)$］、掺和料比例［$F/(C+F)$］有关，因此将碾压混凝土配合比的 4 个设计参数定为水胶比［$W/(C+F)$］、砂率［$S/(S+G)$］、掺和料与胶凝材料之比［$F/(C+F)$］和浆砂比［$(C+F+W)/S$］。

碾压混凝土的主要技术性质包括：工作性（包括工作度、可塑性、稳定性和易密性），力学强度（抗压、抗拉、抗剪），受力变形性能（抗压弹性模量、极限拉伸变形、徐变等），物理性能（热学性能、非荷载作用的干缩变形和自身体积变形），耐久性（抗渗性、抗冻性、抗蚀性、耐磨性等）。碾压混凝土配合比应能满足工程设计的各项指标及施工工艺要求。

2. 碾压混凝土配合比设计

碾压混凝土配合比设计分为 6 个步骤。

（1）收集相关资料。其中包括设计要求、工程部位、原材料品质与单价、施工水平等。

（2）初步配合比设计。首先，采用单因素试验分析选择法、正交试验设计选择法或工程类比选择法初步确定配合比参数。其次，用绝对体积法、假定表观密度法或填充包裹法计算每 $1m^3$ 碾压混凝土中各组成材料的用量。

（3）试拌调整。为满足拌和物工作度的要求，要按初定配合比进行试拌，测定拌和物的 VC 值。当 VC 值低于设计要求时，应在砂率不变的前提下增加骨料；当 VC 值大于设计要求时，应在水胶比不变的前提下增加用胶量。当拌和物抗分离性较差时，则应在浆砂比不变的前提下适量增大砂率。以上试拌调整工作完成后，要测定拌和物的实际表观密度，并求出能满足拌和物工作度要求的配合比中各种材料的用量。

（4）确定试验室配合比。从满足混凝土强度和耐久性需要出发，应选取恰当的水胶比。首先采用 3 种不同的配合比，进行试验调整。第一种配合比即为经试拌调整后确定的配合比，其余 2 种配合比仅对第一种配合比中的的水胶比值分别调增或调减 0.05。3 种配合比在用水量相同的情况下，按 VC 值的变化适当调整砂率后制作试块。其次，根据试验室试验结果确定能满足混凝土强度和耐久性要求的配合比。

（5）现场施工配合比的确定。因现场砂石材料的含水状态并非饱和面干，当砂、石的含水率分别为 $a\%$ 和 $b\%$ 时，可将试验室配合比（下标为 0 者）换算成施工配合比。

$$C=C_0 \quad F=F_0 \qquad S=S_0(1+a\%)$$

$$G = G_0(1+b\%) \qquad W = W_0 - S_0 \times a\% - G_0 \times b\%$$

(6) 确定适应性调整配合比。因施工设备的性能参数存在差别，可根据现场碾压试验的具体情况对施工配合比进行微调。

三、碾压混凝土筑坝的技术特点

1. 采用低稠度干硬混凝土

碾压混凝土拌和物的工作度和可施工性一般用 *VC* 值（Vibrating compaction）来表示，它反映出拌和物的流变特性和振动增实的难易性。在工程上用 *VC* 值检测碾压混凝土的可碾性，并用以控制碾压混凝土相对压实度。所谓 *VC* 值，是将拌和物装入规定的拌和筒（内径 240mm、内高 200mm）在规定压重、规定振动频率和振幅的振动台上将碾压混凝土拌和物从开始振动至表面泛浆所需时间（以 s 计）。*VC* 值的主要影响因素有水胶比、单位用浆量、骨料特性及其用量、粉煤灰的特性与掺量、外加剂的品质与掺量、拌和物停留时间等。确定 *VC* 值时，应兼顾能使混凝土压实又不至于使碾压机具陷车的要求。较低的 *VC* 值既便于施工，又可提高碾压混凝土的层间结合和抗渗性能。一般将 *VC* 值控制在 15 ± 5s 较为合适，但随着混凝土制备技术和浇筑作业技术的改进，混凝土的稠度还会逐渐降低。

碾压混凝土采用单轴式或双轴式强制拌和机拌制，投料量仅为正常定额数量的 3/4，投拌和时间也需适当延长。为防止水分散失，运输过程中需采取遮盖措施。为减少离析，必须尽量降低卸料落差。

2. 掺粉煤灰，简化温控措施

干贫碾压混凝土的掺水量少，水泥用量也很少。为保持混凝土有必要的胶凝材料，必须掺入一定数量的粉煤灰。日本 RCD 方法粉煤灰掺量较少，通常少于或等于胶凝材料（水泥与掺和料的总称）总量的 30%。美国 RCC 方法粉煤灰掺量较高，一般为胶凝材料总量的 70%左右。掺入粉煤灰可以减少混凝土的初期发热量并增加混凝土的后期强度，这样既可简化混凝土温控措施，又有能降低工程成本。当前我国碾压混凝土坝采用的干硬混凝土，普遍按照“中胶凝材料，低水泥用量，高掺粉煤灰”的原则拌制。胶凝材料一般在 150kg/m^3 左右，粉煤灰的掺量占胶凝材料的 50%～70%，而且选用的粉煤灰的品质要求为Ⅱ级以上。中胶凝材料用量使得层面泛浆较多，有利于改善层面间结合；但对于高度较低的重力坝，则会造成混凝土强度的过度富裕，可以考虑用较低胶凝材料用量来配制混凝土。

3. 连续摊铺，缩短作业时间

采用机械摊铺时，拌和机与运料车的数量要相匹配，做到连续摊铺不中断，可以提高效率并缩短工期。摊铺条带混凝土的过程中，应预留 30～50cm 接缝部位暂不碾压，待相邻部位摊铺完成后一并骑缝碾压。对接缝处的混凝土可添加缓凝剂，保证前后作业的衔接时间。

4. 采用通仓薄层填筑

碾压混凝土坝采用通仓薄层浇筑的优点很明显，它可加大散热面积、取消预埋冷却水管、减少模板工程量、简化仓面作业环节，并有利于加快施工进度。碾压层厚度的确定，不仅受碾压机械性能的影响，还与采用的设计标准和施工方法密切相关。RCD 方法碾压层厚度通常为50cm、75cm、100cm，间歇上升，层面需作处理；而RCC方法则采用碾压层厚在30cm左右，层间不作处理，连续碾压上升。

5. 大坝横缝采用切缝法或形成诱导缝

常态混凝土筑坝一般都设横缝，分成若干坝段以防止裂缝产生。碾压混凝土坝也是如此，但横缝用振动切缝机切割或设置诱导孔等方法形成。坝段横缝一般采用塑料膜、铁片或干砂等材料填缝。

6. 靠振动压实机械使混凝土达到密实

普通流态混凝土用振捣器械振捣使混凝土趋于密实，碾压混凝土则靠振动碾压使混凝土达到密实。碾压机械的振动力是一个重要指标，在正式使用之前，碾压机械应通过碾压试验来检验其碾压效果，从而确定碾压遍数及行走的速度。

四、碾压混凝土施工工艺

碾压混凝土施工由于摊铺、振动压实等方法不同于常规混凝土施工，其工艺流程如图4-35所示和施工作业流程如图4-36所示。

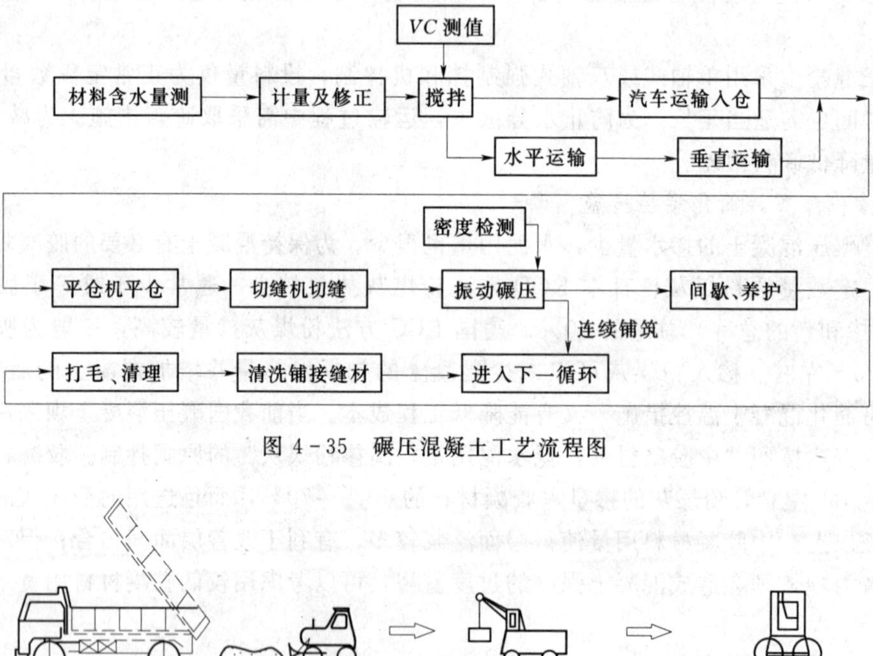

图4-35 碾压混凝土工艺流程图

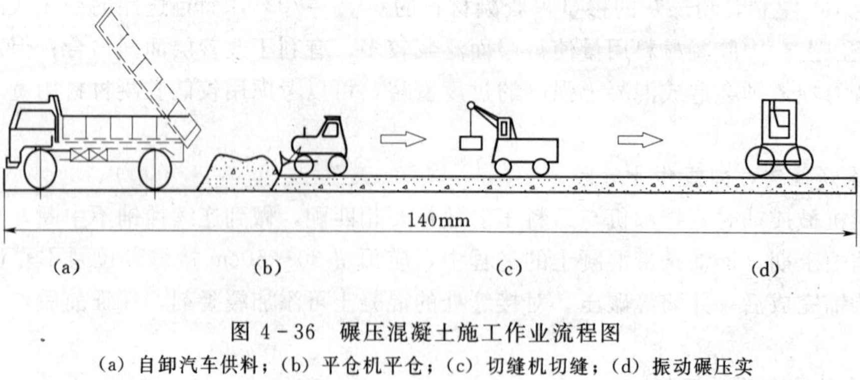

图4-36 碾压混凝土施工作业流程图

(a) 自卸汽车供料；(b) 平仓机平仓；(c) 切缝机切缝；(d) 振动碾压实

1. 现场碾压试验

将临时围堰、护坦或大型临时设备基础等作为试验场地，对室内碾压混凝土配合比设计进行现场碾压试验是完全必要的。通过试验，可以校核与修正碾压混凝土配合比设计，确认碾压混凝土施工各项工艺参数（条带摊铺厚度、宽度与长度、压实厚度及遍数、放置时间等），确认施工设备配置及其数量，并制定出适合本工程的碾压混凝土施工规程。

2. 拌和

分批拌制碾压混凝土宜优先选用强制式搅拌设备，也可采用自落式搅拌设备。工业化生产碾压混凝土则选用生产率高的连续式拌和系统或剖分式拌和机。搅拌设备的选用，必须以保证混凝土的搅拌均匀性和满足混凝土填筑能力为基本前提。

碾压混凝土拌和时间的长短，一般应通过现场混凝土拌和均匀性试验确定，但不宜少于60s。由于各工程选用的搅拌设备不同以及采用的碾压混凝土配合比存在差别，因此对原材料的投料顺序也应进行拌和试验。我国一些大中型水利水电工程对碾压混凝土的投料顺序也不一致，但都取得了成功。坑口坝采用的是 $2\times1m^3$ 锥形倾筒拌和机，人工砂石料，其投料顺序为：（水、外加剂、粗骨料）⟶（水泥、粉煤灰、砂）。铜子街水电站采用 $4\times1.5m^3$ 日本拌和楼，天然砂石料，其投料顺序为：（大石、小石）⟶（水、木钙、水泥、粉煤灰、砂）⟶中石。沙溪口水电站采用日本产 IHI$3\times3m^3$ 拌和楼，天然砂石料，选定的投料顺序为：水⟶（砂、水泥、粉煤灰）⟶小石⟶中石⟶大石。可见，各工程应视工程具体条件并经过拌和试验来确定适宜的碾压混凝土投料顺序。

搅拌机拌制碾压混凝土的投料量一般低于拌制常态混凝土的投料量，仅为额定容量的2/3～4/5。

3. 运输

运送碾压混凝土要选择适合坝址场地特性的运输方式，其选择原则是效率高，能有效防止骨料分离并避免水和水泥浆的超量损失。短距离运输碾压混凝土多采用铲运机、推土机和前端装载机。自卸汽车可用于较长距离的混凝土运输。皮带机、斜坡道和真空溜管则在陡峻地形中加以应用。缆机、门机、塔机等配置吊罐可为高程大的水工建筑物运送碾压混凝土。

采用自卸汽车运输混凝土直接入仓时，在入仓前应在清洗池中或用高压水将轮胎清洗干净，洗车处距仓口的距离应有不小于20m的脱水距离，并铺设钢板或砂石路面，防止在行程中再次弄污轮胎。车辆在仓内的行驶速度不应大于10km/h，应避免急刹车、急转弯等有损混凝土质量的动作。在大仓面薄层连续铺筑碾压混凝土时，汽车进仓卸料宜采用退铺法按梅花型依次卸料堆放。卸料方法是先卸1/3混凝土料，在移动约1m后卸下剩余的混凝土料，卸料要尽可能均匀。料堆旁若出现分离骨料，应利用人工或其他机械将其均匀分散到未碾压的混凝土面上。

真空溜管由受料斗、真空溜管和支承结构组成，它依靠溜管中摩擦阻力和真空度产生的滞流阻力控制混凝土下滑速度，以防止运输混凝土时出现飞溅、堵塞和分离现象。真空溜管的坡度和防止骨料分离措施应通过现场试验确定。

斜坡道是指将高程较大的拌和楼生产的碾压混凝土，通过往返于斜坡上的料斗车运送至高程较低的卸料台，再由自卸汽车在仓面布料。两辆由缆索相连在卷扬机作用下作相反方向运动的底卸式运输车即为料斗车，它们在两条并列的斜坡道上同时往返。虽然这种方式的运输强度不高，但能保证混凝土的内在质量，经济性也明显。

4. 平仓摊铺

对入仓后的碾压混凝土进行摊铺，是保证碾压混凝土质量的重要手段和必要步骤。其施工控制要点有：①摊铺层厚度的确定要与振动碾性能相适应；②防止混凝土拌和料的分离；③严格控制上下层间隔时间以免产生冷缝；④维护好摊铺作业的环境条件（温度、湿度等）。

碾压混凝土摊铺机械多选用功率较大的推土机，国产上海200型和黄河220型推土机因其功率较大台班产量可达600m³以上。推土机摊铺作业时常在推土板两侧加装挡板以减轻混凝土分离，并在推土板上加装激光水准装置以准确控制摊铺厚度。推土机平仓应按“少刮、快提、快下”的操作要领进行，尽量避免仓内混凝土出现凹谷。碾压混凝土一般按条带摊铺，条带宽度根据施工强度确定，一般为4～12m（取碾宽的倍数）。推土机的平仓方向一般应与坝轴线平行，分条带平仓。为提高摊铺的均匀性和有效地减少分离，每个碾压层应采用多次摊铺的方式，每个摊铺层的厚度约20cm（在17～22cm的范围选取）。换言之，厚度0.35m的碾压层分为两次铺料为宜，厚度0.5m的碾压层分为三次铺料为好。摊铺方法宜采用台阶法和斜坡法，如图4-37所示。推土机在运行时履带不得破坏已碾压完成的混凝土层面。平仓过的混凝土表面应平整、无凹坑，不允许出现向下游倾斜的平仓面。

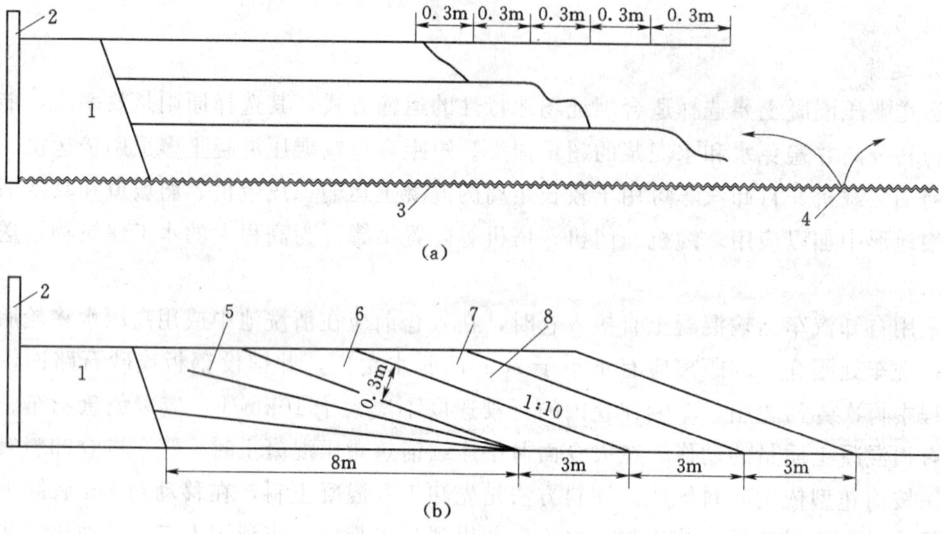

图4-37 摊铺方法示意图

(a) 台阶法摊铺；(b) 薄层斜坡法摊铺

1—常态混凝土或变态混凝土；2—模板；3—先一条块砂浆；4—后一条块砂浆；5—第一条带；6—第二条带；7—第三条带；8—斜层（1:10）摊铺、一次碾压

葛洲坝工程局将T20自卸汽车装设了铺料器改装成简易的连杆式摊铺机，一次可运载6.4m³混凝土料，每15s可铺就一层厚度为0.35m的6.5m×2.8m的条带。由于摊铺机在卸料板的两个侧面都安装了挡板，故能有效地避免粗骨料侧向滚落产生分离。

5. 碾压

使碾压混凝土趋于密实的前提条件是先使其液化，故而选用振动力为1.5～2.5倍碾重的振动碾施工。碾压混凝土的压实效果一般用相对压实度表示，而相对压实度是指碾压混凝土的实际容重与其理论配合比容重之比。影响振动压实效果的主要因素有：振动碾的重量、振幅与频率、行进速度、起振力、碾压遍数、压实层厚度、混凝土单位体积用水量等。

一个条带平仓完成后即可开始碾压。当选用自重 W 大于 10t 的大型滚筒自行式振动碾施工时，其作业行走速度 V 为 1～1.5km/h；碾压遍数 N 通过现场碾压试验确定，一般为无振 2 遍加有振 6～8 遍；碾压错距宽度大于 0.2m，端头部位搭接宽度宜大于 1.0～1.5m。条带从摊铺到碾压完成时间宜控制在 2h 左右，或 VC 值不小于 30s。边角部位则用小型振动碾进行压实为宜。每层碾压作业完成，要用核子密度仪按 $100m^2$ 一点检测其密度，当满足设计要求（一般相对压实度大于 97%）时方可进行下一层碾压作业。倘若未能达到设计要求，则应立即重碾，直到满足设计要求为止。对于模板周边无法碾压的工程部位，可采用常态混凝土或变态混凝土施工代换碾压混凝土。所谓变态混凝土，是指在碾压混凝土拌和物铺料过程喷洒相同水灰比的水泥粉煤灰净浆，采用插入式振捣器振捣密实的混凝土。

碾压层厚度的确定与振动碾的工作性能、混凝土系统的生产能力、运输机具的生产效率和浇筑仓面的大小有关。工程实践表明，采用国产振动碾时碾压层厚可定为 30cm，采用进口振动碾时碾压层厚定为 50cm 效果较好。

6. 施工缝面的处理

日本对碾压混凝土采用低浇筑块薄层填筑的施工方法，我国则多采用大仓面连续上升的施工工艺，施工中都必须对施工缝进行认真处理。当碾压混凝土达到一定强度时，用刷毛机除去表层乳皮或用高压水冲毛基层混凝土，再用清扫机清扫废渣，最后应铺设一层接缝材料。刷毛工序的开始时间随季节而变化，夏季施工的混凝土可在碾压终了 24h 后进行刷毛，冬季因混凝土强度增长缓慢则需在碾压终了 48h 后进行刷毛。高压水冲毛的时间应视混凝土强度发展情况而定，以不会因冲击而松动石子为原则。常用的接缝材料有：厚度为 1.0～1.5cm 的高标号水泥砂浆、$D_M \leqslant 40mm$ 的富水泥混凝土、薄层水泥净浆等。重要的防渗部位（如上游 3m 宽范围），要求在每一个碾压层面均进行喷洒净浆处理。值得一提的是，在铺设接缝材料之后应尽快（即 15min 之内）覆盖碾压混凝土，以免出现新的软弱夹层。

7. 成缝及填缝材料

碾压混凝土筑坝一般不设纵缝，而横缝设置却有必要。从国际惯例看，碾压混凝土坝的横缝间距定在 100m 左右为宜，它不同于常态混凝土坝横缝间距设定在 15～20m 的规定。碾压混凝土施工，通常采用大面积通仓填筑，坝体的横向伸缩缝可采用“振动切缝机造缝”或“设置诱导孔成缝”等方法形成。造缝一般采用“先切后碾”的施工方法，成缝面积不应小于设计面积的 60%，填缝材料一般采用塑料膜，金属片或干砂。诱导孔成缝即是碾压混凝土浇筑完一个升程后，沿分缝线用手风钻钻孔并填砂诱导成缝。

采用切缝机造缝可以充分提高碾压混凝土大仓面碾压的效率。图 4－38 展示的振动切缝机是利用重 11t 的推土机改装而成的，振动机的起振频率为 1500 次/min，起振力为 3200～6400kg，切缝刀片的尺寸为 1800mm×1000mm×16mm，切缝深度可达 750mm，切缝缝隙由硬塑料板或铅铁板填入。

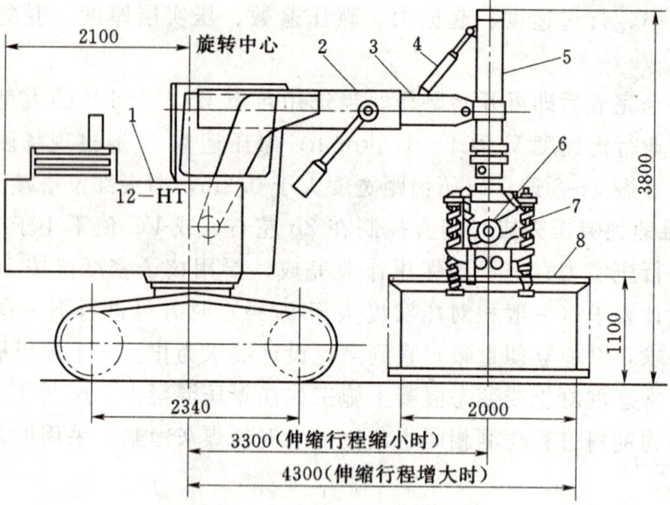

图 4-38 振动切缝机（12—HCV—64）

1—基本机械；2—起伏臂；3—伸缩缸；4—倾斜油缸；
5—升降杆；6—驱动马达；7—起振机；8—刀板

需要注意的是，对于用常态混凝土浇筑的防渗层一般采用预埋 3.2mm 厚的钢板成缝，或设置木模板成缝，而不能使用切缝机。

8. 碾压混凝土的养护和防护

碾压混凝土是干硬性混凝土，受外界的条件影响很大。在大风、干燥、高温气候条件下施工，要避免混凝土表面水分散失，应采取喷雾补偿等措施。这样可以在仓面造成局部湿润环境，并可适当延长上下层混凝土的间隔时间。为提高碾压效果，在混凝土拌和时宜适当将 *VC* 值调小。

没有凝固的混凝土遇水会严重降低强度，特别是表层混凝土几乎没有强度，所以在混凝土终凝前，严禁外来水流入。刚碾压完的仓面应采取防雨保护和排水措施，常用的做法是将浇筑面保持轻度倾斜以预定排水方向，以便塑料布覆盖面上的雨水尽快排出仓外。当降雨强度超时 3mm/h 时，应停止拌和，并迅速完成进行中的卸料、平仓和碾压作业。

碾压混凝土终凝后立即开始洒水养护。对于水平施工缝和冷缝，洒水养护应持续至上一层碾压混凝土开始铺筑为止；对永久外露面，宜养护 28d 以上。刚碾压完的混凝土不能洒水养护，可用苫布遮盖防止因日晒引起的表面水分蒸发，以保证工程质量。

低温季节应对混凝土的外露面进行保温养护，特别在温度骤降的时候，用塑料薄膜上盖麻袋可以产生明显的保温效果。

五、碾压混凝土坝防渗结构的施工

已建碾压混凝土坝防渗结构的类型主要有常态混凝土防渗、碾压混凝土防渗、薄膜防渗、沥青混合料防渗和补偿收缩混凝土防渗。它们都是针对碾压混凝土坝体因施工过程中骨料分离、层间间隔时间过长以及模板内侧的混凝土压实度不够导致其自身抗渗性能不足而增设的上游防渗面层。

所谓常态混凝土防渗，是指在碾压混凝土铺筑的同时在坝体的上游面或外壳一定宽度范围内浇筑一层常态混凝土以增强防渗效果。RCD一般采用常态混凝土防渗，即“金包银”的结构形式，如图4－41（a）所示。采用两种混凝土同时作业，不可避免地会产生施工干扰，直接影响施工速度，也因为降低了坝体碾压混凝土的比例而增加了工程造价。日本的碾压混凝土坝将常态混凝土防渗层的厚度控制在2.5～3m，横缝内设置两道止水片，防渗透效果颇佳。美国的一些碾压混凝土坝则在上游面设置一个“L”形的常态混凝土防渗区，防渗墙体的高度与浇筑层等高，其顶宽为0.3～0.9m，其上游面有时还敷设防渗薄膜，而垫层层厚为25～75mm，其底宽为1.2m，这样的防渗隔层使坝面更为平整美观。

碾压混凝土防渗施工，宜采用二级配富胶凝材料（总量为146～177kg/m^3，其中水泥占2/3），模板边缘浇灌一种特制的胶凝剂按水：水泥：丙乳＝2：2：1拌制而成。施工中需掌握几个要点：①防渗区内不得卸料，由平仓机将料堆上部细料推至防渗区，并采用人工铺料以保证粗骨料不接触模板；②为增加层间结合，用履带式拖拉机碾毛已碾平的光滑面，并铺设一层厚度为3～5mm的水泥浆体；③上游面层的水泥砂浆的厚度控制在5～7cm。

薄膜防渗是指在上游面喷一层合成橡胶乳液（或合成树脂）或在上游面预制模板内侧贴一层聚氯乙烯薄膜等高分子合成材料以增强坝体的防渗性。薄膜的喷涂需掌握的操作要领有：①严格进行基底处理（清渣、填补缝穴、干燥、控制pH值）和坝面修整；②涂料要准确称量、按比例掺配、搅拌均匀；③逐层（底层、第一层、第二层、面层）均匀喷涂，掌握好层间干燥时间，搭接严密，及时修补缺陷（气孔、起鼓、剥离、破损）。薄膜的粘贴需注意的问题有：①基底处理后要涂刷基底处理剂（稀释沥青或乳化沥青），干燥后再涂粘结剂（沥青玛瑞脂或BX－404胶）；②薄膜按“自上而下、由此岸向彼岸”或“沿高度分几段”的程序滚压铺设；③薄膜与薄膜之间可采用搭接或对接的方式进行粘贴，搭接长度为4～10cm，对接封条宽度为8～16cm，两条薄膜之间用错缝铺设；④薄膜防渗透层应连成一个整体，并在防渗层表面粘贴一层无纺布以作保护和运行期导渗之用。

沥青混合料防渗层常以钢筋混凝土护面板兼作模板，以防止其流变失稳或遭受机械性破坏，护面板则通过锚筋固定在坝体上，护面板安装前应在其内侧涂刷稀释沥青（汽油：沥青＝7：3）。防渗层厚度多为5～10cm，以确保其防渗效果。防渗层与基础及岸坡的连接需要在基岩或常态混凝土垫层中设置截水槽（图4-39），它与坝顶的连接则需设置止水将防渗透层顶部封闭（图4-40）。沥青混合料是由针入度指数在－1～＋2范围的沥青、粉状矿物填料（石粉、水泥、粉煤灰等）、细骨料、粗骨料和作为改性需要的掺料（塑料、橡胶、石棉等）按一定的比例配制而成。沥青混合料的组成材料在拌制前均需要进行加热。沥青先要在加热排管、火池或锅内加热溶化，再进入120℃左右的锅内脱水，最后根据施工要求进行低于170℃的恒温加热，掺料则在沥青加热过程中掺入搅拌。骨料则需用烘干机或铁锅在180～200℃的温度下加热。填料可在烘房或铁锅内加热，温度控制在100℃左右。在灰浆拌和机拌制的沥青砂浆或在强制式搅拌机拌制的沥青混凝土，其出机温度应控制在160～190℃范围。拌好的沥青混合料可用吊罐或手推保温车运送至坝址，沥青混合料的浇筑温度应保持在140℃以上。沥青防渗透层按层高25～50cm进行分层浇筑，依靠其自重填满空腔，但需借助于捣棒插捣排气。浇筑前，坝面应进行烘干处理。

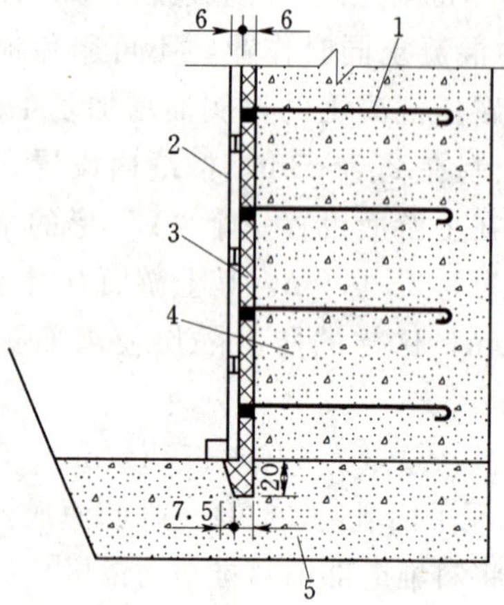

图4-39　垫层上设置截渗槽

1—锚筋；2—护面板；3—防渗层；4—碾压混凝土；5—常态混凝土

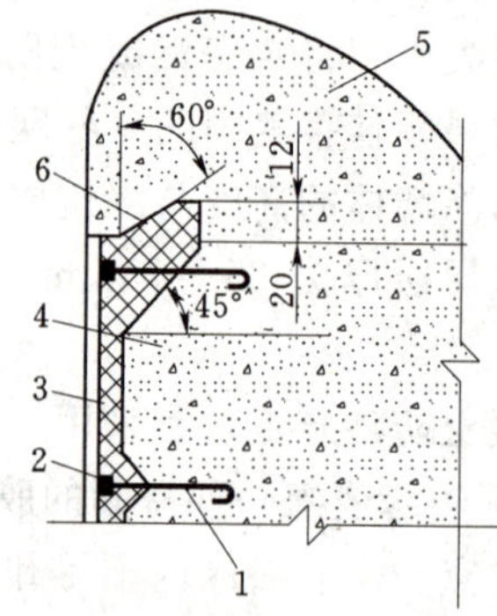

图4-40　沥青防渗层与顶部连接形式

1—锚筋；2—护面板；3—防渗层；4—碾压混凝土；5—常态混凝土；6—止水片

补偿收缩混凝土的组成材料有：①高强度等级的硅酸盐水泥或硫酸钙膨胀水泥；②CEA（复合膨胀剂）；③高弹模的骨料；④水。补偿收缩混凝土防渗面板按层高3～4m进行分层浇筑，自两岸向河床推进。防渗面板由埋入坝体的锚筋锚固。面板内按15～20cm的间距埋设ϕ10mm或ϕ12mm的螺纹钢筋以形成钢筋网。施工缝处理的方法是在层面凿毛后再铺2～3cm厚的复合膨胀水泥浆。浇筑完毕2h后开始持续14d的养护。

碾压混凝土RCC与RCD方法很重要的一个区别是防渗体结构不同（图4-41）。RCC防渗体的结构形式较多，如在上游面设0.3～0.9m的二级配碾压混凝土防渗层；

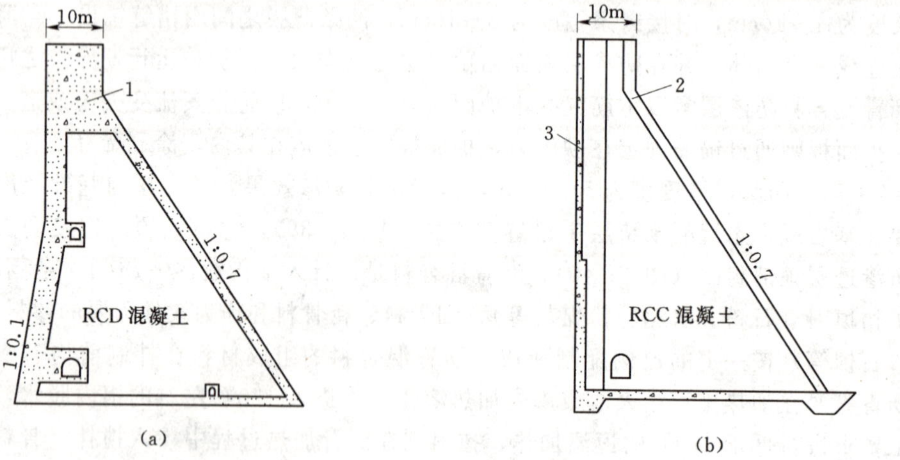

图4-41　RCD与RCC断面结构形式

(a) RCD常态混凝土坝断面；(b) RCC碾压混凝土坝断面

1—常态混凝土；2—周边碾压混凝土；3—沥青防渗面板

6cm 厚的沥青砂浆作防渗层；6cm 厚钢筋混凝土面板防渗层；PVC 膜防渗；碾压混凝土表面喷涂防渗材料等。目前很多大坝采用变态混凝土作为上游防渗体，并取得了良好的效果。

我国一些碾压混凝土重力坝和碾压混凝土拱坝技术特征，见表 4-11 和表 4-12。

表 4-11　　70m 以上高度的碾压混凝土重力坝技术特征

工程名称	坝高（m）	顶长（m）	顶宽（m）	下游坝坡	上游坝坡	构造特点
铜街子	88	1029	14	1∶0.75	下部 1∶0.2	金包银，坝段 30m 左右
水口	101	792	20	1∶0.75	竖直	金包银，坝段 24m 左右
岩滩	111	525	20	1∶0.65	竖直	金包银，坝段 20m 左右
观音阁	82	1040	10.3	1∶0.7	竖直	金包银，坝段 20m 左右
桃林口	82	524	10.3	1∶0.63	竖直	金包银，坝段 20m 左右
碗窑	83	390	8.5	1∶0.70	竖直	金包银，坝段 24m 左右
花滩	85.3	173	8	1∶0.75	竖直	金包银，坝段 24m 左右
涌溪Ⅲ	81	180	8	1∶0.73	竖直	二级配 RCC 防渗，不设横缝
石板水	83	445	12	1∶0.70	竖直	二级配 RCC 防渗，坝段长 20m 左右
江垭	131	327	12	1∶0.80	竖直	变态混凝土＋二级配，RCC 防渗，坝段长 35m 左右
汾河	87	250	15	1∶0.75	竖直	变态混凝土＋二级配，RCC 防渗，坝段长 20m 左右
大朝山	115	480	16	1∶0.70	竖直	变态混凝土＋二级配，RCC 防渗，坝段长 18m 左右
棉花滩	111	300	7	1∶0.75	竖直	变态混凝土＋二级配，RCC 防渗，坝段长 50m 左右
通口	73.5	347	7	1∶0.75	竖直	变态混凝土＋二级配，RCC 防渗，坝段长 50m 左右
百色	130	734	12	1∶0.77	下部 1∶0.2	变态混凝土＋二级配，RCC 防渗，坝段长 2×30m 左右
索风营	120	250	12	1∶0.70	下部 1∶0.25	变态混凝土＋二级配，RCC 防渗，坝段长 40m 左右
周宁	73	201	6.5	1∶0.70	竖直	变态混凝土＋二级配，RCC 防渗，坝段长 40m 左右
龙滩	196	736	37	1∶0.70	下部 1∶0.25	变态混凝土＋二级配，RCC 防渗，坝段长 20m 左右

表 4-12　　碾压混凝土拱坝技术特征

工程名称	坝高 H（m）	顶长 L（m）	顶宽 B（m）	底宽 B'（m）	B/H	L/H	混凝土体积 RCC/VCC（m^3）	完建或开工年度	防渗结构
普定	75	197	4.5	28	0.37	2.2	103000/137000	1993	二级配碾压混凝土
温泉堡	48	187	5.0	14	0.29	3.2	55000/62000	1994	PVC 膜面层
溪柄	64	95.5	4.0	12	0.19	1.2	26000/29000	1996	二级配 RCC＋变态混凝土＋防渗涂层
红坡	55.2	244	4.5	26	0.47	4.4	70000/80000	1998	二级配 RCC＋变态混凝土

续表

工程名称	坝高 H (m)	顶长 L (m)	顶宽 B (m)	底宽 B' (m)	B/H	L/H	混凝土体积 RCC/VCC (m^3)	完建或开工年度	防渗结构
石门子	110	171	5.0	30	0.27	1.3	190000/205000	2001	二级配混凝土＋变态混凝土＋防渗涂层＋RCC掺用MgO
龙首*	80	141	5.0	13.5	0.17	1.76	176000/32000	2000	二级配混凝土＋变态混凝土＋防渗涂层＋RCC掺用MgO
沙牌	132	250	9.5	28	0.21	1.8	349000/372000	2002	二级配混凝土＋变态混凝土＋防渗涂层＋RCC掺用MgO
蔺河口	100	311	6.0	28	0.28	1.76	223000/320000	2000开工	二级配混凝土＋变态混凝土＋防渗涂层＋下部RCC掺用MgO
招徕河①	107	205.5	6.0	18.5	0.17	2.06	180000/210000	2002开工	二级配混凝土＋变态混凝土＋防渗涂层＋下部RCC掺用MgO

① 为双曲拱坝；vcc为常规混凝土。

第八节　混凝土水闸施工

受教材篇幅所限，本节仅介绍开敞式混凝土水闸的施工，由闸室与涵洞组成的涵洞式水闸可参阅相关书籍。开敞式水闸一般由闸室（底板、闸墩、边墩或岸墙、胸墙、工作桥、交通桥、闸门），上游连接段（铺盖、护底、上游防冲槽）和下游连接段（护坦、海漫、下游防冲槽等），两岸工程（上下游翼墙、上下游护坡、刺墙等）所组成。

水闸工程的施工环节较多，但各道施工环节并非依次进行而是按流水作业方式进行施工的。水闸工程的施工程序大致如下：①导流工程施工；②基坑开挖与降水排水；③基础处理与防渗设施施工；④混凝土工程（闸室与上下游连接段）施工；⑤砌石工程；⑥回填土工程；⑦闸门与启闭机的安装；⑧围堰或坝埂的拆除。其中混凝土工程是水闸施工中的主要环节，它的施工组织是否平衡与紧凑，对缩短工期与降低造价有着很大的影响。

江苏一带有些水闸工程省去了围堰建造与施工导流等工作，既为施工提供了便利，又可在一定程度上缩短工期和节省资金。其具体做法是，在原弯曲河床旁的旱地上建造水闸，待闸室与上下游连接段完工后，再在上下游方向上开挖新河道与原河床相通，并封堵原弯曲的河道。

需要一提的是，施工测量放样与高程控制贯穿于水闸工程施工的始终，其操作程序是：首先，通过放样与打桩将中心轴线位置确定；其次，通过确立水闸中孔位置和打样桩对闸底板所在地进行放样；再次，通过在闸底板上弹墨线的方式弹出闸墩轮廓线、公路桥与工作桥的中心线等；最后，在确定了临时水准标点的基础上，用水准仪对水闸施工全过程进行高程控制。

水闸工程的施工特点是：场地开阔便于布置；地基处理复杂，施工排水困难；河床流量大，导流工作量大和浇筑仓面较小，容易产生施工干扰等。

以下介绍混凝土水闸施工的一些关键性工作。

一、闸基开挖与处理

水闸多建于软基河床之上，软基开挖可采用人工降低地下水位法（管井法、轻型井点法等）排除基坑内积水，并用滤水拦砂法（苇捆叠砌、柴枕、砂石护面层等）稳定基坑边坡。为了防止地面雨水流入基坑，可在基坑外缘开挖截水沟，将水引至附近河道中（图4-42)，截水沟断面尺寸根据当地雨量资料进行估算，一般情况下取底宽 0.3m，深 0.5m，边坡 1∶2 即可。当基坑处于砂质土层中，则截水沟应铺筑壤土或粘土防渗层作为衬砌，如用粘土作防渗透层，则其表面应再铺一薄层砂土或壤土以资保护。

基坑开挖后，如不能立即进行底板混凝土浇筑或海漫等砌石工程，均应在挖至接近设计高程面时预留保护层，待浇筑混凝土或砌石之前再最后挖除。为避免对地基土的扰动，基坑底部 50cm 厚的基础面保护层必须采取人工开挖。

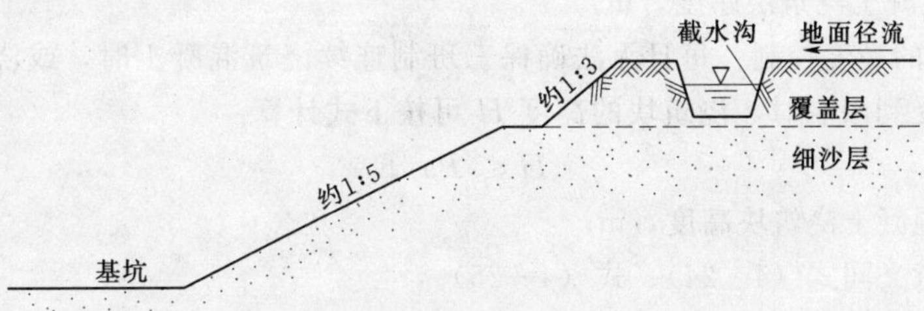

图 4-42　基坑外缘的截水沟

为保证土基的承载能力和湿度要求，通常应进行地基基础面的处理。砂砾地基基础面的处理步骤是，在地面平整后，将土基面层洒水浸湿 15cm 以上，再浇筑一层 10～20cm 厚的贫混凝土垫层。软粘土地基基础面，则应先铺一层 10～20cm 厚的碎石垫层，上铺一层 5cm 厚的湿砂，经压实后再浇混凝土垫层。若原河床开挖后暴露的软基承载力不能满足工程要求时，则可视具体情况分别采用以砂土或重粉质壤土置换软弱土并分层夯实的方法，打砂井或在地层插埋塑料排水板从而加速软基土排水固结的方法，用振冲器成孔后填以碎砾石桩从而加固地基的方法，用爆破法振密饱和砂层的方法，将预制沉井沉入地基的方法，打入石灰桩或混凝土预制桩以挤密松软地基的方法，钻孔灌注钢筋混凝土桩以提高地基承载力和建筑物抗滑稳定性等方法，因地制宜地进行必要的软基处理。

二、水闸混凝土接缝的施工

1. 混凝土水闸浇筑块的划分

混凝土水闸的接缝分为永久缝和临时施工缝。永久缝是具有伸缩作用的温度缝和适应沉降的沉陷缝，工程上往往二缝合一（沉陷缝兼作温度缝)，首先按永久缝进行浇筑分块。若永久缝间距过大，浇筑混凝土可能出现冷缝时，可设置一些施工缝以减少浇筑块体积。关于施工缝的留设部位，必须遵守水闸施工规范的有关规定。

(1) 水闸混凝土浇筑块尺寸的控制。

水闸混凝土浇筑块的大小取决于工程设计要求和施工条件，可从体积、面积与高度三方面进行控制。

1）浇筑块的体积控制：无法确保三班制连续浇筑混凝土时，浇筑块体积 V 不得超过拌和站当时的产量，即

$$V \leqslant Pn \tag{4-24}$$

式中 V——浇筑块体积，m^3；

P——拌和站的生产率，m^3/h；

n——每日连续生产的时间；h。

2）浇筑块的面积控制：按混凝土浇筑不产生冷缝的条件，计算浇筑块的面积 F，即

$$F \leqslant P(t_1 - t_2)k/h \tag{4-25}$$

式中 F——浇筑块平面面积，m^2；

t_1——混凝土初凝时间，h；

t_2——混凝土从出料至入仓浇筑的时间，h；

k——混凝土运输延误系数，0.8～0.85；

h——混凝土浇筑层厚度，m。

3）浇筑块的高度控制：每日无法确保三班制连续浇筑混凝土时，或浇筑混凝土相应时间内生产量受到限制时，浇筑块的高度 H 可按下式计算：

$$H \leqslant Pn/F \tag{4-26}$$

式中 H——混凝土浇筑块高度，m；

n、F——意义同式（4-24）、式（4-25）。

（2）水闸沉陷缝的处理。

水闸沉陷缝的位置取决于设计要求，多为宽 2～3cm 竖向缝，缝面平整清洁，内设止水。止水起结构防渗作用，设于沉陷缝迎水面一侧。制作止水的材料多为紫铜片、塑料止水带（图 4-43）、镀锌铁皮、柏油毛毡、橡胶等。接长紫铜止水片可用对焊法或用搭接长度在 2cm 以上的双面焊接方法；PVC 止水带相互连接可用搭接长度在 10cm 以上的热粘接法；粘接橡胶止水带则用硫化热法；紫铜止水片与 PVC 止水带的接头宜采用栓接长度大于 35cm 的螺栓连接法。重要结构的止水片与沥青井是联合使用的。沥青井由长 2～3m、壁厚 5～10cm 的预制混凝土块砌筑而成，各节预制块之间应座浆严密，井壁内面与外面均为粗糙面，但要保持干燥清洁。沥青胶则随着预制块的接长分段灌注。方形沥青井的边长通常为 20cm，井内沥青胶可按沥青∶水泥∶石棉粉＝2∶2∶1 的比例配制。为加热沥青胶，沥青井中要准确牢固地埋设蒸汽管道或电热元件。当沥青井全部建成后，要通蒸汽或通电热熔沥青填料一次，陆续加满填料后盖上井盖（图 4-44）。

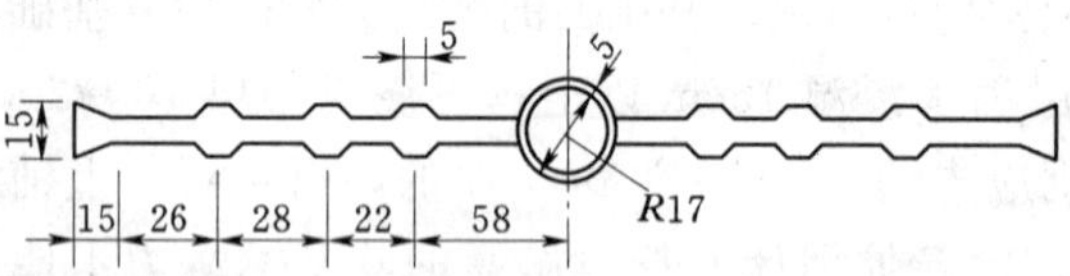

图 4-43　651 型聚氯乙烯止水带（单位：mm）

永久缝的缝隙常选用沥青油毛毡、沥青杉木板或沥青芦席填塞。具体做法是，在干燥缝面上先涂刷一层沥青冷底子油，再用先贴法或后贴法按序粘贴填塞材料。先贴法是先将填料固定于先浇块的模板内侧，待浇筑混凝土后拆除模板，填料便能紧贴于混凝土表面；

再浇另一侧混凝土时，填料便嵌固于沉陷缝之中。后贴法是在先浇块的模板内侧钉上排钉，拆模后混凝土表面就会外露铁钉，便于固定填料，待浇筑另一侧的混凝土后，填料即镶嵌于缝中。

止水与填料同时安装，其施工方法有两种：第一种方法是在先浇块中埋入止水片的一端，拆模后安装填料，后浇块混凝土则固定止水片的另一端。第二种方法是将止水片的一端与填料先安装于先浇块的模板内侧，待浇筑拆模之后止水片的一端被混凝土嵌入，填料则被粘贴于混凝土表面，此时再浇筑后浇块，缝隙嵌固工作即告完成。

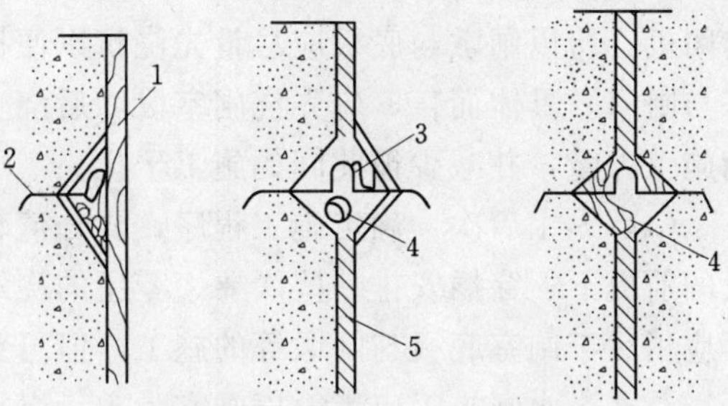

图 4-44　沥青井与垂直止水的施工过程

1—模板；2—止水片；3—预制混凝土块；4—热灌沥青；5—填料

2. 混凝土水闸施工缝的留设

混凝土水闸底板与消力池一般采用平层浇筑法施工。当底板厚度较大时，其中间层所用粗骨料粒径较大，施工缝常设于板底以上 2/3 板厚处。施工缝的表面应做成麻面，必要时也可按纵横向做成宽 30～50cm、深 10～20cm 的沟槽，并在重要部位每隔 30～100cm 按梅花形布置插入钢筋，以增加与上层混凝土的粘结性。

闸墩高度较大时，其施工缝应设于结构受力最小处。高 10m 左右的闸墩所设施工缝数量一般不宜超过 2 个。承受单向水头的水闸，闸墩施工缝可做成朝向上游的斜面；承受双向水头的水闸，闸墩施工缝可做带凹凸槽的平面。

对于闸室结构断面突然变化的部位，因其相邻结构荷重相差悬殊，也应设施工缝。

对于上游水平铺盖和下游消力池，它们与闸室连接部位也应结合结构缝分别施工，缝间设水平止水。

岸墙和翼墙，可根据施工条件设置施工缝。

施工缝处理要遵照施工规范要求，做到收仓面浇筑平整，缝面无乳皮且微露粗砂，在下道工序开始前混凝土抗压强度必须超过 2.5MPa，进行毛面处理后用水泥砂浆或强度等级相同的富砂浆混凝土连接新老混凝土。

三、混凝土水闸的施工

1. 浇筑混凝土水闸应遵循的施工原则

混凝土工程各部位施工次序应遵守下述原则。

(1) 先深后浅：先浇深基础，再浇浅基础主要是出于两方面的考虑：一是安全，避免因深基础部位施工对相邻已完工的浅基土扰动而使基础混凝土产生破坏（沉降、滑动、断裂）；二是可在一定程度上减少排水工程量。

(2) 先重后轻：先浇筑自重大的部分，可以使其基础及早沉实，预沉一段时间之后再浇筑荷重较小的部分，可以减少因沉陷差过大而对近旁较轻建筑物的基础的牵动。当闸室已有足够的沉陷时再浇消力池混凝土，正是基于这一原因。

(3) 先高后矮：某些高度较大的需几次浇筑方可到位的部位或者有上层建筑物的部位

应该先行浇筑。闸室段的高度较大，闸墩之上有胸墙、公路桥与工作桥等，工作桥上还有启闭机，所以闸墩与底板应尽量先浇筑以便提前吊装或浇筑上部的桥梁并及时安装启闭设备与闸门。具体而言，应先浇闸室段，后浇上下游连接段（翼墙、消力池等），这样可平衡施工力量，并减少彼此间的施工干扰。

（4）先主后次：确定施工程序，要分清轻重缓急，抓住主要矛盾，在保证重点部位建设的前提下，穿插安排一些次要、零星的浇筑项目，以便流水作业。消力池，铺盖、翼墙等应稍后于闸室底板与闸墩等的施工，但可穿插进行。

总之，水闸施工应遵循以闸室为主、岸翼墙为辅、连接段工程穿插进行的规律，以加快施工进程。

在水闸施工过程中，应优先完成闸室部分的施工，其中包括上部结构交通桥、工作桥和胸墙的施工，以加快其沉陷。各工种工程要加强配合，在保证施工质量和工期的前提下协调一致地进行。混凝土工程中，因预制构件的浇筑不受现场施工的约束，可提前浇制。在不影响混凝土工程进度的情况下，海漫、防冲槽、重力式翼墙等砌石工程可穿插施工。回填土及闸门、启闭机等的安装也应视混凝土完成情况配合进行。另外，与水闸放水时间紧密相关的土方回填、闸门与启闭机安装、围堰拆除等工作要有条不紊地配合进行。

2. 水闸底板与闸墩的施工

（1）关键性的施工环节。

水闸混凝土底板与闸墩施工要紧扣关键性的施工环节，确保混凝土的浇筑质量。

1）浇筑过程中，应随时检查模板与支架的稳固情况以及钢筋、止水和预埋件的所在位置，发现异常要立即纠正处理。

2）浇筑混凝土时，要认真做好平仓工作，禁止使用振捣器平仓，以免造成砂浆与粗骨料分离。

3）混凝土浇筑至顶面时，应随即抹平并排除泌水，定浆之后再次抹面，以防止出现松顶和表面干缩裂缝现象。

4）混凝土浇筑完毕，要及时覆盖，在面层凝结后随即洒水养护。对有温控防裂要求的部位，湿润养护的时间宜在14d以上。

（2）水闸底板混凝土的浇筑。

在地基条件良好时采用反拱底板可以节省钢筋，但大多数水闸都采用上、下游带有齿坎的平底板。挖除地基土保护层之后，为保护地基和找平基面，需要在软基上先铺设一层8～10cm厚的C10素混凝土垫层。水闸底板的施工包括立模、绑扎钢筋、架立仓面脚手架、清仓、浇筑混凝土等环节。采用预制砂浆垫块上的细铅丝绑扎底板的下层钢筋，可确保底板底面混凝土保护层的厚度。但要保证垫块的制作质量（厚度、强度、密实性等），否则垫块所在部位就可能出现底板渗水与钢筋锈蚀。底板面层钢筋则应固定在预制的混凝土四棱台支柱（其高度比底板厚度小3～5cm）上，可避免在浇筑混凝土时面层钢筋出现沉降。支柱的混凝土强度等级应与浇筑部位相同，支柱的尺寸和间距应考虑底板厚度、脚手架布置和钢筋分布等因素，经计算后确定。为防止混凝土进料口处的面层钢筋变形，可用铅丝将钢筋绑吊于仓面脚手架上。至于是否需要搭设仓面脚手架，应视混凝土浇筑机具和运输工具而定。当用双轮手推车或机动翻斗车运送混凝土时，则需搭设ϕ48mm钢管扣件脚手架。它由底座、立杆（间距为1.5～2m）、大横杆（间距约为1.8m）、小横杆和斜杆（作剪刀撑或抛撑用）所组成。底板浇筑多采用水平运输方式，斜坡道路的坡角一般小于20°，过陡则容易引起运输机具的倾翻事故。若用泵送混凝土或吊罐运输混凝土，则无需搭设仓面脚手架或仅需搭设少量的仓面脚手架。当水闸底板特别厚大时，应用钢管取代混凝土支柱，钢管外包扎牛皮纸日后便于拔出钢管。浇混凝土底板，只需在其四周架立侧模板，侧模板则通过斜撑、地龙木等固定于木桩上（图4-45）。

平底板混凝土，常采用"连坯滚法"浇筑。即先浇筑下游侧的齿坎，然后将作业人员分为两个浇筑组。第一组完成上游齿坎浇筑，第二组自下游端往上游方向浇第一坯底板混凝土；再将第一组调至下游端开浇第二坯混凝土，第二组浇完第一坯后再调头浇筑第三坯底板混凝土。如此交替浇筑，可缩短仓内混凝土的暴露时间，避免冷缝产生。

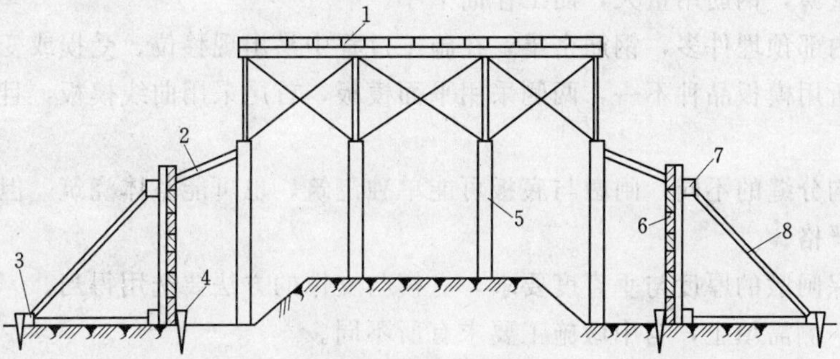

图4-45　底板立模与仓面脚手

1—混凝土浇筑平台；2—内撑；3—地龙木；4—木桩；
5—混凝土支柱；6—模板；7—围令木；8—斜撑

浇筑反拱底板的时间宜适当推迟，以保证先期浇筑的闸墩与岸墙有足够的预沉时间。墩墙底部应预埋接缝钢筋，以便与反拱底板相联。反拱底板的施工要点是：放样开挖，夯实基土，铺垫砂浆（10mm厚），加盖保护，浇筑底板。宜在低温季节浇筑反拱底板，可减小温度应力的不利影响。墩墙底板与反拱底板的接缝，要按施工缝的要求认真处理，以保证其整体性。位于边端的一孔或两孔，其底板预留缝的封填应控制在墙后回填土完成之后进行。

从节省水泥用量和减少水化热温升考虑，设计部门往往对厚大的闸底板和消力池的混凝土采用不同的配合比进行分层设计。底层和面层混凝土一般选用抗侵蚀、耐冲磨的高强度等级的普通水泥或硅酸盐水泥，采用的粗骨料其粒径相对较小；中间层混凝土则选用标号较低的粉煤灰水泥或矿渣水泥以及粒径较大（≤80mm）的粗骨料。由于各种的水泥性能不同，故在底板浇筑时不得混杂使用以免出现"闪凝"，施工中务必慎重对待。针对粗骨料粒径大，混凝土振捣有一定的难度，表面易出现蜂窝麻面及石子外露现象的特点，在施工过程中必须加强机械振捣，同时对保护层混凝土辅以人工铁钎插捣的手段，才能有效地避免渗透通道的形成。底板、消力池和铺盖处于水下区，受水流冲刷和渗水压力的作用，因此对混凝土密实性有较高的要求，其面层混凝土的水灰比宜适当减小，薄型底板混凝土的水灰比则要求整体下调。

(3) 闸墩施工。

闸墩施工包括立模、扎钢筋、混凝土浇筑、施工缝处理、门槽二期混凝土浇筑和门槽安装等工序。立模时，要注意闸墩的位置、形状、尺寸和垂直度的准确性。闸墩施工缝处理时，要注意缝面倾向。若沉陷缝设置于闸墩中部，在浇筑混凝土时要重视止水的施工。

1）闸墩混凝土的浇筑程序：闸墩与底板连为一体时，同块底板的闸墩应采用对称浇筑混凝土的方式，以防止出现不均匀沉陷。闸墩与底板相分离的水闸，闸墩则应先单独浇筑。从方便振捣考虑，闸墩分层浇筑混凝土的厚度以 30cm 为宜。因仓内光线不足，需增设照明器材方可施工作业。闸墩施工的难点是门槽浇筑，常用预留二期混凝土或预制门槽一次浇筑两种方法施工。

2）混凝土闸墩的施工特点：

①墩高壁薄，钢筋用量大，而工作面窄小。

②门槽内部预埋件多，钢筋密集，在施工过程中易出现移位、受损或变形。

③闸墩所用模板品种不一，两侧采用平面模板，首尾采用曲线模板，且高大的模板容易变形。

④因结构分缝的不同，闸墩与底板可能单独浇筑，也可能整体浇筑，但整体浇筑对施工工艺要求严格。

⑤为确保闸墩的厚度与垂直度要求，立模与支撑的方法要选用得当。

⑥边墩一侧需填土，与中墩施工要求有所不同。

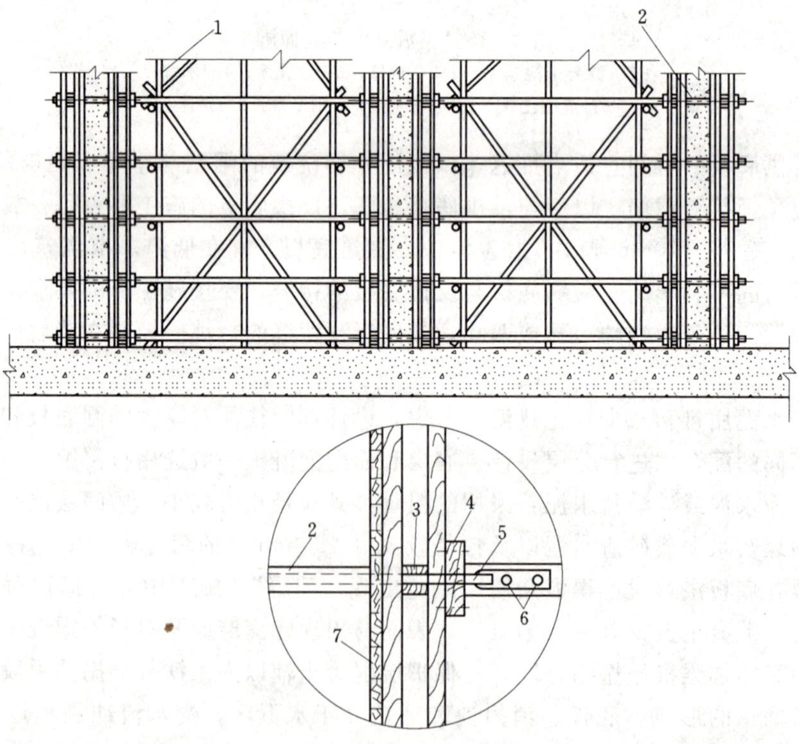

图 4-46　闸墩侧面立模

1—钢管脚手；2—混凝土套管；3—双夹围令；4—楔块；5—对拉螺栓；6—铁板螺栓；7—模板

3）架立固定模板浇筑混凝土闸墩：闸墩混凝土浇筑有固定模板施工与滑模施工两种类型，以下介绍固定模板的施工工艺。为减小闸墩的厚度与垂直度的偏差，闸墩施工的关键在于立模板。为保证闸墩的浇筑厚度，有两种施工方法：一种传统的做法是对拉螺杆加套管的固定模式（图4-46），即先按照闸墩厚度用砂浆预制好一批穿孔四棱柱体，将对销螺杆穿心后用铁板螺栓夹紧模板，拆模时抽出对销螺杆，再用砂浆封填预制四棱柱体中间的孔洞，但应满足闸墩平整度的要求。另一种做法是，在预制四棱柱体时将对销螺杆埋入其内，并定制一批硬质橡胶垫块。立模时将橡胶垫块穿入对销螺杆两端，使四棱柱体与两只橡胶垫块厚度的总长恰好与闸墩厚度相等，再用铁板螺帽夹紧模板。第二种做法的好处，在于闸墩拆模时抽出两只橡胶垫块后，再用氧炔焰齐根切割外露的钢螺杆，这样最后填补的高强度砂浆可保证钢螺杆处于混凝土保护层之内。为满足闸墩的垂直度要求，常采用铁板螺栓对拉撑木的施工工艺。

第五章　基础防渗处理及地下工程

第一节　概　述

水工建筑物的基础，可分为岩基和软基。

各类水工建筑物，都面临着基础的稳定和防渗处理问题，基础处理不当，将对以后的工程运用带来无穷的隐患。严重时，直接危害大坝的安全，给国家财产造成巨大损失。

我国上世纪 50 年代至 70 年代是大规模的水利基本建设时期，所兴建的水利工程对国民经济建设起了巨大的作用。但由于当时的客观条件限制，也存在很多问题。坝、堤、闸的渗透破坏占 32%以上，严重影响工程效益的正常发挥。

随着科学技术的不断发展，新的施工工艺、新施工设备、新材料不断出现。本章将介绍水利工程基础加固和防渗中常用的施工方法。

传统的方法有：固结灌浆、接触灌浆、粘土截渗墙，混凝土帷幕灌浆，乌卡斯冲击钻造孔的柱列式混凝土板墙、液压抓斗施工法的槽型板墙等。

近年来兴起的振动沉模防渗板技术、劈裂帷幕灌浆技术、高压喷射灌浆技术、垂直铺塑技术等已得到广泛的应用，其特点是施工进度快，投资省。

因此，在基础防渗的施工方法上，设计者有广泛的选择余地，要求设计者根据工程特点和客观条件，能选择出最佳的设计方案。

第二节　基　础　开　挖

一、开挖要求

(1) 要求地基有一定的强度，能够承受上部结构传递的压力。

(2) 要求地基有一定的整体性，能够防止建筑物的滑动和不均匀沉陷。

(3) 要求地基有一定的抗渗性，能够防止发生渗透破坏。

(4) 要求地基有一定的耐久性，能够承受各种外界因素的作用。

二、开挖方法

由于河谷多为地壳的剪切、错动、挤压、水力冲刷、风化、淤积等因素形成，都存在有不同程度的缺陷，应根据不同情况进行开挖处理。

根据建筑物的结构特点和地基的风化程度，决定开挖深度和开挖坡度。

1. 基坑排水

作好围堰，及时排除基坑的积水、渗水和地表水。

2. 开挖程序

应自上而下分层开挖，保证开挖边坡的稳定性，且在建筑物基本轮廓的基础上向外超挖一部分，开挖边坡不得有突变。

3. 开挖质量

对于岩石地基，多采用爆破方法开挖，一次爆破深度不大于总开挖深度的2/3，防止欠挖，控制超挖，最后的0.2～0.3m在开始浇筑混凝土前人工开挖，以保证原地基不被破坏。

第三节 岩基帷幕灌浆

一、概述

帷幕灌浆是在坝基偏向上游部位进行1～3排深孔灌浆，用水泥充填和胶结裂隙，形成一道不透水的帷幕，达到减少坝基渗漏和降低坝底扬压力的目的。帷幕灌浆常安排在专门设置的基础灌浆廊道内进行，这样既可以在岩基开挖好后随即浇筑坝体混凝土，不影响浇筑进度，又可以在有一定厚度的压重混凝土后进行灌浆，有利于加大灌浆压力，提高帷幕灌浆质量。

帷幕灌浆一般分为钻孔、冲洗、压水试验、灌浆四个工序。

二、水泥浆质量要求

1. 浆液性能控制指标

水泥浆的特点是胶结性能好、结石强度高，主要设计以下指标：

1）相对密度：反映浆液浓度的高低和水泥含量（水灰比 W/C），水灰比越小，相对密度越大，结石性能越好，但可灌性差。

2）粘度：水泥浆也是塑性流体，表观粘度随流速增大而减小。灌浆中先采用低粘度，后采用高粘度。

3）拌和时间：拌和时间影响浆液的均匀性和结石强度。普通机械拌和时间不小于3min，水泥浆开始制备到用完的时间不超过4h。

4）析水率：

$$\alpha = V_w / V \times 100\% \tag{5-1}$$

式中 α——浆液析水率，%；

V_w——从浆液中析出的水量，L；

V——浆液总体积，L。

水泥标号越高，水灰比越小，析水时间越短，浆液析水率越低，结石效果越好。

5）结石性能：水泥浆结石强度与浆液水灰比有关，水灰比越大结石强度越低。

2. 浆液配合

水泥用量：

$$M_c = \frac{G_c \rho_w v_{cj}}{1 + \alpha M_c} \tag{5-2}$$

水用量：

$$M_w = \alpha M_c \tag{5-3}$$

式中 G_c——水泥相对密度，一般取3.0；

ρ_w——水的密度，为1t/m^3；

v_{cj}——欲配制水泥浆液体积，m^3；

α——水灰比。

三、灌浆压力设计

灌浆中，提高灌浆压力有利浆液扩散，有可能通过较少的灌浆工作量起到防渗、加固效果。一般在砂性土进行渗透灌浆，灌浆压力只需浆液充填土的孔隙或岩缝而不改变原状土的结构和体积。对于在非饱和土体中用以调整不均匀沉陷及土体加固的挤压灌浆，主要靠提高浆液浓度或水泥砂浆的办法。

灌浆试验时采用逐步升压法进行。

（1）在无压重情况下，许用灌浆压力为：

$$[P_e] = P_o + mH(\text{kPa}) \tag{5-4}$$

式中 P_o——地面段许用灌浆压力；

m——灌浆段每增加1m许用增加压力值（kPa/m）；

H——灌浆段深度。

（2）地面有附加压重时，许用灌浆压力为：

$$P_L = P_e + k\gamma h\ (\text{kPa}) \tag{5-5}$$

式中 k——系数，一般取1.0～3.0；

γ——压重层容重，kN/m^3；

h——压重层厚度，m。

四、可灌性估计

不同的地基条件其可灌性不同，灌浆工艺也不同，可从以下几方面考虑。

1. 地基渗透系数影响

通常认为，渗透系数是直观反映可灌性的指标。$K=(2\sim3)\times10^{-1}$cm/s时，可灌性较好，可采用水泥浆材灌浆；$K>(5\sim6)\times10^{-2}$cm/s时，可灌性较差，宜采用水泥粘土浆液灌浆。

2. 灌比的影响

砂砾地基中含量15%的粒径尺寸与浆材中含量85%的粒径尺寸的比值为：$M=D_{15}/d_{85}\geqslant10\sim15$时，可灌性较好。

中国岩基防渗标准规定，处理后单位吸水率应为：

$$W \leqslant 0.01 \sim 0.05\text{L/min}\cdot\text{m}\cdot\text{m}$$

3. 浆材料选择

1）强度要求：一般采用以水泥为基本材料的高强度混合物，如水泥浆、水泥砂浆、水泥水玻璃浆等。

2）以防渗为主：一般采用粘土水泥浆、粘土水玻璃浆、水泥粉煤灰混合物等。

3）在裂隙性岩层中：一般采用纯水泥浆。

4）对裂隙较大的砂砾层，宜采用渗入性注浆。

五、灌浆工艺

1. 钻孔工艺

帷幕灌浆分自上而下或自下而上分段灌浆，根据岩石性质不同，钻机的钻压、转速、泵流量等而不同。

2. 洗孔

工程中常采用高压水冲洗，压力为灌浆压力的 70%～80%，为增加冲洗效果，可改变压力，即高压脉动冲洗。

3. 压水试验

(1) 稳定流量测试：在设计压力条件下，连续测 4 次，要求 4 次中的最大值与最小值满足以下关系：

$$\frac{Q_{max}-Q_{min}}{Q_{min}} \leqslant 3\% \sim 20\% \tag{5-6}$$

(2) 试验压力：SDJ210—83 中规定，试验压力一般为 1MPa。

(3) 试验段长度：一般同灌浆段深度。分段试验时，每段取 5m。

4. 灌浆方法

对于浅孔且地质条件较好的，可以一次成孔灌浆；对于深孔或地质条件复杂，应分段灌浆，一般为自上而下进行，以保证有一定压重，可提高灌浆压力，达到理想效果。

第四节　混凝土防渗墙施工

一、概述

混凝土防渗墙是采用钻机在坝基或坝体内开槽后灌入混凝土，形成连续的防渗墙体。墙体厚度和深度可以人为控制，采用不同的配合比可以得到不同的强度，弹性模量、塑性、透水系数等。

混凝土连续墙之所以能在世界范围内得到较广泛应用，主要是因为它具有如下几个方面的特点：

(1) 适用性较广。它适用于各种地质条件，如砂土、砂壤上、粉土以及直径小于 10mm 的卵砾石土层，都可以做连续墙。

(2) 实用性较强。它广泛应用于水利水电、工业民用建筑、市政建设等各个领域。塑性混凝土防渗墙可以在江河、湖泊、水库堤坝中起到防渗加固作用；刚性混凝土连续墙可以在工业民用建筑、市政建设中起到挡土、承重作用。混凝土连续墙深可达 100m 左右。

(3) 施工条件要求较宽。地下连续墙施工时噪音低、震动小，可在较复杂条件下施工，可昼夜施工，加快施工速度。

(4) 比较安全、可靠。地下连续墙技术自诞生以来有了较大发展，在接头的连接性技术上有很大进步，其渗透系数可达到 10^{-7} m/s 以下；作为承重和挡土墙，它可以做成刚度较大的钢筋混凝土连续墙。

(5) 存在问题。有些造孔成墙技术对槽孔之间的接头和墙体下部开叉问题难以彻底解决；相对来讲，施工速度较慢、成本较高。

二、造孔技术

混凝土连续墙施工工艺的区别主要在于造孔方法和排渣方法的不同。在造孔方面，有锯槽法和挖掘法。锯槽法中，有往复射流式开槽、链斗式开槽、液压式开槽；挖掘法所用机具中，有抓斗、冲击、回转钻或两者并用的钻具。在出渣方面，有正循环、反循环的泥浆出渣和不循环出渣。正循环是指通过管道把泥浆压送到槽孔底，泥浆在管道的外面上升，把土渣携出地面；反循环是指泥浆从管道外面自然流到槽孔内，然后在槽孔底与土渣一起，被抽到地面上来；不循环是指用抓斗挖槽，泥浆处于静止状态。

（一）锯槽法造孔

锯槽法造孔浇筑连续墙是上世纪 90 年代才发展起来的一种新的混凝土连续墙施工技术。目前，已经被广泛应用于黄河、长江大堤的防渗除险加固工程中。其主要特点有如下几个方面：

(1) 新一代开槽机作业机理明确，设备新颖，结构简单，操作方便。

(2) 成墙既满足设计要求，又达到节约投资的目的。可以做 20cm 厚左右的超薄连续墙，而不像挖掘法造孔那样受设备条件限制而将墙做得很厚，使得成墙造价较高。

(3) 施工速度快，造价经济。锯槽法造孔施工速度快，20m 深度以内槽孔，日造孔可达 250～400m^2；造孔成墙厚度可以调节，因而经济实用。

(4) 锯槽法可以实现真正的连续开槽，成槽质量好。由于浇注混凝土时需隔离分段，因此，接头处理较为重要。

(5) 锯槽机由于链杆本身较长，加之行走牵引机构较远，机械转弯比较困难，造槽孔深度限在 40m 以内。

1. 往复射流式开槽机造孔施工

往复式射流开槽机是应用最广泛的开槽机械，它适应范围较广。该设备综合了锯、犁和射流冲击的理论，集中了各类开槽机的优点，具有功率大、成槽速度快、整机结构紧凑、便于拆装、便于运输等优点。

往复式射流开槽机最适合于砂壤土、粉土地层情况作业。由于引用了锯的切割作用、犁的翻土作用、高压水（泥浆）的射流冲击作用，所以对砂壤土、粉土地层特别有效。该机拥有 100 多个射流喷嘴，出口流速达到 20m/s，在锯、犁和射流的共同作用下而切开土体，由反循环抽砂泵迅速排出粗颗粒液体和沉渣，从而形成槽孔，同时由循环水（泥浆）形成浆液达到固壁作用。

2. 链斗式开槽机造孔施工

链斗式开槽机工作原理是利用耐磨链条带动挖斗将土体挖开，然后造浆固壁成槽。其最大优点是对粘性土、直径小于 15cm 的卵石土层作业特别有效。

链斗式开槽机行走机构有两种形式：一种是轮式；另一种是轨道式。前者较简单方便，后者则复杂而笨重。

3. 液压开槽机造孔施工

液压开槽机工作原理为：液压系统使液压缸的活塞杆做垂直运动，带动工作装置刀杆做上下往复运动，刀杆上的刀排紧贴工作面切削和剥离土体，被切削和剥离掉的土体及切屑，由反循环排渣系统强行排出槽孔，开槽机沿墙体轴线方向全断面切削，不断前移，直至防渗墙末端，从而形成一个连续规则的长形槽孔，作业中使用泥浆固壁。液压开槽机可以在各种土类地层进行连续开槽作业，负载能力 90～160kN，最大成槽深度 45m，开槽宽度 0.18～0.4m，排渣粒径小于 8cm，一般地层开槽效率 13～14m^2/h。液压开槽机主要由底盘、液压系统、工作装置、排渣系统、起重设施和电气系统组成。

(二）挖掘机具造孔

挖掘机具造孔比锯槽法造孔施工要复杂得多。机械设备庞大，所造槽孔宽度大，施工难度增加，造价也较高，但深度可达 40m 以上。挖掘机具造孔槽施工必须首先修筑其辅助设施——导墙。

1. 修筑导墙

修筑导墙是挖掘机具法造孔浇注地下连续墙施工的重要组成部分，是在地层表面沿地下连续墙轴线方向设置的临时构筑物。

(1) 导墙的作用。

1）导向作用。导墙在挖掘机具造孔时起到导向作用，在施工过程中，槽孔始终沿导墙的布置而进行。

2）槽孔中心部位与标高的定位控制作用。筑起导墙也就规定了槽段的位置，导墙的施工精度（宽度、平直度及标高等）影响着单元槽段的施工精度，高质量的导墙是高质量槽段的基础。

3）泥浆贮存、液面保持作用。挖掘机具造孔施工过程中，始终要进行泥浆循环固壁工作，依靠槽孔顶部的导墙，可以较好地贮存泥浆，防止雨水和其他浆液混入槽孔，保证浆液质量。导墙还可以起到保持固壁浆液液面的作用，以提示槽孔内的泥浆是否满足固壁的需要。

4）槽孔上部孔壁保护、外部荷载支撑作用。地下连续墙施工过程中，槽孔顶部的土体极不稳定，在挖掘机具造孔作业时易损害槽壁，造成坍塌，因此导墙起到挡土墙的作用；在钢筋笼的布放、锁口引拔、导管浇注混凝土时，槽孔易受外力侵害，而此时导墙便起到了外部荷载支撑的作用。

(2) 导墙的形式。

常用导墙的形式如图 5-1 所示。

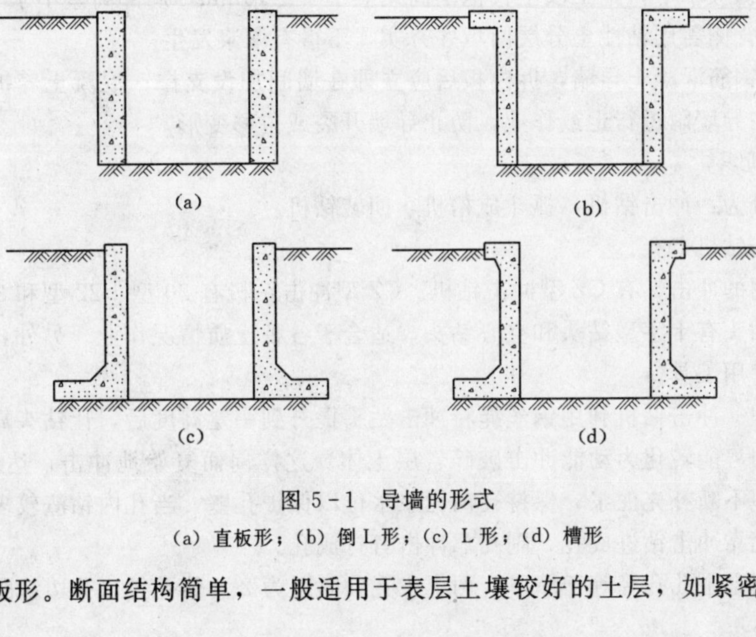

图 5-1 导墙的形式

(a) 直板形；(b) 倒 L 形；(c) L 形；(d) 槽形

1）直板形。断面结构简单，一般适用于表层土壤较好的土层，如紧密的粘性土等。

由于这种类型的导墙只能承受较小的上部荷载，因此，常作为槽断面尺寸不大的小型地下连续墙工程的导墙形式。

2）倒L形。一般适用于表层土不具有足够强度的土层，如砂质较多的粘土层等。

3）L形。应用较多的一种结构，适用于表层地基土为杂填土、砂土、软粘土等土质松散、胶结强度低的土层。

4）槽形。适用于表层地基土强度低且导墙需要承受较大荷载的情况。

（3）导墙的修筑施工。

导墙一般为现浇的钢筋混凝土结构，也有钢板的或预制的装配式结构。导墙形式的确定。在确定导墙结构形式时，应考虑下列因素：

1）表层土的性质。表层土体是否密实，是否为回填土，土体的物理力学性能，有无地下埋设物等。

2）荷载情况。施工机械的重量，造槽与浇注混凝土施工时附近存在的静载与动载情况。

3）针对地下连续墙施工时，对邻近建筑物可能产生的影响。

4）地下水的状况。地下水位的高低及其水位变化情况等。

（4）导墙的施工。导墙施工应严格按下列要求进行：

1）导墙的纵向分段与地下连续墙的分段应错开一定距离。

2）导墙内墙面应垂直，而且平行于连续墙中心线，两行导墙墙面间距应比地下连续墙设计厚度大40～60mm。

3）墙面与纵轴线的距离偏差不大于±10mm；两条导墙间距偏差不大于5mm。

4）导墙埋设深度由地基土质、墙体上部荷载、挖槽方法等因素决定，一般为1.5～2m；导墙顶部应保持水平并高于地面100mm；保证槽内泥浆液面高于地下水位2.0m以上；墙厚0.15～0.25m，带有墙趾的，其厚度不宜小于0.2m。

5）导墙顶应水平，施工段全长范围高差应小于±10mm，局部高差小于5mm。

6）导墙背侧需用粘性土分层回填并夯实，不得有漏浆发生。

7）现浇钢筋混凝土导墙，拆模板后应立即在墙间加设支撑；混凝土养护期间，不得有重型设备在导墙附近行走或作业，防止导墙开裂或位移变形。

2. 造孔机具

挖槽机分为：冲击钻机，抓斗成槽机，回转钻机。

（1）冲击钻机造孔。

我国常用的冲击钻有CZ型冲击钻机。CZ型冲击钻机有20型、22型和30型。

常用的钻头有十字型钻头和空心钻头，适合于各种土质情况作业。另外，配有抽砂筒和接砂斗等专用工具。

工作原理。冲击钻机利用钢丝绳将冲击钻头提升到一定高度后，让钻头靠重力自由下落，使钻头的势能转化为动能冲击破碎岩层土体。这样周而复始地冲击，达到钻进目的。在钻进过程中不断补充泥浆，保持孔内泥浆水位以保护孔壁，当孔内钻渣较多时用抽筒捞取排出。主孔靠冲击钻进成孔，副孔靠冲击劈打成孔。

布孔原则是主孔孔径等于墙厚，两个主孔的间距为2.5倍孔径（孔边缘距为1.5倍孔径）。主孔冲击成孔，副孔为二期孔，采用劈打成槽方法施工。

为减少清孔工作量，劈打副孔时要在相邻两个主孔中吊放接渣斗，按时提出孔外排渣。由于劈打副孔时有两个自由面，因此成孔速度较快，一般比冲击主孔效率提高1倍以上。

冲击钻造槽一般采用高粘度泥浆护壁，施工过程中清渣是用捞砂筒完成。副孔劈打完后，一部分钻渣未被接住而落入孔底，因此劈打完成后还要用捞砂筒捞渣。

要注意的问题是：开孔钻头直径必须大于终孔直径。造孔过程中要经常检查钻头直径，磨损后应及时补焊。

选择合理的副孔长度。

一、二期槽孔同时造孔时，其间应留有足够的长度，以免被挤穿。

(2) 抓斗式成槽机造孔。

液压抓斗式成槽机较冲击钻机具有更大的适用性。它可以在坚硬的土壤与砂砾石中成槽，能挖出最大直径1m左右的石块，成槽深度最大可达60m。

目前国内抓斗式成槽机有进口、合资、国产三种。进口、合资设备价格昂贵，不可避免地提高了造墙单价，国内设备相对价位较低。例如，由中国地质装备总公司与中国水利水电科学研究院共同研制的GDW3型抓槽机，其目标参数是成槽深度40m，成槽厚度300mm，一次成槽宽度2000mm。

抓斗式成槽机造孔是一种先钻后抓法，也叫钻抓法或两钻一抓成孔法。

抓斗式成槽施工工艺：

做好施工准备后，用冲击钻或回转钻机首先完成主孔，并要保证主孔的垂直度符合要求。

主孔的间距应小于或等于液压抓斗的有效抓取长度。

主孔完成以后，用液压抓斗抓取副孔成槽。

基岩部分的钻进由重锤完成，不带重锤的抓斗，仍需由冲击钻或回转钻机完成基岩钻进，最后成槽。

抓斗式成槽与冲击式成槽相比较，它的优点是：

成本较低，效率较高。一台液压抓斗式成槽机的施工效率相当于10～15台冲击钻机。相应的单位成本也较低。

成槽孔型好，孔壁光滑。抓斗抓取副孔时，斗齿切削孔壁使得槽孔孔壁光滑而平直，故成槽后孔型较好。一般采用抓斗式施工的连续墙，混凝土的充盈系数（混凝土的实际浇注方量与理论方量之比）小于1∶1，而采用冲击式成槽其充盈系数要大得多。

施工时泥浆扰动小，废浆排放少。采用冲击式施工时，冲击钻头反复强烈冲击钻进对泥浆的扰动很大，不利于槽壁稳定。用捞砂筒捞取钻渣时，连同部分泥浆一起捞出排掉，造成废浆排放过多。而抓斗式施工时，液压抓斗平稳地直接抓取土渣，废浆排出很少，对泥浆的扰动也小，施工场地较整洁。

造槽深度深，适用地层广。抓斗式最大深度可达80m深，并且适用于多种不同地层条件，尤其适应于有大孤石的地层中成槽。

当然，抓斗式也有一定的局限性，如液压抓斗机身一般比较重，因此对导墙的结构和质量要求比较高。由于抓斗式要求液压抓斗和冲击钻机配合施工，因此，合理地安排和调度各种机械交叉作业是非常重要的，相对造价也较高。

(3) 回转钻机造孔。

对于地质条件较好的地层，可用反循环回转钻机造孔。

工作原理。反循环回转钻机造孔施工方法是，在槽孔顶处设置护筒，护筒内的水位要高出自然地下水位 2m 以上，以确保孔壁的任何部分均得保持 0.02MPa 以上的静水压力，从而保护孔壁不坍塌。钻机工作时，旋转盘带动钻杆端部的钻头钻挖孔内土。在钻进过程中，冲洗浆液从钻杆与孔壁间的环状间隙中流入孔底，携带被钻挖下来的钻渣，由钻杆内腔返回地面，与此同时，浆液又返回孔内形成循环。

反循环回转钻机造孔施工按浆液循环输送的方式、动力来源和工作原理可分为泵吸、气举和喷射等反循环施工。

优点：①振动小，噪音低；②除个别特殊情况需使用稳定浆液护壁外，一般用天然泥浆即可满足护壁要求；③因钻挖钻头不必每次上下排弃钻渣，因此只要接长钻杆，就可进行深层钻挖，槽孔深浅易于掌握；④采用特殊钻头可钻挖岩石；⑤反循环成孔采用旋转切削方式，钻挖靠钻头平稳的旋转，同时将土砂渣和水吸升；钻孔内的泥浆压力抵消了孔隙水压力，从而避免了涌沙等现象。因此，反循环钻成孔是对沙土层较适宜的成孔方式，可钻挖地下水位以下的厚细砂层。

缺点：①很难钻挖比钻头吸泥口径大的卵石（15cm 以上）层；②土层中地下水压力较大或有流动状态的水时，施工较困难；③废泥水处理量大，钻挖出来的土砂中水分多，弃土困难。

三、泥浆固壁

(一) 泥浆的作用

泥浆在地下连续墙造孔施工中有固壁、悬浮、携渣、冷却钻具和润滑的作用，成墙后还可增加墙体的抗渗性能。因此泥浆的正确使用，有利于槽孔的开挖和浇注以及提高墙体的防渗性能。

1. 泥浆的固壁作用

泥浆具有一定的比重，泥浆柱体的压力可抵抗作用在槽壁上的土压力和水压力，防止地下水渗入。

由于槽内浆位高于地下水位，泥浆向两侧外渗，所以泥浆在槽壁上形成不透水泥皮，从而使泥浆柱体的压力有效地作用在槽壁上，防止槽壁剥落。

泥浆从槽壁表面向地层内渗透到一定的范围就会使粘土颗粒粘附在槽壁上，通过这种粘附作用可以防止槽壁坍塌和透水。

2. 泥浆的悬浮土渣和携带钻渣的作用

泥浆具有一定的粘度，在造槽成孔过程中，它可以将造槽施工时掉下来的土渣悬浮起来，便于泥浆循环携带排出，同时避免土渣沉积在工作面上影响挖槽效率。

3. 泥浆的冷却和润滑作用

在地下连续墙施工中，造孔机具是在泥浆中进行作业的，泥浆既可降低挖孔机具因连续工作而引起的温度剧烈升高，又具有润滑作用而减轻机具的磨损，以利于延长机械的使用寿命和提高挖槽效率。

（二）泥浆技术性能要求

（1）泥浆应能在孔壁上形成密实泥皮，并且在泥浆自重作用下，孔壁上形成一定的静压力，保证孔壁不坍塌，但泥皮不宜太厚，以免孔径收缩。

（2）以泥浆应具有一定静切力，使钻屑呈悬浮状态，并且随循环泥浆带至地面，但粘滞性不宜太高，否则会影响泥浆泵的正常工作并给泥浆净化工作带来困难。

（3）泥浆应具有良好的触变性，流动时近于流体，静止时迅速转为凝胶状态，有足够大的静切力，能够避免砂粒的迅速沉淀和渗入槽孔周围砂砾石的岩屑较快固结。

（4）泥浆中砂粒含量应尽可能少，便于排渣，提高泥浆重复使用率，减少泥浆的损耗。

（5）泥浆应有良好的稳定性，即处于静止状态的泥浆在重力作用下不致离析沉淀而改变泥浆性能。

（三）泥浆质量控制指标

1. 静切力与触变性

泥浆静止时变成网状结构物，具有一定的静切力，扰动后结构破坏，恢复流动性，再静止又呈网状结构物，此性质称为触变性。有触变性的泥浆，静止一段时间后，再使它流动要加相当大的力，使静止的泥浆开始流动所需要的最小力即是泥浆的静切力 τ，以分帕（dPa）计。触变性大的泥浆，静切力也大。有触变性的泥浆静止的时间越长，静切力越大。由于泥浆具有触变性，在钻进中帮助出渣，一旦因故停止循环，泥浆形成网状，使岩屑和其他杂质在泥浆内被包裹而悬浮，避免大量沉入孔底，也避免卡钻、埋钻事故的发生。常测定静置 1min 与 10min 切应力 τ_1 与 τ_{10}，说明泥浆的触变性。静切力用 U 型管静切力测定仪、测压法静切力测定仪以及 1007 型泥浆切力仪测定。1min 静切力不宜过小，才能起到悬浮岩屑作用；10min 静切力不宜过大，便于泥浆恢复循环能力。一般钻进中要求静切力为 20～100dPa，最好在 20～40dPa。

静切力的大小可以改变，如增加泥浆浓度可以增加静切力，降低泥浆浓度可以减少静切力；加入分散性好的粘土或适量的碱可以提高静切力；加入适量的炭碱溶液也可以控制静切力（炭碱溶液是泥炭和褐煤用碱水泡制成的化学药剂，成本低，效果好）。

2. 粘度

粘度表示泥浆流动时其内部各液层间摩擦力大小，如果泥浆的粘度太小，则土渣不易排出，也容易漏失。提高泥浆粘度的常用方法有：增加泥浆浓度或加入膨润土、少量纯碱、适量的炭碱溶液、石灰乳或水泥浆。石灰乳与水泥浆常于漏失情况时加入（石灰乳是用 3 份石灰和 1 份水制成，石灰乳要过筛，不应有石灰块混入）。泥浆常因混入粘土、加重剂、盐类等使其粘度过高，排渣不易沉淀，仍流入孔内，泥浆泵抽送困难，动能消耗较大，磨坏泥浆泵；泥浆包住钻头，影响进尺；泥浆循环与净化发生困难等。降低泥浆粘度的办法有：新制备泥浆、用清水冲稀泥浆、用炭碱溶液、单宁碱溶液或第六偏磷酸钠处理泥浆。

根据现场经验，一般要求粘度在冲击钻造孔时为 18～25s，回转钻进造孔时为 25～35s，漏失严重地层可增加到 60s 以上。

3. 失水量、泥饼厚度和造壁能力

失水量是指泥浆在30min内及一个大气压力条件下所失去的水量（mL）。泥浆在失水过程中，土粒逐渐附着在孔壁上形成一层泥皮，泥浆这种能力称之为造壁能力。失水量可用真空法或加重法失水量测定仪测定，失水量试验后留在滤纸上的泥饼厚度（mm）用钢尺或维卡仪测定，失水量与泥饼厚度两相关指标表示泥浆的造壁能力。如果形成的泥皮厚而松软透水，失水量大，则槽孔的尺寸缩小，泥皮在孔壁上粘着不牢，易于脱落，护壁能力差，影响钻进与混凝土浇注。一般地层中，要求失水量小于20mL/30min，最大不应超过30mL/30min。对复杂地层（指膨胀、漏失、崩塌地层），要求失水量小于10mL/min。泥饼厚度一般要求为2～4mm。

降低泥浆失水量的常用方法是增加泥浆浓度，加入膨润土、纯碱或炭碱溶液。

4. 稳定性与胶体率或澄清度

均匀泥浆静置1d后上部和下部泥浆的相对密度差值，为稳定性指标［kN/（m^3·d)］。相对密度差愈小，稳定性愈好。稳定性指标表示泥浆中颗粒粒径分布的均匀程度。稳定性指标愈大，泥浆中颗粒大小分布愈不均匀。小颗粒浮在上部，大颗粒沉在下层。泥浆静置1d后，沉淀后的泥浆体积与原泥浆体积之比称为胶体率，以百分比（%）表示。100%减去胶体率为澄清度（%），泥浆澄清度愈大，愈不稳定，土粒愈易于沉淀析出。一般稳定性指标为0.03kN/（m^3·d）左右，胶体率为95%左右。

5. 相对密度

单位体积内泥浆的重量为泥浆的容重（kN/m^3）；泥浆容重与4℃水的容重之比，则称为泥浆相对密度。相对密度与容重的数值相同，前者是无单位的。可用泥浆相对密度计，或将泥浆放入已知体积容器内测定其重量求得相对密度。泥浆相对密度一般要求1.05～1.30。在透水性较大的砂砾石层、松散上层、漏失地层、合龙段和地下水位较高地段施工，应采用相对密度较高、粘度较大的泥浆，以增加阻力、防止漏失和维护槽孔稳定。在坝体粘土心墙内部施工，泥浆相对密度不宜过大，粘度不应太高，否则会影响钻进效率和泥浆循环。质量较差的病险库坝体，有时还会因泥浆相对密度大了对槽孔壁压力增大，造成坝体劈裂。造浆能力高的膨润土所制成的泥浆相对密度小，而高岭土和一般粘土泥浆的相对密度大。

如果泥浆漏失或槽孔内泥浆混入大量粘土，将增加泥浆相对密度，改变泥浆其他性质，因此要经常降低泥浆相对密度。常用方法是将泥浆其他性质保持在允许范围内，用水或稀泥浆加到正常泥浆中，以降低相对密度，或在保持其他性能不破坏情况下加入稀膨润上泥浆或用炭碱溶液处理泥浆，可降低比重。

6. 含砂量

含砂量s是泥浆中大于74μm的砂粒含量的百分数，用含砂量测定仪测定。泥浆含砂量愈小愈好。含砂量大会使泥浆泵磨损加重，对进尺也有影响。对于造孔，一般含砂量应小于6%。

7. 酸碱度

测定酸碱度（pH值），采用试样中经过滤的水，用石蕊试纸测定。pH值等于7为中性，小于7为酸性，大于7为碱性。呈弱碱性的泥浆较稳定，膨润土泥浆通常为弱碱性

(pH 值为 7～9.5)，一般要求 pH 值为 7～9。

在砂卵石地层中造孔，泥浆指标可按表 5-1 所列指标进行控制。

表 5-1　造孔泥浆控制指标

静切力 (dPa)		粘度 (s)	失水量 (mL/30min)	泥饼厚度 (mm)	稳定性指标	胶体率 (%)	相对密度	含砂量 (%)	酸碱度 pH 值
1min	10min								
20～30	50～100	18～25	20～30	2～4	≤0.3	≥96	1.1～1.2	≤5	7～9

四、混凝土灌注及接缝处理

地下连续墙是在水下（或泥浆下）灌注混凝土。水下灌注混凝土的施工方法主要有刚性导管法和泵送法，根据工程需要进行选择。其中刚性导管法最为常用，其特点是：混凝土竖向顺导管下落，利用导管隔离环境水（或泥浆），使其不与混凝土接触，导管内的混凝土依靠自重压挤下部导管出口的混凝土，并在已灌入的混凝土体内流动、扩散上升，最终置换出泥浆，保证混凝土的整体性。此处着重就刚性导管法予以叙述。

（一）灌注设备及用具

水下混凝土灌注施工常用的机具有吊车、灌注架、导管、储料斗及漏斗、隔水球、测深工具等。

1. 吊车

吊车是提升混凝土料的主要设备，吊车选型主要依据混凝土灌注施工要求来选择吊车的起重量和起吊高度等性能参数。

2. 储料斗及漏斗

储料斗结构形式较多，灌注量较大的连续墙施工所用的储料斗多采用大容量的溜槽形式。不论采用哪种结构形式，其容量都必须满足第一次混凝土的灌注量能将导管底部埋入 0.5～1.0m。

漏斗一般用 2～3mm 钢板制成，多为圆锥型或棱锥型。

3. 导管

导管是完成水下混凝土灌注的重要工具，导管能否满足工程使用上的要求，对工程质量和施工速度关系甚大。常使用的导管有两种，一种是以法兰盘连接的导管，另一种是承插式丝扣连接的导管。导管投入使用前，应在地面试装并进行压力试验，检查有无漏水缝隙。

4. 隔水球

隔水球在混凝土开始灌注时起隔水作用，从而减少初灌混凝土被稀释的程度。隔水球可采用木制也可采用皮球。皮球是一种应用最普遍的隔水球，它隔水可靠，且上浮容易，价格低廉，是较好的隔水工具。

（二）混凝土的浇注

混凝土连续墙的浇注是施工的最后一道工序，也是连续墙工程施工的主要工序，因此混凝土浇筑施工必须满足下列质量要求：

(1) 外形尺寸、浇筑高度、技术性能指标必须满足设计要求；

(2) 墙体要均匀、完整；不得存在夹泥浆、夹泥断墙、孔洞等严重质量缺陷；

(3) 墙段之间的联接要紧密，墙底与基岩的接触带和墙体的抗渗性能要满足设计要求。

浇筑步骤如下。

1. 浇筑准备

(1) 拟定合理可行的浇注方案，其内容有：

1) 槽孔墙体的纵横剖面图、断面图；

2) 计划浇筑方量、供应强度、浇注高程；

3) 混凝土导管等浇注器具的布置及组合；

4) 钢筋笼下设深度、长度、分节部位，下设方法及底部形状；

5) 浇筑时间，开浇顺序，主要技术措施；

6) 墙体材料配合比，原材料品种、用量、保存；

7) 冬季、夏季、雨季的施工安排。

(2) 落实岗位责任制，各岗位各工种密切配合、统一指挥、协调行动，以保证浇筑施工按预定的程序连续进行，在规定的时间内顺利完成。

(3) 取得造孔、清孔、钢筋下设等工序的检验合格证。

2. 下设导管

1) 下设前要仔细检查导管的形状、接口以及焊缝等。

2) 根据下设长度，在地面上分段组装和编号；导管连接必须牢固可靠，其结构强度应能承受最大施工荷载和可能发生的各种冲击力，在 0.5MPa 压力水作用下不得有泄漏。

3) 在同一槽孔内同时使用 2 根以上导管浇注时，其间距不宜大于 3.5m；导管距槽孔两端头或接头管的距离不宜大于 1.5m；当孔底高差大于 25cm 时，导管中心应布置在该导管控制范围的最低处。

4) 导管的上部和底节管以上部位应设置数节长度为 0.3～1m 的短管；导管底口距孔底距离应控制在 15～25cm 范围内。

3. 浇灌混凝土

1) 开灌前，先向导管内放入一个能被泥浆浮起的隔离球塞，准备好水泥砂浆和足够数量的混凝土。开浇时先注少许水泥砂浆，紧接着注入混凝土，保证球塞被挤出后，埋住导管底部。

2) 浇筑应连续进行，若因意外事故造成混凝土灌注中断，中断时间不得超过 30min。否则孔内混凝土流动性丧失，使浇注无法继续进行，造成断墙事故。

3) 混凝土面上升速度应大于 2m/h，导管埋深 1～6m，混凝土的坍落度为 18～22cm，扩散度 35～40cm。

4) 在浇灌过程中要及时填绘混凝土浇筑指示图，校对浇筑方量，指导导管拆卸，对浇筑施工作出详细记录。浇注指示图和浇筑记录，既是指导导管拆卸的依据，又是检验施工质量的重要原始资料，在填绘指示图的同时，核对孔内混凝土面所反映的方量与实际灌入孔内的方量是否相符。如有差异，应分析原因，及时处理。

5) 浇注过程中，若发现导管漏浆或混凝土中混入泥浆，要立即停止浇灌。导管大量漏浆或混凝土中严重混浆可根据以下几种现象判定：

①经检查发现导管下埋深度不够，相差过大。

②经检查发现导管拔出混凝土面，且浇筑了一段时间。

③按实测浇注高度计算的浇注方量超过计划方量过多，且持续反常。

④经检查发现导管内进浆或管内混凝土面过低。

（三）接头处理

锯槽法造孔成墙分割槽段常采用隔离体法，隔离体有刚性隔离体和土工布袋隔离体两种。钢性隔离体下放时要求垂直平稳，其张合机构和驱动系统都必须灵活快捷，安全可靠。隔离体长度比槽孔深度大0.2～0.3m，第一次下入槽孔后不再提出，可重复使用。刚性隔离成墙接缝易于保证；土工布袋隔离体是用特制土工布袋下入槽中，然后注入速凝混凝土，在槽孔中形成一隔离桩，起到分隔槽段作用。实际操作中，土工布与混凝土的接触紧密，但其渗透性指标有待试验确定。

挖掘法造孔浇筑地下连续墙，一般划分为若干槽段进行浇筑施工，相邻两槽段的衔接部分称为接头，常用的接头方式有钻凿式和预留式两种。接头孔施工常采用套打一钻、双反弧、接头管成孔等方法。

1. 套打一钻法

一期槽孔混凝土浇注后，在其两端主孔位置重钻一孔。这种接头的特点是施工简便，适用于各种地层，但工程量增加，接头质量不易保证。

2. 双反弧法

双反弧接头是在两邻槽孔间留下约一钻孔长度，待混凝土浇注后，从预留长度处，用双反弧钻头钻除四个角。这种接头的特点是它适于一般粘土或砂砾石地层，孔深一般不超过40m；若超过40m时，必须有相应的措施。

3. 接头管法

施工方法是在一期槽孔两端下入接头管，待混凝土浇筑后，拔出接头管形成接头孔。接头管适用于各种地层，其深度根据起拔能力决定，一般用于孔深40m以内，墙厚0.6～0.8m的连续墙。

五、漏失地层的处理

当钻进风化残积层、坡积层、冲积层、洪积层、断层破碎带、节理裂隙带、溶洞、空洞及一些松软地层时，往往发生泥浆漏失现象。此外，泥浆使用不合理，地下水流速过大，也会引起漏失。

泥浆漏失程度分为三类：

(1) 轻微漏失，孔内循环泥浆少于注入泥浆，但循环未中断。

(2) 中等漏失，循环中断，液面低于孔口。

(3) 严重漏失，孔内已无泥浆或液面在几米以下。

泥浆漏失不仅增加泥浆消耗量，而且会造成坍塌及卡埋钻具等事故，所以必须采取有效措施预防和处理。

1. 粘土球堵漏

将粘土球投入孔内漏失部位，挤压捣实后再钻进。为了增加效能，可在粘土中掺入锯末、麻刀、干草等纤维质物。也可以直接向槽孔内填入粘土和锯末、麻刀等纤维质物。

2. 泥浆堵漏

在漏失地层钻进中，正确选用适当的堵漏泥浆，采取以防为主的原则，可以收到很好的效果。对堵漏泥浆的性能要求是：

1）比重要小，以减少泥浆柱压力与地层的压力差，从而减少漏失。如加入起泡剂降低泥浆比重。

2）失水量要小，使形成的泥皮薄而致密。可选用优质粘土或加入降失水剂。

3）适当提高粘度和静切力。可以加入增粘剂或无机结构剂。

常用的堵漏泥浆有以下几种；①石灰泥浆，适用于轻微漏失、中等漏失和比较严重的漏失。②锯末碱剂泥浆，适用于中等以上的漏失。③水泥泥浆乳，适用于中等漏失。

3. 水泥浆堵漏

对于漏失严重的地层可用速凝水泥浆堵漏。

（1）氯化钙快干水泥浆，适用于中等漏失及比较严重的漏失。

（2）胶质水泥，适用于严重漏失。

第五节 振动沉模防渗墙

一、概述

振动沉模技术是利用振冲力将空腹模板沉入土中，向空腹内注浆，边振动边拔模，浆沉留于孔中形成单块板墙，再将单板连成整体形成防渗连续墙。该技术适于砂性土、粘性土、淤泥、砂砾石地基等。造墙深度为 20m 以内，墙体厚度为 8～25cm。

主要技术特点：

（1）先进、质量可靠：墙体无接缝、墙面平整、厚度均匀。

（2）工效高：合理的人、机组合，每套设备日生产 300～500m^2。

（3）单位造价低：与同类型砼板墙相比，节省投资约 1/3。

（4）工艺简单：造孔、固壁、浇筑、振捣等功能一次完成。

（5）机械化程度高：有固定的设备组合和人员配备，主体工作均由机械完成。

二、设计要求

设计参数应根据地质条件和坝体状况来确定，因此要收集地基的土质条件、岩层分布、土粒的级配曲线、坝体的位移、变形、渗流等，以及堤坝存在隐患的范围、状况、性质，分析其成因和危害程度及抢险情况等。

防渗墙平面位置确定，新建坝布置在上游坝脚处或防渗心墙底部，后期坝体加固可布置在上游戗台上或坝顶轴线处，以有利于施工且节省投资为原则。

防渗墙的深度，应满足渗流稳定的要求。

当透水层厚度在 20m 以内时，防渗墙下部应嵌入不透水层，做到全封闭，嵌入深度 $\Delta l=\Delta H/2[J]$，ΔH 为防渗墙上的水头差，$[J]$ 为许用水力坡降，一般取 $[J]=8\sim10$。

当透水层厚度大于 20m 时，墙深度可取为水头的 2.5 倍。做成悬挂式防渗墙。

防渗墙厚度可按下式估算：

$$d = k_1 \frac{\Delta H_{max}}{J_{max}}(\mathrm{m}) \tag{5-7}$$

式中　k_1——系数，一般取 3～5；

ΔH_{max}——作用在墙上的最大水头差；

J_{max}——渗透破坏坡降。

一般地，渗透坡降 $J_{max}=500$，墙体透水系数 $k=10^{-7}$ cm/s，墙体抗压强度为 2～4MPa，弹性模量为 1000～4000MPa。

墙体材料应满足以下要求：

为满足拌和料的质量、输送、灌注要求，拌和料的和易性要好，不离析、不沉淀，初凝不小于 4h，终凝不大于 24h。

浆液分为：水泥砂浆、水泥粘土砂浆、水泥粉煤灰膨润土砂浆等，防渗墙厚度为 10～20cm。

为适应不同的施工条件，可采用相应的外加剂，如泵送剂、减水剂、缓凝剂、防水剂等。

三、成墙工艺

主要施工设备包括沉桩机（由桩架、振锤、夹头、模板、电动机等组成）、拌浆机、输浆泵、输送管道等组成。

施工过程包括：

1）模板就位：将桩机调平，使立柱垂直，模板对准孔位，靠振动体系下落，检查模板的垂直度。

2）振动沉模：模板用 A、B 两块，交错向前推进。先沉模 A 为后沉模 B 的导向板。

3）灌浆拔模：B 模沉入后，向 A 模内灌浆，振动、拔升、灌注同时进行，直到拔出地面。再将 A 模沉入 B 模前，拔 B 模灌浆，循环进行。

4）常用参数：工程中常用的模板（内腹尺寸）宽 75cm，厚 10～20cm，提速 1～3m/min，注浆泵压力 $P \geqslant 0.8$MPa，泵流量 $q=200$～500L/min。

四、灌浆材料要求

1. 材料

(1) 水泥：一般以 425 号硅酸盐水泥为主，水泥必须合格。

(2) 砂：以细砂为宜，有机质含量不大于 3%，含泥量不大于 10%。

(3) 粉煤灰：以二级袋装粉煤灰为宜，烧失量不大于 8%。

(4) 膨润土：能增加墙体柔性和密实度，掺量不超过水泥的 30%，以纳质为好，磨细度为 200。

(5) 水：没有被污染的中性水。

2. 浆液分类

根据工程特点，确定防渗墙的抗压强度、弹性模量、渗透系数、抗渗坡降等设计要求，确定浆液种类。浆液可分为：水泥浆、水泥砂浆、水泥粉煤灰浆、膨润土砂浆、水泥粉煤灰砂浆、水泥粘土浆、水泥粘土砂浆等。

一般振模防渗墙 28 天的透水系数 $k<10^{-6}$cm/s，抗压强度 $R=1$～15MPa，抗渗坡降

$[J] \geqslant 500$，弹性模量 $E_h=1000$MPa 左右。

水泥粉煤灰砂浆的容重为 $\gamma_c=1.9t/m^3$ 为宜，浆液在初凝前不沉淀、不离析；适合泵送的水泥砂浆坍落度应大于 15cm，初凝时间不小于 4h，终凝时间不大于 24h。

3. 配制要求

配合比一般以重量计，水不超过±2%，其他材料不超过±5%。根据材料不同，应有足够的拌和时间，以保证其均匀性。

五、质量控制

（1）保证振冲模板的垂直度，其斜度不大于 3/10000～50000。为保证垂直度，施工前应作好场地平整和机架的垂直度校核。

（2）第一次模板严格校正垂直度，后续模板与前块模板紧密扣合，以确保墙体的连续性。

（3）拔板速度不宜过快，严格控制模板空腹内浆液液面在工作面附近，保证浆体有足够的充盈量，以便连续灌注到设计高程。

（4）严格掌握灌注浆体的配合比和均匀性，以保证其物理力学指标。

（5）利用模板振动，增加了墙体和周围介质的密实度和均匀性，提高了板墙的质量。

（6）当地基内有大块石或混凝土管道时，无法用沉模法施工。这时可以采用高喷灌浆法弥补，高喷板墙与振模板墙搭接长度不小于 30～50cm。

（7）当地基内有孔洞及强透水带时，将产生漏浆现象，这时应停止模板提升，继续灌浆，直到浆液灌满孔洞为止，再继续拔模灌注。

（8）堤坝在施工中沉陷：由于施工中设备的振动，土体浆克服自身抗剪强度产生沉陷；由于灌浆中水的析出，伴随产生湿陷，尤其是堤、坝相对密实度较小时，这种沉陷更为明显，沉陷增加了土体相对密实度，对稳定和渗流都是有利的。

（9）正常施工中，工作效率为 300～400m^2/（台·日）。

第六节　喷　锚　支　护

一、概述

喷锚支护方法近年来应用非常广泛，尤其是在基坑、高速公路路基等的边坡稳定，隧洞、巷道的衬砌及支护方面。

喷锚支护的理论是奥地利科学家腊布希维次于 1950 年创立的。1963 年正式命名。先后在奥地利、瑞典、意大利、美国、日本等国家采用，此方法以最大限度地发挥岩石自身的承载作用，减少衬砌的工程量。因地制宜地搞好开挖和支护，即“适时支护”。其要点是：

1）原理是利用围岩自身的承载力；

2）理论是现代岩石力学；

3）手段是控制爆破和喷锚支护；

4）方法是现场测量的信息反馈。

喷射混凝土不需要振捣，是在高速喷射时，由水泥和骨料的反复连续冲击而使混凝土压实。同时可采用较小的水灰比，因此喷射混凝土具有良好的力学强度和耐久性。施工中将混凝土的运输、浇筑、振捣等合为一道工序，不需要模板（或脚手架）等，工序简单、机动灵活、适应性强。

本方法的基本原则有：

1）围岩是隧洞承载体系的重要组成部分；

2）尽可能保护岩体的原有强度；

3）尽量防止岩体松散，避免岩石出现单轴或双轴应力状态；

4）通过现场观测，控制围岩变形，一方面要容许围岩变形，另一方面又不容许围岩出现有害的松散变形；

5）要“适时支护”，最终支护既不要太早，也不能太晚；

6）喷射混凝土层要薄，要有柔性，宁可出现剪切破坏，不要出现弯曲破坏；

7）当要求增加支护的抗力时，一般不增加喷层厚度，而是采用增加锚筋来受力；

8）一般分为两次支护，即初期支护和终期支护。

二、施工工艺

1. 准备工作

喷射混凝土是为了增加加固面的强度。首先对岩面的不稳定危石进行清除，并喷水冲洗，露出岩面以保证喷射混凝土的粘着效果。

一个施工作业组一般由 8～10 人组成，分为工长、喷射员、机械操作员、配料员等，喷射员是整个作业的关键，主要职责是：

用压缩空气（或水）冲洗待喷面；使待喷面干净；保证适当的喷射速度和压力，使混凝土密实；调节加水量，减少回弹量；控制好喷嘴与墙面的距离和角度，保证最大压力；开工或停工时，给其他工作人员发出信号，工作结束后，清洗好喷嘴。

2. 喷射施工操作

首先要调整好工作压力。工作压力过大，动能过大，混凝土密实度大，但回弹量增加；工作压力过小，混凝土不密实，影响强度。根据经验，喷射机处的工作风压一般为 0.12～0.14MPa。

喷嘴与受喷面的角度最好为 90°（垂直），以减少回弹量，喷嘴与受喷面的距离一般为 0.8～1.0m 最好。

喷嘴移动为螺旋式平行前移，其速度应根据喷射厚度和喷射效率而定。

喷射厚度：

顶喷，主要问题是下垂脱落和回弹量过多，因此喷层不能太厚，一次喷射厚度可参照以下参数控制（单位：mm）

喷射方向	加速凝剂	不加速凝剂
顶　喷	50～70	30～50
侧　喷	70～100	60～70
底　喷	100～150	100～150

注：前后两次喷射时间间隔为 2～4h。

3. 回弹量控制

回弹量是指喷射中，喷射料撞击坚硬岩面（或钢筋），而被弹回的部分。回弹量大则造成材料的浪费，并恶化施工环境，一般要求回弹量的控制指标为：顶喷<20%～30%，侧喷<10%～20%，底喷<5%～10%。

回弹量的影响因素有：喷射角度、距离。工作压力要合理，减少材料的折射，适当提高水泥用量和砂率，即前期（第一层）骨料要少，后期（第二层）适当增加骨料。喷射厚度，当厚度小于 20mm 时，骨料几乎全部回弹，厚度大于 50mm 时，回弹基本稳定，因此每层厚度不应小于 30～50mm。

4. 粉尘度控制

施工中会产生大量的粉尘，采用干喷法更为明显，粉尘对施工人员的健康影响很大，尤其是洞内施工，因空气流通条件差，粉尘的危害更大。

（1）影响粉尘度有以下几个因素：

1）拌和料过于干燥，因砂、石含水量太少，造成水泥飞扬。

2）喷射机密封不良，在机器的缝隙或管道接头处漏风带出大量粉尘。

3）水与干料拌和不均匀，目前施工中多采用干喷法，直到喷嘴前才加水，拌和不充分。

4）施工中风压过高，造成细小颗粒飞溅，形成粉尘。

（2）减少粉尘的工程措施：

1）增加骨料的含水量，变干料为"潮料"喷射，当砂料的含水量达到 6%～7%时，粉尘度能降到 20～30mg/m^3 以下。

2）保持机械的密封条件。料斗内进料不宜过满，一般加入 80%～90%为宜，每班工作完后，将转子清洗干净，当胶板磨损严重时，要及时更换。

3）双水环加水法，即在喷嘴处和喷嘴后 4～5m 处各设一个加水环，使干料充分湿润，第一次加水量为$\frac{1}{3}$～$\frac{1}{2}$左右。

4）选择合理的工作风压，根据输料管的长度和喷射机性能。采用不同的风压进行试验比较，找出较合理的工作风压，一般在 0.1～0.2MPa 之间。

5）加强工作面的通风条件，不断补充新鲜空气来置换和降低粉尘度。

5. 表面处理

表面平整对于减少粗率、抗老化、美观等都很重要。一般在混凝土喷射后 15～20min，用刮刀将基线以外的多余部分刮掉，适当进行抹灰找平，压光。

6. 养护要求

养护将直接影响喷射混凝土的质量，喷射后 7 天是养护的关键时期，一般在混凝土终凝后 2 小时开始喷水养护，相对湿度应大于 85%。

三、材料要求

1. 水泥

水泥标号不低于 425 号，以硅酸盐水泥或普通硅酸盐水泥为主。对于特殊环境，应专门研究试验确定。

2. 砂

以中、粗砂为主，细度模数应大于2.5，粒径在0.3～5.0mm之间，级配良好，质地坚硬。

3. 石子

石子以卵石为好，对管道的磨损相对较轻，且不易堵塞。石子粒径一般为5～15mm。

4. 水

同普通混凝土的用水要求。

5. 外加剂

常用的外加剂有以下几种。

1）速凝剂：提高早期强度，减少回弹量和脱落。速凝剂要求初凝在3min之内，终凝在12min之内，8h强度不小于0.3MPa，速凝剂拌量一般为水泥重的2%～4%左右。

2）减水剂：掺入减水剂后可降低水灰比，相对减水率为5%～15%。减水剂能提高混凝土强度，增加混凝土的不透水性和抗冻性，并减少混凝土回弹量，掺量一般为水泥重的0.5%～1.0%左右。

3）早强剂：提高混凝土早期强度，有效防止围岩变形，掺量为水泥重的6%左右。

4）增粘剂：能减少施工中的回弹量和粉尘度，掺量为水泥重的5%左右。

5）防水剂：防水剂能增加混凝土的抗渗性并提高其强度。

四、配合比设计

喷射混凝土要满足以下要求：达到设计厚度；4～8h强度能控制围岩变形，耐久性强，回弹量少，粉尘度低；不堵塞管路等。

1. 水泥与骨料之比

一般为1∶4.0～1∶4.5。水泥少则回弹量大，早期强度低；水泥多则粉尘度高，混凝土收缩变形大。

2. 砂率

砂率，即砂子占粗细骨料的百分率。砂率的大小直接影响混凝土强度、收缩量、水泥用量、回弹量等，根据工程实践经验，砂率一般以45%～50%为合理。

3. 水灰比

水灰比过小时，水泥不能充分水化，部分水泥不起作用，水灰比过大时，多余的水蒸发后，在混凝土中形成毛细孔，较合理的水灰比值为0.4～0.5，这时喷射的表面平整、光滑、粉尘度低、回弹量少。

五、混凝土性能指标的确定

1. 抗压强度 σ

采用100mm×100mm×100mm的标准试件，在 $t=20\pm3$℃，相对湿度为90%以上，养护28天，一组三块，取平均值，用测得的抗压强度乘以0.95的尺寸换算系数。其强度等级为C15～C40。

一般要求喷混凝土要加速凝剂，提高早期强度，一天的抗压强度应达到6～10MPa。

2. 抗拉强度 f_{ts}

抗拉强度一般用劈裂受拉试验测定，试件尺寸同抗压试验、劈裂抗拉强度为：

$$f_{ts} = 2P/\pi A = 0.637P/A \quad (\text{MPa}) \tag{5-8}$$

式中 P——破坏荷载，N；

A——劈裂面面积，mm^2。

取三个试件中的平均值，并用实测值乘以 0.85 的尺寸换算系数。

一般抗拉强度为抗压强度的 10%～12%，即：

$$f_{ts} = (0.10 \sim 0.12)\sigma \tag{5-9}$$

3. 抗剪强度 τ

由于混凝土喷射层较薄，有时会产生剪切破坏，其抗剪强度一般取为 3～4MPa。

4. 粘结强度 C

粘结强度分两种：一种是抗拉粘结强度（受力垂直于受喷面）；一种是抗剪粘性强度（受力平行于受喷面）。根据实测粘结强度约为 1.0～2.0MPa。

粘结强度也可以现场实测。

5. 混凝土弹性模量

喷射混凝土随龄期和抗压强度等级不同，弹模也不同，一般弹性模量 $E=(2.0\sim3.0)\times10^4$MPa。

6. 喷射混凝土的收缩

混凝土在相对湿度较小的条件下熟化干燥，将产生较大的收缩。掺速凝剂时收缩量相对要加大。一般 28 天内收缩量达 0.5‰～1.0‰，且初期收缩值大。

7. 徐变

即荷载不变，变形随时间增长而加大的特点，徐变特性与水泥品种、用量、水灰比、外力等有关，且影响较复杂，徐变初期较大，后期相对稳定。

8. 抗渗性

喷射用的混凝土中，水泥用量大、水灰比小、砂率高、骨料粒径小、混凝土的孔隙率小，因此有较高的抗渗性，一般能达到 S8～S20。

9. 抗冻性

混凝土冻融破坏是因为内部孔隙中水在结冰时体积膨胀 9%～10%，因而产生较大的应力，冻融循环次数多，破坏也相对严重。

工程中规定，混凝土抗冻等级为混凝土试件的重量损失为 5%，或强度降低 25%时的冻融循环次数为混凝土的抗冻等级。

根据中国的试验资料，经过 200 次冻融试验后，强度降低不大于 11%，即具有很高的抗冻性。

第七节 高喷防渗技术

一、概述

高压喷射灌浆技术是利用钻机造孔后，再把带有喷头的灌浆管下到预处理部位，以高压水射流冲击破坏土层，部分细颗粒随泥浆冒出地面，其余部分与灌入的浆液混合掺搅，在堤坝中形成凝结体。其基本原理是利用射流作用切割掺搅土层，改变原土层的结构和组成，同时灌入水泥浆达到防渗目的。

1. 喷灌形式

(1) 旋喷：边喷浆边旋转，形成柱状凝结体，墙体厚。

(2) 摆喷：边喷浆边摆动，形成哑铃状凝结体，墙厚中等。

(3) 定喷：喷浆方向不变，形成板状凝结体，墙厚较小。

2. 高喷方法分类

高喷的基本方法有：单管法、双管法、三管法和多管法等。它们各有特点，可根据工程要求和土质条件选用。

(1) 单管法（CCP法）。

单管法是利用高压泥浆泵装置，以30MPa左右的压力，把浆液从喷嘴中喷射出去，形成的射流冲击破坏上体，同时借助灌浆管的提升或旋转，使浆液与从土体上崩落下来的土粒混合掺搅，凝固后形成凝结体。它的优点是，水灰比易控制，冒浆浪费少，节约能源等。该工法适用于淤泥、流砂等地层。但由于该工法需要高压泵直接压送浆液，形成凝结体的长度（柱径或延伸长）较小。一般桩径可达0.5～0.9m，板墙体延伸可达1.0～2.0m。

单管法用于加固软土地基，淤泥地层中的桩间止水，已有建筑物纠偏及地基加固等。

(2) 二管法（JSG法）。

二管法是利用两个通道的注浆管，通过在底部侧面的同轴双重喷射，同时喷射出高压浆液和空气两种介质射流冲击破坏土体，即以高压泥浆泵等高压发生装置用30MPa左右压力将浆液从内喷嘴中高速喷出，并用0.7～0.8MPa的压缩空气，从外喷嘴（气嘴）中喷出。在高压浆液射流和外圈环绕气流的共同作用下，破坏泥土的能量显著增大，与单管法相比，在相同的压力作用下其形成的凝结体长度可增加一倍左右。

二管法用于加固软土地基及粉上、砂土、砾石、卵（碎）石等地层的防渗加固。

(3) 三管法（CJP法）。

三管法是使用分别输送水、气、浆三种介质的三管（铁路、冶金系统多用三重管），在压力达30～60MPa左右的超高压水喷射流的周围，环绕一股0.7～0.8MPa左右的圆筒状气流，利用水气同轴喷射，冲切主体，再另由泥浆泵注入压力为0.1～1.0MPa，浆量为50～80L/min的稠浆。浆液多用水泥浆或粘土水泥浆，浆液相对密度可达1.6左右。如前所述，当采用不同的喷射形式时，可在上层中形成各种不同形状的凝结体。三管法由于可用高压水泵直接压送清水，机械不易磨损，可使用较高的压力，形成的凝结体长度较二管法大。

三管法又分为老三管法和新三管法。新三管法除了利用高压水冲击切割地层外，还利用约40MPa的高压浆液进行充填，所以新三管法又叫二次切割法。它喷射的距离远，所以形成的桩径大。

三管法用来加固淤泥地层以外的软土地基，以及各类砂土卵石等地层的防渗加固。

上述高喷灌浆法均为半置换法。

(4) 多管法（SSS—MAN法）。

先在地面上钻一导孔，然后置入多重管，用逐渐向下运动旋转的超高压射流，切削破坏四周的土体，经高压水冲切下来的土和石，随着泥浆用真空泵从多重管中抽出，如此便在地层中形成一个较大的空间；装在喷嘴附近的超声波传感器可及时测出空间的直径和形状，然后根据需要选用浆液。砂浆、砾石等材料填充，在地层中形成一个大直径的柱状固结体。在砂性土中最大直径可达 4m 此法属于用充填材料充填空间的全置换法。

此外，根据喷射介质的不同，高压喷射灌浆又可分为单介质喷射、双介质喷射及多介质喷射等类型。

3. 高喷流体力学参数

高喷对土体的切实能量来自压力水流。压力系流由高压泵、供水系统、喷嘴等组成。喷嘴直径一般为 3mm。

（1）喷嘴流速与压力的关系为：

$$v_0 = \phi \sqrt{2gp/\gamma} \quad (\text{m/s}) \tag{5-10}$$

式中 ϕ——流速系数；取为 0.96～0.97；

p——喷嘴入口压力，Pa；

γ——水容重，$\gamma = 9.8\text{kN/m}^3$。

（2）射流功率：

$$N = 3P^{3/2} d_0^2 \times 10^{-9} \quad (\text{kW}) \tag{5-11}$$

式中 P——泵的压力，Pa；

d_0——喷嘴直径，$d_0 = 3\text{mm}$。

不同压力下的 $P \sim V_0 \sim N$ 关系如表 5-2 所列。

表 5-2　不同压力下的 $P \sim V_0 \sim N$ 关系表

P（MPa）	10	20	30	40	50
V_0（m/s）	136	192	243	280	313
N（kW）	8.5	24.1	44.4	68.3	95.4

二、高喷技术特点

1. 可灌性好

高压喷射灌浆是强制性破坏原土层结构，不存在一般注浆的可灌性问题。只要高压射流能破坏的地层如细砂、特细砂、粘性上均可处理。尤其是夹杂于地层中的各类土，高压喷射灌浆的效果比一般注浆方法更为明显。

2. 可控性好

对块、卵石层的较大孔隙及集中渗漏的空间，以各种射流机理加之绕流、位移、袱裹等作用将地层颗粒或级配料予以充填封堵，已被许多的工程实例所证实效果良好。

3. 连接可靠

这是指高压喷射灌浆板墙自身及它与周边构筑物在上下、左右、前后能实现三维空间的连接。主要表现在：

1）大量的现场开挖可以看出，规范设计孔距与单孔板墙喷射长度（范围）间的安全系数达 1.5～2.0。

2）新高压喷射灌浆板墙与老板墙或地下各种原有构筑物之间连接时，新喷射流将原构筑物表面冲刷干净并与其凝结，牢固地溶为一体。

4. 机动灵活

1）该工艺不需要对地层的开挖，而在钻孔内的任何高度上，采用不同方向、不同喷射形式，可按设计要求喷射成如糖葫芦、大底、半圆台等形状的凝结体，亦可通过坝体一涵洞等建筑物对数十米下砂砾层、隐患进行处理。

2）可在水上对水下隐患进行处理。

3）板墙物理力学指标可人为通过浆液予以调整。

5. 适应地层广深度较大

高压喷射灌浆所适应的地层，从20世纪80年代中细砂扩展到目前包括块球体在内的所有第四系地层，均可构筑高压喷射灌浆板墙或桩。基础处理的深度，是基础处理技术上很重要且难度较大的一项技术指标。我国高压喷射灌浆，在1992年处理深度达63m，目前已达80余m。关键是钻孔垂直度问题，现在可控制在3‰左右。

6. 施工场地要求不高

相对多种成槽法造墙工艺来讲，高压喷射灌浆无须护壁浆液和混凝土制作浇筑系统，其对施工场所的要求不高。

7. 可用于软基加固

高压喷射灌浆固结体除连接成一体做防渗外，它还可用于软基加固或松散体的整体固化。

因为高压喷射灌浆具有上述诸多优势，在我国的防渗工程中得到了较普遍的应用，所完成的防渗墙面积及该项技术的创新发展都居世界前列。20多年的实践，也积累了大量的经验和教训，成功的工程占大多数。该项技术具有其他技术不能代替的独到之处，只要尽快地制订正式的全国性的技术规范，加强施工组织管理，选用高素质、熟练的施工队伍，严格控制施工质量，就可以保证该项技术的成功运用。

三、技术参数选择

高压喷射灌浆质量的好坏、工效和造价的高低，不仅受工程类型、喷射地形及地质地层条件的影响，更重要的是取决于施工工艺技术参数的合理选用。以三管法为例，主要是选好水、气、浆的压力及其流量，喷嘴大小及数量；喷嘴旋转、摆动和提升的速度；浆液配比、相对密度等。

对于高压喷射灌浆的原理，如前所述为综合因素。上述各种工艺参数，在理论上虽可做些计算和分析，但仅仅是定性的，要定量地选择离实际应用还有相当的距离。因此实际上工程的应用多依据试验和实践经验。这些技术参数的确定与被处理地层的工程和水文地质情况是密切相关的，尽管已积累了不少经验，但要全面地提出不同地层的最佳参数配合，还须做很多的资料积累和试验研究工作。一般情况下，重要工程在开工前，视工程复杂程度与地质情况，都应进行现场试验，以取得较为适宜的符合该工程实际情况的施工工艺技术参数。下面根据实践经验的总结简述几个主要参数的选用。

高压射流压力如前所述，是使喷射流产生高速，从而有强大的破坏力。而喷射的流量是产生强大动能的重要条件，所以一般都采用加大泵压和泵量来增大其冲切效果，以获得较大的防渗加固体，限于目前国内机械设备的水平，常用的喷射压力为20～40MPa，最大可达60MPa，视地层结构的强弱而定。

提升速度和旋转是喷射流相对性移动的速度，它是决定喷射流冲击切割土层时间长短的两个主要因素。实践证明，土体受到高压射流的冲切后，很快被切割穿透。切割穿透的程度是随射流持续喷射时间的增加而增大的。一定的喷射时间，产生一定的喷射切割量，便可将土作冲切一定的深（长）度。提升速度和旋转速度的相互配合是至关重要的。旋喷或摆喷时，提升速度过慢影响工效，增加耗浆量；旋转速度过快桩径太小，影响施工质量。它们之间均有较佳的相互配合。一般控制在每旋转一转，提升0.5～0.25cm，这样可使土体破坏，且土颗粒破坏的较为细而均匀。当为定喷时，只是提升速度与切割沟槽长短及冲切颗粒粗细之间的关系，因而也较好选取。

据目前的国内有关资料，综合实践经验，不同喷射类型的高压喷射灌浆施工工艺技术参数的配合如表5-3所列。

表5-3　　高压喷射灌浆主要工艺技术参数表

项目 \ 喷射类型		单管法	二管法	三管法	
				国内	日本
高压水	水压（MPa）			30～60	20～70
	水量（L/min）			50～80	50～70
压缩气	气压（MPa）		0.7	0.7	0.7
	气量（m^3/min）		1～3	1～3	>1
水泥浆	浆压（MPa）	30	30	0.1～1.0	0.3～4.5
	浆量（L/min）	25～100	50～200	50～80	120～200
提升速度（cm/min）		20～25	5～10	5～40	5～200
旋转速度（r/min）		20	20	5～10	5～10
摆动角速度（°/s）				5～30	
喷嘴直径（mm）		2.0～3.2	2.0～3.2	1.8～3.0	1.8～2.3

四、设计要点

1. 孔距及布置形式

设备确定之后，下一步工作就是孔距及板墙布置形式的设计。孔距及布置形式的设计合理与否，对高压喷射灌浆的造价及质量影响很大，应结合施工现场试验精心设计，结合高压喷射灌浆参数的选定选取较为合理的、适宜的孔距及布置形式，以确保施工质量，降低工程造价。

作为防渗工程，通过大量的工程实践经验及定性理论分析，总结出了如表5-4所示的几种常用的孔距及布置形式。临时性和一般性的工程常采用单排布孔，重要工程可按表中所示，布置成双排或多排孔，以确保施工质量。

表5-4所列孔距及布置形式受水文地质情况影响较大，大值适用于细颗粒地层，小值适用于大颗粒地层。在相同的工艺参数情况下，在中细砂、粉砂地层，孔距可大些，一般2.0～2.5m；在砾卵石及卵漂石地层，孔距多采用1.0～1.5m；在中粗砂、壤土或杂填

土层，孔距多采用1.5～2.0m。但针对某具体工程，最优的孔距及布置应通过现场试验确定。

表5-4　　高压喷射灌浆施工工艺布置形式

编号	名称	图型	孔距（m）	厚度（cm）	特点
1	折线型	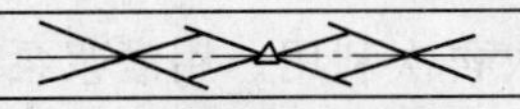	1.6～2.5	10～30	便于连接
2	微摆型	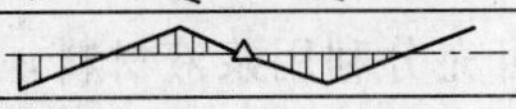	1.6～2.2	20～40	连接可靠，墙厚
3	交叉型	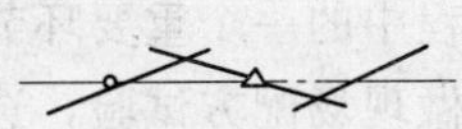	1.6～2.5	蜂窝状	连接结构稳定性好
4	直摆型	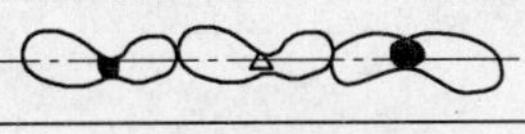	1.6～2.2	20～50	便于连接
5	摆定型	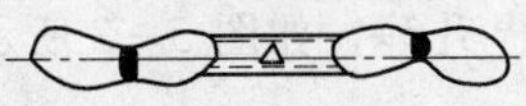	1.6～2.5	10～40	连接结构稳定性好
6	柱列型	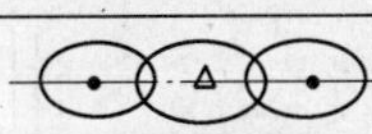	0.8～1.4	20～40	套接可靠性差
7	柱板式	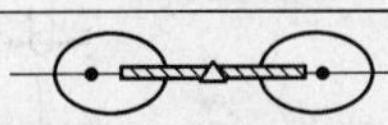	1.4～2.0	>10	便于连接，结构稳定性好

防渗工程中常用的定喷板墙，布置形式除表5-4所列外，还可以布置成多种形式，以适应不同的工程需要。根据目前的工程实践经验，工程部门大都采用交叉折线形连接，俗称“人”字形。这种连接形式连接可靠，结构稳定性好。喷射方向与轴向的夹角一般设计为20°～30°，连接角度120°～140°，布孔施工时可按由疏到密的原则，分序施工，先喷一序孔，再喷二序孔。如遇到转折孔，则孔距和喷射角度要作适当调整，以确保转折孔与邻孔墙体之间的紧密连接。另外，直摆对接也是一种常用的连接形式，对孔深在20m以内的工程较为适用。

高压喷射灌浆防渗技术，用于加固地基提高地基承载力的工程，一般采用旋喷桩，布置成单个或多个连续或不连续的结构形式。

旋喷桩直径的大小，依据地层、水文地质情况的不同亦有差别，对此应作出正确的估计。直径估计得过大或过小，将对工程造成不利的影响。就目前我国水利方面的施工水平，旋喷桩直径多采用1.5m左右，特殊条件下采取一定的措施，也可采用2.0m的直径。一般在砂层（包括细砂、半粗砂）旋喷桩直径较大，而在粘性上层、淤泥质层、砂卵及卵漂石地层，旋喷桩直径较小，所以具体到某一工程，正确的旋喷桩直径也应通过现场试验来确定。

2. 灌浆材料

目前最常用的灌浆材料有两类：一为固体浆材，如水泥；二为化学浆材，如水玻璃、氯化钙、环氧树脂、氯凝等。与之对应常用的浆液有水泥浆、水泥粘土浆，以及掺加适量化学浆材的浆液。采用何种浆材及浆液要根据工程需要，视设备工艺条件，一般需通过配方试验加以确定。

高压喷射灌浆时，一部分浆液与地层搅混进入地层，另一部分浆液将由孔壁流出地面（俗称冒浆）。浆液控制的主要目的是在保证浆液量的前提下，使用最优的浆液水灰比，尽量减少或降低冒浆量，为此应采取如下几条措施。

(1) 选用合适的水灰比。高压喷射灌浆工程一般采用的水灰比不大于 1∶1 的浆液，对于强度要求不高，主要作为防渗用的工程可用一定比例的粘土水泥浆，以降低工程造价。

(2) 通过试验，调整工艺参数，使其冒浆量最小。

(3) 对流出地面的浆液，经过沉淀池沉砂回收再次利用。用灌浆泵把冒浆打回搅浆桶内与新浆液混合，再灌入地层，如此循环往复，可充分利用浆液材料，降低材料消耗。

总之，灌浆材料与浆液控制是高压喷射灌浆过程中的一个重要环节，其好坏将直接影响灌浆质量。为此，在施工之前，应对浆材及浆液做现场配方试验，选取最优的浆液，以满足工程质量要求。

3. 施工程序

施工程序大体分为钻孔、下注浆管、喷射、提升等，如图 5-2 所示。

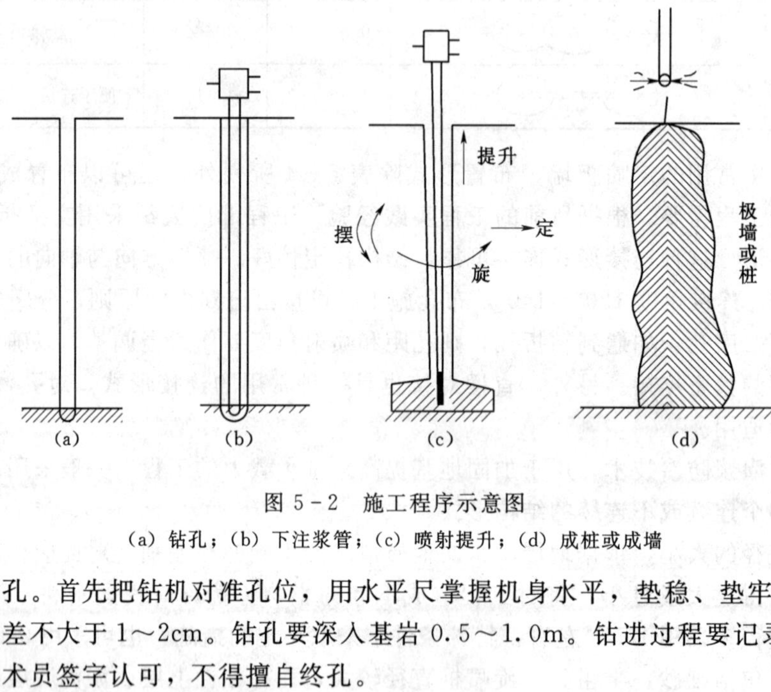

图 5-2　施工程序示意图

(a) 钻孔；(b) 下注浆管；(c) 喷射提升；(d) 成桩或成墙

(1) 钻孔。首先把钻机对准孔位，用水平尺掌握机身水平，垫稳、垫牢、垫平机架。控制孔位偏差不大于 1～2cm。钻孔要深入基岩 0.5～1.0m。钻进过程要记录完整，终孔要经值班技术员签字认可，不得擅自终孔。

严格控制孔斜，孔斜率可根据孔深，经计算确定，以两孔间所形成的防渗凝结体保证结合，不留孔隙为准则。孔深大于 15m 的，以用磨盘钻造孔为好，每钻进 3～5m，用测斜仪量测一次，发现孔斜率超过规定应随时纠正。

(2) 下喷射管。将喷射管下放到设计深度，将喷嘴对准喷射方向不准偏斜是关键。用震动钻时，下管与钻孔合为一体进行。为防止喷嘴堵塞，可采用边低压送水、气、浆，边下管的方法，或临时加防护措施，如包布或胶布等。

(3) 喷射灌浆。当喷射管下到设计深度后，送入合乎要求的水、气、浆，喷射 1～3min；待注入的浆液冒出后，按预定的提升、旋转、摆动速度自下而上边喷射边转动、摆动，边提升直到设计高度，停送水、气、浆，提出喷射管。

喷射灌浆开始后，值班技术人员必须时刻注意检查注浆的流量、气量、压力以及旋、摆、提升速度等参数是否符合设计要求，并且随时做好记录。

(4) 清洗。当喷射到设计高度后，喷射完毕，应及时将各管路冲洗干净，不得留有残渣，以防堵塞，尤其是浆系统更为重要。通常是把浆液换成水进行连续冲洗，直到管路中出现清水为止。

(5) 充填。为解决凝结体顶部因浆液析水而出现的凹陷现象，每当喷射结束后，随即在喷射孔内进行静压充填灌浆，直至孔口液面不再下沉为止。

第八节 垂直铺塑防渗技术

一、概况

垂直铺塑是20世纪80年代初开始研制发展起来的一项新的防渗技术，经过20余年的发展和革新，该技术已日趋成熟并广泛应用于水库大坝和江河、湖泊大堤的防渗加固工程。其基本原理是：首先用水冲、链斗或往复式锯槽机在需防渗的土体中垂直开出槽孔，并以泥浆护槽壁，然后将与槽深相当的整卷土工膜下入槽内，倒转轴卷，使土工膜展开，相邻两幅之间用搭接的方式连接；最后进行膜两侧的填土，即形成防渗帷幕。回填时，在槽底回填粘土，厚度不小于1m，目的是密封，以防止水从下部绕渗，接着回填与原筑坝土质相同的土，待其下沉稳定后，往槽内继续填土压实；待土工膜出槽后，将其与建筑物防渗体系连接，不得外露。在与建筑物连接处，土工膜应留有足够的富裕，以防建筑物变形时拉断土工膜。

与较早的类似的其他防渗技术（如地下混凝土连续墙等）相比较，垂直铺塑防渗技术有如下特点。

(1) 开槽机造槽经济适用。

开槽机是垂直铺塑防渗技术施工开槽的主要设备，它是根据防渗技术要求和有利于施工两个方面而研制的，槽孔的深浅、宽窄可以调节。能够满足不同工程设计要求。机械结构简单、操作方便、机理明确、施工速度快，造孔经济适用。

(2) 防渗材料性能好。

垂直铺塑防渗技术所采用的防渗材料一般为土工膜或塑料板。如聚乙烯（PE）土工膜、聚氯乙烯（PVC）土工膜、复合土工膜或防水塑料板等。这类材料防渗效果好，其本身渗透系数一般小于10^{-11}cm/s；柔性好，易于施工；寿命长，在地下良好的保护状态下，其工作寿命至少在30年以上。

(3) 施工速度快，工程造价低。

垂直铺塑防渗技术所以被广泛应用，一是新型开槽机结构简单、操作方便、施工速度快、造价低；二是防渗材料的单位面积造价经济，且易于施工。

二、垂直铺塑防渗技术适应范围

任何一项技术都有其局限性和适应性，垂直铺塑防渗技术也不例外。该项技术在土层分布、地下水位高低等方面都有其技术本身的要求和适应范围。垂直铺塑施工的开槽深度与土层分布和地下水位高低三者之间是相互联系和相互影响的。在不同的地层分布条件下和不同的地下水位情况下，其深度都不一样，即深度受到两者的影响。根据大量的经验数据，一般情况下，其影响组合如表 5-5 所示。

表 5-5　　垂直铺塑防渗深度、土层分布、地下水位关系组合表

防渗深度（m）	地质土层分布	地下水位（m）
0～10	素填土、粘土砂壤土、粉土、粉砂、细砂	2～4 以下
10～15	素填土、粘土、砂粒土、粉土	2～6 以下

在确定工程设计方案时，要同时考虑土的地质条件和地下水位情况。如果地质报告显示，土层中有大量石块、地下建筑物或纯中粗砂情况，就不宜采用垂直铺塑技术；如果地质情况允许，而地下水位很高，施工场地地基很软，设备不能放置或放置后负荷工作地基不能承受其压力时，则也无法采用垂直铺塑技术；如果地下水位很低，但蓄水条件不好，护壁浆液可能保持不够易造成塌孔，也不宜采用垂直铺塑技术。

另外，防渗深度还受其他因素影响，如土的干密度、流沙等。土的干密度是土软硬程度的一个体现，如果干密度过大（超过 1.70）土质很坚硬，则有可能开槽困难或开不下去，则无法采用垂直铺塑技术。土层中有流砂层，而且流砂层很厚，超过防渗深度 1/3，往往是纯中粗砂，则开槽后有可能造成塌孔，这也不能采用垂直铺塑技术。

综合起来，垂直铺塑防渗技术的应用应具备下列几个条件：

（1）透水层深度一般在 12m 以内，或通过努力，开槽深度可以达到 16m。

（2）透水层中大于 5cm 的土粒含量不超过 10%（以重量计），其少量大石块的最大粒径不超过 15cm，或不超过开槽设备允许的尺寸。

（3）透水层中的水位能满足泥浆固壁的要求。

（4）当透水层底为岩石硬层时，对防渗要求不很严格。

（5）透水层中流砂夹层或纯中粗砂段所占比例很少，能满足泥浆固壁的要求。

三、机械设备

垂直铺塑防渗技术主要设备是开槽机，辅助设备有拌浆机、循环泥浆泵、抽砂泵、水泵等。现主要介绍开槽机。

1. 往复式射流开槽机（WSK—16）

往复式射流开槽机是应用最广泛的开槽机械，它适合于各种地质土层条件。该设备综合了锯、犁和射流冲击的原理，集中了各类开槽机的优点，具有功率大、成槽速度快、整机结构紧凑、便于拆装、便于运输等优点。

往复式射流开槽机最适应于砂壤土、粉土地质情况。它引用了锯的切割作用、犁的翻上作用、高压水（泥浆）的射流冲击作用。该机拥有 100 余个射流喷嘴，出口流速达到 20m/s，在锯犁和射流的共同作用下而切开土体，由抽砂泵迅速吸出粗颗粒液体和沉渣，从而形成槽孔，同时由反循环水（泥浆）形成浆液达到固壁作用。

2. 链斗式开槽机（LDK—15）

链斗式开槽机结构较复杂，设备较重，操作难度比往复射流式开槽机大，设备造价也要高出一倍。

链斗式开槽机最大优点是对粘性土、直径小于15cm的卵石土质特别有效。其工作原理是利用特殊耐磨链条带动挖斗将土体挖开，然后造浆固壁成槽。

链斗式开槽机行走机构有两种形式：一种是轮式；另一种是轨道式。前者较简单方便，后者则复杂而繁琐。

四、泥浆循环固壁

为了保证槽孔的稳定性，垂直铺塑防渗施工过程中泥浆循环固壁工艺非常关键。

1. 泥浆材料的选择

护壁泥浆要求相对密度小，粘度适当，稳定性好，过滤水量少，泥皮形成时间短且薄，表面又有韧性。从管理上说，还希望操作方便、成本低。

(1) 膨润土。膨润土是制备泥浆的主要原料，它对掺入物的要求低，重复使用次数多，且泥皮薄，韧性大，防渗性好，槽壁稳定，挖槽效率高。使用前应进行泥浆配合比试验。

(2) 粘土。采用其他粘土时，应进行物理化学试验和矿物鉴定，其粘粒含量应大于50%，塑性指数大于20，含砂量小于5%，二氧化硅和三氧化二铝含量的比值宜为3∶4。

(3) 外加剂。常用的是纯碱（Na_2CO_3），它能使土粒充分水化，充分膨胀，增强泥浆的吸附能力。同时，能置换钙离子，把钙质土变为钠质土，加速粘土的分散，提高粘土的造浆率。

(4) 增粘剂。常用高粘钠羧甲基纤维素（即化学浆糊、代号CMC）。它可以提高泥浆粘度、降低过滤水量、改善泥皮性能，使泥浆具有良好的稳定性，并降低泥浆的胶凝作用，增强泥浆的固壁效果。

(5) 硝基腐殖酸碱剂（简称硝腐碱）。硝基腐殖酸碱剂系由硝基腐殖酸铵、烧碱和水组成。硝腐碱在泥浆中有稀释、降失水、抗盐钙等污染的作用，特别显著的是用硝腐碱处理的泥浆、泥饼薄面坚韧，失水少，应用范围广。

(6) 铁铬本质素硫酸盐（FCLS）简称铁铬盐。铁铬盐为稀释剂，有应用范围较广的特点，其抗盐、抗钙和抗温等的能力，比一般稀释剂强得多。

(7) 水。水是一般清洁水，pH值5.4左右。

因垂直铺塑防渗施工槽孔停留时间短，而且对槽内浆液浓度无严格限制的要求，因此对于一般二、三级土层地质情况，只用膨润土和粘土即可满足要求。

2. 泥浆的性能指标

泥浆拌制和使用时必须检验，选择护壁泥浆的性能时应考虑到地质条件及挖槽方法。泥浆的性能指标应通过试验确定。在一般软土层成槽时，可参阅表5-6、表5-7。

3. 泥浆的制造

泥浆制造中应设有一条泥浆拌和系统联动线。其中应包括泥浆拌和机、储料斗、储有各种性能材料的桶或斗、木箱等几部分组成。在经过试验确定好泥浆的材料配合比后可进行泥浆搅拌。首先加水至搅拌筒1/3，开动搅拌机，在定量水箱不断加水的同时，加入膨润土纯碱液搅拌3min左右，再加入其他掺和物，搅拌时间控制在5min以内，如果泥浆搅拌后直接使用，搅拌时间应再延长2～3min，现场搅拌泥浆应控制粘度和相对密度。每10罐抽查泥浆试样一组，检查全面指标。一般情况下泥浆搅拌后应贮存24h以上或加分散剂，使膨润土或粘土充分水化后方可使用。

表 5-6　泥浆的性能指标

项　次	项　　目		性能指标	检验方法
1	相对密度		1.05～1.25	泥浆相对密度秤
2	粘　度		18～25s	500cc/700cc 漏斗法
3	含砂量		<4%	量杯法
4	胶体率		>98%	
5	失水量		<30ml/30min	失水量仪
6	泥皮厚度		1～3mm/30min	失水量仪
7	静切力	1min	(20～30) 10^{-5}kPa/cm^2	静切力计
		10min	(50～100) 10^{-5}kPa/cm^2	静切力计
8	稳定性		<0.02g/cm^3	
9	pH 值		7～9	pH 试纸

表 5-7　各种土层使用的泥浆粘度 (S)

土层	无地下水时	有地下水时
粘土	20～22	
粉质粘土砂质粘土	23～28	24～30
含有粘土的砂	25～32	30～37
砂（粗～细）	28～35	33～40
砾石	37～45	55～70

4. 泥浆处理装置

通过沟槽循环而排出的泥浆，由于膨润土和增粘剂等主要成分的消耗以及土渣和电解质离子的混入，其质量降低，失去原有的性质，因此必须净化处理后，才能继续循环使用。

(1) 泥浆处理方法。采用沉淀池沉淀，一般在工程中均采用上溢式重力沉淀池处理法。泥浆池一般由沉淀池、储浆池及循环池三部分组成。泥浆池的尺寸大小及容积应根据施工时泥浆的需求量进行设计。为加强泥浆沉淀效果。泥浆在沉淀池循环路线呈“S”形变向前进。

(2) 泥浆配合比的调整。泥浆的配合比，不是一次设计即可一成不变地使用。由于成槽过程混入泥屑及离子交换等原因造成泥浆分化，需根据泥浆的抽样检验结果与控制指标作比较，不断调整，以提高泥浆的反复使用率。

五、材料要求

1. 材料

水利工程中做垂直防渗用的土工合成材料一般为土工膜和复合土工膜。

由于聚乙烯抗拉强度比聚氯乙烯高，耐老化，使用寿命较长，故近年来多采用聚乙烯土工膜。聚乙烯土工膜又称 PE 膜，PE 与聚乙烯名称等效使用。PE 膜又分为薄膜和薄片两种，习惯上以膜的厚度区分，但无明确划分标准。PE 土工膜属新型防渗材料，其性能明显优于其他材料。PE 土工膜具有良好的防渗性能，在我国已得到广泛应用。

2. 物理力学性能指标

SL/T231—98《聚乙烯（PE）土工膜防渗工程技术规范》，土工膜的物理力学性能指标应符合下列要求：

密度（ρ）不应低于 900kg/m^3；

破坏拉应力（σ）不应低于 12MPa；

断裂伸长率（ε）不应低于 300%；

弹性模量（E）在 5°C 时不应低于 70MPa；

抗冻性（脆性温度）不应低于－60℃；

联接强度应大于母材强度；

撕裂强度应大于或等于 40N/mm；

抗渗强度应在 1.05MPa 水压下 48h 不渗水；

渗透系数小于 10^{-11}cm/s。

3. 水力稳定计算

在质量合格条件下，PE 土工膜的正常流量可按下式计算：

$$Q = KA\frac{\Delta H}{\delta} \tag{5-12}$$

式中 Q——正常渗透量，m^3/s；

K——PE 土工膜渗透系数，cm/s；

A——PE 土工膜渗透面积，m^2；

ΔH——PE 土工膜上下游水位差，m；

δ——PE 土工膜厚度，cm。

4. 联接设计

PE 土工膜底边和周边应与不透水基底的周边不透水结构紧密联接，形成封闭或半封闭式的不透水防渗结构体。若 PE 土工膜周边因条件限制只能与透水结构相接时，膜顶边高程应超出最高水位时的波浪最大爬高，超高值应不小于 0.5m。

5. PE 土工膜的焊接

（1）焊接设备和焊接要求。PE 土工膜采用焊接形式达到成幅的目的。焊接可采用双轨自动行走焊接机。

焊接质量直接影响防渗效果的好坏，焊接时应根据环境温度、风力大小而调节焊接机的温度。焊接场地要求平整，风力在 3 级以下，焊接机行走需专用板垫铺。焊接技术关键在于温度的掌握，天气寒冷，风力大，温度要求高；否则，温度要求低。

（2）焊接步骤。

1）现场联膜可采取以下步骤：

①用干净纱布擦拭焊缝搭接处，做到无水、无尘、无垢；土工膜应平行对正，适量搭接，一般各边焊宽 10～12cm。

②根据当时当地气候条件，设备调至最佳工作状态。

③在调节好的工作状态下，做小样焊接试验，试焊接 1m 长的 PE 土工膜样品。

④采用现场撕拉检验试样，焊缝不被撕拉破坏、母材被撕裂认为合格。

⑤现场撕拉试验合格后，用已调节好工作状态的热合机逐幅进行正式焊接。

⑥用挤压焊接机进行 T 字疤和特殊结点的焊接。

2）PE 土工膜现场焊接应符合下列规定：

①根据气温和材料性能，随时调整和控制焊机工作温度、速度，焊机工作温度应为 180～200℃。

②焊缝处 PE 土工膜应熔结为一个整体，不得出现虚焊、漏焊或超量焊。

③出现虚焊、漏焊时，必须切开焊缝，使用热熔挤压机对切开损伤部位用大于破损直径一倍以上的母材补焊。

④焊缝双缝宽度宜采用 2×10mm。

⑤横向焊缝间错位尺寸应大于或等于 500mm。

⑥T 字形接头宜采用母材补疤，补疤尺寸可为 300mm×300mm。疤的直角应修圆。

⑦焊接中，必须及时将已发现破损的 PE 土工膜裁掉，并用热熔挤压法补焊牢固。

⑧联接的两层 PE 土工膜必须搭接平展、舒缓。

6. 焊接质量检测

(1) PE 土工膜焊接后，应及时对下列部位的焊接质量进行检测：全部焊缝、焊缝结点、破损修补部位、漏焊和虚焊的补焊部位、前次检验未合格再次补焊部位。

(2) 现场检验可随焊接进度由施工单位（乙方）自检。自检合格后提交甲方或质检等部门联合抽样检验或全检。自检和联检的合格报告应作为质量验收依据。特殊情况也可根据双方约定作室内接头检测。

(3) 现场检测采用的方法及设备应符合下列规定：

1）检测方法应采用充气法，即双焊缝加压检测法；真空罐法，即真空压力检漏法；也可采用火花试验或超声波探测法。

2）检测设备应采用气压式检测仪及真空检测仪。

(4) 室内检测应随机截取 1～2 片（10～50cm）现场焊缝试样，按室内检测方法检测。

(5) 焊接质量应符合下列要求：

1）双缝充气长度为 30～60m，双焊缝间充气压力达到 0.15～0.2MPa 保持 1～5min，压力无明显下降即为合格。

2）对单焊缝和 T 形结点及修补应采取 50cm×50cm 方格进行真空压力检测。真空压力大于或等于 0.005MPa，保持 0.5min，肥皂液或洗涤灵不起泡即为合格。

3）采用火花试验检测，金属刷之间不发生火花即为合格。

4）采用超声波探测，以超声波发射仪荧光屏显示结果为判定标准。

5）室内试验，焊缝抗拉强度应大于母材强度。

(6) 现场检测应遵守下列规定：

1）检测完毕，应立即对检测时所做的充气打压穿孔全部用挤压焊接法补堵。

2）检测过程及结果应详细记录并标示在施工图上。

3）检测人员应在检测记录上签字并签署明确结论、意见和建议。

4）对质检不合格处应及时标记并补焊。经再检合格后方可销号并记录在案。

5）质量保障小组应负责检测的监督及管理。

六、下膜施工

1. 施工要求

(1) PE 土工膜的储运要符合安全规定。运至现场的土工膜应在当日用完。

(2) PE 土工膜铺设前应做下列准备工作：

1) 检查并确认基础层已具备铺设 PE 土工膜的条件。

2) 作下料分析，画出 PE 土工膜铺设顺序和裁剪图。

3) 检查 PE 土工膜的外观质量，记录并修补已发现的机械损伤和生产创伤、孔洞、折损等缺陷。

4) 每个区、块旁边应按设计要求的规格和数量备足过筛土料或其他过渡层、保护层用料，并在各区、块之间留出运输道路。

5) 进行现场铺设试验，确定焊接温度、速度等施工工艺参数。

(3) PE 土工膜的铺设施工应符合以下技术要求：

1) 大捆 PE 土工膜的铺设宜采用拖拉机、卷扬机等机械；条件不具备及小捆 PE 膜，也可采用人工铺设。

2) 按规定顺序和方向分区分块进行 PE 土工膜的铺设。

3) 铺设 PE 土工膜时，应适当放松，并避免人为硬折和损伤。

4) 铺设 PE 土工膜时，膜块间形成的结点，应为 T 字型，不得作成十字形。

5) PE 土工膜焊缝搭接面不得有污垢、砂土、积水（包括露水）等影响焊接质量的杂质存在。

6) 铺设 PE 土工膜时，应根据当地气温变化幅度和工厂产品说明书要求，预留出温度变化引起的伸缩变形量。

7) 槽孔弯曲处应使膜和接缝妥帖槽孔。

8) PE 膜铺设完毕、未加保护层前，应在膜的边角处每隔 2～5m 放 1 个 20～40kg 重的砂袋。

9) PE 土工膜应自然松弛与支持层贴实，不宜折褶、悬空。特殊情况需要摆皱布置时，应另作特殊处理。

(4) PE 土工膜的铺设应注意下列事项：

1) 铺膜过程中应随时检查膜的外观有无破损、麻点、孔眼等缺陷。

2) 发现膜面有孔眼等缺陷或损伤，应及时用新鲜母材修补，补疤每边应超过破损部位 10～20cm。

(5) PE 土工膜现场联接应符合下列规定：

1) 焊接形式宜采用双焊缝搭焊。

2) 主要焊接工具宜采用自动调温（调速）电热楔式双道塑料热合机、热熔挤压焊接机，也可采用高温热风焊机、塑料热风焊机。

下膜施工中，幅与幅之间的搭接长度不应小于 100mm。

2. 下膜形式

垂直铺塑防渗下膜有两种形式：一是重力沉膜法；二是膜杆铺设法。

(1) 重力沉膜法。对于砂性较强的地质情况，造就槽孔后，由于其回淤的速度较快，槽孔底部高浓度浆液存量多，宜采用重力沉膜法。

对于回淤较快，需超深造槽的情况宜采用重力沉膜法。

（2）膜杆铺设法。对于一般的粘土、粉质粘土、粉砂地质情况，由于其回淤的速度较慢，泥浆固壁条件好，效果好，可采用膜杆铺设法。

首先将土工膜卷在事先备好的膜杆上，然后由下膜器沉入槽孔中，在开槽机的牵引下铺设土工膜，采用模杆铺膜法施工过程中，要经常不断地将膜杆上下活动，使其在槽孔中处于自由松弛状态，防止膜杆被淤埋或卡在槽中。

七、回填

垂直铺塑的最后一道工序是回填，下膜后回填一般是回淤和填土两种办法相结合。回淤即是利用开槽时砂泵抽出的原砂土料浆液进行自然淤积。由于开槽过程中的泥浆利用，回淤量不够填满槽孔，因此，需备土填充。所备土料不应含有石块、杂草等物质，其质量应与地基土相同。

第九节　土工膜的坝体防渗简介

目前堆石坝工程主要有混凝土面板堆石坝、沥青混凝土面板堆石坝、混凝土心墙堆石坝和沥青混凝土心墙堆石坝等。不论是新建的还是已运行多年的堆石坝体，由于材料的压缩性大，材料压缩厚度不均，以及应力分布不均等原因，坝体容易产生不均匀沉降，导致斜墙或面板发生裂缝、坝体沉陷塌坑，发生渗漏破坏，危及水库坝体的安全，这种现象在工程中经常见到。

对于堆石坝体的防渗加固，可以选择坝面防渗处理方案，也可采用垂直防渗方案。垂直防渗方案一般为建造混凝土防渗墙，这种方案造价较高，施工困难，甚至根本无法施工，特别对于中高堆石坝，采用此方案是不经济的。堆石坝防渗加固应采用坝面防渗工程，即坝面铺设复合土工膜防渗工程，此方案技术可行，防渗可靠，施工方便，经济合理，是堆石坝防渗加固处理工程的首选方案。

一、堆石坝的复合土工膜防渗工程设计

一般防渗工程中的复合土工膜都是铺设在散粒土体上，而堆石坝在沥青混凝土斜墙或混凝土面板上铺设复合土工膜有自已的特点，既有其有利的一面，也有其不利的一面，在设计中尽量扬长避短，发挥利用其有利因素，尽量减少不利方面的影响。

（1）沥青混凝土斜墙或混凝土面板是铺膜难得的好基面，它表面平整、光滑，较之散粒土体粒径小，不易刺破复合土工膜。

（2）如果将复合土工膜不用粘接剂粘接而直接铺设在斜墙上，土工膜在一定范围可伸长变形，这一点无异于将膜铺在散粒土基上。但因膜上水压力大，膜与基面摩擦力对膜的变形范围有一定限制。有一点不同的是斜墙既有均匀变形也有集中变形（裂缝塌坑），而土基一般是缓变的。

（3）如用粘接剂将复合土工膜牢牢粘贴在沥青混凝土或混凝土面板上，此时粘接力大于或等于复合土工膜的拉力，膜的伸长变形受到斜墙的约束和限制，此时复合土工膜伸长变形大的优势将不能充分发挥，这一点对工程非常不利，设计时应力求避免，即尽量不用粘接剂，如果必需使用时，则应使粘接剂的粘结力小于膜本身的拉力，当膜即将被拉断破坏时，膜能沿着斜墙滑移错动。

(4) 目前沥青混凝土斜墙或混凝土面板的设计，主要从控制渗透流量和抵抗水压力的抗弯强度两个方面考虑，对于承受较高水头的斜墙其厚度主要受后者控制。复合土工膜只能受拉而不能抗弯，即铺膜不能提高斜墙承载力，所以将来斜墙仍可能产生裂缝。但如处理得当，复合土工膜可在斜墙一定宽度裂缝处不断裂，这样就可以起到防渗作用。

1. 复合土工膜规格初选

根据作用水头，通过试验、计算、选择符合强度和变形要求的复合土工膜。根据 SL/T225—98 规定，土工膜厚度不应小于 0.5mm。对于重要工程应适当加厚；对于次要工程，可以适当减薄，但最小不得薄于 0.3mm。

2. 复合土工膜厚度的计算

(1) SL/T225—98 规定，确定土工膜厚度时土工膜材料允许抗拉强度用下式计算：

$$T_a = \frac{1}{F_{id}F_{cr}F_{cd}F_{bd}}T \tag{5-13}$$

式中 T_a——材料的允许抗拉强度，kN/m；

T——极限抗拉强度比，kN/m；

F_{id}——考虑铺设机械破坏影响系数；

F_{cr}——考虑材料蠕变影响系数；

F_{cd}——考虑化学剂破坏影响系数；

F_{bd}——考虑生物剂破坏影响系数。

根据工程的具体情况，规范建议，最大值可采用 $F_{id}F_{cr}F_{cd}F_{bd} \geqslant 2.5$，即安全系数不小于 2.5。同时，确定土工膜厚度时土工膜材料极限抗拉强度用下式计算：

裂缝上的复合土工膜拉应力为：

$$T = 0.204\frac{pd}{\sqrt{\varepsilon}} \tag{5-14}$$

孔洞上的复合土工膜拉应力为：

$$T = 0.122\frac{pd}{\sqrt{\varepsilon}} \tag{5-15}$$

式中 T——单宽土工膜所受最大拉力，与缝方向垂直，kN/m；

p——膜上作用水压力，kPa；

d——预计膜下地基可能产生的裂缝宽度，m；

ε——膜的拉应变，%。

做几种复合土工膜的拉应力—拉应变试验曲线。并画出上述公式的 T—ε 曲线，用曲线交会法，求出各复合土工膜曲线与此曲线的交点，当这些交点的 T 与该复合土工膜断裂强度之比为 5 或大于 5（即安全系数为 5），且此交点的 ε 与该复合土工膜的断裂（极限）拉应变之比为 5 或大于 5，则该复合土工膜满足要求。

如果用粘接剂将膜牢牢粘贴在沥青混凝土斜墙或混凝土面板上，斜墙限制了它的伸长变形，则土工膜容易断裂。当斜墙变形超过沥青混凝土斜墙或混凝土面板的允许变形时，斜墙开裂，产生裂缝。由于在裂缝处，膜的初始长度为零，因而在斜墙裂缝处膜的应变和应力是比较大的，则土工膜容易断裂。应该设法避免这种情况发生。

根据有关规定，复合土工膜保护层可采用喷射混凝土或现浇混凝土，中间不需设其他垫层。复合土工膜如果用喷射混凝土或现浇混凝土作保护膜，保护层会对土工膜产生约束和嵌固。从理论上来说只要混凝土保护层出现裂缝，膜就可能断裂。与沥青混凝土斜墙相比；混凝土受拉和适应变形能力差，混凝土保护层更易出现裂缝，再则膜在保护层下面，对膜更不利。

对于较高的堆石坝，经研究表明，斜墙上的复合土工膜承受的拉力较大，安全系数偏低，需选较厚的复合土工膜，也可以根据不同的部位选择不同厚度的复合土工膜。

(2) 加强及处理措施：

1) 选择断裂强度大、断裂伸长率大性能优良的复合土工膜，但这往往受国内技术水平的限制。

2) 在受力大、易出现问题的部位用二层膜或一层厚膜。如果两层复合土工膜间的摩擦系数可达 0.533 以上，则不粘接；如果摩擦系数小，则要粘接，可用网格式粘接，即纵横分条带粘接，横稠纵稀；当局部粘接满足不了要求时，可全面粘贴。

3) 将复合土工膜的表面加糙，提高表面的粗糙度，以增大摩擦系数，采用此方法需经试验研究。

4) 复合土工膜上铺一层细砂，上面喷射混凝土，可使保护层与复合土工膜间摩擦系数达 0.533 以上，保护层满足抗滑稳定要求。成都科技大学试验得 $300g/m^2$ 土工织物与细砂的摩擦系数：干砂为 0.54，湿砂为 0.55，均大于 0.53。用中粗砂则不行，一则中粗砂摩擦系数仅为 0.43，二则会将膜刺破；用混凝土预制块也不行，因为混凝土预制块与复合土工膜间摩擦系数为 0.4。如喷射混凝土与复合土工膜间的摩擦系数达不到要求，或为了砂子的稳定，可使水泥浆少量渗入复合土工膜。用沥青玛琋脂将细砂粘在斜墙上，可使复合土工膜与斜墙间摩擦系数达到设计要求，满足抗滑稳定要求。

5) 如果采用的复合土工膜与斜墙间粘接剂凝聚力太大，可考虑采用粘结力较低的粘接剂，如沥青玛琋脂等。粘接剂要有一定粘结力，以保证膜在任何荷载时不下滑；另一方面它又不能粘结太死，使膜在即将断裂时能滑移错动。粘接剂的凝聚力约为 0.01MPa，较适宜。

3. 复合土工膜沿斜墙抗滑稳定性分析

复合土工膜与斜墙间的摩擦系数小于堆石体的内摩擦系数亦小于斜墙与堆石间的摩擦系数，它是一个薄弱面，需校核复合土工膜沿斜墙和护坡混凝土与复合土工膜间的抗滑稳定性。对复合土工膜的抗滑稳定性，应通过有关的材料试验，提出试验参数，进行计算后方可确定。

复合土工膜上面的护坡要作抗滑稳定分析，护坡可用现浇混凝土、混凝土预制板、干砌块石。当坝坡陡于 1∶3，可现浇混凝土、喷混凝土，因为坝坡陡，靠摩擦不足以维持稳定，还要靠粘结力；当坝坡缓于 1∶3，可用预制混凝土板或干砌块石。

护坡不需要防渗，应能畅通排水，故现浇混凝土应留排水孔。

抗滑稳定安全系数为：

$$K = mf + \frac{\sqrt{1+m^2}}{\gamma t}c \tag{5-16}$$

式中 m——坡率；

f——摩擦系数；

γ——护坡混凝土容重，在施工期或未蓄水时，为混凝土干容重，在蓄水后为混凝土浮容重，kN/m^3；

t——护坡混凝土厚度，m；

c——粘聚力，kPa。

复合土工膜与其底部的无砂混凝土面板或沥青混凝土之间的抗滑稳定也需要计算，只计算施工期或水库水位骤降期的。复合土工膜是隔水层，其下游面的土工织物可排水或以其他措施排水，故复合土工膜与其底部的无砂混凝土面板或沥青混凝土之间无水，水库水位降落时，复合土工膜下面没有水的顶托力（或反推力）。水库蓄水后，复合土工膜上面有水压力，底面无水压力，安全系数比未蓄水时大；水库水位降落时，复合土工膜的抗滑安全系数与施工期或未蓄水时相同。

4. 复合土工膜铺设的前期要求

(1) 加固防渗体基础。为减少上游坝坡变形，对混凝土面板或沥青混凝土斜墙下堆石坝体进行托底固结灌浆。基础灌浆材料的选择，应通过灌浆试验确定。堆石体固结灌浆的范围和深度，应事先进行大坝有限元应力应变分析，根据有限元分析成果、测得的沉降和位移资料、渗透变形破坏的部位等，进行综合分析，最后确定托底固结灌浆的范围和深度，曾发生渗透破坏部位则加深。

(2) 平整洗刷混凝土面板或沥青混凝土斜墙。混凝土面板或沥青混凝土斜墙是复合土工膜的垫层，先将凹凸不平的板面整平修复，特别是对坝面的塌陷裂缝部位，应重点修复，使板面均匀受压，减少不均匀沉降。对现已老化和产生裂隙的面板或沥青混凝土铲除、清洗干净后填补平整。

5. 混凝土护坡

复合土工膜上设混凝土保护层（即护坡）保护层的作用是保护复合土工膜，防止风浪冲刷，风沙的吹蚀，人和机械的损坏，冰冻的破坏，山坡滚下石块的碰砸，紫外线的照射，风力的掀动，以及防止因膜下水压力而使膜浮起等作用。

保护层需要一定厚度、强度和粘结力，以保证保护层的稳定、不被损坏和耐久。在复合土工膜上可喷射混凝土或现浇混凝土保护层，保护层厚 15～20cm。喷射的混凝土与复合土工膜胶结十分牢固，其抗滑稳定能满足要求。根据规范，在寒冷地区水位变动范围应考虑冰冻影响，对重要建筑物混凝土标号不低于 R200 号。预制混凝土板施工不方便，抗滑稳定性差。现浇混凝土与复合土工膜间的粘接力需作试验测定，然后作稳定分析。

由于复合土工膜表层亦为平面排水层，通过保护层的渗水，会滞留在该层中，当库水位下降时，夹层中水来不及下降，会对保护层产生反向水压力，有可能顶破保护层或使护坡失稳。故护坡应预留排水孔，孔径 10mm，间距 2×2m。保护层还须设伸缩缝和沉降缝，二缝合一，其伸缩缝间距 10m 左右，即每块保护层混凝土板尺寸为 10m×10m 左右。缝宽 3cm，内填无砂混凝土，既可排水又可防止复合土工膜的老化。

6. 复合土工膜与斜墙间的排水

土工膜由于施工缺陷而产生渗漏，叫缺陷渗漏。施工缺陷包括：① 土工膜接缝局部焊接不严；② 施工时搬动损坏；③ 施工机械及工具刺伤；④ 地基不均匀沉陷撕裂土工膜；⑤ 水压力将土工膜击穿。精心施工可减小前三项渗漏量。

渗入复合土工膜的水滞留在混凝土保护层或沥青混凝土斜墙与复合土工膜之间，当库水位快速下降时，如果复合土工膜下面排水不畅，复合土工膜背后的水位将高出库水位，水压力可能会将土工膜顶起或顶破，影响复合土工膜的稳定，故膜后须排水。

复合土工膜的背面土工织物是平面排水层，在其底部设排水管。水平排水管按高程均布，并带有一定纵坡，其纵比降为1/200，最后汇入向下的干管。干管末端设集水井，集水井封闭，井中安装潜水泵，并采用自动控制，当井中有水时，通过架设的管道抽排至库中。一般排水管管材为ϕ110聚氯乙烯塑料管，干管为ϕ160聚氯乙烯塑料管，塑料管轻，易固定。水平支管为花管，ϕ10排水孔，孔间距5cm，梅花形布置。

7. 复合土工膜与斜墙间排气

为了适应坝体不均匀沉陷，避免薄膜破裂，铺膜时膜要松弛，由于混凝土面板或沥青混凝土斜墙密封不透气，所以膜下空间被空气占据。当水库蓄水后，水从膜施工缺陷的地方渗入膜下面，一部分空气可能从复合土工膜的缺陷中跑出，另一部分仍存在膜下并被压缩。水库水位降落时，如果复合土工膜背后排水管排水不畅，则膜后水位将高出库水位，水压力有可能将膜顶起或顶破，解决此问题一方面要加强排水，另一方面要排气。

一般在坝坡上沿坝轴线方向每隔20m留一排1m宽排气道，排气道处复合土工膜与斜墙不用粘接剂粘贴，并将复合土工膜有意拱起，以形成通道。当水库蓄水时，库水位抬高，水压力作用在复合土工膜上，压缩复合土工膜下的空气，空气向上跑，通过排气通道，经“烟窗”排到大气中。

“烟窗”紧贴防浪墙内边布置，高出洪水位，为防雨水倒灌，“烟窗”顶端装设向下的弯头，“烟窗”正对排气道，沿坝轴线间距亦为20m。

8. 复合土工膜与周边的连接

整个混凝土面板或沥青混凝土斜墙上复合土工膜接缝应不漏水，还要求与周边连接密封不漏水，这样才能保证整个斜墙面上的复合土工膜成为一个完整的封闭不透水层。

(1) 与左右岩岸坡连接。首先进行两岸边坡处理，为防止绕坝渗漏，对位于正常蓄水位以下的两岸岩体的节理裂隙，应作防渗处理，可采用喷射水泥砂浆的方法，喷射厚约3cm水泥砂浆封闭进口渗漏通道。为保护新修的防渗面板不受破坏，对两岸不稳定的危岩事先进行清除，形成两岸稳定的边坡。

在做混凝土面板或沥青混凝土斜墙与岸边连接滑动接头时，应将岸坡开挖成一平台，平台处岩石新鲜、裂隙少，不用再爆破削坡开挖，直接可浇筑岸坡混凝土。

在与两岸边连接时，在原混凝土面板或沥青混凝土与基岩的接触带附近，开挖宽为1m的槽子，当遇破碎裂隙岩体时清除到弱风化岩面，将复合土工膜置入槽内，用混凝土回填锚固，见图5-3。

若两岸岩石新鲜平整，可在岸边浇筑混凝土墩，在岸边基岩中钻孔、插锚筋、铺设复合土工膜，膜在岸边打一褶皱，用钢板槽钢将膜压住，上紧固螺栓，并在其上浇筑混凝土保护层。

(2) 与坝基截水墙的连接。在截水墙上游侧做一混凝土锚墩，将复合土工膜弯折埋入墩内，注意在墩的上游侧膜要打一褶皱。在与基础连接时，将倒挂井防渗墙顶部做成圆形，在防渗墙的上游侧开挖深、宽均为1m的槽子，将复合土工膜置入槽内，用混凝土回填锚固，见图5-4。

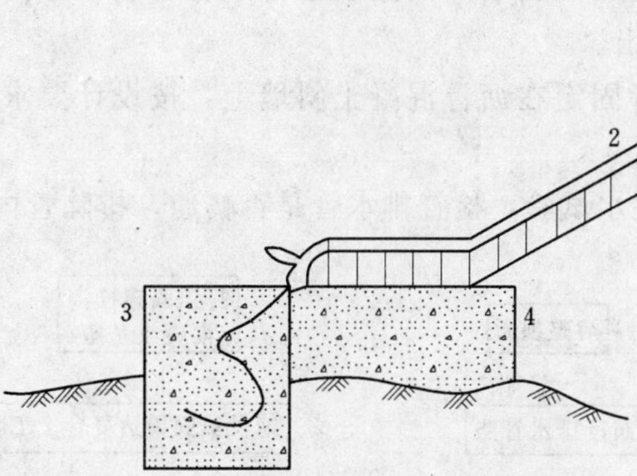

图5-3　复合土工膜岸坡锚固图

1—沥青混凝土斜墙或混凝土面板；2—复合土工膜；3—混凝土锚固槽；4—原混凝土防渗齿墙

（3）与冲沟截渗墙连接。在冲沟挡土墙侧作一混凝土锚固墩，并用锚杆连接，形式同（1）。

（4）与坝顶防浪墙的连接。将坝顶防浪墙与复合土工膜浇注在一起。连接固定上部边界，见图5-5。或在墙的上游侧做一混凝土锚固墩，为使其抗滑稳定须用钢筋与防浪墙基础连接。

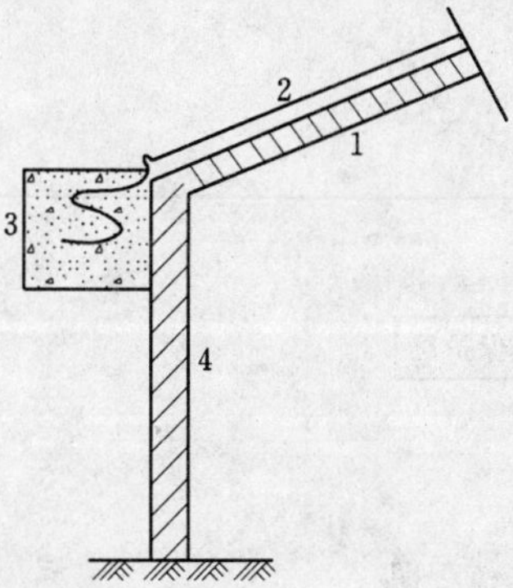

图5-4　复合土工膜坝基锚固图

1—沥青混凝土斜墙或混凝土面板；2—复合土工膜；3—混凝土墙；4—防渗墙

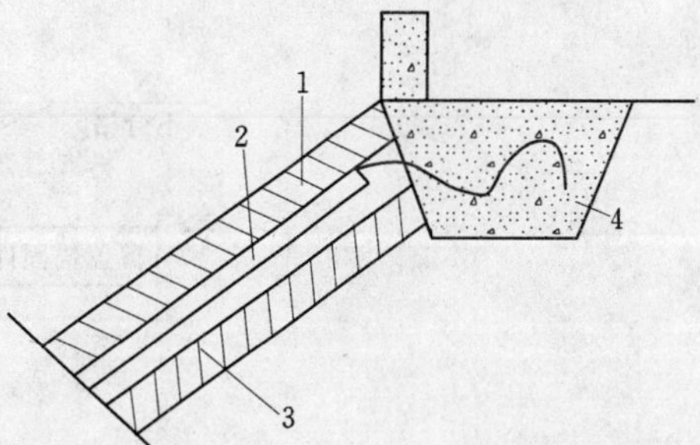

图5-5　复合土工膜坝顶锚固图

1—喷射混凝土护坡；2—复合图土工人膜；3—沥青混凝土斜墙或混凝土面板；4—混凝土锚固图；

二、堆石坝的复合土工膜防渗工程施工

复合土工膜铺设施工工艺流程，如图5-6所示。

1. 清理坝面与基础

1）清除坝面杂土块石、已老化的鳞片状沥青混凝土，用地面打磨机设备打磨清洗。

2）清理坝基与防渗墙顶部的淤土，检查沥青混凝土斜墙与坝基混凝土防渗墙的连接

情况，有无破损及裂缝缺陷，若有缺陷，进行加固处理。

3）用高压清水将坝面冲洗干净，进行晾干保护。

2. 埋设排水管

1）在复合土工膜和沥青混凝土斜墙界面上设置排水管，按设计图纸准确定位放线，使排水支管渗水及时由干管排出。

2）用沥青混凝土将排水管固定在沥青混凝土斜墙上，按设计要求做出一定的斜坡，便于复合土工膜后渗水的排出。

3）排水管在固定前进行注水试验，检查排水管是否畅通，排除管内堵塞。

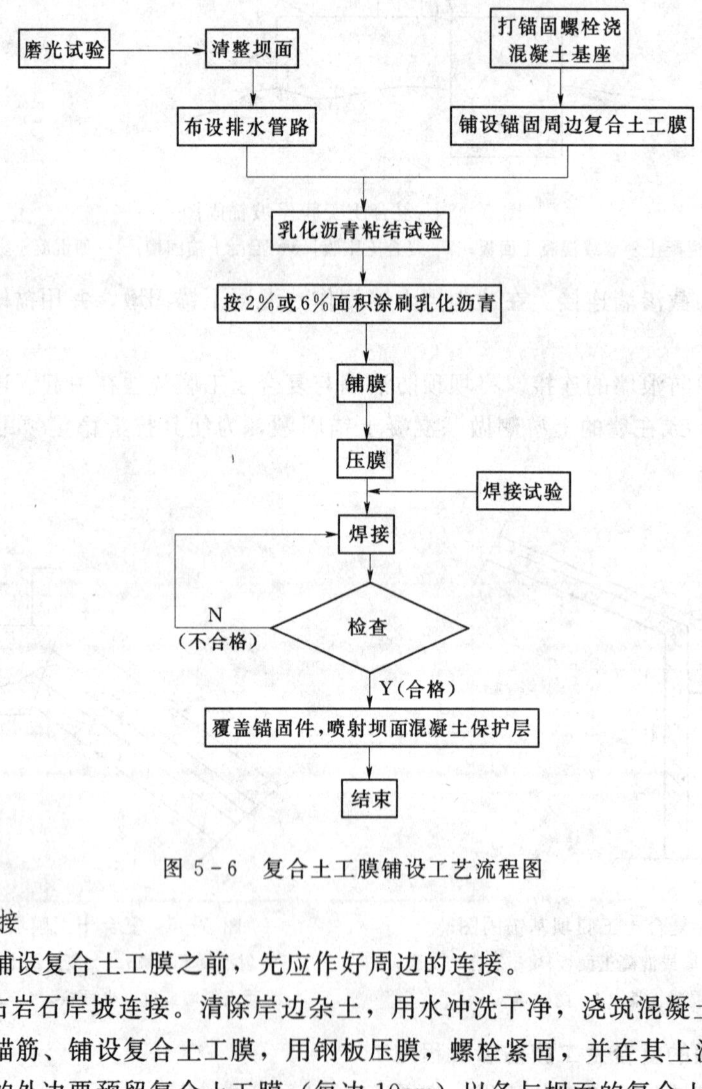

图 5-6　复合土工膜铺设工艺流程图

3. 周边连接

在坝面上铺设复合土工膜之前，先应作好周边的连接。

（1）与左右岩石岸坡连接。清除岸边杂土，用水冲洗干净，浇筑混凝土墩，在岸边基岩中钻孔、插锚筋、铺设复合土工膜，用钢板压膜，螺栓紧固，并在其上浇筑混凝土保护层。在锚固件的外边要预留复合土工膜（每边 10cm）以备与坝面的复合土工膜底边焊接。

（2）与坝基截水墙的连接。将截水墙清理以后，在上游侧作一混凝土锚墩，将复合土工膜弯折埋入墩内。注意在墩的上游侧复合土工膜要打一褶皱。

（3）与冲沟截渗墙连接。将冲沟挡土墙内侧作一混凝土锚固墩，并用锚杆连接，形式同（1）。

（4）与基岩连接。在原混凝土基座上作混凝土锚固墩，并用锚杆连接，同（1）。

4. 铺设复合土工膜

采用坝顶移动式卷扬机牵引复合土工膜卷材，由下而上铺设。复合土工膜卷材运到坝顶后，在复合土工膜卷中心插入钢管，钢管两头装定滑轮，卷扬机的钢丝绳通过定滑轮牵引卷材运动。复合土工膜两幅拼接处留边10cm，中间的膜用自动爬行ZPR—210热合焊机或TH—1热合焊机焊成双道焊缝，每条焊缝宽10mm，用气压针在双焊缝片间充气检查焊缝质量。两面的织物用手提工业缝纫机缝合。根据设计要求，如果复合土工膜与斜墙间的摩擦系数较小，还需要在复合土工膜下面涂刷粘接剂（如乳化沥青），粘接剂一般按上下方向涂刷，而不按井字形涂刷是为了不影响水库运行后排水排气。

复合土工膜的铺设不要绷得太紧，应留1.5%左右的富裕度，特别是在与边界连接时，应留有更大一点的伸缩量，以适应气温变化和基础的沉陷。由于膜厚不能打折，可作成波浪形。

注意事项。复合土工膜包装好后，运输途中包装品不能破损，不能接近火源；复合土工膜运到工地要存放在凉爽干燥的仓库内；按包装的编号运到坝顶相对应的编号位置；铺设焊接的工作人员不得穿钉底鞋，应穿软底鞋；工作人员不得在铺设坝面吸烟打火；复合土工膜铺设以后，应在7d内喷射混凝土，如不能在此期间喷射混凝土，则应当用毡布遮盖，以免暴晒老化；施工人员在坝面操作时，须系保险带；卷扬机应配制动装置。

第十节　水泥搅拌桩

中国于1983年开始对水泥搅拌桩进行试验，主要用于软土地基的加固处理。1996年起用于基础防渗（沂沭河拦河坝坝基防渗）。其加固深度可达30m左右，按施工方法不同可分粉喷和浆喷，水泥渗入量一般为10%～20%。土体经过水泥搅拌后形成复合地基——水泥土，其抗压强度为0.3～4.0MPa，比天然软土的抗压强度提高10～100倍。

一、水泥搅拌防渗墙施工

1. 施工流程

使搅拌桩就位、调平，启动主机，开始进钻，达到设计深度后，后向转动，提升钻杆，注粉（浆）三步同时进行，重复进行2～3次，达到均匀为止。成墙施工中先搅拌奇数孔，再搅拌偶数孔（次序同冲击钻作防渗墙）。

2. 施工要点

1）主机调平，通过主机四个支腿油缸调平，核定好水平控制装制，确保主机机架处于垂直状态。施工中因某个支腿地基下陷时，应及时调整。

2）输粉（浆）根据土质的性质，通过试验确定输粉量，并保证输粉压力均匀，一般输浆压力为0.3～1.0MPa。

3）提升和下降速度，为保证搅拌的均匀性，进钻速度一般不大于0.8m/min，且进钻速度还与输浆量有关。

4）施工深度，防渗墙为线性工程，施工段长度大，高程变化大，施工深度与设计深度的误差应小于5cm，由于墙体为地下工程，设计中因地基资料不可能很准确，施工中应根据实际情况确定施工深度，以满足实际工程的防渗要求。变更施工深度时应征得业主和设计单位的同意。

3. 施工注意事项。

1）保证垂直度。由于主机的制造误差、调平误差、施工中支腿下陷、地层中有大块石造成钻头漂移等，均可能导致墙体倾斜。施工前可沿墙顶开挖0.5m深的导向槽，必要时压实两侧土基。

2）协调输浆量和提升速度，两者的操作由两人完成，因此两人要协调好。

3）水灰比。水灰比与土的孔隙率、土的含水量、土质结构等有关。水灰比过大，则墙体不密实；水灰比过小，可能无法搅拌均匀而不成墙。

二、施工前准备工作

1. 现场资料勘察

了解土层分布，各土质的物理力学性质，土的主要成分、有机质含量、地下水的酸碱度（pH值）、施工图纸、施工要求等。

2. 配合比试验

确定水泥浆的比重、粘度、初凝时间；搅拌物的抗压、抗渗强度；外加剂的种类、掺入量等。

3. 场地平整

能基本保证施工设备在运行中保持水平；雨季施工应在施工场地设排水沟；对局部松软的地段要填土压实；保证施工路线土基的均匀性。

4. 机械安装

粉（浆）喷工艺由多台设备组成，施工前要按次序就位，连接。全部接好后进行试运转，保证浆、水、气畅通，各类仪表显示正常。

5. 施工备料

主要材料是水泥和外加剂，根据施工强度和对外联系的供料能力确定施工现场的储存量，以不影响正常施工为准，水泥浆配制好后应及时使用，一般不超过3～5h。

6. 施工组织设计

绘制施工总平面布置图；按图布置场内施工道路、材料、水、电、气的供应，施工设备型号、台数、生产力、技术性能、施工方法、质量保证体系、安全施工体系、事故处理方法、施工组织管理等。

7. 施工放样

准确定出防渗墙中心轴线位置，划分施工单元长度，一般以50m为一个施工单元，沿施工方向用定位标尺标定桩位。

三、质量控制

1. 建立施工质量保证体系

以施工企业的项目经理、工程师、施工队长、质检员等人分级管理，采取层层一把手负责制。严格执行三检制。

2. 加强全员质量意识

严格管理，加强劳动纪律教育，严格按施工操作规程施工；定期总结施工过程中的经验和教训，使全体员工知道那些是质量控制的要点；保证机组的正常运行，人机固定，建立合理的奖罚制度，调动员工的积极性。

3. 材料控制

水泥为正规厂家生产，有合格证及出厂日期，按标准抽样检查、试验，不合格的材料不能使用，已进场的材料要保管好，不得受潮，且在保质期内用完。

4. 施工参数控制

桩位放样要准确，误差不大于10mm，桩机就位误差不大于20mm，由质检员复核；

桩长应达到或略超过设计深度，可折算成高程来进行施控制。

桩径由设计墙厚（桩径）而定，当钻头磨损严重达不到设计值时，应及时补焊。

垂直度，防渗墙垂直度一般不大于0.5%，施工前必须严格调平钻机，且施工中不断对垂直度进行测定复合。

四、施工设备

1. 转盘式搅拌桩机

主机由行走机构、动力机构、传动机构、操作机构、钻进机构和机架等组成。单头设备成孔直径一般为500mm，电机动力为30～45kW，加固深度为12～18m，生产效率为100～150m/台班。

主机可分为单头式和多头式（3～6头）。其中多头小直径搅拦桩机多用于水利水电工程的防渗墙施工。

多头钻机成墙厚度为350～470mm，电机功率为150kW，生产效率为120～200m²/台班。

单头式为BJS系列，多头式为ZCJ系列。

2. 动力头式搅拌桩机

本种机型的特点是：动力装置与钻杆连成一体，主电机在钻杆顶端，重心高，重量大，进钻时不需要另外加压力，机组由动力头、滑轮组、搅拌轴、搅拌钻头、钻机架、底车架、操作系统、制浆系统等组成。

动力头式搅拌桩机分为单头式和双头式两种，搅拌桩直径为600～700mm，功率为60～80kW，生产率为40～60m/台班。

3. 主要附属设备——制浆系统

制浆系统由储料罐、称量系统、搅拌罐、储浆罐、流量仪、操作手柄、高压浆泵、高压输浆管等组成。

五、材料要求

1. 水泥

水泥是主要的加固材料。水泥品种可根据土质特性而定（一般由设计单位定出），水泥掺入量一般为12%～20%。

2. 外加剂

早强剂一般采用石膏，掺入量为水泥的2%。

减水剂一般采用木钙，掺入量为水泥的0.2%。

3. 水

水的加入量以水灰比控制，且与土的天然含水量、施工地点的地下水位等有关，水灰比的最终确定一般由现场试验而定。过小，则搅拌不均匀；过大，则搅拌体不密实。工程中的水灰比一般在0.5～2.5之间。

4. 防渗墙体厚度

1）以渗透稳定条件控制：墙体厚度为S_1

$$S_1 \geqslant \Delta H/[J] \quad (m) \tag{5-17}$$

式中 ΔH——墙体两侧最大水头差，m；

$[J]$——防渗墙的许用破坏坡降，$[J]=100\sim300$。

2）变形条件：防渗墙位于土体中，应验算其变形能力，必要时还要作强度分析。

3）施工条件：有时由抗渗和变形条件计算出的墙体很薄，小于钻机（槽子）的有效值，这时为满足施工要求，应以机械的最小施工厚度而定。

即：以上三个条件要同时满足，以最大值控制。

5. 防渗墙深度

当透水层较浅时，应打入不透水层0.5m；当透水层较深时（超过机械施工深度），按防渗要求确定墙深；对于岩基，不需嵌入，可在接触面加大喷浆量处理。

第六章 施工组织设计

第一节 水利水电工程建设的特点

组织水利水电工程施工，必须充分认识工程建设的特点。

(1) 气候因素影响大。水利水电工程在露天施工，易受气候变化的影响。建筑物在冬天施工，负温作用下易受冰冻；而夏天的高温下，处于硬化过程中的混凝土会发生表面干缩裂缝；在雨季时施工，过多的降雨除了会增大土壤的设计含水量，造成土体难以压实外，还可能形成洪水，威胁大坝基础部分的施工。因此，当气候变化时，必须及时采取各种有效措施，如冬天要防冻保温，夏天要防晒降温，雨季要做好防洪度汛等，避免气候对工程施工的干扰。

(2) 地形地质的影响大。坝址处的地形地质条件，不仅影响枢纽建筑物的形式、建设方案的选择，而且直接影响工程的施工过程。对不良的地质情况，如断层、软基、渗漏、破碎带及滑坡，必须进行处理。由于地质条件千差万别，因而施工方法在不同的工程中也各不相同。

(3) 综合利用制约因素多。在河道上修建水利水电枢纽时，必须考虑施工期间河道的通航、灌溉、发电、供水和防洪等部门的利益，必须全面规划，统筹兼顾，避免其他部门对工程建设的干扰。

(4) 失事后果严重。在河流上修建挡水建筑物，关系着下游千百万人民生命财产的安全，如果施工质量不高，不但会影响建筑物的寿命和效益，而且有可能造成建筑物失事，带来不可弥补的损失。因此，除了在规划设计中注意质量与安全外，在施工中也要加强全面质量管理，注重工程安全。

(5) 建设地点偏僻，条件艰苦。水利水电工程一般建在荒山峡谷之中，距城镇较远，人烟稀少，交通不便，给大规模工程施工组织带来困难。为此，常需建立一些临时性的施工工厂，还要修建大量生活福利设施。

(6) 协调工作量大。水利水电工程由许多单项工程组成，工程量巨大，布置集中，参与的相关单位多，协调工作量很大，必须从工程全局的角度出发，做好施工组织计划，并加强现场施工管理。

由上可见，水利水电工程施工极为复杂，不仅受工程自身多种因素的影响，而且还受社会、经济、技术、生态等外部环境的制约。做好施工组织设计，降低工程造价，加快施工进度，缩短建设工期，对水电工程建设具有重大意义。

第二节 水利水电工程建设项目的划分

建设项目是指按照经济发展和生产需要提出，经上级主管部门批准，具有一定的规模，按总体进行设计施工，由一个或若干个互相联系的单项工程组成，经济上统一核算，行政上统一管理，建成后能产生社会经济效益的建设单位。

水利水电建设项目通常可逐级划分为若干个单项工程、单位工程、分部和分项工程。单项工程由几个单位工程组成，具有独立的设计文件，具有同一性质或用途，建成后可独立发挥作用或效益，如拦河坝工程、引水工程、水力发电工程等。

单位工程是单项工程的组成部分，按照单项工程各组成部分的性质及能否独立施工，建成后能独立发挥作用的工程部分，可将单项工程划分为若干个单位工程，如大坝的基础开挖、坝体浇注施工等。

分部工程是单位工程的组成部分。按照结构部位或施工工艺划分而成，不能独立进行施工的部分，如溢洪道工程中的土方开挖、石方开挖、干砌石、浆砌石、混凝土工程、钢筋工程等。分部工程是编制建设计划、编制概预算、组织招标投标、组织施工、进行工程结算的基本依据，也是进行建筑安装工程质量检验和等级评定的基础。

分项工程是分部工程的组成部分。对于水利水电工程，一般将人力、物力消耗定额相近的结构部位归为同一分项工程。如溢流坝的混凝土过程可分为坝身、闸墩、胸墙、工作桥、护坦等分项工程。建设项目划分见图 6-1。

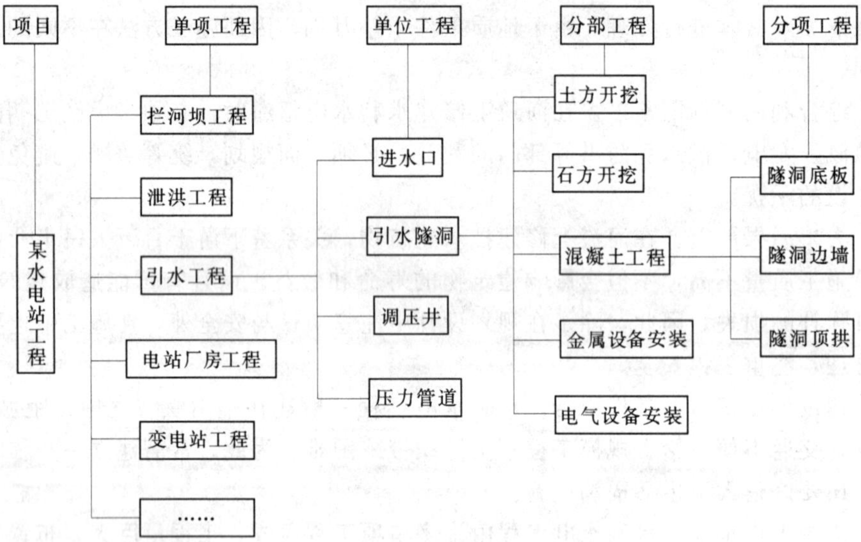

图 6-1　建设项目划分示意图

第三节　水利水电工程基本建设程序

工程建设项目的各阶段、各环节、各项工程之间存在着一定的顺序关系，称为建设程序。建设程序反映了建设活动自身固有的内在、本质、必然的联系，它不依人的意志为转移。如果按照这一程序组织实施建设活动，就能保证建设项目的顺利进行，反之，就可能遭受重大的损失。根据水利水电工程建设实践，建设程序可分为：流域规划；项目建议书；可行性研究和项目评估，编制设计任务书；初步设计；制订年度建设计划；施工准备；施工；生产准备；竣工验收；项目后评价等阶段。

1. 流域规划

流域规划就是根据该流域的水资源条件和国家中长期计划对某一地区水利水电建设发展的要求，提出该流域水资源梯级开发和综合利用的最优方案。

2. 项目建议书

它是在流域规划的基础上，由主管部门提出项目建设的轮廓设想，主要从宏观上分析项目建设的必要性和可行性，即分析建设条件是否具备，是否值得投入资金和人力。项目建议书一般由政府委托有相应资格的设计单位进行编制，并按国家现行规定权限向水利主管部门申报审批。项目建议书被批准并列入国家建设计划后就可开始可行性研究工作。

3. 可行性研究

可行性研究是综合应用工程技术、经济学和管理科学等学科基本理论对项目建设的各方案进行的技术经济比较分析，论证项目建设的必要性、技术可行性和经济合理性。可行性研究是项目决策和初步设计的重要依据，一定要做到全面、科学、深入、可靠。过去很多项目并不重视可行性研究工作，项目缺少必要的论证，建设期间问题很多，不仅扰乱了正常的施工计划，还会造成投资增加，工期拖延。

可行性研究报告，由项目法人组织编写。申报项目可行性研究报告，必须同时提出项目法人组建方案及运行机制、资金筹措方案、资金结构及回收资金的办法，并依照有关规定附具有管辖权的水行政主管部门或流域机构签署的规划同意书、对取水许可预申请的书面审查意见。

项目可行性报告批准后，应正式成立项目法人，并按项目法人责任制实行项目管理。

4. 初步设计

初步设计是根据批准的可行性研究报告和必要而准确的设计资料，对设计对象进行通盘研究，阐明拟建工程在技术上的可行性和经济上的合理性，具体内容包括：确定工程等级标准；选址；明确主要建筑物的组成，进行工程总体布置；根据特征水位，确定主要建筑的形式尺寸；提出施工要求和施工组织；编制项目的总概算。初步设计任务应择优选择有项目相应资格的设计单位承担，依照有关初步设计编制规定进行编制。批准后的初步设计文件是项目建设实施的技术文件基础。

5. 制订年度建设计划

初步设计和概算文件批准后，项目列入年度建设计划，据此进行基本建设拨款贷款，并合理安排分年度的施工项目和投资。

6. 施工准备

项目在主体工程开工之前，必须完成各项施工准备工作，其主要内容包括：①落实施工用地的征用；②完成施工用水、电、通信、路和场地平整等工程；③已建好生产、生活必须的临时设施工程；④已完成施工招投标工作，择优选定了监理单位、施工承包队伍和材料设备供应厂家。

7. 施工

建设单位提出开工报告并经主管部门批准后就可以组织施工。主体工程开工需具备下列条件：①前期工程各阶段文件已按规定批准，施工详图设计可以满足初期主体工程施工需要；②建设项目已列入国家或地方水利建设投资年度计划，年度建设资金已落实；③主体工程招标已经决标，工程承包合同已经签订，并得到主管部门同意；④现场施工准备和征地移民等建设外部条件能够满足主体工程开工需要。

施工阶段是工程实体形成的主要阶段，建设各方都要围绕建设总目标的要求，为工程的顺利实施积极努力工作。项目法人要充分发挥建设管理的主导作用，为施工创造良好的建设条件；工程监理单位要在业主的授权范围之内，制订切实可行的监理规划，发挥自己在技术和管理方面的优势，独立负责项目的建设工期、质量、投资的控制和现场施工的组织协调；施工单位应严格遵照施工承包合同的要求，建立现场管理机构，合理组织技术力量，加强工序管理，执行施工质量保证制度，服从监理监督，力争工程按质量要求如期完成。

8. 生产准备

生产准备是项目投产前所要进行的一项重要工作，是建设阶段转入生产经营的必要条件。项目法人应按照建管结合和项目法人责任制的要求，适时做好有关生产准备工作。

生产准备应根据不同类型的工程要求确定，一般应包括如下主要内容：

(1) 生产组织准备。建立生产经营的管理机构及相应管理制度。

(2) 招收和培训人员。按照生产运营的要求，配备生产管理人员，并通过多种形式的培训，提高人员素质，使之能满足运营要求。生产管理人员要尽早介入工程的施工建设，参加设备的安装调试，熟悉情况，掌握好生产技术和工艺流程，为顺利衔接基本建设和生产经营阶段作好准备。

(3) 生产技术准备。主要包括技术资料的汇总、运行技术方案的制定、岗位操作规程制定和新技术准备。

(4) 生产的物资准备。主要是落实投产运营所需要的原材料、协作产品、工器具、备品备件和其他协作配合条件的准备。

(5) 正常的生活福利设施准备。

9. 竣工验收

竣工验收是工程完成建设目标的标志，是全面考核基本建设成果、检验设计和工程质量的重要步骤。当建设项目的建设内容全部完成，并经过单位工程验收，符合设计要求时，可向验收主管部门提出申请，根据国家和部颁验收规程，组织验收。验收的程序会随工程规模的大小而有所不同，一般为两阶段验收，即初步验收和正式验收。工程规模较大、技术较复杂的建设项目可先进行初步验收，初验工作由监理单位会同设计、施工、质量监督、主管单位代表共同进行，初验的目的是帮助施工单位发现遗漏的质量问题，及时补救；待施工单位对初验的问题作出必要的处理之后，再申请有关单位进行正式验收。验收合格的项目，办理工程正式移交手续，工程即从基本建设转入生产或使用。

10. 项目后评价

建设项目竣工投产并已生产运营1～2年后，对项目所作的系统综合评价，称为项目后评价。其主要内容包括：影响评价——项目投产后对各方面的影响进行评价；经济效益评价——项目投资、国民经济效益、财务效益、技术进步和规模效益、可行性研究深度等进行评价；过程评价——对项目的立项、设计施工、建设管理、竣工投产、生产运营等全过程进行评价。

项目后评价的目的是总结项目建设的成功经验，发现项目管理中存在的问题，及时吸取教训，不断提高项目决策水平和投资效果。

以上所述基本建设程序的10个步骤，可概括成三大阶段，即以可行性研究为中心的项目决策阶段，以勘察设计为中心的施工准备阶段以及以建筑安装为中心的工程实施阶段，习惯中常把前两个阶段合并称为建设前期。建设程序框图见图6-2。

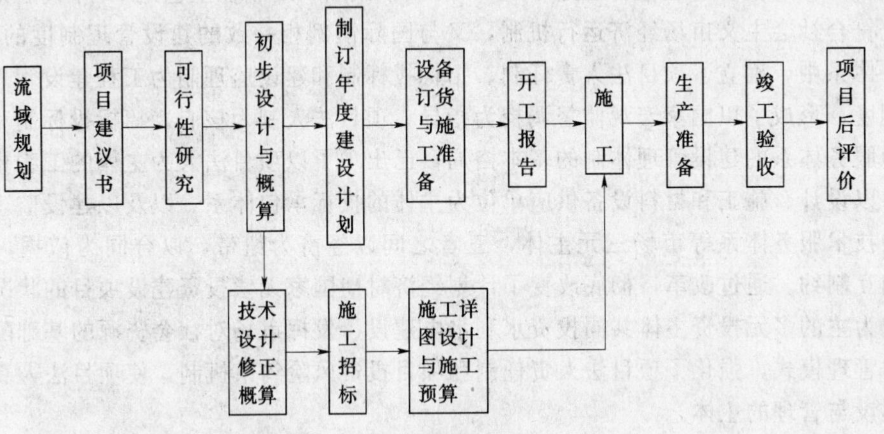

图6-2 水利水电工程建设程序

第四节 我国建设管理体制的基本格局

一、计划经济时期工程建设管理体制的弊端

计划经济时期，我国的水利水电工程建设一直沿用自建自营的建设管理方式，在这种体制下，工程建设项目主要是通过行政手段进行管理。建设任务由国家或上级建设主管部门直接下达，资金的来源是国家的财政拨款，建设单位是根据项目建设需要而临时组建的工程筹备处或指挥部，它主要从行政上来组织协调建设各方的关系，只考虑按上级的要求建成工程，而对营运及建设资金的回收不负责任。设计、施工单位虽然同属水行政主管部门，但各自的利益、责任及追求的目标的不相同，设计单位只对工程设计的技术水平和安全负责，对投资和工程建设工期考虑很少，它所追求的是最高技术水平和最大安全系数；施工单位只对上级所下达的施工任务负责，所追求的是最短的工期。设计施工单位均不计工程的建设成本，且不对生产运行单位负责，而生产运行单位只负责工程建成后的运行管理，而无法参与工程的建设决策与管理。这种管理体制，人为地分割了建设项目各阶段的内在联系，造成建设项目的规划、设计、施工、运行生产等环节前后脱节，甚至相互矛盾，极大地影响了工程投资效益的正常发挥。由于建设各方都是建设任务的被动执行者，投资无偿使用，没有一个职能明确的单位对项目建设全过程负责，建设过程缺乏独立公正的外部约束监督，致使建设各方既不重视自身的经济效益，也不对项目整体目标负责，压

抑了职工积极性、创造性的正常发挥，阻碍了技术进步，影响了建设目标的按计划实现。集中表现为：建设项目投资一再突破，工期一拖再拖，工程质量低劣。这种不符合建设工程组织特点和经济运行规律的建设管理体制，已严重阻碍国家建设计划的顺利实施和国民经济的健康发展。随着我国社会主义市场经济体制的深入和发展，建立新的管理体制已成为历史的必然。

二、我国建设管理体制的新格局

面对建设领域出现的种种问题，我国建设主管部门进行了深刻反思，并积极学习使用国外成功工程建设管理经验。经过 10 多年的改革试点，终于在上世纪 90 年代后期初步建立了既符合社会主义市场经济运行机制，又与国际惯例相一致的建设管理制度的新体系。在这一体系中，确立了项目法人责任制、招标投标制和建设监理制为工程建设管理的三项基本制度，形成了以国家宏观监督调控为指导，项目法人制为核心，招标投标制和建设监理制为服务体系的建设管理体制的基本格局，已出现了以项目法人为主体的工程招标发包体系，以设计、施工和材料设备供应单位为主体的投标承包体系，以及以建设监理单位为主体的技术服务体系等市场三元主体，三者之间以经济为纽带，以合同为依据，相互监督、相互制约。通过改革，彻底改变了计划经济时期国家无偿投资建设项目的状况，形成以企业为主的多元投资主体共同投资水利水电建设、发挥市场对社会资源的基础配置作用的新的管理模式，强化了项目法人责任制和项目投资风险约束机制，使项目法人真正成为工程建设与管理的主体。

1. 项目法人责任制

水利部颁发的《水利工程建设项目实行项目法人责任制的若干意见》（水建〔1995〕129 号）等文件明确规定，水利工程建设，必须首先组建项目法人，明确项目管理的主体身份及其具有的权利和责任，使其全面负责项目规划、资金筹集、建设管理、工程营运和投资还贷等工作。项目法人的主要职责如下：

（1）负责组建项目法人在现场的管理机构。

（2）负责落实工程建设计划和资金。

（3）负责对工程质量、进度、资金进行管理、检查和监督。

（4）负责协调项目的外部关系。项目法人应以《中华人民共和国招标投标法》、《合同法》等有关文件的规定组织招标活动，选择勘察设计单位、施工单位、设备材料供应单位和工程监理单位，与其签订合同，明确各方的权利和义务。项目法人还应负责施工用地的征用，提前完成施工现场通水、通电、通路、通信等基础工作，为工程的施工和顺利进行创造良好的外部条件。

建设项目实行项目法人责任制，改变了以往项目没有一个明确单位负责的问题，把工程项目的建设活动与工程建成后的生产运行联系起来，恢复了建设项目各部分作为一个有机整体的特性，为实现建设工程较高的投资效益创造了条件。

建设工程实行项目法人责任制是我国建设领域建立社会主义市场经济的基础，是将建筑产品推向市场，全面实行工程招标投标制和建设监理制的前提和保证。

2. 招标投标制

招标投标制是市场经济条件下买卖双方就某一标的物所进行的竞争性交易行为。建设工程的招标投标是建设单位（项目法人或称业主）就拟建的工程标明其内容和建设要求，发布招标公告或信函，招请愿意承担该项建设工程的若干企业前来投标，分别提出自己完成该项工程任务计划采用的实施方案和所需投资，进而通过开标、评标等程序择优选择承包单位的一种方式。其中设定标的的一方称为招标单位（或发标人），另一方为投标单位（或承包人）。

计划经济时期，我国的建设管理体制是按投资计划采用行政手段分配建设任务，设计、施工和材料设备供应单位按照上级要求被动承担建设任务，设计施工企业质量意识、效益意识淡薄，缺乏活力，妨碍了技术进步，严重影响了建设目标的实现。1984 年，我国颁布了《建设工程招标投标暂行规定》，从而拉开了在建设领域利用市场合理配置社会资源的序幕。1998 年 8 月 30 日，第九届全国人大通过了《中华人民共和国招标投标法》，正式确定招标承包制度为我国建设管理体系中的一项基本制度。

工程建设项目实行招标投标，是建设领域主动适应社会主义市场经济运行要求的结果。通过招标投标，把建设单位和设计施工企业推向建筑市场进行公平交易，平等竞争，可以最大限度地降低工程的投资风险，达到控制投资、保证质量、提高经济效益的目的；可以促使设计施工企业积极改进技术、加强企业内部管理，提高市场竞争能力，实现自身经济效益；通过优胜劣汰，有利于优化社会资源，培育技术力量强、管理水平高、社会信誉好的大型设计施工企业和材料设备制造企业。

3. 建设监理制

建设监理制度是我国建设项目管理的新模式。它是社会监理单位，在业主的授权范围内，运用组织、技术、经济、合同等措施，对工程项目参与者的行为进行监督、指导、协调、控制，保证建设活动符合国家法律、法规以及承包合同的要求，预防和减少建设行为的随意性，确保工程项目的费用目标、时间目标、质量目标得以最优地实现。

我国的建设监理制度，是在借鉴国际上通行的工程项目管理模式的基础上形成的。在这一管理模式中，项目有项目法人（业主）提出，并负责筹资还贷；施工单位（承包商）是通过招投标从众多单位中选择的资信、技术、设备等相对最优的企业；监理单位是项目法人（业主）选择的专业管理单位，它运用自己的专业技术和先进管理手段，在业主授权范围内独立从事管理活动，为业主提供建设项目的费用控制、质量控制、合同管理、信息管理和组织协调等服务，按照监理合同约定收取一定监理报酬。这样在项目管理中就形成了项目法人、监理工程师、施工承包单位三方既相对独立又相互依存的局面。

目前，我国监理制度的基本特征可概括为“一个体系，两个层次，多种方式”。

一个体系，是指在建设项目的实施阶段，项目法人委托专业的社会监理单位是相对独立的第三方，在合同范围内可自主开展监理工作，项目法人不得随意干预，施工单位应完全遵照监理的正确指示从事各项施工活动。

两个层次，是指在建设监理中，既实行政府监理，也实行社会监理，两者相辅相成，缺一不可。前者是发挥政府部门的监督职能，对建设行为进行纵向的、宏观的、强制性的监督管理，确保建设行为的合法性、合理性、科学性和安全性；后者是利用专业的社会监理机构对建设具体活动所进行的监督管理，是横向的、微观的，委托性的。其主要职能是通过监理专业、独立、公正的工作，确保承包合同规定的目标按期、保质、低耗的实现。

多种模式，是指在当前的社会条件下，社会监理与其他监理形式同时存在。

第一种模式：业主直接组建的监理单位。监理单位隶属于业主单位，行政上受业主的领导，经济上是合同关系，具体负责建设监理工作。由于监理单位在行政上受业主的领导，因而不能像社会监理那样完全独立地开展监理工作，如果处理不好监理与业主的关系，这种监理模式实际上会变成只对承包单位一方的监督。

第二种模式：委托专业从事设计或科研的单位兼承监理业务，负责施工阶段的设计和监理工作。

第三种模式：由行政手段直接组建的监理单位，在施工现场同时行使建设单位和监理单位的职能。这种形式，监理单位实际为业主的派出单位。

第四种模式：社会监理。由业主招请的专业监理公司或监理事务所，行使建设监理职能。监理不是业主的下级部门，它们是社会身份平等的民事主体，经济上相互独立，它们的关系是经济合同关系。监理单位独立行使监理职能，为业主提供监理服务，而业主单位按照监理合同的约定给监理单位支付相应的监理费。

上述四种方式中，前三种模式只是体制变革过程中的过渡形式，在这三种模式中，监理单位不可能完全独立、公平公正地开展工作，不可能形成业主、监理、承包单位“三足鼎立”，相互联系又相互制约的关系，它们必将随着改革的深入而逐渐消失。只有社会监理才是既符合国际惯例又符合市场经济运行要求的监理模式，才是监理发展的正确方向。

第五节　施工组织设计的概念及其作用

施工组织设计是工程设计阶段的重要内容。它是运用系统控制理论的基本方法，在工程建设的不同阶段对工程实施的各个环节的所有工作所作的一个综合计划。其主要目的是：建立节约高效的施工组织，编制切实可行的施工计划，优化施工工艺与施工方案，确定合理的工程规模和投资，制定可靠的施工质量保证体系和施工技术措施，为保证施工质量、控制工程投资和工期，指导工程施工顺利进行提供科学的依据。

水利水电工程建设规模大，涉及的专业多，参与的相关单位多，对内对外组织协调工作量大，加之地形、地质及施工条件复杂，施工期间的不确定因素很多，因此，要充分重视施工组织设计工作。只有做到事先规划，精心组织，尽可能回避施工期间可能发生的各种风险，才能保证工程的顺利实施和建设目标的如期实现。

目前，水利水电工程建设体制已由过去的国家财政拨款、行政分配任务、资金无偿使用、权利责任不清、组织管理松散的封闭的自建自营方式转化为建筑产品进入市场、利用市场配置社会资源，通过有序竞争优胜劣汰分配建设任务的招标承包方式，追求工程的经济效益已成为建设各方的共同目标。在这一社会条件下，不论招标单位，还是设计、施工单位都比以往任何时候更加重视施工组织设计工作。对招标单位而言，施工组织设计是确定标底、议标评标，正确选择设计、施工单位和材料设备供货单位的依据；施工组织设计的正确与否，直接关系到能否选择到技术水平高、资质信誉好的承包单位，关系到能否保质保量按期完成建设工程，关系到能否将工程造价控制在预算值之内，并及时发挥效益。而投标单位想在激烈的市场竞争中获胜，求得自身的生存与发展，也必须做好施工组织设计，要认真研究招标文件，准确理解招标意图，科学组织企业资源，在此基础上提出较有竞争力的投标报价。

第六节　施工组织设计的任务及编制原则

施工组织设计的主要任务是根据工程地区的自然、经济和社会条件制定工程的合理施工组织，包括：合理的施工导流方案；合理的施工工期和进度计划；合理的施工场地组织和布置；适宜的内外交通运输方式；切实、先进、保证质量的施工工艺；合适的施工临时设施与施工工厂规模，以及合理的生产工艺与结构物形式；合理的投资计划、劳动组织和技术供应计划，为确定工程概算、确定工期、合理组织施工、进行科学管理、保证工程质量、降低工程造价、缩短建设周期提供切实可行和可靠的依据。

具体到各个阶段，施工组织设计的任务如下：

(1) 可行性研究阶段。全面分析工程建设条件，初选施工导流方式、导流建筑物形式与布置；初选主体工程的主要施工方法、施工总布置；基本选定施工场地内外交通运输方案和交通干线布置，估算施工占地、库区淹没面积，编写移民搬迁报告，提出控制性工期和分期实施意见，估算主要建材及劳动力用量。

可行性研究阶段，主要从施工条件的角度对工程建设的可行性进行论证分析。

(2) 初步设计阶段。选定施工导流方案，说明主要建筑物施工方法及主要施工设备，选定施工总布置、总进度及对外交通方案、提出主要建筑材料的需要量及其来源，编制设计概算。

在这一阶段，主要论证施工技术上的可行性和经济上的合理性；批准的设计概算，是控制基本建设投资，编制基本建设计划，编制工程招标的标底．以及工程竣工后考核工程造价和验核工程经济合理性的重要依据。招标投标中编制施工组织设计，主要是招投标各方从各自的角度分析施工条件，提出施工方案并据此对工程投资或造价作出合理的估计。

(3) 招标设计阶段。在已批准的初步设计的基础上，通过市场价格调查和施工现场踏勘，取得更为翔实准确的基础资料，优化施工方案、施工方法及相应的施工工期，提出施工方案并据此对工程投资或造价作出合理的估计。

(4) 在施工详图设计阶段。主要是进行工序分析、确定关键工作与关键路线，优化施工工艺流程，编制单项工程施工措施计划，通过工序控制和质量检查监督，努力从技术组织措施上落实施工组织设计的要求，保障计划中各项活动的实施。

此阶段的施工组织设计又被称为“施工措施计划”，其中的各项活动的安排必须要有较强的可操作性。

编制施工组织设计，应当遵循以下原则：

1) 认真贯彻国家有关的方针政策和严格执行国家及水利部颁发的有关规程规范。把一般的技术政策和设计规范要求与具体的工程建设实际结合起来，通过深入现场调查研究，全面分析比较，提出切实可行的设计优选方案。

2) 严格按基本建设程序办事，不要任意跨越建设阶段编制施工组织设计，在前一阶段的设计没有批准之前，不得进行下一阶段的工作。

3）每一阶段的内容与深度必须与所编阶段的要求相一致，与技术设计和施工组织管理工作紧密配合。

4）要以经济节约，提高效益为原则，合理组织安排人力、技术、设备、材料等施工资源，做到人力、物力的综合平衡；要积极采用高效的机械化施工，大力推行新技术、新工艺和新材料的使用，努力降低建设成本。

5）施工进度的安排要适度合理，既要保证按期完工，又要保证工程质量和施工安全。尤其对导流截流、施工度汛等关键工程的工期安排更应注意这一要求。

第七节　施工组织设计的编制步骤和工作内容

在工程设计各阶段的许多环节都要考虑施工组织设计问题，尽管各阶段所研究的范围大致相同，但由于基础资料及编制目的不同，其内容详略和侧重点也有所不同。其中以初步设计阶段所要求的内容最为全面，各专业的设计联系也最为紧密，所以下面就以初步设计阶段施工组织设计为例来说明编制的方法和内容组成。

一、施工组织设计的编制步骤

（1）收集基本资料。组织专业人员深入现场收集有关地形、地质、水文气象、当地建筑材料状况、对外交通等资料。

（2）分析研究坝址施工条件，初步确定施工方案。

（3）根据枢纽布置方案所确定的主要建筑物的结构形式和布置位置进行导流设计，结合导流方案的选择定出施工总进度规划。

（4）在提出控制性进度之后，各专业根据该进度提供的指标开始设计，并安排为下一道工序提供资料的工作。例如，有关专业需提供临建工程规模、工程量、施工设备需用量，以便施工布置专业平衡汇总和进行总图规划，需提供施工用电、用风和用水的布置规划和工艺，以便概算专业尽早编制风、水、电单价等。单项工程进度是施工总进度的组成部分，是局部与整体间的关系，其进度安排不能脱离施工总进度的指导，同时它又是编制施工总进度的基础和依据。通过单项工程施工方法，研究落实单项工程进度后，才能看出施工总进度是否合理和可行，从而为调整完善施工总进度提供依据。

（5）施工总进度优化后，编制年度施工计划，计算提出分年劳动力需要量、建筑材料及施工机械需要总量及分年供应数量。

二、施工组织设计的工作内容

1. 施工条件分析

施工条件包括坝址的地形地质条件、水文气象条件、对外交通及物资供应条件、主要建筑材料的储量、分布及开采运输条件、当地水电供应情况、施工用地、库区淹没及移民安置条件等。

施工条件分析的主要目的是判断它们对工程施工可能造成的影响，以充分利用有利条件，回避或削弱不利影响。

2. 施工导流

导流设计是枢纽设计的重要组成部分，应在综合分析导流条件的基础上确定导流标准、划分导流时段、选择导流方式、进行导流建筑物设计，通过方案比较，从中选择出最优方案，妥善解决施工全过程中的挡水、泄水问题，使工程建设达到缩短工期、节省投资的目的。

导流设计应根据河流洪枯流量变化规律和枢纽工程施工特点，合理划分和选择施工时段。导流建筑物洪水设计标准，应根据建筑物的类型和级别，按SDJ338—89《水利水电工程施工组织设计规范》（试行）的规定进行选择。

导流泄水建筑物的泄水能力要通过水力计算确定。关键的技术问题，应通过水工模型试验分析验证。为减少建筑物的数量，方便布置并最终达到节省工程建设投资，导流建筑物应尽可能与永久建筑物相结合，如施工导流洞与永久泄洪排沙洞相结合。

选择导流方式时，应优先研究分期导流的可能性和合理性，大、中型水利枢纽因枢纽工程量大，工期较长，分期导流有利于提前受益，且对施工期通航影响较小。对于山区性河流，洪枯水位变幅大，可采用过水围堰配合其他泄水建筑物的导流方式。

围堰结构形式应作多方案比较，经全面论证后选定。土石围堰能够就地取材修筑。对地基适应性强，造价低，施工简便，是常采用的一种堰型。碾压混凝土围堰为近年来发展的新技术．具有结构简单，施工速度快，抗渗、抗冲性能强，工程造价低等优点。由于一般围堰施工工期较短，往往要同洪水赛跑，故有条件应优先选用碾压混凝土。

截流是水电工程施工的一个重要环节，设计方案必须稳妥可靠，保证截流成功。选择截流方式应充分分析水力学参数、施工条件和难度、抛投物数量和性质，并进行经济比较。截流时段应根据河流水文特征、围堰施工以及通航等因素综合分析选定。

3. 主体工程施工

主体工程，包括建筑工程和金属结构及机电设备安装工程两大部分。属于建筑工程的有挡水、泄水、取水、通航等主要建筑物，属于安装工程的有水轮发电机组、升变压设备、金属闸门和启闭机等。应根据各自的施工条件，对施工程序、施工方法、施工强度、施工布置、施工进度和施工机械等问题，进行分析和选择。

4. 施工交通运输

施工交通运输分对外交通运输和场内交通运输两部分。

对外交通运输是根据对外运输总量、运输强度和重大部件的运输要求，确定对外运输方式，选择运输线路和标准，安排场外交通工程的设计与施工。

场内交通运输是根据施工场地的地形条件和分区规划，选定场内交通主要道路及各种设施布置、标准和规模，保证主体工程施工运输要求，避免交通干扰。场内交通线路应尽量顺直、视线开阔，并远离生活区。

选择交通运输路线时应将场内交通与场外交通统一考虑，使内外交通顺畅连接。

5. 临时工程与设施

施工生产设施，如混凝土骨料加工系统，土石料厂，混凝土拌和楼，钢筋加工厂，机械设备修配车间，施工风、水、电系统，仓库等，均应根据施工任务和要求，分别确定各自位置、规模、生产工艺及其平面布置，并安排施工进度和投产计划。

大型临时工程，如施工桥梁、缆机平台等，要作出相应设计，确定其工程量和施工进度。

6. 施工总进度

施工总进度是对施工期间的各项工作所作的时间规划，它以可行性研究报告批准的竣工投产日期为目标，规定了各个项目施工的起止时间、施工顺序和施工速度。

（1）为了合理安排施工进度，必须仔细分析工程规模、导流程序、材料设备供应能力、对外交通等控制因素，分清主次，统筹兼顾，合理安排施工顺序，防止发生不合理的停工、窝工现象，保证施工生产均衡连续地进行。对控制总工期或受洪水威胁的工程和关键项目应重点研究，既要采取有准备的技术措施，优化施工工序管理，努力缩短工程建设工期，又要充分认识这些关键项目失控后可能造成的严重后果，在编制进度计划时宜适当留有余地。

（2）各项目施工程序要前后兼顾、衔接合理，减少干扰，施工较均衡。

（3）一般采用平均先进指标，对复杂地基或受洪水制约的工程。

施工总进度计划可通过绘制横道图和关键路线网络图来表示。

7. 材料设备供应计划

根据施工总进度安排和定额资料的分析，对主要建筑材料和主要施工设备，列出总需要量和分年需要量计划。

8. 施工总布置

施工总布置的主要任务是根据施工场区的地形地貌、各类建筑物的施工方案和布置要求，对施工场地进行分期分区和分标见规划，确定分期分区布置方案和承包单位的占地范围，绘制施工总平面布置图，估计施工用地面积，提出占地计划。

施工总布置一般将施工场地分为以下几个区域：①主体工程施工区；②土石材料生产区；③施工辅助企业区；④仓库、堆料场；⑤各施工工区；⑥生活福利区。

分区规划布置原则：

（1）以混凝土建筑物为主的枢纽工程、施工区布置宜以砂石料开采、加工、混凝土搅拌、浇筑、运输系统为主；以当地材料坝为主的枢纽工程，施工区布置宜以土石料采挖、加工、堆料场和上坝运输线路为主，使枢纽工程的施工形成最优工艺流程。

（2）机电设备、金属结构安装场地宜靠近主要安装地点。

（3）施工管理中心设在主体上程、施工工厂和仓库区的适中地点，各施工工区宜靠近各施工对象。

（4）生活福利设施应考虑风向、光照、噪音、绿化、水源、水质等因素。其生产、生活设施应有明显界限。

（5）主要施工物资仓库、站场、转运站等储运系统，一般布置在场内外交通衔接处。

在完成上述设计内容时，还应同时提交以下附图：

（1）施工场外交通图。

（2）施工总布置图。

（3）施工转运站规划图。

（4）施工征地计划图。

（5）施工导流方案图。

（6）施工导流分期布置图。

(7) 导流建筑物施工方法示意图。

(8) 导流建筑物结构布置图。

(9) 土石方回填开挖示意图。

(10) 土石方开挖示意图。

(11) 地下工程、衬砌工程施工示意图。

(12) 机电设备、金属结构安装示意图。

(13) 沙石料生产系统工艺布置图。

(14) 混凝土拌和及冷却系统。

(15) 施工总进度表及施工关键路线图。

施工组织设计中的8个部分，虽各有侧重，自成体系，但也密切相关，相辅相成。施工条件分析是其他各部分设计的前提和基础，施工导流解决了施工全过程的水流控制问题，主体工程施工方案从技术组织措施上保证主要建筑物的修建，施工总进度对整个施工过程作出时间安排，施工总体布置对整个施工现场进行空间规划，施工交通运输为整个工程施工的动脉，施工工厂设施和技术供应为施工提供后勤保障。它们各自从不同的角度对施工全局作出部署，共同构成一个不可分割的整体。

第八节 施工总进度计划

施工进度计划是根据工程项目竣工期限的要求，对其中的各个活动在时间上所作的统一计划安排。通过规定各项目施工的开工时间、完成时间、施工顺序等，综合平衡人力、技术、资金、时间空间等施工资源，在保证施工质量和安全的前提下，使施工活动均衡、连续、有序地进行。

在项目设计的不同阶段，需要编制不同的进度计划。在初步设计批准之后，要做施工总进度计划，以确定整个工程中各扩大单位工程（单项工程）的主要单位工程及分部工程与主要临时工程的施工次序和速度；当工期较长时，还需根据工程分期编制分期工程进度计划。在技术设计阶段要作扩大单位工程进度计划，以确定各单项工程中各单位工程及分部工程的施工次序和工期。

施工进度计划是施工组织设计的主要组成部分，并与其他组成部分关系密切，它们相互影响，互为基础。一方面，施工进度安排制约着其他部分的设计，如选择施工导流方案、研究主体工程施工方法、确定现场总体布置，规划场内外交通运输以及组织技术供应等都要依据进度安排；另一方面，进度计划的安排，也受以上条件的制约。例如，安排施工计划，必须与导流程序相适应，要考虑导流、截流、拦洪、度汛、蓄水、发电等控制环节的施工顺序和速度；要与施工场地布置相协调；要考虑技术供应的可能性与现实性；必须按照选定的施工方法、施工方案所提供的生产能力来决定施工强度。只有处理好施工进度计划与施工组织设计各组成部分的关系，才能使计划建立于可靠的基础之上。

现代工程管理的典型特征是计划管理，没有计划就没有管理。施工进度计划是施工管理的前提和基础。只有充分研究基础设计资料，合理规划，最大限度地利用现有施工资源，才能作出比较符合实际的进度计划，起到计划、指导、协调、控制工程施工的作用。

一、施工总进度计划的编制原则

(1) 严格按照竣工投产时间为控制目标，确保工程按期或提前完成。

(2) 统筹兼顾，全面安排，主次分明。集中力量，优先保证关键性工程按期完成，并以关键性工程的施工分期和施工程序为主导，协调安排其他单项工程的施工进度，使工程各部分前后兼顾、顺利衔接。

(3) 总体先进，又留有余地。从实际出发，在现有的施工力量和技术供应条件下，尽可能选用新技术、新材料、新工艺，优化生产组织和生产工艺流程，力争优质高速施工；同时，又要充分认识到水利水电工程施工过程是极其复杂的，其间可能会出现一些的不利因素对施工计划的执行造成干扰，因此，进度的安排要适当留有余地。尤其对控制性工程（或关键工序）的施工，工期安排不能太紧。

(4) 重视各项准备工程的施工进度安排，在主体工程开工前，准备工作应基本完成，及时为主体工程开工创造条件。

(5) 把工程质量、工程投资与进度计划的编制结合起来，统一考虑。不能为追求较高的速度而降低施工质量，也不能拖延工期而影响工程及时发挥效益。

二、施工总进度的编制深度及要求

(1) 可行性研究阶段。根据本阶段枢纽建筑物布置及其工程量、可能的导流方式和各单位工程施工条件，采用类比法初步选定施工总工期目标，再试用国内外相应的施工方法达到的施工强度指标，按合理施工程序安排关键工程项目进度，反馈证明原定施工总工期的可行性，经优化平衡，提出施工的合理工期，另提出准备工程和主体工程的施工控制性进度以及相应的施工强度，估计并列出工程的三材数量和劳动力。

(2) 初步设计阶段。根据国家对工程可行性报告的批复意见，对工程投入运行期限的要求作为工期控制目标，进一步分析研究枢纽主体工程、对外交通、施工导流与截流、场内交通及其他施工临时工程等建筑安装任务及其控制进度的因素，编制工程筹建期、工程准备期、主体工程施工期以及工程完建期等四个阶段的施工进度计划，确定各期施工关键项目及控制工期，施工强度和工程形象全貌。应尽可能缩短工程筹建期和施工准备期，但工程筹建期与施工准备期的工程项目内容与任务应切实安排完成，并注意两者的衔接与协调。

对导流建筑物施工、工程截流、基坑排水、拦洪、后期导流及下闸蓄水等工期要认真分析，对枢纽主体工程的土建、机电和金属结构安装施工进度要做到程序合理、平行流水、均衡施工。

应在编制单项工程施工进度的基础上，经综合平衡协调，提出施工总进度表。根据对承包市场技术及管理水平的调查研究及施工工作面劳动力的配置，提出劳动力需求计划表，将逐年劳动力数量、高峰用工人数及平均人数、总工日数等列在表上。

(3) 技术设计（招标设计）阶段。其施工总进度应在初步设计施工总进度计划的基础上，根据本工程设计的最新成果及上级主管部门的最新指示，进一步落实。

在当前主体建设机制改革的情况下，大中型水利水电工程建设是通过一系列合同（主体工程施工合同、辅助工程施工合同、物资设备采购合同以及当地服务性合同等）实施的，本阶段总进度的特点是提出一个工序衔接好、责任划分清楚、合同管理方便、经济效益好的包括全部合同的进度安排，其时段应从第一个合同准备工程开始到最终一个合同期满，全部工程竣工为止。

本阶段施工总进度仍应按工程筹建期、工程准备期、主体工程施工期和工程完建期四个阶段进行整体优化，编制网络进度工程项目的总工期，各单项合同的控制工期和相应的施工天数，提出施工强度，劳动力、机械设备需用量曲线和土石方平衡，并根据主要关键控制点编制简明的施工进度表。

三、施工总进度计划的表示方法

1. 横道图（图 6-3）

横道图是传统的进度计划表述形式，其特征是用短横线表示工程中各个工序（或施工项目）的施工时间、施工时段、施工工期、工程量、施工强度，并有经平衡后汇总的施工强度曲线和劳动力需要量曲线。

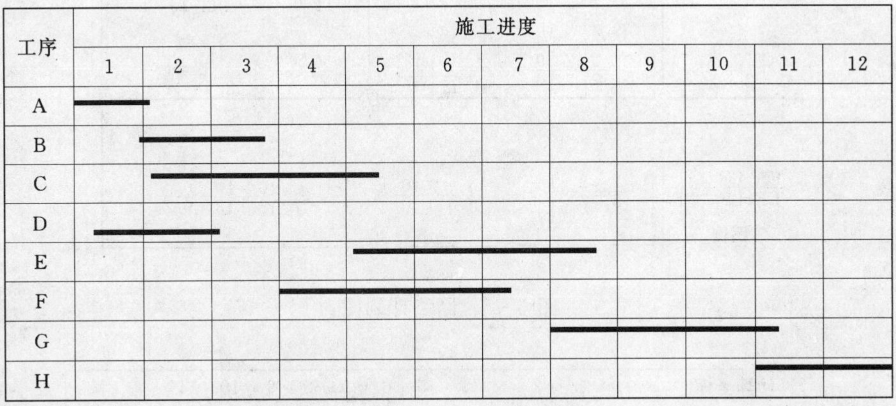

图 6-3　横道图

横道图简单、直观，易于绘制，但也存在下列缺点：

1）不能清楚反映各工序间相互制约、相互依赖的关系。

2）无法判断某一工序的推迟或提前对总工期的影响。

3）在时间进度上，看不出哪些是关键工作；不同的横道图计划无法比较其优劣，不能用计算机进行定量计算和优化，故只是对进度的静态反映，抓不住重点，无法从全局的高度制定计划。

2. 工程进度曲线（图 6-4）

以时间为横轴，以单位时间完成的数量或完成数量的累积为纵轴建立坐标系，将有关的数据点绘于坐标系内，顺次连成一条光滑的曲线，就是工程施工进度曲线。工程进度曲线上任意点的切线斜率表示相应时间的施工速度。

3. 工程形象进度图

形象进度图是把工程进度计划以建筑物的形象升程来表达的一种方法。这种方法直接将工程项目的进度目标和控制工期，标注在工程形象图的相应部位，直观明了，特别适合在施工阶段使用。此法修改调整进度计划也极为方便，只需修改相应项目的日期、升程，而形象图并不改变。

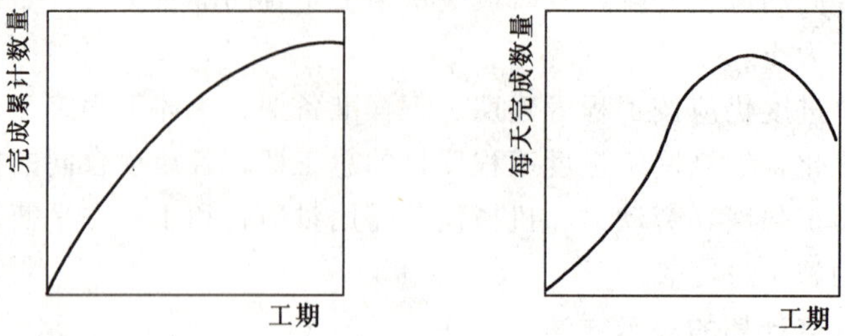

图 6-4　工程进度曲线

4. 网络进度计划（图 6-5、图 6-6）

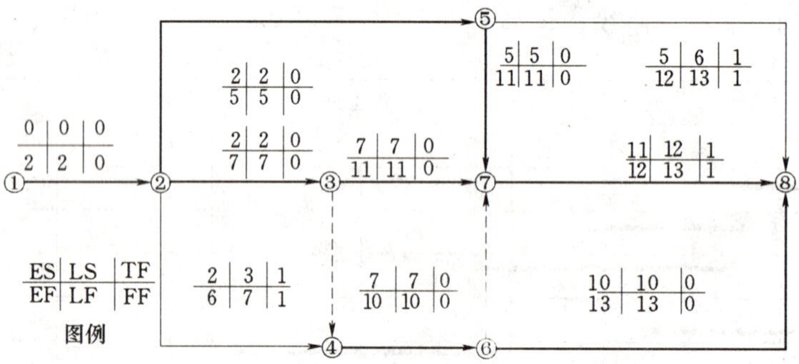

图 6-5　网络计划图

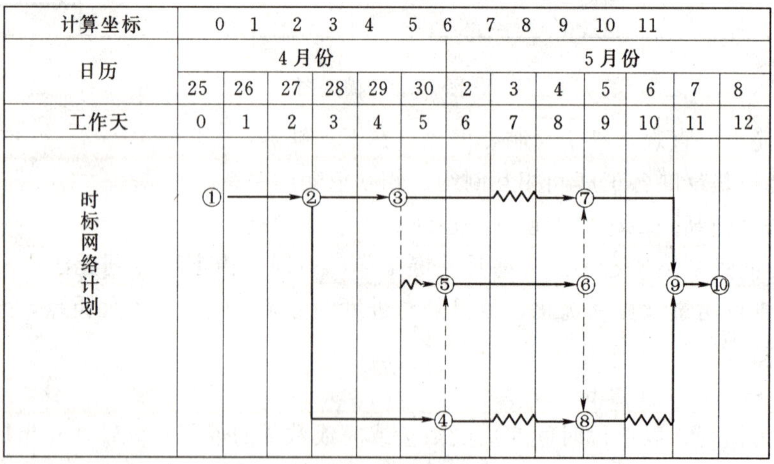

图 6-6 时标网络计划图

这是应用网络技术编制进度计划的一种方法。首先根据施工项目及之间的依存关系绘出网络图，然后计算必要的时间参数并将它们标注在网络图上就形成网络计划。利用网络图编制施工进度，不仅能够明确表示计划进行的工程内容、各工序间的逻辑关系，而且能够预先确定各工作的实施时间，存在的机动时间（时差）大小，明确关键工作以及进度超前或滞后将对以后工程施工和总工期产生的影响，能够根据施工条件的变化和工期进行要求网络计划的调整和优化。

按照绘制方法的不同，网络图可用分为单代号网络图和双代号网络图两种，其中，双代号网络图应用较多。

双代号网络图，是用箭线或箭线两端的一组节点编号来表示工作的。箭尾节点表示该工作的开工，箭头节点表示该工作的完工。这样，一根箭线或一组节点既表示一个工作，又表示了该工作与相邻工作之间的逻辑关系。

网络计划的时间参数有：各项工作的最早开始时间（ES）、最早完成时间（EF）、最迟开始时间（LS）、最迟完成时间（LF）；工作的总时差（TF）、工作的自用时差（FF）等。

网络计划的时间参数是确定计算工期、关键工作和关键路线的基础，也是确定非关键工作机动时间，进行计划优化与科学管理的依据。

为了方便使用网络计划图，使各个工作时间与日历时间相对应，实际中常将网络计划绘制在时标表上，并用波纹线表示工作的时差，就形成时标网络计划。

5. 新横道图（图 6-7）

新横道图又称网络横道图，它是在传统横道图与网络图相结合的基础上发展起来的，既有传统横道图简单明了的形式，又有网络计划中明确的逻辑关系和时间参数的表达。

在新横道图中，工作间的逻辑关系用节点代号标明，如：①—②工作的紧后工作为②—③、②—④工作。凡进度指示先上下行间能首尾相接，从起点到终点的阶梯状连线，就是关键路线，其中没有时差的工作就是关键工作。

四、网络总进度计划的编制程序

（1）资料准备。收集研究与进度有关的各项技术、经济资料，如设计文件、规范标准、材料设备供应情况等，为编制网络计划提供依据。

（2）分解项目，绘制网络草图。按照网络图绘制的基本要求，根据应编计划的深度要求把工程项目分解为网络计划的基本单元，确定各项工作之间的逻辑关系，初绘网络图。

（3）计算工作历时。工作历时是用设计确定的计划完成的工程量除以有关定额预估的单项工作量的大小计算出来的。计算出工程历时后，将数值标注在网络图上相应的位置。

（4）计算有关时间参数，求出计算工期。先找出关键路线，关键路线上所有工作历时之和即为计算工期。按照竣工期限的要求，计算工期不应超过计划工期；如果计算工期超过了计划工期，则应采取适当措施，压缩关键工作的工作历时；如果仍然不能满足要求，则应改变施工方案的组织关系，重新计算。

（5）绘制调整后的网络图，标注必要的时间参数，就是可行的网络计划。

（6）根据项目目标要求，对网络计划进行优化。所谓优化即是在满足一定的约束条件下，寻求某一目标最优的网络计划的方法。优化的目标有工期、费用、资源等，可根据实际需要进行选择。对于进度网络计划，一般先进行工期优化，在此基础上再进行费用或资源优化。

（7）按照优化结果编制正式的进度计划。

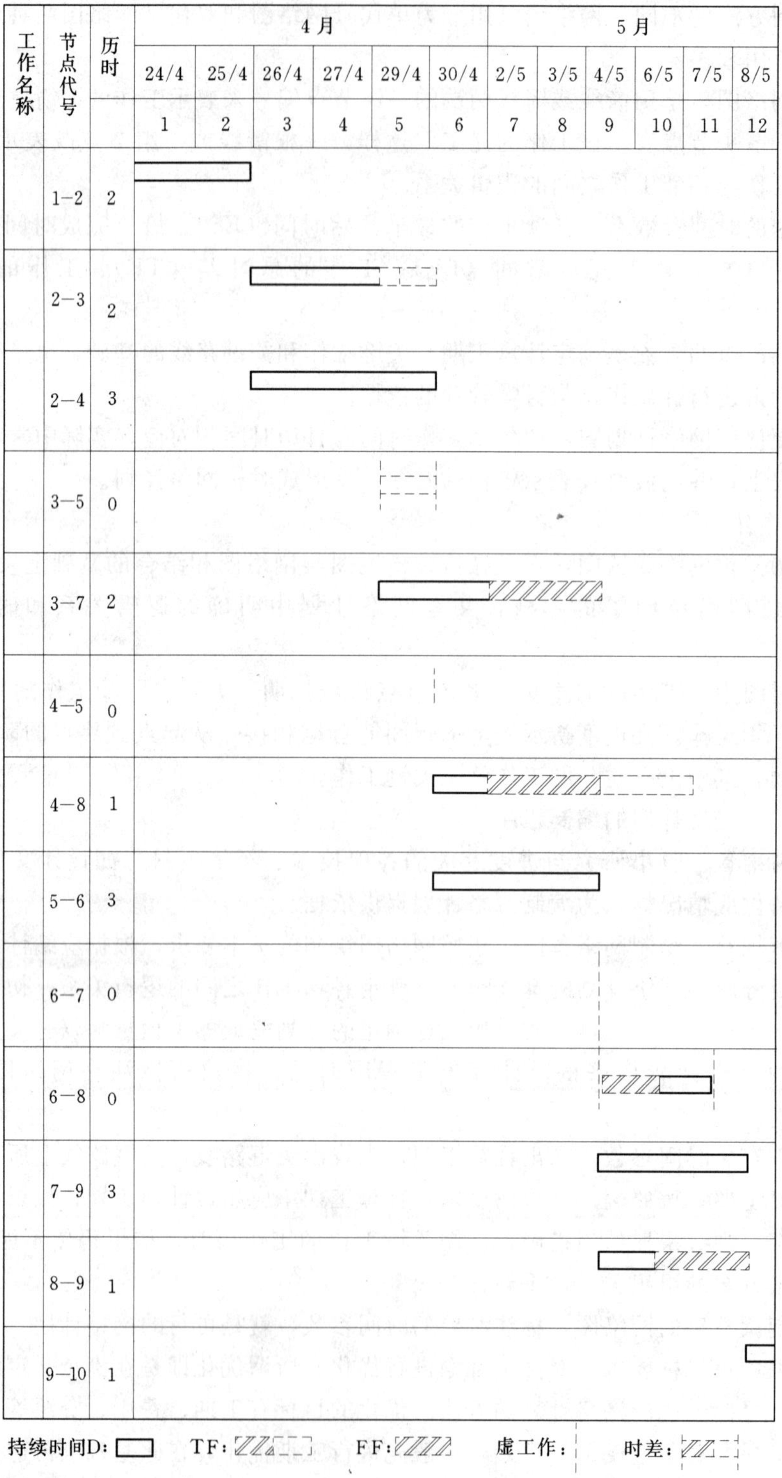
工作名称
节点代号
历时
4月
5月
24/4 25/4 26/4 27/4 29/4 30/4 2/5 3/5 4/5 6/5 7/5 8/5
1 2 3 4 5 6 7 8 9 10 11 12
1—2 2
2—3 2
2—4 3
3—5 0
3—7 2
4—5 0
4—8 1
5—6 3
6—7 0
6—8 0
7—9 3
8—9 1
9—10 1
持续时间D:
TF:
FF:
虚工作:
时差:

图 6-7 新横道图

第九节 施工总体布置

施工总体布置是根据工程特点和施工现场条件，研究解决拟建永久建筑物和临时设施在施工现场的布置问题，即解决施工现场的空间组织问题。其目的是充分利用现场有利地形，合理分区，协调各项工程在现场的占用关系，避免施工中相互干扰，使各项临时设施最有效为主体工程的施工服务，为顺利完成施工任务创造条件。

将施工布置成果标绘在施工地区的地形图上，就构成施工总体布置图。一般来说，施工总体布置图应包含以下内容：

(1) 一切地上和地下已有的建筑物和房屋；

(2) 一切地上和地下拟建的建筑物和房屋；

(3) 一切为施工服务的临时建筑和临时设施。其中主要有：①导流建筑物，如围堰、明渠、隧洞等；②运输系统，如各种道路、车站、码头、车库、桥涵、栈桥、大型起重机等；③各种仓库、料堆、弃土场等；④各种料场及其加工系统，如土料场、砂料场、石料场、碎石筛分工厂、砂砾分选装置等；⑤混凝土制备系统，如混凝土拌和楼、骨料仓库、水泥仓库等；⑥机械修配系统，如机械修理厂、修钎厂、机械站等；⑦其他施工工厂，如钢筋加工厂、木材加工厂、混凝土和钢筋混凝土预制构件工厂等；⑧金属结构、机电设备和施工设备的安装基地；⑨水、电和动力供应系统，如临时发电站、变电站、抽水站、压缩空气站、制冰厂、各种线路管道等；⑩生产及生活所需的临时房屋，如办公室、试验室、职工及家属宿舍、食堂、医院等；⑪安全防火设施及其他，如消防站、警卫室、安全警戒线等。

水利水电工程施工是个动态的过程，永久性建筑物将根据施工进度计划的安排，按一定顺序建成并投入运转；临时性建筑物和其他临时设施也随着施工需要而逐步兴建，用毕以后，或是拆除转移或是报废。同时，随着施工的进展，水文、地形等自然条件也都有所变化。因此，进行施工总体布置时，必须与施工进度计划的时间安排协调起来。对于工期较长的大型水利水电工程，应根据不同时期的现场特点，作出分期施工总布置图，既满足不同阶段的施工需要，又要使前后衔接，尽量避免一些公用设施由于前阶段设计位置不当而在后阶段拆迁重建。

为了节约资源，缩短工期，保证施工生产安全、高效、有序地进行，通常要提出若干布置方案，进行综合评价，从中选出最优方案。施工总体布置方案的评价大致有两类：一是定性评价，二是定量评价。

定性评价时考虑的主要因素有：① 生产线布置是否满足流水作业的要求，各单位是否能够协调协作，是否有利于生产管理；② 有关设施的布置是否存在线路交叉干扰；③生产区与生活区划分合理，是否满足安全生产的要求；④ 临建设施与永久工程的结合问题，是否存在对主体工程施工和运行的不利影响。

定量评价时应考虑的因素有：①场地平整土石方工程量和费用；②土石方开挖利用的程度；③临建工程建筑安装工程量和费用；④各种物料的运输工作量和费用；⑤征地面积和费用，造地还田的面积；⑥临建工程的回收率和回收费等。

一、施工总体布置应遵循的原则

施工总体布置图的设计，由于施工条件复杂多变，枢纽建筑物的组成与布置各有特点，因此要充分研究设计基础资料，因地制宜，按照系统优化的方法进行场地布置，力求做到确保重点、主次分明、有利生产、易于管理、安全可靠、经济合理。

(1) 合理使用场地，布置要紧凑，尽量少占农田，尽可能利用荒地、荒滩、坡地布置临时设施。

(2) 厂区的划分和布局应符合有利于生产、方便生活、易于管理的原则，使生产区畅通、生活区安静。

(3) 围绕并保证主体工程的施工和运行。必须紧密结合主体工程的施工进度安排来布置临时建筑物和施工设施，使其满足主体工程的施工要求，不对主体工程的施工造成干扰。

(4) 经济节约，降低生产费用。与施工密切的辅助企业和仓库，应布置在场内运输干线两侧，并尽量靠近使用地点，以缩短运距。当一个辅助企业和设施为几个使用地点服务时，应通过优化将其设置于综合运输费用最小的位置。生产线的布置应符合流水作业要求，避免器材迂回运输现象，尽量减少器材的转运和提升次数。在坡地上要研究利用地面高差进行建筑物立面布置，以减小场地平整的工程量和建筑物的工程量。

(5) 保证安全。一切临时工程与设施的布置高程，应在洪水淹没高程以上，在峡谷冲沟内布置施工设施时，要防止山洪的突然袭击。要避开不良地质区域或滑坡体危害区域。生产区、生活区应有明显界限，雷管、炸药、油库等易燃易爆危险品应远离生活区和施工现场。对外交通干线应从施工场区边沿引入，最好不穿越居民区；场内交通要避免交叉干扰。

二、影响施工总体布置的主要因素

影响施工总体布置的因素很多，认清这些因素的影响，是作好施工总布置的基本保证。

1. 枢纽组成与布置

枢纽组成与布置，直接影响到施工场地选择、施工工厂组成和布置。闸坝式水电站枢纽，电站厂房靠近大坝，工程比较集中，所以常在枢纽轴线下游的一岸或两岸建立施工场地。主要施工场地设在哪一岸，常受电站厂房位置和对外交通统路的影响。引水式水电站枢纽的电站厂房通常离取水枢纽较远，所以施工场地多分设在厂房和首都取水枢纽两处。如果引水建筑物较长，有时还在中间设立辅助的施工场地。工程的组成不同，施工工厂与辅助设施的组成和布置也不同。以混凝土建筑物为主体的枢纽，在施工总布置中应以混凝土系统为重点，环绕它来规划布置其他施工工厂和临时建筑物。以土石建筑物为主体的枢纽，在施工总布置中则应把重点放在土石料场的组织和材料的运输上坝及堆放上。

2. 施工地区的自然条件

施工地区的自然条件对施工总布置的影响也是很大的，主要包括地形、水文、地质、水文地质和气象条件等，现依次简述如下。

(1) 地形条件。水利枢纽工程的布置和地形条件，直接影响到施工场地的布置。如果坝址处地形平坦而开阔，常将施工工厂和临时房屋靠近大坝集中布置，运输线路短，相互联系便利。如果工程位于偏僻的峡谷地区，两岸的地形陡峻，则常沿河流一岸或两岸绵延布置，建筑物和其他设施比较分散，有时为了缩短交通线路，往往不得不利用人工平整场地来布置各种临时建筑物。

(2) 水文条件。水文条件直接影响着水电枢纽工程的施工，自然也与总布置密切相关。一切临时建筑物，都应该根据其使用期限和河流水文特性等情况，分析不同标准洪水对其危害程度后，来确定其高程与布置。施工场地多设在枢纽轴线下游。主要施工工厂和临时设施的防洪标准，一般在5～20年重现期范围内酌情采用。与永久运用相结合的铁路、公路、城镇房屋的设计洪水频率则为1%～2%。某些必须布置在上游淹没区的施工工厂或临时设施（如上游料场），应考虑洪水淹没对生产的影响及其对策，并应在水库蓄水水位抬高造成场地淹没前，能够全部拆除与转移。当施工场地分别布置在河流两岸时，还应考虑水文条件对两岸交通联系的影响。

(3) 地质和水文地质条件。它对施工总布置的影响，常反映在施工导流建筑物的布置、骨料或土石料场的选择、运输线路的定线、施工工厂和临时建筑物的布置以及工地临时供水系统的设计等方面。应根据地基的承载能力、地下水水位和建筑物的荷载大小，来决定施工工厂和其他临时建筑物的布置。当以地下水作为工地供水的水源时，对地下水的水位、水量、水质等均应进行专门研究。

(4) 气候条件。施工地区气候条件对总布置的影响，主要反映在与主体工程施工有关的附属设施上。例如，混凝土坝夏季施工是否需要制冷，冬季施工是否需要保温防寒，土坝在雨季和冬季施工是否需要采用专门的措施等。风向、风速对施工工厂与居住区布置的相对位置有重大影响。此外，河流冰冻会影响水路交通；雨季会使道路泥泞，造成运输上的困难；某些施工工厂（如钢筋混凝土预制构件工厂）和仓库能否采用露天式，也取决于当地的气候条件。

3. 交通运输条件及当地社会经济状况

从某种意义上来说，施工总布置的主要内容之一，就是要解决运输联系问题。运输条件影响着施工场地的选择和临时建筑物的布置。一般常以运输线路引入的一岸，作为主要的施工场地，以便于场内外运输线路的衔接。运输费用多少是衡量施工总布置合理与否的重要指标。至于当地的社会经济状况，主要影响到总布置的项目组成及其规模，也会影响到各种临时房屋建筑。为了当地的社会经济发展，还要适当结合当地的城镇规划方案设置各种临时生活福利设施，以便竣工后转让地方应用。

4. 导流程序和施工进度安排

前面已经讲过，施工总布置的主要任务虽然是解决空间组织问题，但这一任务的解决又是与导流程序和施工的时间安排分不开的。施工总布置必须反映分期施工的特点；施工工厂的生产规模应与施工进度安排的施工强度相适应；施工人员的数量则影响着各类房屋面积的确定。

5. 施工方法和生产工艺要求

不同的施工方法和生产工艺，要求不同的大型设备和临时设施，当然，其布置也就不同。施工方法和生产工艺水平的高低，不仅影响着施工场地与施工工厂占地面积之大小，而且也影响着它们之间的相互布置关系及场内运输费用之大小。

6. 安全防火与环境保护要求

施工总布置应满足安全防火与环境保护要求。各建筑物间的最小间隔由火灾的危险程度和建筑物的耐火性所决定。危险品仓库应远离施工现场和生活区，并应规定安全警戒范围。各施工工厂的废气、污水、粉尘、噪音等均应符合专门的环保规定，否则，必须采取相应的处理措施。

三、施工总体布置的步骤

(1) 收集分析基本资料。所需的基本资料有：施工场区的地形图；拟建枢纽建筑物的布置图；已有的场外交通种类、运输能力；施工地区的工程地质、水文地质及气象资料；施工场地附近一定范围内城镇发展状况，土地利用情况及有关建筑材料分布情况；施工分期规划成果等。

(2) 列出临建工程项目清单。在掌握基本资料的基础上，根据施工要求，编排临建工程项目清单，估算各项目的占地面积、建筑面积，明确它们的建筑标准、使用时间及布置要求。

(3) 进行现场布置分区规划。根据临建工程的组成、数量、占地面积，研究施工现场水文气象、地形地质等条件，决定总体布置方案。常需解决一些宏观性的关键问题，如：选择施工场地的位置，施工分区，建筑物的布置方式，场内交通的布置方式，场内交通与场外交通如何衔接，临建设施与永久工程的结合，前期与后期的衔接等问题。

(4) 具体布置各项临时设施。在做出总体规划的基础上，根据对外交通方式，在地形图上，按照一定的顺序布置各项临时施工建筑物和临时设施。布置的顺序是：先由外部交通布置决定内外交通的联结点，然后布置场内交通干线，再沿干线布置各项施工工厂和仓库等设施，最后布置现场办公和生活设施以及水电、动力供应系统。

(5) 方案的调整、修改与选优。布置了各项临时工程设施以后，应对方案的合理性进行检查和评价，对其中妨碍主体工程施工、相互间存在矛盾干扰的环节要进行调整。通常要同时提出2～3个布置方案进行比较，以便从中选出最优布置方案。

四、施工交通运输

施工交通运输为工程施工的动脉。交通运输方案的选择，是场内临时建筑物和工程设施布置的基础条件，正确解决施工运输问题，对保证工程顺利实施和节约工程投资都具有重要意义。

在施工组织设计中研究交通运输问题，其主要任务是：①选定场内外交通运输方案；②确定场内交通与对外交通的衔接方式，确定转运站场、码头等设施的规模和布置；③选定重大件设备的运输方式；④布置场内主要交通运输道路；⑤确定场内外交通运输的技术标准及主要建筑物的布置和结构型式；⑥委托铁路运输专业设计的有关工作；⑦选择施工期间的过坝交通运输方案；⑧各方案的技术经济指标和主要运输设备需要量；⑨各选定方案施工工期、工程量及所需设备、材料和劳动力。

施工交通运输分场内交通与对外交通两部分。对外交通是指从工地车站、码头沿专用交通线路与场外交通干线相连接的交通运输，主要负担施工期外来物资的运输任务；场内交通运输是指工地范围内各施工分区或单位之间的交通运输，主要负责将材料半成品等物资送到建筑安装地点。

对外运输方式的选择，主要依赖于施工地区原有的交通运输条件、建筑器材运输量、运输强度和重型器材的重量等因素。对外运输最常见的方式是铁路、水路和公路。当施工地区同时存在公路、铁路、水路等多种运输方式时，应从运输距离、综合运费、安全等方面加以选择，最终选定相对最为经济安全的运输方式。由于公路运输方便、灵活、可靠、适应性强，可以单独解决施工期的高峰运输强度及重大件运输任务，而且基建工程量小，工期短因而在枢纽工程施工中使用最多。现行规范建议，在其他条件相同时，对外交通一般宜优先采用公路运输方式。当铁路网距工地较近、运输量较大、施工场地较为平坦或梯级开发能够结合利用时，经技术经济比较论证后也可采用铁路运输方式。

水利水电工程在河道上修建，如果该河段水量较大，水位相对比较稳定，可优先考虑水路运输；如果为山区河流，流量水位受季节性影响较大，则应首先考虑公路运输方式。

统计资料表明，当地材料坝枢纽工程的对外交通采用公路方式较多，而大中型混凝土坝枢纽工程采用标准轨铁路方式较多。

场内交通运输也是总体布置的重要组成部分。它主要解决外来器材物资的转运以及场内施工材料或构件、成品及半成品在工地范围内各单位之间的运输，如将砂石骨料从筛分厂运到混凝土工厂，将混凝土从拌和楼送到大坝或电站厂房工区等就属于典型的场内运输。

场内运输方式多种多样，通常有自卸汽车、皮带传送机和架子车等。场内交通运输线路的选择主要决定于物料的运输量、运输强度、运输材料特点和施工工艺流程。如混凝土运输，当拌和楼距浇筑点远时，采用自卸汽车运输方式；当距离近且具有较好的场地条件时，可采用皮带传送机或泵送混凝土方式。

除了选择适当的运输方式外，合理规划场内交通线路也是非常重要的。因为场内交通线路的布置，不仅影响到施工运输是否存在交叉干扰，是否会造成施工效率下降，而且直接影响到场内所有临时设施的布置。水利水电工程施工现场内运输线路比较复杂，在进行场内运输线路布置时，应注意以下几点：

(1) 尽量减少物料的转运次数，将对外运输专用线运到工地的物料直接送到需用地点。

(2) 尽量减少物料的提升次数，充分利用有利地形使物料自行降落。适于一次提升的，不要分级提升。例如，瑞士的许多高坝建设以及我国的新安江、乌江渡等工程，都充分利用了有利地形条件，收到了满意效果。

(3) 根据地形、地质条件，尽可能缩短运输线路长度，避免采用工程量大或费用高的附属工程（如隧道、桥梁等），避免主要交通干线平面交叉等。

(4) 重视道路施工质量，确保施工运输畅通安全。要合理选择线路，避免坡度过陡、转弯过急的路段，路面必须要有足够大宽度和足够的平整度，如果不恰当地企图节省线路修建费用和维修费用，都会使运输设备消耗增大，运输能力下降，甚至事故频繁，影响工程施工。其损失往往比提高线路质量所花费的资金要大得多，设计中千万不能因小失大。

五、施工辅助设施

施工辅助企业是指所有在施工现场为主体工程的施工生产提供服务的工厂设施。水利工程施工辅助企业包括：骨料加工厂，砂石料厂，混凝土拌和厂，钢筋加工厂，预制构件厂，机械修配厂，风、水、电系统，通信系统等。建立施工辅助企业的任务是供应主体工程施工所需的各种建筑材料，供应施工所需的水、电、风（压气），建立工地内外通信联系，维修和保养施工设备，加工制作金属结构，使工程施工能顺利进行。

施工辅助企业设计的方法是：根据主体工程对材料设备的需求，定出辅助企业的设计生产能力；拟定生产工艺流程，选择设备并进行平面及立面布置；最后定出厂房的占地面积和建筑面积。

辅助企业是为主体工程施工服务的，其布置必须有利于主体工程的施工，且符合经济生产的要求。凡与施工项目关系密切的辅助企业，宜集中布置在场内运输干线两侧，并尽量靠近使用地点，以缩短运距。生产线布置应符合流水作业要求，避免设备器材的逆流、迂回现象。施工工厂的占地面积及生产规模应能满足主体工程施工的需要，并注意与施工总进度安排相协调。应尽量减少工厂占地面积和建筑工程量。各企业的位置及其间距、生产区与生活区之间的距离应满足防火、安全、卫生和环保要求。为了有效降低施工辅助企业的建设成本和运行费用，确定施工企业组成及生产规模时，应充分研究利用当地工矿企业进行生产和技术协作的可能性与合理性。

六、施工仓库

为了保存和供应工程施工所需的各种物资器材和设备，必须设立临时仓库。按其作用和位置的不同，施工仓库可分为：① 设在车站码头及临时保管作用的转运仓库；②设在工地为整个工程服务的中心仓库；③仅服务于一个工区的工区仓库；④ 用来存放某企业的原材料和成品或半成品的辅助企业仓库。按物资存放要求的不同，仓库可分为露天式、敞棚式和库房；凡不怕风吹雨淋的材料，如砂、石等，均可存放在露天仓库；钢筋、木材、机械设备等，宜存放在敞棚内；对水泥、石灰、电器设备等易受天气影响的物品，应放在库房内；对汽油、炸药、雷管等易燃易爆危险品一般应存放于远离施工中心区域的地下仓库内。

组织施工时，应尽可能按照施工进度计划采购有关材料，尽可能减少材料的库存量，减小资金长期积压和浪费，并减小仓库建筑面积。

七、临时房屋建筑

水利水电工程大都修建在偏僻的山区，需用的劳动力较多，工期也较长，为了方便工作和生活，必须修建一些工地临时办公与生活用房。

规划修建临时房屋时，应尽量减少临时房屋的建筑面积和造价。有条件时应利用施工地区附近城镇的房屋和生活福利设施；若有拟建的永久性房屋，可提前建成并作为施工管理用的办公室或生活福利用房；也可采用装配式活动房屋，工程完工后可转至其他地点或其他工地使用；对于不能拆卸的临时房屋应尽量利用当地材料修建。

八、施工用水、电、风供应系统

1. 工地供水

工地用水的主要任务在于保证生产、生活、消防等方面对水质水量和水压要求。生产用水是指完成混凝土工程、土石方工程等所需要的用水量，以及起重运输机械、施工工程设施和动力设备等所消耗的水量。生活用水是指工地职工和家属在生活饮用、食堂、浴室和医疗机构等方面的需水量。生产和生活用水量可由供水工程规范中单位消耗水量标准算出。消防用水包括施工现场消防用水和居住区消防用水。施工现场消防用水的需水量与施工现场面积大小有关，当面积在 30 万 m^2 以下时，可取 10L/s；面积在 30 万～50 万 m^2 时，可取 20L/s；以后每增加 25 万 m^2 累加 5L/s。居住区消防用水的需水量，可按居民人数确定。居民人数在 1 万人以下时，可按 5L/s 估算；居民人数大于 1 万人时，可按 10L/s 估算。工地供水量应满足不同时期日高峰生产用水与生活用水的需要，并按消防用水量进行校核。

供水的水源有两类：地表水和地下水。前者是指江河、湖泊、池塘及水库的水，水的硬度低，水体较为混浊，有机物和细菌含量较多；后者则相反。地表水水质较差，但水量充沛，多用作生产用水，地下水则多用于生活用水。

根据水质、水量及工地布置情况，供水系统可采用集中供水和分区供水两种方式。水利水电工程施工用水点分散布置，因此，常采用分区供水方式。供水系统包括取水构筑物、输水管道和水塔、高位水池等调节建筑物。布置供水系统时，应尽量缩短管线长度，降低输水损失。水利水电工程中，供水系统中设水塔的情况较少，一般均利用有利地形在两岸山头平坦处布置若干高位水池来满足用户水管出口压力要求。

2. 工地供电

工地用电包括室内外照明、机械用电和特殊用电等。

施工用电一般在工地设临时发电站供电。当工地附近有高压线路通过时，也可利用电网供电。

工地内的供电网与变电站的布置应通过技术经济比较确定。一般国内 380/220V 电压变电站，供电的合理半径为 300～700m，经常移动的大型机械，可用移动式变压站。供电网一般成树状布置。在特别重要的位置布置成网状，以提高供电的可靠性。

3. 工地供风

工地供风包括风动工具用风（如凿岩机、风镐）、风力输送用风和其他用风（如浇筑混凝土前的清仓用风）等。

供风系统由空压机和供风管道组成。为了控制风压损失，输风管道不宜过长，空压机离用风点距离不能太远大，一般应控制在 700m 以内。

供风管道多作树状布置。管道应具有 0.05～0.01 的顺坡，并每隔 200～300m 在管底设一个放水阀，以排除管中的凝结水。冬季管道应采取保温措施。

九、水利枢纽施工总体布置设计实例

三峡水利枢纽坝址选在宜昌市三斗坪，位于葛洲坝水利枢纽上游约 40km 处。枢纽主要建筑物包括拦河大坝、水电站、通航建筑物三大组成部分。泄洪坝段位于河床中部，两侧分设左右两个坝后式电站，永久通航建筑物布置在左岸。为满足第三期施工导流的需要，在泄洪坝段内布置 22 个导流底孔。

三峡工程施工期物资的运输对外运输除采用水路、公路交通外，还修建了一条宜昌至工地的一级封闭高速公路。场内交通方案以公路为主，水路为辅，公路沿长江两岸分别布置，左右岸交通由位于大坝下游的西陵长江公路大桥沟通。

根据现场地形条件、施工分期需要，沿左右岸交通干线分多处布置了物资仓库、配水厂、综合加工厂、金属结构和机电设备加工拼装厂等生产企业和生活设施。为了方便成品、半成品材料以及机电设备装卸运输，在每个加工厂附近还规划了一定面积材料设备存放仓库和停车场。其中左岸工区占地面积约 $9km^2$，工程施工高峰期劳动力约 2.5 万人，生活、办公用房共约 60 万 m^2。

料场选在大坝下游左岸离施工主干道不远的地方。在两个料场出口处的平地上布置骨料加工厂，骨料加工厂的出口与场内交通相连，在大坝上游的主干道末端，布设弃渣场。弃渣场与导截流备料场相结合，以使土石废料得到充分利用，并减小场地占用面积。

第七章 施工进度计划

施工进度计划是施工组织设计的重要组成部分，它具体安排各项工程的开竣工日期和相互衔接关系，规定了工程的施工顺序和施工速度。

编制施工进度计划的目的是组织均衡连续施工，确保项目在国家或合同规定的期限内优质、快速、高效地建成投产。

第一节 概 述

一、施工进度计划的种类及编制深度

工程建设中涉及的施工进度计划，按内容范围和管理层次一般可大致分为三种类型，即施工总进度计划、单项工程进度计划和施工措施计划。施工进度计划的编制深度一般是随着工程规模的大小，建设工期的长短，分包单位的多少，技术要求的繁简以及施工组织设计阶段的不同而有不同的要求。通常，进度计划编制深度的原则是由粗到细，由总体到分部，逐渐细化。

（一）施工总进度计划

施工总进度计划是针对整个水利水电枢纽工程编制的，是全项目、全过程的总体施工进度计划。其中概括反映了整个工程从施工准备到工程竣工验收的全部进程和时间安排，规定了各个单项工程的施工顺序和起止日期，是简明、扼要、具有规划性指导意义的进度形式，是初步设计阶段或技术设计阶段施工组织设计中的一项主要文件。

在初步设计中拟定轮廓的总进度计划时，应分清整个工程的主次，抓住关键工程，合理确定施工分期，协调好各单项工程的施工进度，使各项工程的施工互相衔接，前后兼顾，均衡生产，避免互相干扰。

在初步设计的施工总进度计划中，要对工程施工进度的可能性与合理性进行论证，并计算出施工强度、劳动力、主要材料、主要机械设备、动力和投资分配等各项指标，以检验施工的均衡性。如欠合理，则予以调整。

在技术设计阶段，施工总进度计划是在单项工程进度计划的基础上进行综合制订的，其内容与深度更加细致深入，所依据的基础资料更为详尽可靠。

施工总进度计划通常是由业主委托设计单位或发包单位自行编制的。

（二）单项工程进度计划

单项工程进度计划是指导一个单项工程施工全过程的规划性文件。在水利水电工程中，一般是针对枢纽中的主要工程项目，如大坝、水电站等单项工程编制的，而且，通常是在技术设计阶段进行的。

在单项工程进度计划中，要安排好各工种、各结构部位的施工顺序和起止日期，定出单项工程施工准备工作的项目和施工期限。同时，还要求进一步从施工程序、施工方法和

技术供应等条件上，论证施工进度的合理性与可靠性，并根据各项工作的依从关系，组织平行流水作业，研究加快施工进度和降低工程成本的措施。

编制单项工程进度计划后，反过来要对总进度计划进行调整或修正，并编制各种物资器材和劳动力等的技术供应计划。

除了设计、发包单位可能要编制单项工程进度计划外，工程项目的总包单位也必须编制这种进度计划，以便再进行分包控制。

（三）施工措施计划

施工措施计划一般按日历（如月、季、年）编制，将处于该阶段所有工程，包括它们的准备和结束工作，按结构部位乃至工种进行分项，定出施工顺序和起止时间。这种进度计划一般是由承包工程的施工单位（多系分包单位）编制的。在这种计划中，对一系列工序都作出了具体安排，是指导施工最详细最直接的进度计划文件。

二、施工进度计划的编制步骤

对于不同类型的施工进度计划，其内容范围和项目划分的粗细程度虽不相同，但编制方法和步骤基本相同，现说明如下。

（一）收集资料

编制进度计划一般要具备以下资料：①上级主管部门对工程建设开竣工投产的指示和要求，有关工程建设的合同协议；②工程勘测和技术经济调查的资料，如水文、气象、地形、地质、水文地质和当地建筑材料等，以及工程所在地区和库区的工矿企业、矿产资源、水库淹没和移民安置等资料；③工程规划设计和概预算方面的资料，包括工程规划设计的文件和图纸，主管部门关于投资和定额等资料；④国民经济各部门对施工期间防洪、灌溉、航运、放木、供水等方面的要求；⑤施工组织设计其他部分对施工进度的限制和要求，如交通运输能力、技术供应条件、施工分期、施工强度限制等；⑥施工单位施工能力方面的资料等。

（二）列出工程项目

工程列项的粗细程度应与进度计划的内容范围相适应，这在前面已有说明，值得注意的是要防止漏项。通常的做法是按施工先后顺序和相互关联密切程度依次一一列表填明。例如，在总进度计划中，若按扩大单项工程列项，可以有：准备工程、导流工程、拦河坝工程、溢洪道工程、引水工程、水电站、升压变电站、水库清理工程、结束工作等。对于单项工程进度，若按分部分项工程列项，以拦河坝工程为例可有：准备工作、基础开挖、基础处理、河床坝段、岸坡坝段、坝顶工程等。对于施工措施计划，若按结构部位分项，以混凝土坝为例，可按浇筑部位列项，如坝身、溢流面、挑流坎、闸墩、工作桥、公路桥等。若按工种工程分项，还可按浇筑部位细分为安装模板、架设钢筋、埋设冷却水管、层间处理、混凝土浇筑及养护、模板拆除等。

（三）计算工程量和施工延续时间

根据列出的项目，分别计算工程量和工作时间。

工程量的计算应根据设计图纸，按工程性质，考虑工程分期和施工顺序等因素，分别按土方、石方、水上、水下、开挖、回填、混凝土等进行计算。有时，为了分期、分段组织施工的需要，要计算不同高程（如对拦河坝）不同桩号（如对渠道）的工程量，并作出累积曲线。

根据计算的工程量，应用相应的定额资料，可以计算或估算各项目的施工延续时间，即

$$t = \frac{V}{kmnN} \tag{7-1}$$

式中 V——项目工程量；

m——日工作班数，实行一班制时 $m=1$；

n——每班工作人数或机械设备台数；

N——人工或机械台班产量定额；

k——考虑不确定因素而计入的系数，$k<1$。

定额资料的选用，视工作深度而定，并与工程列项相一致。一般说来，对总进度计划可用概算定额或扩大指标，对单项工程进度计划用预算定额，对施工措施计划用施工定额或生产定额。

有时为了便于对施工进度进行分析比较和调整，需要定出施工延续时间可能变动的幅度，常用三值估计法进行估计

$$t = \frac{t_a + 4t_m + t_b}{6} \tag{7-2}$$

式中 t_a——最乐观的估计时间，即最紧凑的估计时间，或称项目的紧缩工期；

t_b——最悲观的估计时间，即最松动的估算时间；

t_m——最可能的估计时间。

这时，根据概率理论，还可据以估计各项目完工时间的标准差为

$$\sigma_t = \frac{t_b - t_a}{6} \tag{7-3}$$

于是整个工程完工的总工期为

$$T = \sum_i t_i, i \in \text{关键项目} \tag{7-4}$$

这里，t_i 为关键项目的延续时间，总工期 T 的标准差为

$$\sigma_T = \sqrt{\sum_i (\sigma_{ti})^2}, i \in \text{关键项目} \tag{7-5}$$

式中 σ_{ti}——关键项目延续时间的标准差。

(四) 分析确定项目之间的依从关系

项目之间的依从关系，通常又称逻辑关系，决定于施工组织、施工技术等许多因素，概括说来可分为两类。

一类为工艺关系，即由施工工艺决定的逻辑顺序关系。如先土建，后安装，再调试；先地下，后地上；先基础，后上部；先开挖，后衬砌以及混凝土浇注中的安装模板、架立钢筋、浇注混凝土、养护和拆模；土方填筑中的铺土、平土、洒水、压实、刨毛等顺序，它们在施工工艺上，都有必须遵循的逻辑顺序，违反这种顺序，一般是不允许的，否则，将付出额外的代价，造成不必要的损失。

一类为组织关系，即由施工组织安排决定的衔接关系。如由导流方案所形成的导流程

序，决定了各控制环节所控制的工程项目，从而也就决定了这些项目的衔接顺序。例如，采用全段围堰法隧洞导流的导流方案，就截流这个控制环节来说，通常要求在截流以前完成隧洞施工、围堰进占、库区清理、截流备料等工作；由此形成了相应的衔接关系。又如由于劳动力的调配、施工机械的转移、建筑材料的供应和分配、机电设备进场等原因，安排一些项目在先，另一些项目滞后，均属组织关系所决定的顺序关系。由组织关系所决定的衔接顺序，一般是可以改变的，只要改变相应的组织安排，有关项目的衔接顺序就会有相应的变化。

项目之间的逻辑关系是科学安排施工进度的基础，应逐项研究，仔细确定。

(五) 初拟施工进度

通过项目之间逻辑关系的分析，掌握了工程进度的特点，理清了工程进度的脉络，就可以初步拟出一个施工进度方案。

对于堤坝式水电枢纽工程的施工总进度计划，其关键项目一般均位于河床，故常以导流程序为主要线索，先将施工导流、围堰截流、基坑排水、坝基开挖、基础处理、施工度汛、坝体拦洪、下闸蓄水、机组安装和引水发电等关键性控制进度安排好，其中应包括相应的准备、结束工作和配套辅助工程的进度。这样，构成了总的轮廓进度。然后再配合安排不受水文条件控制的其他工程项目，形成整个枢纽工程施工总进度计划草案。

对于引水式水电工程，有时引水建筑的施工期限成为控制总进度的关键，则应按此特点进行安排。

(六) 优化、调整和修改

初拟施工进度以后，要配合施工组织设计其他部分的分析，对一些控制环节、关键项目的施工强度、资源需用量、投资过程等重大问题，进行分析计算，优化论证，以期对初拟的进度进行修改和调整，使之更加完善合理。

必须指出的是：施工进度的优化调整往往要反复进行，工作量比较大，其具体方法将在后面介绍。

(七) 提出施工进度成果

经过优化调整修改之后的施工进度计划，可以作为设计成果，整理以后提交审核。

三、施工进度计划的表示形式

施工进度计划的表现形式很多，如传统的横道图进度计划、网络进度计划、工程进度曲线和形象进度图等。

(一) 横道图进度计划

横道图进度计划是应用范围最广、应用时间最长的进度计划表现形式，图上标有工程中主要项目的工程量、施工时段、施工工期和平均施工强度，并有经平衡后汇总的施工强度曲线和劳动力需要量曲线，如图 7-1 所示。

横道图进度计划的最大优点是直观、简单、方便，易于为人们所掌握和贯彻，而且适应性强；缺点是不能表达各分项工程之间的逻辑关系，不能表示反应进度安排的工期、投资或资源等参数的相互制约关系，进度的调整修改工作复杂，优化困难。

不论工程项目和内容多么错综复杂，总可以用横道图逐一表示出来，因此，尽管进度计划的技术和形式已不断改进，但是，横道图进度计划目前仍作为一种常见的进度计划表

序号	工程项目		单位	工程量	施工进度 1980—1984
1	准备工程	道路、风、水、电、房屋等			截流 拦洪 发电
2		砂石料、混凝土、泥浆系统			
3		沥青混凝土制备系统			
4	导流工程	围堰 一期土石围堰	万m³	3.0	
5		围堰 二期土石围堰	万m³	5.1	
6		导流洞进出口明挖、洞挖	万m³	5.8	
7		导流洞混凝土衬砌	万m³	0.82	
8	大坝工程	混凝土防渗墙	万m³	1.2	
9		坝基开挖	万m³	15.0	
10		坝体填筑 Ⅰ期	万m³	90	
11		坝体填筑 Ⅱ期	万m³	54	
12		坝体填筑 Ⅲ期	万m³	26	
13		沥青混凝土防渗斜墙	万m³	1.4	
14	引水发电工程	引水洞 进出口明挖、洞挖	万m³	9.8	
15		引水洞 混凝土衬砌闸门设备安装	万m³	0.62	
16		送变电厂及工程 厂房基础开挖、混凝土	万m³	0.36	
17		机组安装	台	2	
18		变电站土建及设备安装			
19	溢洪道	土石方开挖	万m³	36	
20		混凝土浇筑	万m³	2.0	
21		闸门及启闭设备安装			
22	水库清理及收尾工作				

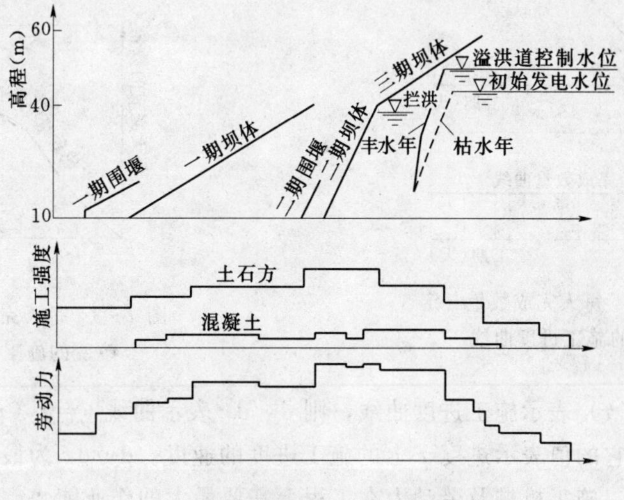

图 7-1　某水库枢纽总进度计划的横道图

示形式而被继续沿用。

（二）网络进度计划

网络进度计划是 20 世纪 50 年代开始在横道图进度计划基础上发展起来的，它是系统工程在编制施工进度中的应用，目前在国内外应用较为普遍。

其优点是能明确表示各工程之间的逻辑关系，通过时间参数计算，可找到控制工期的关键路线，便于控制和管理；另外在计算手段上，可采用计算机进行，因此进度的优化和调整比较方便。缺点是不明了直观。

（三）工程进度曲线

施工进度曲线图一般用横轴代表工期，纵轴代表工程完成数量或施工量的累计，将有关数据表示在坐标纸上，就可确定出工程施工进度曲线。工程施工进度曲线的切线斜率即为施工进度速度。它是由工程数量与施工机械、劳动力等的施工速度决定的：

(1) 在固定的施工机械、劳动力条件下，若对施工进行适当的管理控制，无任何偶发的时间损失，能以正常施工速度进行，则工程每天完成的数量保持一定。这时其施工进度曲线呈直线形状，如图 7-2 所示。

(2) 在施工初期由于临时设施的布置、工作的安排等，施工后期由于装修、整理等原因，施工进度的速度一般较中期为小。每天的完成数量通常自初期至中期呈递增趋势，由中期至末期呈递减趋势。施工进度曲线一般约呈 S 形，如图 7-3 所示。其反曲点（拐点），发生在每天完成数量的高峰期。

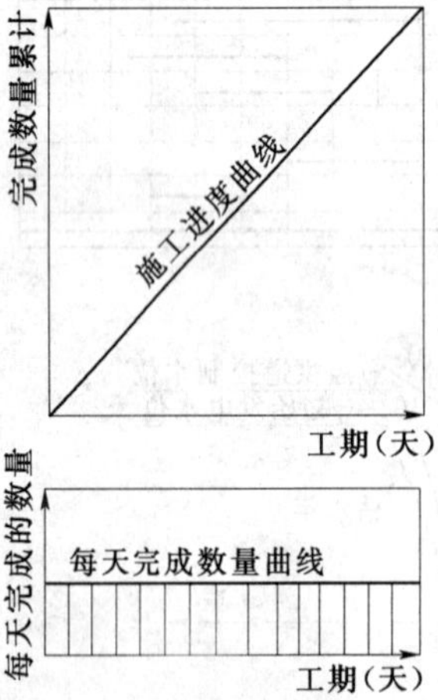

图 7-2　每天完成数量一定时的施工进度曲线

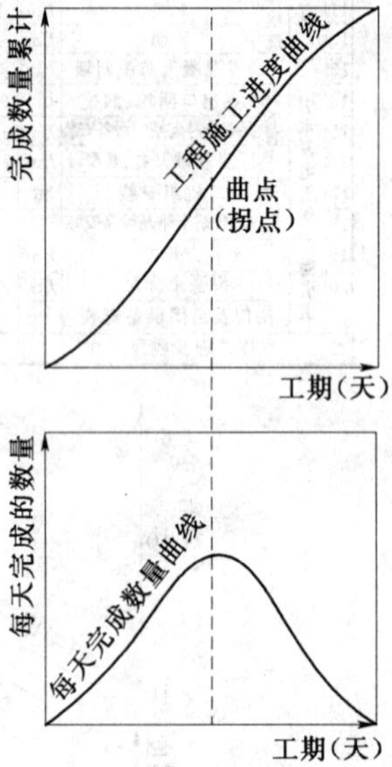

图 7-3　每天完成数量随进度改变的施工进度曲线

现以 $y=f(x)$ 表示施工进度曲线，则 dy/dx 表示曲线 $y=f(x)$ 上点 $[x, f(x)]$ 处切线的斜率。它的值表示进度 x 上的施工进度的速度。dy/dx 为最大值时，表示每天的完成数量为最大，施工机械及劳动力在工程上需要最大的作业能力。

因此倘若在施工期间内作业能力经常保持一定，则施工机械等的施工效率随着施工进度曲线 dy/dx 的增加而提高。一般机械、劳动力施工效率的变化情形与施工进度曲线的变化相似。为了减少施工效率的分散及提高施工的经济性，施工进度曲线应尽可能呈直线才合理。因此，即使在S形施工进度曲线上，除去施工初期及末期的不可避免的影响所产生的凹型部分及凸型部分外，中间的施工强度鼎盛期应尽量呈直线才是合理的计划。

(四) 形象进度图

形象进度图是把工程计划以建筑物形象进度来表达的一种控制方法。这种方法系直接将工程项目进度目标和控制工期，标注在工程形象图的相应部位，故其非常直观，进度计划一目了然，它特别适用于施工阶段的进度控制。此法修改调整进度计划亦极为简便，只需修改日期、进程，而形象图像依然保持不变。

图 7-4 所示为我国某水库碾压混凝土坝工程 1993 年形象进度计划，该坝沿坝长范围

共划分为 65 个坝段，在 1993 年 4～10 月年度施工期内，各坝段施工进度计划，均形象而直观地表示在图中。

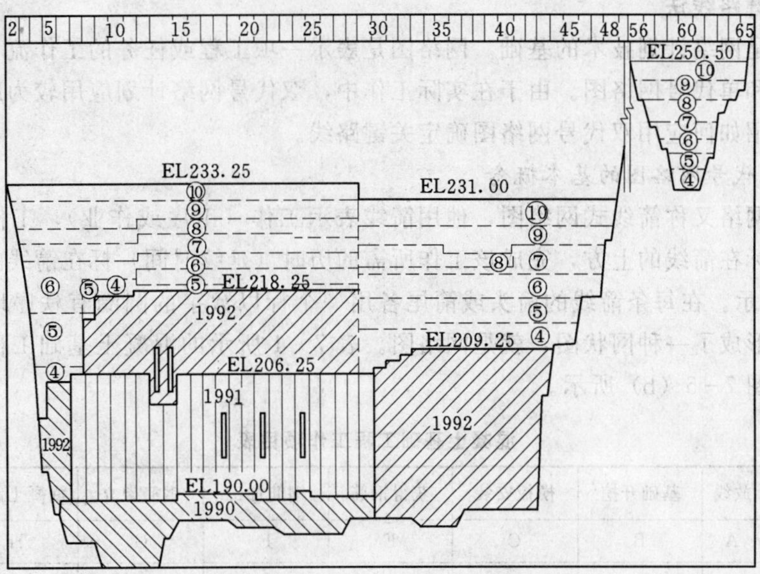

图 7－4　某水库大坝混凝土填筑 1993 年形象进度图（EL 意为高程）

第二节　网络计划技术

一、概述

网络计划技术自 20 世纪 50 年代以来，得到了世界各国的普遍重视，使网络技术在研究深度、广度和实践应用的普及程度方面都得到了很大发展。其基本原理是利用网络模型来表达计划任务的各项工作（施工过程、工序）之间相互依赖、相互制约的关系及进度安排。它使计划中各项工作与整体计划的关系得以明确表示。并在此基础上进行网络分析计算，从错综复杂的施工环节中找出控制施工计划的关键路线，并利用时差不断地改善网络计划，求得工期、资源和成本的优化方案。在计划实施过程中，通过信息反馈进行不断的调整和控制，保证以最低的消耗，取得最佳的经济效果。

编制网络进度计划的步骤：

(1) 绘制初始网络图，并确定（或估计）各项工作的工作历时。

(2) 计算各项工作的最早可能开工、最早可能完工、最迟必须开工、最迟必须完工时间及总时差和自由时差，并判断关键工作和关键路线。

(3) 根据要求对网络计划进行优化。保证在计划规定的工期内用最少的人力、物力和财力完成任务，或在人力、物力、财力的限制下，用最短的工期完成任务。

(4) 在实施过程中，不断地收集、传递、加工、分析信息，及时对计划进行必要的调整。

网络计划技术包括关键路线法（CPM）、计划评审技术（PERT）、搭接网络技术、随机评审技术、风险评审技术等。本节着重介绍目前水利水电施工管理中用得较多的关键线路法及网络进度的优化。

二、关键路线法

网络图是网络计划技术的基础。网络图是表示一项工程或任务的工作流程图，分为双代号网络图和单代号网络图。由于在实际工作中，双代号网络计划应用较为广泛，因此本节将详细介绍如何应用双代号网络图确定关键路线。

（一）双代号网络图的基本概念

双代号网络又称箭线式网络图，他用箭线表示工作（工序或作业），工作的名称（或字母代号）标在箭线的上方，完成该工作所需的历时（延续时间）标在箭线的下方，如图7-5（a）所示。在每条箭线的箭头或箭尾各用一个标以数字的圆圈有秩序地将各条箭线连接起来，形成了一种网状图，就是网络图。表7-1所示的混凝土基础工程的进度计划网络图，如图7-5（b）所示。

表7-1　　混凝土基础工程工作项目表

工作项目	放线	基础开挖	模板安装	获得钢筋	钢筋加工	钢筋架立	混凝土制备	混凝土浇筑
字母代号	A	B	C	E	F	G	H	D
工作历时（天）	5	10	5	4	6	3	8	6

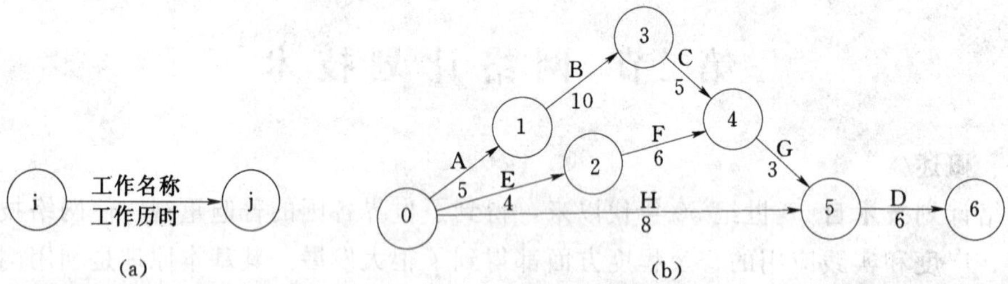

图7-5　双代号网络图

下面以图7-5（b）为例说明网络图的几个基本概念。

1. 工作

要完成一项工程项目，需要进行并完成许多有关的工作项目。我们把这些工作项目通称为“工作”、“工序”、“作业”或“活动”。它在双代号网络图中是用箭线表示的。一条箭线代表一个工作。箭线一般画成直线，也可画成折线或曲线，但是不得中断。在无时间坐标的网络图中，直线的长度可以是任意的，与工作历时无关。

在实际生活中，有两类工作：一类是既需要消耗时间又需要消耗资源的工作。例如“基础开挖”这项工作，既需要有一定的时间才能完成，而且还需要有人力、挖掘设备等资源。这类工作在实际生活中是大量存在的；另一类是只需要消耗时间而不需要消耗资源的工作。例如“混凝土浇筑后的养护”工作，它是由于技术原因引起的某种停歇或等待，只消耗时间而不消耗人力或物力。在双代号网络图中，除了上述两类工作外，还有另一类工作，它既不需要消耗时间，又不需要消耗资源，我们称这类工作为虚工作。虚工作是为了准确而清楚地表达各工作之间的相互关系而引入的，用虚箭线表示。虚工作在实际生活中并不存在，但在双代号网络图中却是必不可少的。

2. 节点

节点又称事项、事件或结点，它表示一项工作开始或结束的瞬间。在网络图中，是用圆圈或方框表示的。表示一项工作开始的节点称为工作的开始节点，表示一项工作结束的节点称为工作的结束节点。一项工作也可以用其前、后两个节点号来表示，如图 7－5（b）中，B 工作可以表示为 1—3 工作。

节点只是一个“瞬间”，它既不消耗时间，也不消耗资源。

在网络图中，对一个节点来说，可能有许多箭线指向该节点，这些箭线就称为“内向工作”（或内向箭线），如图 7－6（a）所示；同样也可能有许多箭线由同一节点出发，这些箭线就称为“外向工作”（或外向箭线），如图 7－6（b）所示。

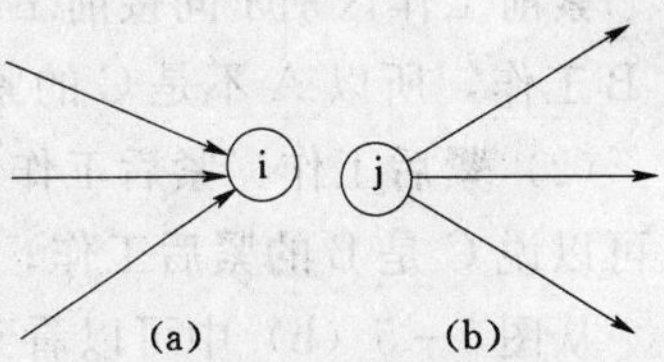

图 7－6　节点图例

网络图中第一个节点叫起点节点，也称开始节点或源节点。它意味着一项工程的开始。起点节点只有外向工作，没有内向工作。如图 7－5（b）中的节点“0”。网络图中最后一个节点叫做终点节点。它意味着一项工程的完成。终点节点只有内向工作，没有外向工作，如图 7－5（b）中的节点“6”。网络图中的其他节点称为中间节点。它意味着前项工作的结束和后项工作的开始。

双代号网络图中节点的重要特性在于它的瞬时性。它只表示工作开始或结束的瞬间，本身不占用时间。一个节点的实现时刻，就是以该节点为结束节点的所有工作结束的时刻，也是以该节点为开始节点的所有工作可以开始的时刻。节点的这个特性，使节点具有控制工程进度的作用。人们常把网络中重要的节点，作为“路标”或称“管理点”，进行重点监督，严格控制。

3. 路线

路线，又称为线路。观察一个网络图可以发现，从网络的起点节点出发，顺箭线方向连续不断地经过一系列节点和箭线，到达网络的终点节点有若干条通路，这每一条通路都称为一条路线。

路线上各工作的延续时间之和，称为该路线的长度。网络中最长的路线称为关键路线。关键路线可能仅有一条，也可能不止一条。关键路线上的工作称为关键工作，它们完成的快慢直接影响整个工程的工期。短于关键路线的任何路线都称为非关键路线。在非关键路线中，仅比关键路线短的路线叫次关键路线。

例如，在图 7－5（b）中，共有 3 条路线，其中最长的路线即关键路线，即

0—1—3—4—5—6

其长度为 29 天。次关键路线的长度为 19 天，其组成如下

0—2—4—5—6

关键路线又称紧急线或主要矛盾线。在网络图中，关键路线常用双线或粗线或彩色线表示，以突出其重要性。

4. 网络逻辑

所谓网络的逻辑关系，是指一项工作与其他有关的工作之间相互联系与制约的关系，也就是各项工作在工艺上、组织上所要求的顺序关系。

一个工程包括很多工作，工作间的逻辑关系非常复杂，应该用简单、准确的方法把这种逻辑关系表达出来，便于网络图的绘制。现仍以图 7-5（b）中工作 C 为例介绍几个概念。

（1）紧前工作：就 C 工作（模板安装）而言，只有 B 工作（基础开挖）结束后 C 才能开始，且工作 B、C 之间没有其他工作，则工作 B 称为工作 C 的紧前工作。

紧前工作区别于间接前工作。虽然 A 工作（放线）结束后 C 才能开始，但中间要经过 B 工作，所以 A 不是 C 的紧前工作，它是 C 工作的间接前工作。

（2）紧后工作：紧后工作与紧前工作这一概念是相对应的，上述 B 是 C 的紧前工作，也可以说 C 是 B 的紧后工作；A 是 C 的间接前工作，也可以说 C 是 A 的间接后工作。

从图 7-5（b）中可以看到，一项工作的紧前工作或紧后工作可能不只一项，如 G 工作的紧前工作有 C 工作、F 工作。我们只要将每项工作的紧前工作（或紧后工作）全部给出，整个工程的工作间的逻辑关系就明确了。现将表 7-1 所示的混凝土基础工程的工作间的逻辑关系用表 7-2 表示如下。实际工作中，只用“紧前”或“紧后”一种关系也就可以了。

表 7-2　　混凝土基础工程工作间逻辑关系

工作项目	代号	紧前工作	紧后工作	工作项目	代号	紧前工作	紧后工作
放线	A	—	B	获得钢筋	E	—	F
基础开挖	B	A	C	钢筋加工	F	E	G
模板安装	C	B	G	钢筋架立	G	C、F	D
混凝土浇筑	D	G、H	—	混凝土制备	H	—	D

（二）绘制双代号网络图的基本准则

绘制双代号网络图时，必须遵守以下准则。

（1）一条箭线箭头节点的编号应大于箭尾节点的编号。图 7-7（a）是错误的；图 7-7（b）是正确的。

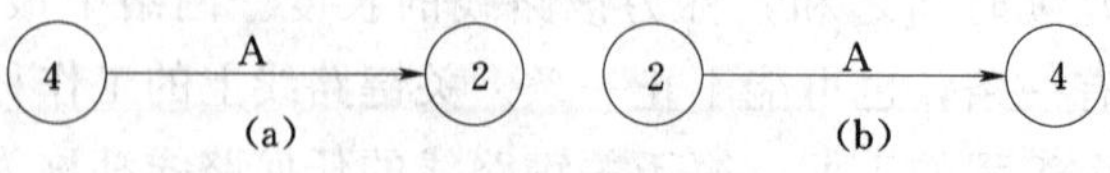

图 7-7　节点编号图例（一）

（a）错误编号；（b）正确编号

（2）在一个网络图中，所有节点不能出现重复编号。

（3）在网络图中，不允许出现节点代号相同的箭线。如图 7-8（a）所示的 A、B 两项工作的节点代号都是 1—2，是错误的。正确的做法是：引入虚工作，绘成图 7-8（b）所示的形式。虚工作只起衔接节点的作用，它本身并不占用时间和消耗资源。

（4）在一个网络图中，只允许有一个起点节点，也只允许有一个终点节点。图 7-9

(a) 中出现了两个没有内向箭线的起点节点 1、5，也出现了两个没有外向箭线的终点节点 3、9，这是错误的，正确的画法如图 7-9（b）所示。

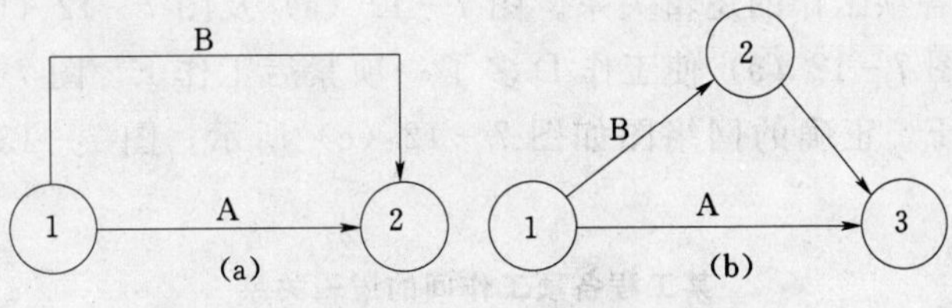

图 7-8　节点编号图例（二）

（a）错误画法；（b）正确画法

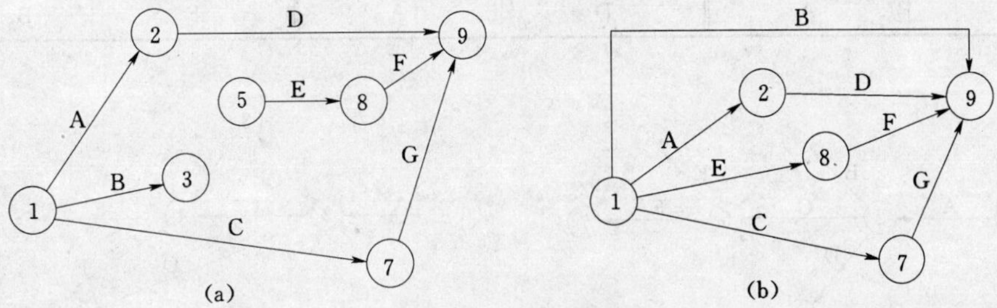

图 7-9　节点画法图例

（a）错误画法；（b）正确画法

（5）网络图中不允许出现循环回路。图 7-10 所示的网络图中出现了 2→4→3→2 循环回路是错误的，这种错误是工作逻辑关系错误。

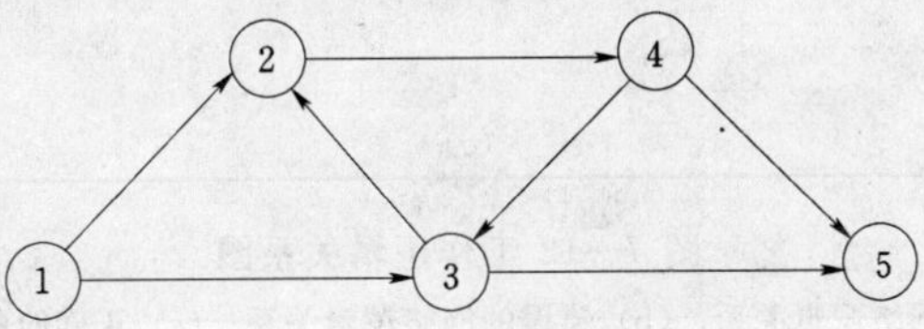

图 7-10　循环回路的错误画法

（6）网络图中一条箭线必须连接两个节点。一条箭线必须有一个开始节点和一个结束节点，不允许从一条箭线的中间引出另一条箭线。图 7-11（a）的画法是错误的，正确的画法如图 7-11（b）所示。

（7）在网络图中，不允许出现双向箭线或无箭头的线段。

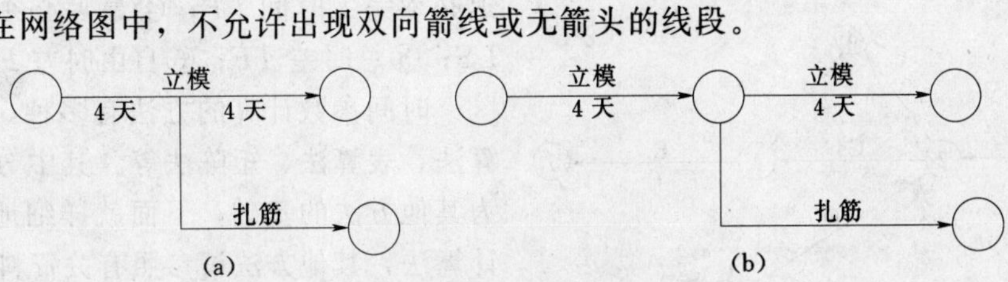

图 7-11　箭线画法图例

（a）错误画法；（b）正确画法

(8) 网络图应当正确地表达工作之间的逻辑关系，同时尽量没有多余的虚工作。绘制成的网络图所反映的工作之间的逻辑关系，应与工作明细表中所给出的逻辑关系相同。表7-3给出了某工程各项工作的逻辑关系。图7-12(a)及图7-12(b)所示的网络图的表述都是错误的。图7-12(a)使工作D多了一项紧后工作E，图7—12(b)使工作D少了一项紧后工作F。正确的网络图如图7-12(c)所示。图7-13中，虚工作1—3、6—7是多余的。

表7-3　　某工程各项工作间的逻辑关系

工序	紧前工作	工序	紧前工作	工序	紧前工作
A	—	C	A	E	B、C
B	A	D	A	F	B、C、D

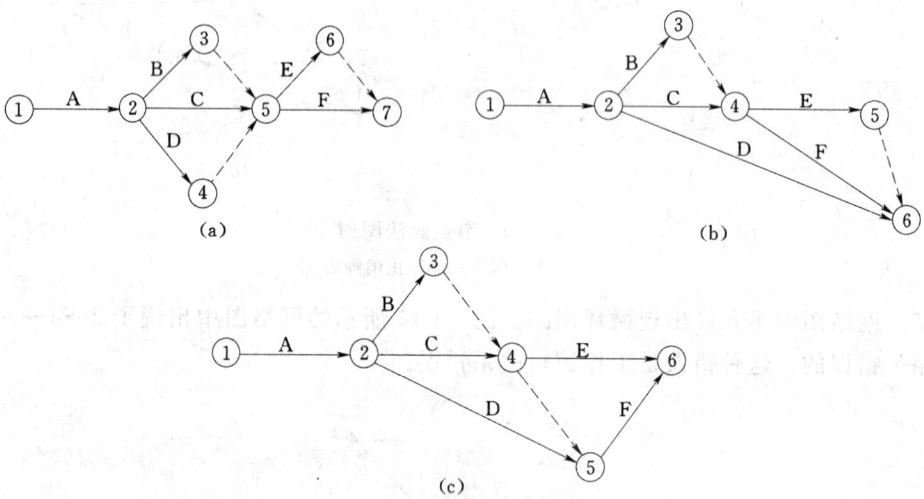

图7-12 工作逻辑关系图

(a) 错误的网络逻辑关系；(b) 错误的网络逻辑关系；(c) 正确的网络逻辑关系

(三) 双代号网络图时间参数的计算

网络计划时间参数计算的目的是：①确定计划任务的工期及进度；②确定哪些是控制工期的关键工作，关键路线；③确定非关键工作允许延迟的机动时间。

网络计划的时间参数有：①最早可能开工时间 ES；②最早可能完工时间 EF；③最迟必须完工时间 LF；④最迟必须开工时间 LS；⑤总时差 TF；⑥自由时差 FF。

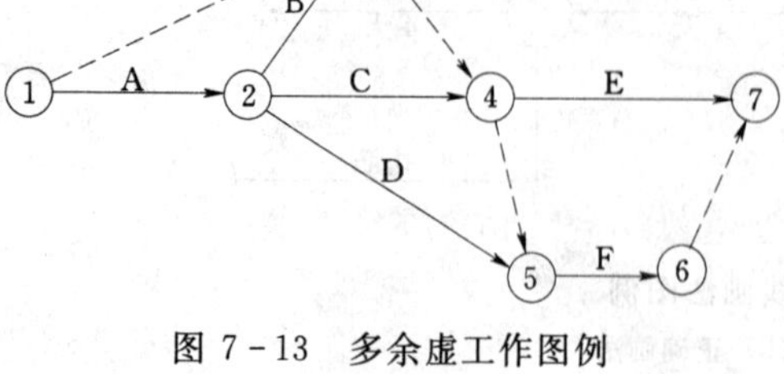

图7-13　多余虚工作图例

时间参数计算的方法有多种，如分析计算法、表算法、矩阵法等。其中分析计算法为其他方法的基础，下面就详细地介绍分析计算法，其他方法请参照有关资料。

1. 最早可能开工时间 ES

在网络图中任何一项工作，只有当它的

紧前工作都完工以后，才有可能开工，否则就会打乱施工秩序，引起混乱。因此，每项工作都有一个最早可能开工时间。

计算最早可能开工时间应从网络的开始节点起，沿着箭线的指向，顺序逐项进行，直到终点节点。

如果网络的节点编号是从 1 开始到 n 结束，并设定整个网络进度起始时间为零。则各工作项目的最早可能开工时间为：

$$ES_{1j} = 0, 1 < j \leqslant n \tag{7-6}$$

$$ES_{ij} = \max_{h}(ES_{hi} + t_{hi}), 2 \leqslant i < j \leqslant n \tag{7-7}$$

式中 ES_{1j}——前节点为 1 的工作项目，即与网络开始端相联工作的最早开工时间，均按零计算；

ES_{ij}——其他任意工作（i，j）的最早开工时间；

ES_{hi}——工作（i，j）的紧前工作（h，i）的最早开工时间；

t_{hi}——紧前工作（h，i）的延续时间。

2. 最早可能完工时间 EF

任意工作的最早可能完工时间是它的最早可能开工时间和它的延续时间之和，即：

$$EF_{ij} = ES_{ij} + t_{ij}, 1 \leqslant i < j \leqslant n \tag{7-8}$$

最后一个工作项目，即以网络终点结点 n 为后结点的工作项目（i，n），其最早可能完工时间的最大值，就是网络计划的总工期 T。故有：

$$T = \max_{i}(EF_{in}) \tag{7-9}$$

3. 最迟必须完工时间 LF

最迟必须完工时间是指不延误总工期的最迟必须完工时间，它等于紧后工作最迟开工时间的最小值。

计算最迟必须完工时间从网络的终点结点起，逆箭线指向，逆序逐项进行，直到开始结点。通常规定以 n 为后结点的工作项目（i，n）的最迟必须完工时间等于总工期 T。即：

$$LF_{in} = T = \max_{i}(EF_{in}), 1 \leqslant i < n \tag{7-10}$$

其他各项目的最迟完工时间按定义有：

$$LF_{ij} = \min_{k}(LF_{jk} - t_{jk}), 1 \leqslant i < j \leqslant n \tag{7-11}$$

这里，工作（j，k）为工作（i，j）的紧后工作。

4. 最迟必须开工时间 LS

任意工作的最迟必须开工时间是它的最迟必须完工时间与它的延续时间之差，即：

$$LS_{ij} = LF_{ij} - t_{ij}, 1 \leqslant i < j \leqslant n \tag{7-12}$$

5. 总时差 TF

总时差是指在不延误总工期的前提下，某项工作的机动时间。任意工作的总时差为：

$$TF_{ij} = LS_{ij} - ES_{ij} = LF_{ij} - EF_{ij}, 1 \leqslant i < j \leqslant n \tag{7-13}$$

6. 自由时差 FF

自由时差是指在不延误紧后工作开工的前提下，工序的机动时间，它等于紧后工作最早开工时间的最小值与本工作最早完工时间之差，即：

$$FF_{ij} = \min_{k}(ES_{jk}) - EF_{ij}, 1 \leqslant i < j \leqslant n \tag{7-14}$$

由上述时差的计算公式可知，某项工作的时差大小体现了工作本身在进度安排上的机动能力。凡是总时差和自由时差均等于零的工作，说明毫无机动能力，称为关键工作，这些工作如果拖延时间，势必影响总工期和后续工作的开工。总时差不等于零的工作，称为非关键工作，其延续时间可在时差范围内调整。其中自由时差也不等于零的工作，其延续时间若在自由时差范围内调整，既不影响总工期，也不影响后继工作的开工。总时差不等于零而自由时差等于零的工作，若在总时差范围内进行调整，则虽然不会影响总工期，但却会影响后继工作的开工。对任意工作，其总时差和自由时差恒有以下关系：

$$TF_{ij} \geqslant FF_{ij} \tag{7-15}$$

将关键工作按箭线顺序连接起来，所形成的从网络起点到终点的贯通路线，称为关键路线。一个网络计划的关键路线至少有一条，有时可能有多条。关键路线的总延续时间等于总工期。

（四）关键线路法示例

表 7-4 所列为某截流工程的工作划分和工作之间的逻辑关系。

在列工作时，为了简化，有些工作可合并，如导流隧洞进口开挖、出口开挖和洞身开挖，归并为隧洞开挖。有些工作，考虑其服务工作项目不同，进行适当分解，如施工道路分为两项，其中施工道路Ⅱ为隧洞出渣专线，单列一项。又如施工工厂分成为土石方开挖服务和为混凝土生产服务两项。

确定工作之间先后关系的基本思路是：按照工艺关系和组织关系所提出的要求，根据“先行工作为后续工作创造条件”或“后续工作需要先行工作提供保证”的原则，逐项分析，逐项确定。如为了保证截流合龙的成功，截流围堰必须按要求预先进占；为了使围堰顺利进占，应备好截流进占的材料，做好截流后淹没高程以下的库区清理撤退工作，做好导流隧洞的过水准备等。

表 7-4　　某截流工程的工作划分和工作之间的逻辑关系

工作项目	代号	紧后工作	备注
施工道路Ⅰ	A_1	A_2、B、C_1	
施工道路Ⅱ	A_2	D	A_2 是为导流隧洞施工服务的道路
临时房屋	B	D、F	
施工工厂Ⅰ	C_1	C_2、D	C_1 是为土石方施工服务的工厂
施工工厂Ⅱ	C_2	E、G	C_2 是为混凝土施工服务的工厂
隧洞开挖	D	E	
隧洞衬砌	E	H	
水库清理	F	H	
截流备料	G	H	
围堰预进占	H	I	
截流	I		

图 7－14 为依据该截流工程的工作划分和工作之间的逻辑关系，绘制的双代号网络图。

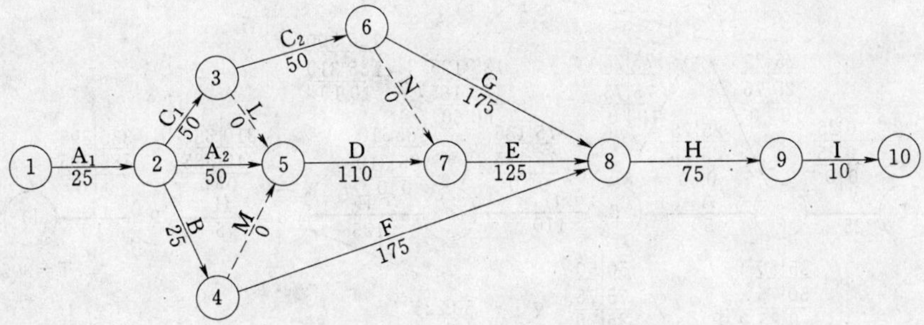

图 7－14 某截流工程双代号网络图

根据双代号网络图时间参数的计算方法，对图示网络计划进行计算，其结果列于图 7－15和表 7－5 中。

表 7－5 某截流工程时间参数计算表

序号	工作及代号	t	ES	EF	LF	LS	TF	FF	备 注
1	（1，2）A_1	25	0	25	25	0	0	0	关键
2	（2，3）C_1	50	25	75	75	25	0	0	关键
3	（2，4）B	25	25	50	75	50	25	0	
4	（2，5）A_2	50	25	75	75	25	0	0	关键
5	（3，5）L	0	75	75	75	75	0	0	关键，虚项目
6	（3，6）C_2	50	75	125	135	85	10	0	
7	（4，5）M	0	50	50	75	75	25	25	虚项目
8	（4，8）F	175	50	225	310	135	85	85	
9	（5，7）D	110	75	185	185	75	0	0	关键
10	（6，7）N	0	125	125	185	185	60	60	虚项目
11	（6，8）G	175	125	300	310	135	10	10	
12	（7，8）E	125	185	310	310	185	0	0	关键
13	（8，9）H	75	310	385	385	310	0	0	关键
14	（9，10）I	10	385	395	395	385	0	0	关键

由图 7－15 或表 7－5 可知，该网络计划共有两条关键路线，分别为 1—2—3—5—7—8—9—10 和 1—2—5—7—8—9—10。它们的延续时间最长，其延续时间即为总工期 $T=395$。

在上述时间参数计算的过程中，时间坐标原点是零，当转换为日历时间时，应按以下规则进行换算：①各项目的开工日期，都在次日开始之时，如工作（3，6）的，是指最早可在第 76 天开始时开工，$LS_{36}=85$，是指最迟应在第 86 天开始时开工；②各工作的完工日期，都在当日结束之时。如 $EF_{36}=125$，是指最早在第 125 天结束时完工，$LF_{36}=135$，

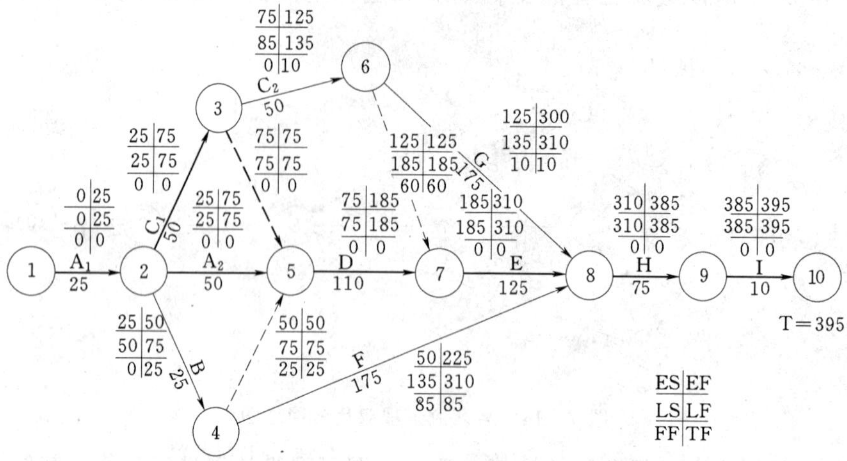

图 7-15　某截流工程网络计划时间参数计算

是指最迟应在第 135 天结束时完工。

通过时间参数计算，求得各工作项目的时差，明确了关键工作和控制计划工期的关键路线，为网络计划的优化调整指明了方向。如果要缩短总工期，则只有压缩关键路线各工作项目的时间，但要注意关键工作工期压缩的极限，以防关键路线的转移。非关键工作的延续时间，可以在时差范围内适当延长，以降低其施工强度，抽调一部分资源去支援关键路线上的薄弱环节；非关键工作的开工完工时间，还可以在时差范围内浮动，以解决某些资源冲突的矛盾。但要注意非关键工作施工时间的延长或浮动，其幅度不能超过时差，否则，将导致总工期的拖延，或引起后续工作开工时间延后的连锁反应。

三、施工进度的调整和控制

施工进度计划的优化、调整和控制，应在时间参数计算的基础上进行，其目的在于使工期、资源（人力、物资、器材、设备等）和资金取得一定程度的协调和平衡。根据优化目标的不同，人们提出了各种优化理论、方法和计算程序。现择要介绍如下。

（一）资源冲突的调整

所谓资源冲突是指在计划时段内，某些资源的需用量过大，超出了可能供应的限度。为了解决这类矛盾，可以增加资源的供应量，但往往要花费额外的开支；也可以调整导致资源冲突的某些项目的施工时间，使冲突缓解，这可能会引起总工期的延长。如何取舍，要权衡得失而定。

例如，在图 7-14 的进度安排中，若隧洞开挖 D、水库清理 F、截流备料 C 三项工作都需用自卸汽车，分别为 5、5、10 辆，若可以提供的自卸汽车仅有 15 辆，则尚差 5 辆，怎么办？为了便于分析，从图 7-14、图 7-15 和表 7-5 中摘出这三项工作的有关成果，绘成图 7-16。在图 7-16 中，三项工作的最早开工进度用实线框标示，最迟开工进度用虚线框标示。图中并示出了最早开工计划的自卸汽车需要量变化过程。由图可见从 125 天到 185 天的 60 天中，每天需 20 辆汽车，超出可能提供的数量 5 辆。为此，可将该时段同时施工的任何一项工作调整至另一项工作之后开始，就可解决矛盾。今设将工作 F 移至

工作 D 之后，如图中 F' 所示，于是导致工期的延长 Δt_{DF} 为：

$$\Delta t_{DF} = EF_D + t_F - LF_F$$

因 $LF_F - t_F = LS_F$，故：

$$\Delta t_{DF} = EF_D - LS_F = 185 - 135 = 50\text{（天）}$$

即工期比原来的安排延迟了 50 天。式中 Δt_{DF} 是指将工作 F 移至工作 D 之后所引起的拖延。

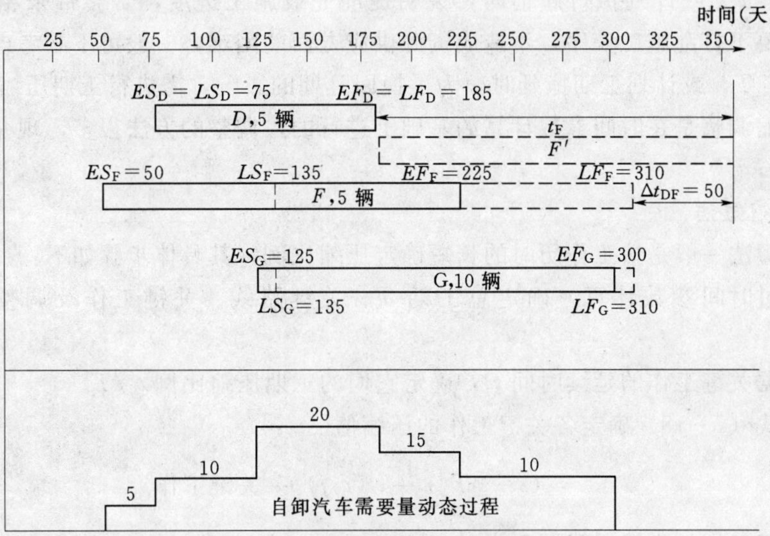

图 7-16 资源冲突的调整

一般说来，当工作 J 调整到工作 I 之后引起的拖延可表示为：

$$\Delta t_{IJ} = EF_I - LS_J \tag{7-16}$$

为使 $\Delta_{t_{IJ}}$ 最小，应按下式来选择工作 I 和 J，即：

$$\min\Delta t_{IJ} = \min EF_I - \max LS_J \tag{7-17}$$

即选择 EF 最小的工作安排在前面，选择 LS 最大的工作安排在后面。若 $\min EF$ 和 $\max LS$ 属同一工作，则可以找 EF 次小或 LS 次大的工作来进行比较选择。

在上例中，$\min EF_I = \min(EF_D, EF_F, EF_G) = \min(185, 225, 300) = 185 = EF_D$，$\max LS = \max(LS_D, LS_F, LS_G) = \max(75, 135, 135) = 135 = LS_F$ 或 LS_G，说明将工作 F 或 G 安排在工作 D 之后都可以，其 $\Delta t_{DF} = \Delta t_{DG} = 185 - 135 = 50$ 天，即调整以后工期都要拖延 50 天。

一般说来，当 $\Delta t_{IJ} > 0$ 时，说明已充分利用了时差，但工期要拖延；当 $\Delta t_{IJ} \leqslant 0$ 时，说明时差利用不一定充分，而工期并没有拖延。

应用上述方法进行调整以后，应重新检查网络，必要时可修正原来的逻辑关系，重新计算各项时间参数，再分析其他时段的资源状况。依次逐段检查，直到全网络都没有资源冲突为止。最后，还应就调整工作、延长工期所增加的费用，与从外部调入资源所增加的费用进行比较，以确定经济合理的方案。在上述算例中，若已知工期延长一天，将增加额外支出 8000 元，则合计将增加 $50 \times 8000 = 400000$（元）；而从外单位租赁自卸汽车，若每台班为 200 元，则即使每天工作 3 班，合计租赁费仅 5×60×3×200＝180000（元），可见采用租赁方案比较经济，用延长工期的办法进行调整并不合算。

（二）工期压缩的调整

当网络计划的计算总工期 T 与限定的总工期 $[T]$ 不符时，或计划执行过程中的实际进度与计划进度不一致时，需要进行工期调整。

工期调整分压缩调整和延长调整。工程实践中经常要处理的是工期压缩问题。

当 $T<[T]$ 或计划执行超前时，说明提前完成施工进度，常会带来相应的经济效益。这时只要不打乱施工秩序，不造成资源供应方面的困难，一般可不必考虑调整问题。

当 $T>[T]$ 或计划工期拖延时，为了挽回延期的影响，需进行工期压缩调整。

工期压缩调整是在时间参数计算的基础上进行的，调整的方法很多，现介绍几种常用的方法。

1. 比例缩短法

比例缩短法一般是按工作历时的长短确定压缩比例，其具体步骤如下：

（1）通过时间参数计算，确定总工期 T、关键路线、关键工作及调整目标（$T-[T]$）。

（2）根据关键工作的延续时间 t_{ij}，确定它们的工期压缩比例 t_{ij}/T。

（3）按式（7－18）确定各关键工作的压缩值 Δt_{ij}：

$$\Delta_{t_{ij}}=(t-[T])\frac{t_{ij}}{T},(i,j)\in \text{关键工作} \tag{7-18}$$

将各关键工作的延续时间调整成 t'_{ij}：

$$t'_{ij}=t_{ij}-\Delta t_{ij},(i,j)\in \text{关键工作} \tag{7-19}$$

（4）重新计算时间参数，得调整后的总工期 T'。

用比例缩短法进行压缩调整，因为关键路线上各关键工作延续时间 t_{ij} 之和，恒等于计算总工期 T，即 $\sum t_{ij}=T$，$(i,j)\in$ 关键工作，故各关键工作的压缩值之和 $\sum\Delta t_{ij}$，恒等于调整目标（$t-[T]$），即 $\sum\Delta t_{ij}=(t-[T])$，而调整后的总工期 $T'=T-\sum\Delta t_{ij}$，即 $T'=[T]$。这就是说，用这种方法进行工期调整，一般说来，经过一次调整以后，只要不发生关键路线的转移，就能达到调整目标。

如果调整以后，发生了关键路线的转移，出现了新的关键路线。此时，若新关键路线的延续时间仍大于 $[T]$，则需要重复以上方法，进行压缩调整，直到满足要求为止。

2. 压缩费用最小法

压缩费用最小法调整的依据是：任何一项工作的费用由直接费和间接费两部分组成，其中直接费与该工作的施工延续时间近似成反比关系。若以正常施工时间 t_0 的费用 C_0 为基准，则工期压缩以后，由于强化施工，其直接费用将增加，两者的关系，一般说来是非线性的。为了简化，可近似考虑成线性关系，如图 7－17 所示。这样，可以得到任意工作的直接费用变化率 e：

$$e=\frac{C_c-C_0}{t_0-t_c} \tag{7-20}$$

式中　t_0、t_c——工作的正常工期和紧缩工期，其中 t_0 相当于式（7－1）或式（7－2）的

计算值 t，t_c 相当于式（7-2）中的 t_a；

C_0、C_c——与 t_0、t_c 对应的直接费；

e——工作的费用变化率，即工期紧缩单位时间所增加的直接费用。

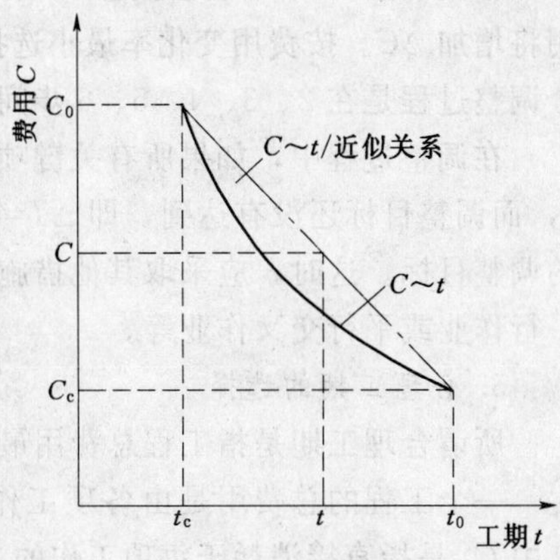

图 7-17 工作直接费与施工延续时间关系

用压缩费用最小法进行工期调整，就是根据工期调整的目标，选择关键工作中直接费用变化率最小的对象进行压缩，直到满足目标要求为止。其具体做法如下：

（1）确定各项工作的 t_0、t_c、C_0、C_c，按式（7-20）计算各个工作的 e。

（2）以各项工作的正常工期 t_0 为基准，编制初始网络，计算时间参数，确定计算总工期 T、关键路线和关键工作。

（3）若 $T<[T]$，则停止计算；若 $T>[T]$，则确定调整目标 $\Delta T=T-[T]$。

（4）选择调整对象，即从关键工作中，按准则：

$$\min(e_{cp}) \tag{7-21}$$

选择调整对象。这里 e_{cp} 为调整对象的费用变化率。若只有一条关键路线，则调整对象就是该路线上费用变化率最小的那个项目，当有两项以上工作同为最小时，可任选其中一项作为调整对象；若有两条以上关键路线，因各条关键路线要同步压缩，才能收到压缩效果，这时的调整对象就可能不止一项，而是若干项费用变化率之和最小且要同步压缩的关键工作。

（5）确定一次调整可能压缩的时间 Δt。为了确保在一次调整中不发生关键路线的转移，应按下式计算 Δt：

$$\Delta t = \min\{\min(t_{cp}),\ \min(TF_{\overline{cp}}),\ \Delta T\} \tag{7-22}$$

式中 t_{cp}——调整对象的允许压缩时间，当有几项关键工作需要同步压缩时，应从中取小值，故有：

$$\min(t_{cp}) = \min(t_{cr} - t_c) \tag{7-23}$$

上两式中 t_{cr}——每次调整前关键工作的延续时间，初次调整时 $t_{cr}=t_0$；

t_c——该项工作的紧缩工期；

$TF_{\overline{cp}}$——与调整对象关联的非关键工作的总时差，若有几项关联，则也应从中取小值；

ΔT——调整目标，因 $\Delta T=T-[T]$，$[T]$ 又为定值，而计算总工期 T，将随调整进程而下降，每调整一次其下降值等于本次调整的压缩时间 Δt，故 ΔT 也将随 T 的下降而下降。当调整目标达到时，$T=[T]$，则 $\Delta T=\Delta t=0$。

（6）计算一次调整增加的费用 ΔC：

$$\Delta C = \Delta t\{\min(e_{cp})\} \tag{7-24}$$

根据以上介绍，可见这是一种分次调整法，每调整一次，总工期将缩短 Δt，直接费用将增加 ΔC。按费用变化率最小选择调整对象，将保证每次调整增加的费用为最低。整个调整过程是在 2、3、4、5、6 步间循环往复进行，直到 $\Delta T=\Delta t=0$ 为止。

在调整过程中，如果所有关键项目均已压缩到紧缩工期 t_c，即 $t_{cr}=t_c$，$t_{cp}=0$，$\Delta t=0$，而调整目标还没有达到，即 $\Delta T\neq 0$，这说明用这种方法已无法使该网络计划实现预定的调整目标。这时，应采取其他措施来解决，例如：改变工作的逻辑关系，改顺序作业为平行作业或平行交叉作业等。

3. 合理工期的选择

所谓合理工期是指工程总费用最低或接近最低时的工期。

一个工程的总费用是由各项工作的直接费之和 C_{I} 及间接费之和 C_{II} 两部分所组成。其中 C_{I} 是指直接消耗于每项工作的人工、材料、设备和动力等费用之和；C_{II} 是指非直接消耗于某项工作但与整个工程施工有关的费用，如施工管理费等。

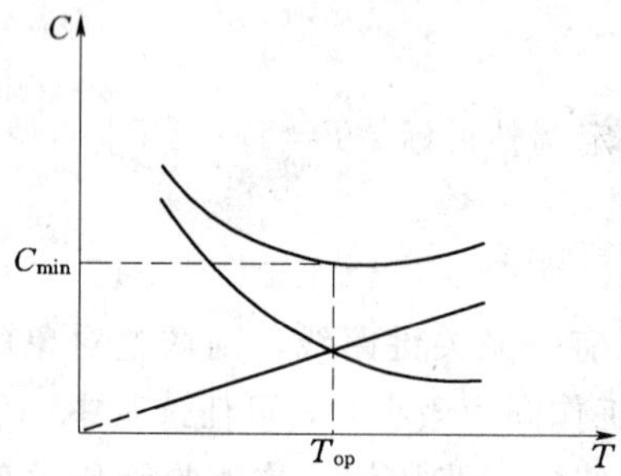

图 7-18　合理工期

一般说来，在一定工期范围内，C_{I} 与工期长短成反比，而 C_{II} 则与工期成正比，由此而构成的工程总费用必有一个最低点，与此点对应的工期即为合理工期，参见图 7-18。

合理工期的确定，可以按项目的正常工期，编制网络计划，然后应用上述费用最小法，逐步压缩关键项目，并计算相应的直接费 C_{I} 和间接费 C_{II}，以确定与不同工期对应的工程总费用。如此重复进行，直到整个网络计划至少有一条关键路线已压缩到极限为止。根据以上计算结果，可从中选出与总费用最低相对应的工期，就是要求的合理工期或接近合理的工期。

第八章　施工经营管理

工程建设的管理业务，大体可分为经营管理和施工管理两个方面。

经营管理主要是涉及两个以上独立核算单位的双边或多边业务活动的管理，如建设单位通过招标投标、合同协议等方式，确定勘测设计单位、施工单位、材料设备供应单位；设计单位委托科研单位进行试验研究等。本章将重点讨论建设单位与施工单位之间的招标投标业务活动，包括经营方式，双向关系的选择，活动关系的确立以及与之密切相关的工程概预算费用等问题。

施工管理是指施工单位确定施工任务以后，如何组织力量，实现工程项目建设目标等各项业务活动的管理。

第一节　经营方式

工程建设的经营方式也就是组织基建工程施工活动的方式。根据经营方式，确立建设单位和施工单位在工程建设过程中的相互关系。

工程建设的经营方式与基本建设的管理体制密切相关。随着基本建设管理体制的变革，我国工程建设的经营方式也有相应的变更，归结起来，主要是自营和承发包两种方式。

自营方式是由建设单位自己委任领导干部，聘请技术人员、管理人员，招收工人，组建施工机构，组织工程施工，直到完成施工任务。采用这种管理方式，施工单位直属建设单位，保证了建设单位对工程施工的领导。但施工单位缺乏独立自主权，其施工队伍的存在依附于建设项目，不利于经验的积累，不利于专业技术水平的提高。

采用承发包方式，施工单位并不依附于项目，而是一个独立经济核算的单位，在法律上具有法人地位。建设单位与施工人员也不是简单的聘请关系，二者需要通过协议委托、招标投标等途径来确立两者承发包关系。承发包关系是一种双向选择的关系，两者在法律上处于平等地位，在经济上独立核算，在管理上独立经营，两者通过签订施工合同确立承发包的关系。这样可以充分调动起建设单位和施工单位人员的积极性和主动性，有利于施工人员积累经验，提高技术水平。从20世纪80年代起，这种经营方式在我国全面推行。

一、工程承包的方式

工程施工中的承发包方式有很多种，不同承包单位之间，承包单位与业主之间的关系不同、地位不同，形成不同的工程承包方式。

1．总分包

业主将建设项目全过程或其中某个阶段的全部工作发包给一家资质条件符合要求的承包单位，由该承包单位在将若干专业性较强的工作发包给不同的专业承包单位去完成，并统一协调和监督各分包单位的工作。

2. 平行承包

业主将工程建设任务分别发包给多个设计单位和多个施工单位，各设计单位、施工单位之间的关系是平行的。

3. 联合承包

当建设项目规模巨大，技术复杂，以及承包市场竞争激烈，而一家公司总承包又有困难时，可以由几家公司联合起来成立联合体去竞争承揽工程建设任务，以发挥各公司的特长和优势。

4. 合作承包

当建设项目包含工程类型多、数量大，或需要专业配套时，一家公司无力实行总承包，而业主又希望承包方有一个统一的协调组织时，就可能产生几家公司自愿结成合作伙伴，成立一个合作体，以合作体的名义与业主签订工程承包一项合同。

二、工程承发包交易必具条件

(1) 工程项目已报建。

(2) 已办理市场交易登记。

(3) 交易人员必须是单位法人代表或其授权委托人；承包方必须出示《营业执照》及《承建证书》。

第二节 定额与工程概预算

一、定额

1. 定额的意义

定额是在合理的劳动组织和正常的生产条件下，完成单位合格产品所需要消耗的人工、材料和机械台班的数量标准。定额水平是一定时期的社会生产力水平的反映，他与生产者的技术水平、机械化程度、新材料、新工艺、新技术的发展和应用有着密切的关系，同时与施工组织管理水平和全体施工人员的劳动积极性有关，因此，定额并不是一成不变的，它应该随着生产力水平的提高而变化。

定额的制定遵循了平均先进的原则，即大多数生产者经过努力可以达到，而且可能超额的原则。定额由国家授权机关制定，在其适用的范围内，任何有关单位必须严格执行。

2. 定额的分类

定额是工程建设中各类定额的总称。它包括许多种类的定额。为了对定额能有一个全面的了解，可以按照不同的原则和方法对它进行科学的分类。

(1) 按定额反映的生产要素消耗内容分类。

1) 劳动消耗定额。简称劳动定额（也称为人工定额），是指完成一定的合格产品（工程实体或劳务）规定的劳动消耗的数量标准。

2) 机械消耗定额。我国机械消耗定额是以一台机械一个工作班为计量单位，所以又称为机械台班定额。机械消耗定额是指为完成一定合格产品（工程实体或劳务）所规定的施工机械消耗的数量标准。

3) 材料消耗定额。简称材料定额，是指完成一定合格产品所需消耗材料的数量标准。

这里的材料，是工程建设中使用的原材料、成品、半成品、构配件、燃料以及水、电等动力资源的统称。

(2) 按定额的编制程序和用途分类。

可以把工程建设定额分为施工定额、预算定额、概算定额等。

1) 施工定额。施工定额是以同一性质的施工过程（即工序）作为研究对象，表示生产产品数量与时间消耗综合关系编制的定额。

施工定额本身由劳动定额、机械定额和材料定额三个相对独立的部分组成，主要直接用于工程的施工管理，作为编制工程施工设计、施工预算、施工作业计划等用。它同时也是编制预算定额的基础。

2) 预算定额。预算定额是以建筑物或构筑物各个分部分项工程为对象编制的定额。其内容包括劳动定额、机械台班定额、材料消耗定额三个基本部分，并列有工程费用，是一种计价的定额。从编制程序上看，预算定额是以施工定额为基础综合扩大编制的；同时它也是编制概算定额的基础。在施工详图设计阶段采用预算定额。

3) 概算定额。概算定额是在有关部门制订的预算定额的基础上，根据工程项目划分的情况，予以不同程度的综合与扩大，以适应不同设计深度的要求。

(3) 按照专业不同分类。

定额可分为建筑工程定额、设备安装工程定额、水利水电工程定额、公路工程定额、铁路工程定额、井巷工程定额等。

(4) 按主编单位和管理权限分类。

工程建设定额可以分为全国统一定额、行业统一定额、地区统一定额、企业定额、补充定额五种。

1) 全国统一定额。是由国家建设行政主管部门综合全国工程建设中技术和施工组织管理的情况编制，并在全国范围内执行的定额。

2) 行业统一定额。是考虑到各行业部门专业工程技术特点，以及施工生产和管理水平编制的。一般是只在本行业和相同专业性质的范围内使用。

3) 地区统一定额。包括省、自治区、直辖市定额。地区统一定额主要是考虑地区性特点和全国统一定额水平作适当调整和补充编制的。

4) 企业定额。是指由施工企业考虑本企业具体情况，参照国家、部门或地区定额的水平制定的定额。

5) 补充定额。是指随着设计、施工技术的发展，现行定额不能满足需要的情况下，为了补充缺陷所编制的定额。

3. 定额的特点

(1) 科学性。

定额的科学性包括两重含义：一重含义是指定额和生产力发展水平相适应，反映出工程建设中生产消费的客观规律。另一重含义，是指定额管理在理论、方法和手段上适应现代科学技术和信息社会发展的需要。

定额的科学性，首先表现在用科学的态度制定定额，尊重客观实际，力求定额水平合理。其次表现在制定定额的技术方法上，利用现代科学管理的成就，形成一套系统的、完整的、在实践中行之有效的方法。第三表现在定额制定和贯彻的一体化。制定是为了提供贯彻的依据，贯彻是为了实现管理的目标，也是对定额的信息反馈。

(2) 系统性。

定额是相对独立的系统。它是由多种定额结合而成的有机的整体。它的结构复杂，有鲜明的层次，有明确的目标。

(3) 统一性。

定额的统一性，主要是由国家对经济发展的有计划的宏观调控职能决定的。为了使国民经济按照既定的目标发展，就需要借助于某些标准、定额、参数等，对工程建设进行规划、组织、调节、控制。而这些标准、定额、参数必须在一定的范围内是一种统一的尺度，才能实现上述职能，才能利用它对项目的决策、设计方案、投标报价、成本控制进行比较和评价。

定额的统一性按照其影响力和执行范围来看，有全国统一定额、地区统一定额和行业统一定额等；按照定额的制定、颁布和贯彻使用来看，有统一的程序、统一的原则、统一的要求和统一的用途。

(4) 权威性。

定额具有很大权威，这种权威在一些情况下具有经济法规性质。权威性反映统一的意志和统一的要求，也反映信誉和信赖程度以及反映定额的严肃性。

定额的权威性的客观基础是定额的科学性。只有科学的定额才具有权威。但是在社会主义市场经济条件下，它必然涉及到各有关方面的经济关系和利益关系。赋予定额以一定权威性，就意味着在规定的范围内，对于定额的使用者和执行者来说，不论主观上愿意不愿意，都必须按定额的规定执行。未经授权部门许可，定额不得随意变动。

(5) 稳定性与时效性。

任何一种定额都是一定时期技术发展和管理水平的反映，因而在一段时间内都表现出稳定的状态。保持定额的稳定性是维护定额的权威性所必须的，更是有效地贯彻定额所必要的，同时这种稳定性又是相对的。定额一旦颁布执行，就要在一定的时期内保持相对的稳定性。

4. 定额的作用

定额是规划、设计、施工、分配、预算、结算、财务管理等各项工作的一个衡量尺度，对工程的整个建设过程，起着极其重要的作用。主要表现在：

(1) 定额是编制计划的依据。

我国的施工企业的生产和经济活动都是有计划地进行的。无论是中长期计划，还是短期计划；无论是综合性的技术经济计划，还是施工进度计划和施工作业计划，都直接或间接地以各种定额作为计算人力、物力、财力等资源需要量的依据。因此，定额是编制经济和建设计划的重要基础。

(2) 定额是确定工程造价的依据。

基本建设的投资和工程造价，是根据设计规定的工程规模、工程数量及相应的劳动力、材料、机械设备消耗量及其他必须消耗的资金确定的。其中劳动力、材料、机械设备的消耗量，又是根据定额计算出来的。为此，定额是确定基本建设投资和工程造价的依据。

(3) 定额是比较设计方案经济合理性的尺度。

一项建筑工程往往要有多种设计方案进行比较，比较的内容包括结构型式、使用效果，施工难易等方面，还包括投资的多少、经济效果、工料消耗等方面，经过比较以后，选择一个最优的设计方案。因此，定额又是比较、评价设计方案经济合理性的尺度。

(4) 定额是加强施工管理的工具。

在工程的施工过程中，通常把工料消耗、劳动生产率等指标，作为衡量施工企业的经营和施工管理的水平，评价企业的经济效益的好坏。而工料消耗、劳动生产率等这些指标的计算要以定额作为计算标准。因此，定额又是企业加强施工组织管理的工具。

(5) 定额是总结、分析和改进生产方法的手段。

由于定额是在先进合理的原则下，在生产施工过程中通过观察、分析综合制定的，因此，它可以准确地反映生产技术和劳动组织的先进合理程度。通过将定额标定的先进合理的施工方法在生产中不断推广，可以促进施工企业采用先进科学技术，改进施工方法，提高施工的生产效率。

二、水利水电工程各项费用的构成和计算

水利水电工程一般由以下几部分组成：水利工程的建筑工程、机电设备及安装工程、金属结构设备及安装工程、临时工程、其他费用等共五部分组成。这些工程的费用分别称为建筑工程费、安装工程费、设备购置费、其他费用及预备费。除以上这五部分费用外，对于水利工程还有水库淹没处理补偿费。其中建筑工程费用和机电设备及安装工程费用占整个水利水电工程费用的主要部分，见表 8-5。

1. 建筑工程、安装工程费用 F_j

建筑工程和安装工程的费用指的是为修建某一项工程、安装某项设备所发生的相关的费用，一般包括直接费、间接费、计划利润和税金。

(1) 直接费 F_{j1}。

直接费指的是在建筑安装工程施工过程中，直接消耗在工程项目上的活劳动及物化劳动。直接费又由基本直接费和其他直接费组成。

1) 基本直接费 F_{j11}：一般由人工费、材料费和施工机械使用费三部分构成。

①人工费 f_1：

这指的是直接从事建筑安装工程施工生产的工人、现场运输等辅助工人的工资，工资性补贴和属于工人开支范围内的各项费用。人工费的计算如下：

$$f_1 = \sum N_1 \times h_1 \tag{8-1}$$

式中 N_1——完成某分项建筑安装工程定额工日，即人工定额，取决于相应的定额标准；

h_1——每个工日的工资额（元/工时），即人工预算单价。

人工预算单价包含的内容有：基本工资、辅助工资、工资附加费和劳动保护费等内容。人工预算单价的计算通常需要按技术工种、技术熟练程度来划分类别。如按技术工种可分为：爆破工、钢筋工、焊工、电工、混凝土工、木工、立模工、质检工、司机、辅助工等；按技术熟练程度分为：高级熟练工、熟练工、半熟练工和非熟练工等。

• 人工预算单价计算标准。

表 8-1　水文设施基本工资标准表（六类工资区）

序号	名　称	基本工资（元）
1	工 长	385
2	高级工	350
3	中级工	280
4	初级工	190

注　本表以2002年国家公布工资标准为基数，可随国家标准或根据物价指数调整。

a. 基本工资。

根据国家有关规定和水利部水利企业工资制度改革办法，并按引水及河道工程工资标准执行。按国家规定享受生活费补贴的特殊地区，可按有关规定计算，并计入基本工资。

(a) 基本工资标准：见表 8-1 所示。

(b) 地区工资系数：根据劳动部规定，六类以上工资区的工资系数见表 8-2 所示。

表 8-2　六类以上工资区工资系数表

地区	七类工资区	八类工资区	九类工资区	十类工资区	十一类工资区	兰州	西宁	乌鲁木齐	拉萨	经济特区
工资系数	1.0261	1.0522	1.0783	1.1043	1.1304	1.1756	1.3226	1.5373	1.7182	1.4020

b. 辅助工资标准：见表 8-3 所示。

表 8-3　辅助工资标准表

序　号	项　　目	辅　助　标　准
1	地区津贴	按国家、省、自治区、直辖市的规定
2	施工津贴	3.5～5.3 元/天
3	夜餐津贴	4.5 元/夜班，3.5 元/中班

注　初级工的施工津贴标准按表中数值的50%计取。

c. 工资附加费标准：见表 8-4 所示。

表 8-4　工资附加费标准表

序　号	项　　目	费率标准（%）	
		工长、高中级工	初级工
1	职工福利基金	14	7
2	工会经费	2	1
3	养老保险费	按各省（区、市）规定	按各省（区、市）规定的50%
4	医疗保险费	4	2
5	工伤保险费	1.5	1.5
6	职工失业保险基金	2	1
7	住房公积金	按各省（区、市）规定	按各省（区、市）规定的50%

注　养老保险费率一般取20%以内，住房公积金费率一般取5%左右。

• 人工预算单价计算方法。

a. 基本工资。

基本工资（元/工日）＝基本工资标准（元/月）×地区工资系数×12月÷年应工作天数×1.068

b. 辅助工资。

(a) 地区津贴（元/工日）=津贴标准（元/月）×12月÷年应工作天数×1.068

(b) 施工津贴（元/工日）=津贴标准（元/天）×365天×95%÷年应工作天数×1.068

(c) 夜餐津贴（元/工日）=（中班津贴标准+夜班津贴标准）÷2×（20%～30%）

(d) 节日加班津贴（元/工日）=基本工资（元/工日）×3×10÷年应工作天数×35%

c. 工资附加费。

(a) 职工福利基金（元/工日）=[基本工资（元/工日）+辅助工资（元/工日）]×费率标准（%）

(b) 工会经费（元/工日）=[基本工资（元/工日）+辅助工资（元/工日）]×费率标准（%）

(c) 养老保险费（元/工日）=[基本工资（元/工日）+辅助工资（元/工日）]×费率标准（%）

(d) 医疗保险费（元/工日）=[基本工资（元/工日）+辅助工资（元/工日）]×费率标准（%）

(e) 工伤保险费（元/工日）=[基本工资（元/工日）+辅助工资（元/工日）]×费率标准（%）

(f) 职工失业保险基金（元/工日）=[基本工资（元/工日）+辅助工资（元/工日）]×费率标准（%）

(g) 住房公积金（元/工日）=[基本工资（元/工日）+辅助工资（元/工日）]×费率标准（%）

d. 人工工日预算单价。

人工工日预算单价 h_1（元/工日）= 基本工资+辅助工资+工资附加费

上述计算式中的系数1.068，为年应工作天数内非工作天数的工资系数。

表 8-5　　水利水电工程概预算费用构成

水利水电工程概预算费用F	建筑、安装工程费 F_j	直接费	基本直接费	人工费
				材料费
				施工机械使用费
			其他直接费	冬雨季施工增加费
				特殊地区施工增加费
				夜间施工增加费
				小型临时设施摊销费
				其他费用等
		间接费	施工管理费	工作人员工资
				职工教育经费
				办公费
				差旅费
				固定资产使用费
				工具、用具使用费
				其他费用

续表

<table>
<tr><td rowspan="25">水利水电工程概预算费用F</td><td rowspan="6">建筑、安装工程费
F_j</td><td rowspan="4">其他间接费</td><td>劳动保险基金</td></tr>
<tr><td>临时设施费</td></tr>
<tr><td>施工队伍调遣费</td></tr>
<tr><td>流动资金贷款利息</td></tr>
<tr><td>计划利润</td><td></td></tr>
<tr><td>税金</td><td></td></tr>
<tr><td rowspan="5">设备购置费
F_s</td><td colspan="2">设备原价</td></tr>
<tr><td colspan="2">运杂费</td></tr>
<tr><td colspan="2">采购及保管费</td></tr>
<tr><td colspan="2">运输保险费</td></tr>
<tr><td colspan="2">交通工具购置费</td></tr>
<tr><td>水库淹没处理补偿费
F_b</td><td colspan="2">共9项内容</td></tr>
<tr><td rowspan="5">其他费用
F_q</td><td colspan="2">建设管理费</td></tr>
<tr><td colspan="2">生产准备费</td></tr>
<tr><td colspan="2">科研勘测设计费</td></tr>
<tr><td colspan="2">其他费用</td></tr>
<tr><td colspan="2">联合试运转费</td></tr>
<tr><td rowspan="5">临时工程费用
F_l</td><td colspan="2">施工导流工程费用</td></tr>
<tr><td colspan="2">施工交通工程</td></tr>
<tr><td colspan="2">施工房屋建筑工程</td></tr>
<tr><td colspan="2">施工场外供电线路工程</td></tr>
<tr><td colspan="2">其他临时工程</td></tr>
<tr><td rowspan="2">预备费
F_y</td><td colspan="2">基本预备费</td></tr>
<tr><td colspan="2">差价预备费</td></tr>
<tr><td>建设期工程贷款利息
F_d</td><td colspan="2"></td></tr>
</table>

②材料费 f_2：

这指的是用于建筑安装工程项目上所耗用的材料、构件、零件和半成品、成品的费用及周转性材料摊销费。建筑材料是构成整个水工建筑物或构筑物实体的主要组成部分，并且在水利水电工程中，材料的用量较大，因此材料费就构成了建筑安装工程投资的主要的部分。其计算方法如下：

$$f_2 = \sum N_2 \times h_2 \tag{8-2}$$

其中 N_2——完成某分项建筑安装工程的材料消耗定额；

h_2——材料预算单价。

材料预算单价包含的内容有：材料原价或出厂价、供销部门手续费、包装费、材料自来源地运至工地仓库或指定堆放地点的装卸费、运输费及途中损耗费、采购及仓库保管费。材料的预算价格应按照出库价格进行计算。

• 材料预算单价的组成。

a. 材料原价：指的是材料在供应地点交货的价格、市场批发价格。在确定原价时，如同一种材料由于产地或供应单位不同而有几种原价时，应根据不同来源地的供应数量及不同的单价，计算出相应的加权平均价格。

b. 材料供销部门手续费：指的是材料经过当地物资部门所发生的进货、出库、管理费用等附加手续费，按照供销部门所规定的费率和通过供销部门供应的比例计取。如材料不经过供应部门而直接从生产厂家采购，无此项费用。

供销部门手续费＝材料原价×供销部门手续费率

c. 材料包装费：指的是为了便于材料的运输或为保护材料、减少损耗而进行包装所需的费用。包装费按照包装材料的品种、包装费用、价格及正常的折旧摊销计算。

d. 材料运杂费：指的是材料由来源地（或交货地）运至工地仓库（或存放地点）所发生的一切费用。包括运输费、调车费、装卸费、工地运输费、附加工作费、途中耗损等费用。

e. 材料采购及保管费：指建设单位和承包商在负责设备的采购、保管过程中发生的各项费用。其费用的计算方法为：

材料采购及保管费＝(材料原价＋供销部门手续费＋包装费＋运输费)

×采购及保管费率

其中对于采购保管费率为4％。

• 材料预算单价的计算。

材料预算单价 h_2＝材料原价＋材料供销部门手续费＋材料包装费

＋材料运杂费＋材料采购及保管费

③施工机械使用费 f_3：

这指的是建筑安装工程施工过程使用施工机械，运输机械所发生的费用。随着施工机械化水平的提高，施工机械使用费在工程投资中的比重越来越大。其计算如下：

$$f_3 = \sum N_3 \times h_3 \tag{8-3}$$

其中 N_3——完成某分项建筑安装工程的施工机械台班定额；

h_3——施工机械台班费。

• 施工机械台班使用费的组成。

a. 第一类费用（也称为不变费用）一般包括基本折旧费、大修理折旧费、经常性修理及维护费、替换设备及工具附具费、安装拆卸费和机械保管费等。

b. 第二类费用（也称为可变费用）由专业操作机械的司机的人工费和动力燃料费组成，以台班实物消耗量指标来表示。

• 施工机械台班使用费计算。

施工机械台班使用费应根据《水利工程施工机械台时费定额》及有关规定计算。对于定额缺项的施工机械，可补充编制台时费定额。

2) 其他直接费 F_{j12}：一般由冬雨季施工增加费、特殊地区施工增加费、夜间施工增加费、小型临时设施摊销费、其他费用等构成。

①冬雨季施工增加费：

这指的是在冬雨季施工期间，为保证工程质量和安全生产而需增加的费用。该费用在计算时，根据不同地区，按照建筑安装工程的基本直接费的百分率计算。费率的选取见表8-6。

表 8-6　不同地区冬雨季施工增加费费率

地　区	西南、中南、华东区	华北区	西北、东北区
费率（%）	0.5～1.0	1.0～2.5	2.5～4.0

注　西南、中南、华东区中，按规定不计冬季施工增加费的地区取小值，计算冬季施工增加费的地区可取大值；华北区中，内蒙古等较严寒地区可取大值，其他地区取中值或小值；西北、东北区中，陕西、甘肃等省取小值，其他地区可取中值或大值。

②特殊地区施工增加费：

这指的是在海拔较高和原始森林等一些特殊地区施工而增加的费用，其中高海拔地区的高程增加费，按规定直接进入定额；其他特殊增加费（如酷热、风沙），按工程所在地区规定的标准计算，对于地方没有规定的不得计算此项费用。

③夜间施工增加费：

这指的是施工建设场地和公用施工道路的照明费用。计算时按基本直接费的百分率计算，其中建筑工程为 0.5%，安装工程为 0.7%。照明线路工程费用包括在“临时设施费”中。

④小型临时设施摊销费：

这指的是为了使工程正常施工，而在工作面发生的小型临时设施摊销费用，如脚手架搭拆，一般场地的平整、风水电支管支线架设拆除，场内施工排水、支线道路养护等。小型临时设施摊销费在计算时，按基本直接费的百分率计算，其中建筑工程为 1.5%，安装工程为 2%。

⑤其他费用：

其他费用按基本直接费的百分率计算。其中，建筑工程为 1.0%，安装工程为 1.5%。

（2）间接费 F_{j2}。

间接费指的是在建筑安装施工过程中，为了组织和管理工程施工而发生的并非直接消耗在工程项目上的有关费用，包括施工管理费和其他间接费。由于在建筑安装施工的全过程中都要涉及到间接费，因此在计算间接费时，通常以适当的分配方式将其分摊到每个项目上。

1）施工管理费：指的是为组织和管理工程施工所需要的费用。包括工作人员的工资、职工教育经费、办公费、差旅费、固定资产使用费、工具、用具使用费、其他费用。

①工作人员的工资：

这指的是施工企业的行政、技术、经济、试验、测量、警卫、消防、炊事和勤杂人员及行政汽车司机等的基本工资、辅助工资、工资附加费和劳动保护费。

②职工教育经费：

这指的是企业为在职职工举办的电大、夜大、函授、职工学校及其他形式的培训班所发生的费用。一般为工资总额的 1.5%。

③办公费：

这指管理部门办公用品，包括文具、纸张、账表、书报、邮电、学习资料、水电、茶水和集体取暖等费用。

④差旅费：

这指的是职工因公出差、上下班交通与调动工作的差旅费（包括工地交通费、职工探亲路费、路途补助费），职工离休、退休、退职的一次性路费，工作人员就医路费，以及管理部门使用的交通工具的燃料费、养路费、车船附加费、保险费等。

⑤固定资产使用费：

这指的是管理、试验、测量、质检部门所使用的办公楼、设备、仪器等的折旧费、大修费和租赁费等。

⑥工具、用具使用费：

这指的是行政管理部门使用的不属于固定资产的工具、用具、仪表、家具、交通工具等的摊销费、维护费。

⑦其他费：

除了以上六项之外，而仍属于施工管理费用范畴内的其他必要的费用。如施工期间的环保措施费、临时工管理费、民兵训练费等。

2）其他间接费：由劳动保险基金、临时设施费和施工队伍调遣费、流动资金贷款利息构成。

①劳动保险基金。这指的是施工企业有职工福利基金开支以外的，按劳动条例规定的离退休职工的费用、6个月以上的病假工资、医药费，以及按照上述职工工资总额提取的职工福利基金等。

②临时设施费。施工单位进行建筑安装工程施工中，修建必须的生活用的临时建筑物（如职工临时宿舍、文化福利等）、生产用的临时建筑物（如仓库、加工厂、办公室等），以及规定范围内的道路、水、电、管线等临时设施和小型临时设施所需要的费用。

③施工队伍调遣费。这指由于施工企业根据任务的需要，远离城市或基地施工时以及返回基地所需要的搬迁费用。

④流动资金贷款利息。这指施工企业按照施工工期，为提前备料和组织施工，按规定额度向银行贷款时需支付的流动资金贷款利息。

间接费的计算：目前主要有两种计算方法，一种是以工程的直接费为计算基础，按规定的间接费率计取。另一种是以直接费中的人工费为计算基础，按规定的间接费率计取。目前，水利水电工程的间接费的计算，是按相应的计取基础乘以间接费费率确定。计算公式为：

$$间接费=\sum 计取基础\times 相应的间接费率$$

（3）计划利润 F_{j3}。

计划利润指的是施工企业按统一利润率计算的利润。其值为直接费与间接费之和的7%。即：

$$F_{j3}=(F_{j1}+F_{j2})\times k_3 \tag{8-4}$$

式中　k_3——计划利润率，其值为7%。

（4）税金 F_{j4}。

税金指的是国家对施工企业承担建筑、安装工程作业收入所征收的营业税，城市维护建设税、教育附加费、能源税等。以上税费，应分别按照国务院发布的相关的文件所规定的征收范围和税率来进行计算。但为了计算简便，税金等于直接费、间接费、计划利润三者之和，再乘以相应的税金费率。即：

$$F_{j4} = (F_{j1} + F_{j2} + F_{j3}) \times k_4 \quad (8-5)$$

式中 k_4——税率，%。其标准见表8-7所示。

表8-7 税率标准

建设项目所在位置	税率（%）
建设项目在市区的	3.41
建设项目在县城镇的	3.35
建设项目在市区或县城镇以外的	3.22

2. 设备购置费 F_s

设备购置费指的是为项目购置或自制的达到固定资产标准的各种国产或进口设备、备品备件、运输车船、工具器具的所发生的费用。设备购置费包括设备原价、运杂费、采购保管费、运输保险费和交通工具购置费等。

(1) 设备原价 F_{s1}。

对于国产设备，其设备原价一般指的是设备制造厂的出厂价，或订货合同价；对于进口设备，其设备原价是指进口设备到岸价和进口征收的税金、手续费、商检费及港口费等各项费用之和；对于发电机组及其他大型设备因交通不便，分块搬运至工地后的拼装费用，应包括在其设备原价内。

(2) 运杂费 F_{s2}。

指设备由厂家运至工地现场所发生的一切运杂费用。包括运输费、调车费、装卸、工地运输费、包装绑扎费和可能发生的其他杂费。设备运杂费的计算方法为：

设备原价乘以设备运杂费率计算，即：

$$F_{s2} = F_{s1} \times i_2 \quad (8-6)$$

式中 i_2——设备运杂费率。其值按各部门及省、市等的规定计取，见表8-8。

表8-8 设备运杂费率表

类别	适用地区	费率（%）
Ⅰ	北京、天津、上海、江苏、浙江、江西、安徽、湖北、湖南、河南、广东、山西、山东、河北、陕西、辽宁、吉林、黑龙江等省、直辖市	4～6
Ⅱ	甘肃、云南、贵州、广西、四川、重庆、福建、海南、宁夏、内蒙古、青海等省、自治区、直辖市	6～8

工程地点距铁路线近者费率取小值，远者取大值。新疆、西藏地区的费率在表中未包括，可视具体情况另行确定。

(3) 采购保管费 F_{s3}。

这指项目的建设单位和承包商在负责项目设备的采购、保管过程中发生的各项费用。主要包括：

①采购保管部门工作人员的基本工资、辅助工资、工资附加费、教育经费、劳动保护费、办公费、差旅交通费、工具使用费等。

②仓库运行费、维修费、固定资产折旧费、技术安全措施费和设备的检验、试验费等。

采购保管费的计算，按设备原价、运杂费之和的0.7%计算。

(4) 运输保险费 F_{s4}交通工具购置费 F_{s5}。

这指设备在运输过程中的保险费用。

(5) 交通工具购置费 F_{s5}。

工程竣工后，为保证建设项目初期生产、管理单位正常运行必须配备生产、生活、车辆和船只的费用。

3. 水库淹没处理补偿费 F_b

根据我国《水库移民补偿经费管理办法（试行）》规定，水库淹没处理补偿费的使用范围由以下几项内容：

(1) 农村移民迁建补偿费。

这指的是库区内农村移民迁移和村、镇所属的企业迁建等所需的补偿费用。农村移民迁建补偿费分为移民生活安置经费和移民生产安置经费两项。

1) 移民生活安置经费：包括各类房屋及附属建筑物迁建补偿、移民户零星果木补偿、搬迁损失、搬迁运输和误工补贴等费用，以及新址水、路、电、文教卫等设施建设的补助。

2) 移民生产安置经费：包括土地征用补偿和安置补助、小型水利电力设施迁建补偿、农副业加工设施补偿、移民集体企业迁建补偿等。

(2) 城镇、集镇迁建补偿费。

这指的是库区城镇、集镇内的居民、机关单位及企业迁移，以及镇外单位迁建的补偿费用。城镇、集镇迁建补偿费划分为房屋迁建经费和基础设施迁建经费两项。

1) 房屋迁建经费：包括集镇、城镇各类房屋和地面附着物迁建补偿及与房屋迁建有关搬迁运输、搬迁损失、误工补贴等费用。

2) 基础设施迁建经费：包括新址征地、移民安置补偿、“三通一平”费用和公用设施建设费用。

(3) 专业项目复建补偿费。

这指的是库区内的工矿企业、铁路、公路、航运、电信、电力、广播、水利设施及文物的恢复改建补偿费等。

(4) 防护工程费。

这指的是对库区内不迁建的受淹对象进行防护处理所需的费用。

(5) 库底清理费。

(6) 其他费用（含勘测规划设计费、实施管理费、技术培训费、监理费）。

(7) 预备费。

(8) 建设期贷款利息。

(9) 有关税费。

水库淹没处理补偿费，由于直接涉及到国家、地方和当地人民的利益，具有很强的政策性。要根据相关的法律和法规，在当地各级政府的密切配合下，提出一个专门的淹没处理设计报告，再编入设计概预算中。

4. 其他费用 F_q

其他费用指的是根据国家有关规定应在工程基本建设投资中支付，而又不宜列在建筑、安装工程费和设备购置费中的费用独立列项，称为其他费用。

其他费用主要包括建设管理费、生产准备费、科研勘测设计费、联合试运转费和其他费用。

(1) 建设管理费 F_{q1}。

建设管理费包括建设单位开办费、项目建设管理费、工程建设监理费和建设及施工场地征用费。

1) 建设单位开办费：指新组建的建设单位，为保证工作正常地进行而必须具备的物质条件所需购置的交通工具、办公及生活设备、检验试验设备以及用于开办工作发生的费用。

2) 项目建设管理费：包括建设单位人员经常费和工程管理经常费。

①建设单位人员经常费：根据建设单位定员、费用指标和经常费用计算期进行计算。

编制概算时，应根据该工程所在地区和编制年的基本工资、辅助工资、工资附加费、劳动保护费以及费用标准调整“六类（北京）地区建设单位人员经常费用指标表”中的费用。

其计算公式为：

建设单位人员经常费＝费用指标（元/人·年）×定员人数×经常费用计算期（年）

式中　经常费用计算期——根据施工组织设计确定的施工总进度和总工期，建设单位人员从工程筹建之日起，至工程竣工之日加 6 个月止，为经常费用计算期；

费用指标——建设单位一个工作人员的全年总费用，见表 8-9。

表 8-9　（北京）地区建设单位人员经常费用指标表

序　号	项　　目	计 算 公 式	金额（元/人·年）
1	基本工资		4494
	工人	280 元/月×12 月×10%	336
	干部	385 元/月×12 月×90%	4158
2	辅助工资		1628
	地区津贴	北京地区无	
	施工津贴	3.5 元/天×365×0.95	1214
	夜餐津贴	4.5 元/工日×251 工日×20%	226
	节日加班津贴	基本工资 4494÷251×10×3×35%	188
3	工资附加费		3060
	职工福利基金	1～2 项之和 6122 元的 14%	857
	工会经费	1～2 项之和 6122 元的 2%	122
	职工教育经费	1～2 项之和 6122 元的 1.5%	92
	养老保险费	1～2 项之和 6122 元的 20%	1224
	医疗保险费	1～2 项之和 6122 元的 4%	245
	工伤保险费	1～2 项之和 6122 元的 1.5%	92
	职工失业保险基金	1～2 项之和 6122 元的 2%	122
	住房公积金	1～2 项之和 6122 元的 5%	306

续表

序　号	项　　目	计　算　公　式	金额（元/人·年）
4	劳动保护费	基本工资 4494 的 12%	539
5	小计	1～4 项之和	9721
6	其他费用	1～4 项之和 9721 元×180%	17498
7	合计		27219

②工程管理经常费：水利工程按建设单位开办费和建设单位人员经常费之和的 20%计取。

3）工程建设监理费：按照国家及省、自治区、直辖市计划（物价）部门有关规定计收。

4）建设及施工场地征用费：指设计确定的建设及施工场地范围内的永久征地及临时占地，以及地上附属物的迁建补偿费。包括土地补偿费、安置补助费、青苗、树木等补偿费，以及建筑物迁建和居民迁建费等。具体开支标准按有关规定计算。

（2）生产准备费 F_{q2}。

生产准备费包括生产、管理单位提前进厂费、生产职工培训费、管理用具购置费、备品备件购置费、工器具及生产家具购置费。

1）生产、管理单位提前进厂费：指生产运行管理单位在工程投产之前，进厂进行生产筹备工作的工人、技术人员和管理人员所需的各项费用。计算时按建安工程量的 0.3%计算。

2）生产职工培训费：指工程在竣工验收之前，生产运行管理单位为保证生产正常运行，需对工人、技术人员和管理人员进行培训所需要的培训费用。计算时按建安工作量的 0.4%计算。

3）管理用具购置费：指为保证新建项目的正常生产和管理所必须购置的办公和生活用具等费用。计算时按建安工作量的 0.025%计算。

4）备品备件购置费：指工程在投产以后的运行初期，由于易损件损耗和可能发生的事故，而必须准备的备品备件和专用材料的购置费。计算时按占设备费的 0.5%计算。

5）工器具及生产家具购置费：指按设计规定，为保证初期生产正常进行所必需购置的，不属于固定资产标准的生产工具、器具、仪表、家具等的购置费。计算时按占设备费的 0.14%计算。

（3）科研勘设费 F_{q3}。

科研勘设费包括工程科学研究试验费、前期勘测设计统筹费和工程勘测设计费共三项。

1）工程科学研究试验费：指的是在工程建设过程中，为解决工程的技术问题而进行的科学试验所需的费用。计算时按工程建安工作量的 0.2%计算。

2）前期勘测设计统筹费：指进行可行性研究所发生的费用在该工程的分摊部分。计算时按勘测设计费的 10%计算。

3）工程勘测设计费：指的是基本建设工程在初步设计和技术设计、施工图设计阶段，在规定的范围内的全部勘测设计的费用。计算时按水利部水建［1998］15 号文的规定标准执行。

(4) 联合试运转费 F_{q4}。

指的是水利水电工程中的发电机组、抽（排）水泵站、船闸等安装完毕后，在竣工验收前进行的整套设备带负荷联合试运转期间所需的各项费用。计算时按仪器设备费的15%计算。

(5) 其他费用 F_{q5}。

其他费用由特殊技术装备补贴费、施工企业基地建设补贴费、定额编制管理费、工程质量监督费和工程保险费五项组成。

1) 特殊技术装备补贴费：与一般的民用建筑工程相比，水利水电工程规模大、工期长、地形地质条件复杂、施工难度大，为保持水电工程技术装备而需贴补给施工企业的特殊技术装备费。计算时按建安工程量的 1.5%～3.5%，大型工程取中值或大值，中型工程取小值或中值。

2) 施工企业基地建设补贴费：由于水利水电工程的施工条件比较艰苦，为稳定水利水电施工的企业队伍，保证必要的生活条件，需要从基本建设投资中抽出一部分费用用于补贴施工企业基地建设，这部分费用即为施工企业基地建设补贴费。计算时按建安工程量的 1.0%～2.5%计算。

3) 定额编制管理费：为编制、管理、发行定额所需的经费。计算时按建筑安装工程量的 0.15%计算。

4) 工程质量监督费：水行政主管部门对水利工程质量监督管理的费用。

根据国家计委等部门的有关文件规定，收费标准按水利工程所在地域确定。原则上，大城市按受监工程建筑安装工作量的 0.15%，中等城市按受监工程建设安装工作量的 0.20%，小城市按受监工程建筑安装工作量的 0.25%收取。城区以外的水利工程可比照小城市的收费标准适当提高。

5) 工程保险费：指工程建设期间，为了使工程在遭受水灾，火灾等自然灾害和意外事故造成损失后能够得到的经济补偿而对建筑安装工程进行保险的费用。计算时按中国人民保险公司规定的费率计算。

5. 临时工程费用 F_1

临时工程指的是在水利水电基本建设工程的施工准备阶段和建设过程中，为保证永久建筑安装工程的施工，而按照施工进度的要求修建的临时工程和采取的一些临时措施。主要由施工导流工程、施工交通工程、施工房屋建筑工程、施工场外供电线路工程和其他临时工程五项组成。凡有缆机施工的建设项目还应包括缆机平台建筑工程，列在房屋建筑工程之后。

(1) 施工导流工程。

主要包括修建的临时性的导流隧洞、导流明渠、施工围堰和截流工程等。由于施工导流工程对于整个水利水电工程的影响非常重要，因此其投资的计算方法与永久建筑物相同。

(2) 施工交通工程。

指的是施工现场内外为工程建设服务的临时交通工程及其附属设施。如施工场地、砂石料场及材料中转站的临时公路、铁路、桥涵、码头，施工期间的施工通航、过木设施和以水运为主的航道整理工程等。

对于施工交通工程，由于各个工程的具体情况不同，用于交通工程的投资差异比较大，在计算时按下列原则进行：

1）对于由主体设计单位自行设计的部分，原则上按工程量乘单价的方法计算。

2）对于委托专业设计单位进行设计的项目，则应根据设计单位提出的概算，由主体设计单位核定后列入到概预算中。

(3) 施工房屋建筑工程。

施工房屋建筑工程指工程在建设过程中建造的临时性房屋及附属设施。包括为施工建设服务的临时施工仓库和生活及文化福利建筑。

1）施工仓库：建筑面积由施工组织设计确定，单位造价指标根据当地生活福利建筑的相应造价水平确定。

2）办公、生活及文化福利建筑：指工程建设的施工人员、管理人员、设计代表等的办公室、宿舍、住宅及施工现场的托儿所、学校、食堂、浴室、俱乐部、商业等一切生活文化福利设施。计算这部分投资时，单位造价指标根据当地办公、生活及文化福利建筑的相应造价水平确定。

(4) 施工场外供电线路工程。

包括场外110kV及以上电压等级的供电线路工程。对于110kV以下及场内外供配电线路及变电站建筑工程，包括在其他临时工程项内。根据设计的供电线路架设长度及所需配备的变电设施要求，采用工程所在地区造价指标或有关实际资料计算。

(5) 其他临时工程。

指除施工导流、交通、房屋建筑、场外110kV及以上电压等级的供电线路，以及缆机平台建筑工程以外的全部临时工程。主要包括：风、水、电、通信系统工程、砂石系统工程、混凝土拌和系统浇筑工程，土石料场，木工、钢筋、金属结构、机修等辅助加工厂，混凝土预制构件厂，大型机械安装拆卸，混凝土制冷系统，供热系统，施工排水，场地平整、道路养护、施工期环境保护、水文水位，站网、防汛、防冰工程等。

按工程 F_j、F_s、F_b、F_q（不包括其他施工临时工程）四部分之和的百分率计算。

6. 预备费 F_y

指在设计阶段中难以预料，而在施工过程中有可能发生的、规定范围内的工程和费用。由基本预备费和价差预备费两项组成。

(1) 基本预备费 F_{y1}。

主要指工程建设过程中，初步设计范围以内的设计变动以及国家的政策性变动而导致投资增加的预留费用。包含的内容有：

1）在技术施工设计和施工过程，未超出批准的初步设计和概算范围所增加的工程费用。

2）国家政策性调整所增加的投资。

3）一般未能预料的自然灾害造成的损失，以及对自然灾害所采取的相应措施的费用。

4）在上级主管部门组织竣工验收时，验收委员会为鉴定工程质量，必须开挖和修复的隐蔽工程的费用。工程质量不合格的，不在此项开支。

基本预备费的计算方法：根据工程规模、施工年限和地质条件等不同情况，按 F_j、F_s、F_l 投资合计的百分率计算。初步设计阶段为 5.0%～8.0%，可行性研究阶段为 10%。

（2）价差预备费 F_{y2}。

主要指工程建设过程中，因材料、设备价格上涨和人工费标准、费用标准调整而导致投资增加的预留费用。

价差预备费的计算方法：根据施工年限和一至四部分的分年度投资（不含基本预备费），按照国家发改委根据物价变动形势，适时调整和发布的年物价指数计算在国家未颁发物价指数以前，可按年平均物价上涨 4%～6%的指数计算。计算公式：

$$F_{y2} = \sum_{n=1}^{N} P_n[(1+p)^n - 1] \quad (8-7)$$

式中 F_{y2}——价差预备费，元；

N——合理建设工期；

n——施工年度；

P_n——建设期间第 n 年的分年度投资，元；

p——年物价指数，%。

7. 建设期工程贷款利息 F_d

水利水电工程的建设资金有拨款改为贷款，工程建成之后应还贷工程的贷款利息，按国家发布的利率和合理建设工期计算。计算公式：

每年的利息：

$$f_d = \left(\frac{1}{2}P_n + \sum_{m=n-1}^{N} P_m\right)i \quad (8-8)$$

建设工期内的总利息：

$$F_d = \sum_{n=1}^{N} f_d \quad (8-9)$$

上两式中 F_d——工程贷款总利息；

f_d——每年的贷款利息；

P_n——在建设的第 n 年的分年度投资；

i——工程贷款年利率，%；

N——建设总工期；

m——年序号，$m=1，2，3，\cdots，n-1$；

n——施工年度。

三、水利水电工程概预算总费用 F 的计算

将以上各项费用进行汇总后得到工程的总投资。通常把不考虑时间效应的投资称为工程静态总投资 $F_{静}$；把计入时间效应的投资称为动态总投资 $F_{动}$，简称工程总投资。其计算公式为：

$$F_{静} = F_j + F_s + F_b + F_q + F_{y1} \quad (8-10)$$

$$F_{动} = F_j + F_s + F_b + F_q + F_y + F_h \quad (8-11)$$

第三节　水利水电工程概预算的编制

概预算是水利水电工程设计文件的重要组成，它是编制基本建设计划、确定和控制基本建设投资额的依据；是选择最优设计方案的依据；是签订工程合同、进行财务监督和竣工结算的依据；同时还对施工企业的经济核算起到加强和促进的作用。且概预算的编制是一项十分复杂而细致的工作，在编制时总的要求是：有条不紊，不漏项，不重复，数据计算准确，文字说明简洁。

一、工程概预算的编制依据

(1) 经过批准和会审的全部施工图纸和说明书，有关构件的标准图。这些资料中包括工程的结构型式、工程材料和尺寸等内容。

(2) 经过批准的施工组织设计资料。水利水电工程施工组织设计中包括：施工条件分析、施工导流方案、施工方法、施工进度计划、施工总体布置、临时工程与辅助企业、技术供应与生活供应计划、安全技术措施、施工管理组织等。

(3) 现行的水利水电工程预算定额。预算定额是计算工程直接费用，确定人工、机械台班和材料消耗量的标准。定额中规定了分项工程项目包括的施工工序、工作内容、工程量的计算规则和定额项目使用说明等内容。因此，它是编制概预算的主要依据。

(4) 地区材料和机械设备的原价、成品、半成品构架的出厂价格，运输费用的计算标准。

(5) 间接费、其他费用、预备费等费用的计算标准。

(6) 技术经济指标计量单位的规定。如单位造价指标、单位生产能力指标等。

(7) 上级部门有关工程预算编制的指令性文件或规定。

(8) 建筑材料手册和预算工作手册。这些是预算中必备的参考书，也是预算部门必备的基础资料。

二、工程概预算编制的方法和步骤

1. 收集、熟悉编制概预算的基础文件和有关的资料

(1) 收集编制预算的基础文件和资料。主要包括施工图纸及设计说明，施工组织设计资料，现行的水利水电工程预算定额、预算工作手册等资料。

(2) 熟练地掌握预算定额及有关的规定。在编制工程概预算时，要正确地应用这些相关的规定。

(3) 熟悉所有的施工图纸。施工图纸和设计说明书是编制概预算的基础资料，预算人员在作预算前，必须充分熟悉施工图纸，了解整个工程的设计意图及工程的全貌，使得能够在头脑中形成一个比较完整、系统、清楚的工程实物形象，有助于快速编制概预算。

对于施工图纸的工作重点主要是：检查施工图纸是否齐全；施工图纸与说明书是否一致；施工图中标注的各部分的尺寸是否正确；确定设计单位的设计是否有变更；各单位工程的施工图纸是否有矛盾；对图中的矛盾、疑难和建议，要充分与设计单位协商解决。

(4) 熟悉施工组织设计文件。在编制预算时要及时到施工现场了解实际情况，如地形地质、土质、施工条件、施工方法、施工机械、设备材料及施工进度安排等。掌握第一手

资料，这对于编制施工组织设计文件，确定相关的数据，具有十分重要作用。

2. 准确计算工程量

(1) 正确划分工程量的计算项目。根据施工图纸和现场实际情况，按项目划分出单位工程、分项工程和分部工程项目。在计算时，为了避免重复和漏项，一般情况下项目的内容、排列的顺序和计量单位均与预算定额一致。

(2) 准确计算工程量。正确地计算工程量，是编制概预算的主要数据，其计算的准确性和快慢，将直接影响到预算的质量和速度。因此，必须在工程量的计算上严格把关，确保所计算的概预算的质量。一般在计算时，根据所划分的工程量的计算项目，按照相应工程量的计算规则，逐个计算出各个分项工程的工程量，然后按照预算定额规定的分部（分项）工程的顺序在进行汇总。

3. 确定当地工资和各种工资性津贴

根据建筑材料和设备的来源地、运输条件、运费标准、运距的大小、收费定额等参数，计算出人工工资、建筑材料和设备的预算价格。根据施工机械台班定额及当地动力、燃料的预算价格，确定所用施工机械的台班使用费。

4. 计算工程单价

为确定工程单价，必须合理地选套定额手册中的预算定额进行计算分析，求出个单位工程的分部或分项工程的单价。

5. 编制建筑、安装工程的概预算表

计算出各分部或分项工程单价和工程量以后，用工程单价乘以相应的工程量，即可得出该分部或分项工程的概预算价值。然后将各分部或分项工程的概预算进行汇总，得出工程的直接费用。

三、工程概预算的具体的编制及相关计算实例

1. 基础单价的计算

基础单价的计算主要包括人工费、材料预算价格和施工机械台班费三项。这三项是编制工程概预算的基础数据，直接影响到工程概预算的准确性，一定要严肃对待。

人工费的计算应根据当地的实际工资标准，按人工预算单价包括的四项内容进行计算。材料费用在水利水电工程的预算造价中所占的比例较大，要准确地确定材料的预算价格，有利于正确计算工程造价。目前由于施工机械化水平的不断提高，在工程概预算中施工机械的使用费用的比重也逐步增加。为了能够编制准确的工程概预算，要正确地确定施工机械的台班费用。表 8-10 是某工程机械台班费的计算实例。

表 8-10　　施工机械台班费计算实例

序　号	费用项目	单位	单价（元）	0.8m^3 混凝土搅拌机	
				定额数量	合价（元）
1	基本折旧费	元		12.10	
2	大修理费	元		3.96	
3	经常修理费	元		11.29	
4	安装拆卸费	元		3.09	

续表

序号	费用项目	单位	单价（元）	0.8m³ 混凝土搅拌机	
				定额数量	合价（元）
5	保管费	元		2.00	
6	小计	元		32.44	32.44
7	人工	工日	5.06	1.25	6.33
8	汽油	kg			
9	柴油	kg			
10	煤	kg			
11	电	kW·h	0.18	57.66	10.38
12	水	m^3			
13	小计	元			16.71
14	合计	元			49.15

2. 工程单价的计算

工程单价的计算，是将前面几处单价分析数据填入单价表内，然后用基础单价乘以相应的定额得到该项合价。下面是一个模板工程单价的计算实例。

【举例】 某大坝混凝土浇筑模板工程，经计算总立模面积为 144510m^2，其中平面模板 129510m^2，曲面模板 15000m^2。计算工程直接费时，把模板分为平面和曲面分别计算。现以平面模板为例，计算如下。

平面模板立模面积 129510m^2，其中钢模板的立模面积 116560m^2，木模板的立模面积 12950m^2。钢、木模板的周转率定为 30 次和 2 次，经计算钢模板的单价为 230.63 元/m^2，木模板的单价为 80.64 元/m^2。

(1) 班组人员配置：见表 8-11。

表 8-11　班组人员配置

钢模板班组		木模板班组	
人员组成	数量	人员组成	数量
工长	1人	工长	1人
模板工	6人	模板工	6人
装配工	4人	装配工	4人
焊工	1人	焊工	1人
木工	1人	木工	5人
司机	2人	司机	2人
其他工	3人	其他工	3人
载重汽车（8t）	1辆	载重汽车（8t）	1辆
汽车式起重机（8～15t）	1台	汽车式起重机（8～15t）	1台
班组工效	6m^2/组时	班组工效	6m^2/组时

(2) 工程直接费单价计算：

工程名称：平面模板；

工程量：129510m²（其中钢模板 116560m²，木模板 12950m²）。

1）钢模板安装拆除班组工效 6m²/组时，共需 116560/6=19426.67 组时。

2）木模板安装拆除班组工效 6m²/组时，共需 12950/6=2158.33 组时。

3）辅助工程，见表 8-12。

表 8-12　　辅 助 工 程

序　号	项目或费用名称	单位	数量	单价	合价（元）
一	钢模板安装拆除				
1	工长 1 人	工时	19426.67	15.00	291400
2	高级熟练工 14 人	工时	271973.38	12.50	3399668
3	非熟练工 3 人	工时	58280.01	7.50	437100
4	钢模板	m²	3881.44	230.63	895177
5	汽车式起重机 8～15t 1 台	台时	19426.67	211.30	4104855
6	载重汽车 8t 1 辆	台时	19426.67	18.00	349680
7	小计（元）	9477879 元			
8	单价（元/m²）	9477879/116560=81.31			
二	木模板安装拆除				
9	工长 1 人	工时	2158.33	15.00	32375
10	高级熟练工 18 人	工时	38849.94	12.50	485624
11	非熟练工 3 人	工时	6474.99	7.50	48562
12	木模板	m²	6475.00	80.64	522144
13	汽车式起重机 8～15t 1 台	台时	2158.33	211.30	456055
14	载重汽车 8t 1 辆	台时	2158.33	18.00	38850
15	小计（元）	1583611			
16	单价（元/m²）	1583611/12950=122.29			
三	辅助工程				
17	施工照明	m²	129510.00	1.00	129510
18	其他	m²	129510.00	6.00	777060
19	小计（元）	906570			
20	单价（元/m²）	906570/129510=7.00			
	平面模板工程直接费合计（元）	（一～三合计）11968060 元			
	平面模板工程直接费单价（元/m²）	11968060 元÷129510m²=92.41 元/m²			

3. 建筑、安装工程概预算的编制

(1) 建筑工程概预算表的编制。

建筑工程概预算编制的步骤：

1）根据设计图纸、设计说明书及相应的定额手册，列出单位工程或分项分部工程项目。

2）按列出的工程项目计算工程量。

3）按施工组织设计中选择的施工方法，依照定额手册中的定额，进行单价分析。

4）将所列工程项目的工程量乘以相应单价，即为该工程项目的合价，将各工程项目的合价汇总后，即为建筑工程的费用。即：建筑工程费＝∑（建筑工程单价×分部工程量）。

（2）设备及安装工程概预算表的编制。

设备及安装工程概预算的编制的方法，与建筑工程概预算基本相同，其具体的步骤：

1）根据设计图纸、设计说明书及设备清单，列出设备安装工程项目名称、规格及工程数量。

2）进行单价分析计算。单价中包括设备的购置费和安装费两部分。

3）将工程（或设备）的数量乘以相应单价的设备购置费，即为总价中的设备费；乘以单价中的安装费，即为总价中的安装费。

4）求出总价后进行汇总，即得到设备费和安装费。

（3）总概预算表的编制。

总概、预算表的编制，使整个水利水电工程概预算的最后成果。其编制的步骤为：

1）按照水利水电工程概预算的组成，将每一部分列入到总概预算表中，并列出每一部分的工程项目。

2）将每一部分的计算结果，按照所列的工程项目、费用类别填入表中。

3）将所有的部分进行汇总，并按有关规定计算预备费和工程贷款利息，将这三部分合计后为工程的总投资。

4）按有关规定计算以上费用中的回收金额，用工程总投资扣除回收金额，为工程总造价。

四、计算机在工程概预算编制中的应用

利用人工编制概预算时，当计算完工程量后，剩余的问题即为有规律的纯计算工作，且计算的基础都是水利水电工程的概预算定额，然后对数据进行加、减、乘、除的简单运算。工作量很大，且计算过程有很大的重复性。利用计算机编制水利水电工程概预算，可以很好地解决在纯人工编制概预算时出现的问题，把概预算的编制人员从大量的重复的计算工作中解放出来，提高概预算的编制速度和准确程度。

目前，我国的一些大型水利水电工程都是使用计算机软件编制工程概预算的。这些应用软件，具有方便、直观、快捷、准确的优点，给复杂的水利水电工程概预算的编制工作带来了巨大的创新。随着计算机技术的不断进步，应用软件会越来越完善，势必会对水利概预算等工作产生重要影响。

1. 计算机编制概预算系统的流程

运用计算机编制概预算时，其工作流程是：定额选择→预算建立→工程量计算→定额编号输入→预算形成→适当的修改、调整→费用取定→报表输出

2. 计算机编制概预算系统主模块的构成

运用计算机进行概预算的编制，系统的主模块包含九大块的内容：

(1) 文件模块：用来对预算的文件进行操作及设置。

(2) 编辑模块：主要用来对预算数据进行处理。

(3) 调整模块：用于对预算某些环节进行调整。

(4) 统计模块：用于查阅整个预算的统计情况。

(5) 审计模块：用于进入审计模式状态，以及用于审计的附加功能。

(6) 定额模块：用于查阅定额，输入自定义的预算、材料及机械。

(7) 工具模块：包含一些常用的功能性和维护性的工具。

(8) 工程量计算模块：主要进行工程量的计算。

(9) 帮助模块：查询系统信息等。

3. 计算机编制概预算系统具有的特点

(1) 人机界面符合 Windows 界面标准规范，既要支持鼠标操作，又要支持键盘的操作。

(2) 工程量的计算采用统筹法，将水工建筑物按照项目划分成容易计算的体积与面积部件，用户只需输入部件的相应参数及扣减对象后，计算机即可完成工程量的计算、汇总，并最终形成工程预算。计算预算时的条目可以在工程量计算成形成，也可在输入定额编号时形成。

(3) 取费的标准采用电子表格的形式，便于用户修改。

(4) 各种表格在输出前可以进行预览，便于用户进行调整纸型及边距等。

(5) 可以调整预算条目的材料、机械台班用量等。

(6) 可以由用户自行定义在定额中没有的条目。

(7) 具有一定的审核功能。

4. 计算机编制概预算系统的发展方向

(1) 建立水利水电工程概预算的信息网络。

编制工程概预算时需要大量信息，应该充分利用计算机在通信技术和资源管理上的优势，对相关信息进行收集、传输、加工、利用与存储。其利用方式有：

1) 利用 Inter - net 这种先进的通信方式，与相关的生产厂家或价格管理部门在网上取得联系，以及时、准确、全面地获取某一产品或劳务等方面的价格信息。

2) 在局域网上建立概预算经验数据库。将全国各类水利水电工程在不同年度、不同施工阶段上的各种相关数据存入经验数据库中。这样，概预算人员在编制新的工程项目时便可以对工程造价进行分析比较，从而合理地确定取费。

(2) 编制概预算与其他工作进行结合。

目前，水利水电工程的设计、管理等工作都以实现了计算机化。这样，工程概预算工作可以将信息处理的范围扩展到其他的工作过程。例如，可以和水工 CAD 系统进行结合，凡是使用 CAD 系统绘图的工程，可以直接利用 CAD 软件计算出工程量，然后，借助局域网传输到概预算应用软件上，再根据水工结构部位及尺寸等方面的要求，自动在价格信息资源库中提取数据进行计算。这样不仅确保了设计数据的一致性、准确性，而且还大大地提高了工程概预算工作的自动化水平，提高了工作效率。

第四节　招标与投标

实行项目业主责任制、建设监理制和工程招标承包制，是我国水利水电建设管理体制的三项重大改革。它改变了我国长期以来按国家指令性计划，由建设单位和施工单位合一的各工程局自营建设和负责施工的格局，将建设单位和施工单位分离，形成甲乙方，在用经济合同将两者联系起来。在这种统一对立的体制中，业主在工程建设项目实施全过程中可以依法采用择优竞争采购的方式，（其中包括勘测、设计、监理、施工和设备、材料的采购）选择中标单位，并与中标承包单位签订施工承包合同。业主还组织或委托工程监理单位对合同的执行进行监督管理。这样有利于在施工企业间展开竞争，通过竞争提高工程技术和工程管理水平，从而加快工程建设速度，提高工程质量，提高投资效益。

我国《招标投标法》第三条规定，在中华人民共和国境内进行下列工程建设项目，包括项目的勘察、设计、施工、监理以及与工程建设有关的重要设备、材料等的采购，必须进行招标：

（1）大型基础设施、公用事业等关系社会公共利益、公众安全的项目。

（2）全部或者部分使用国有资金投资或者融资的项目。

（3）适用国际组织或者外国政府贷款。

一、招标方式

水利水电工程的招标属于大型建筑工程的招标，根据不同建设条件，基本招标方式有以下两种，即公开招标和邀请招标。

1. 公开招标

国外称无限竞争性公开招标，这种招标方式一般是在国内外主要报刊（包括商业性的报刊）或通过广播、电视、网络等新闻媒体发布资格预审和招标广告，凡对本项工程有兴趣的承包商都有均等的机会购买招标文件，参加资格预审。预审合格后被邀请缴纳投标保证金，进行投标。如果招标的对象涉及几个国家的投标商，则称为国际竞争性招标。

公开招标的优点是，业主可以在较广的范围内选择承包单位，投标竞争激烈，有利于业主将工程项目的建设任务交予可靠的承包商实施，并获得有竞争性的商业报价；但其缺点是，准备招标、对投标申请单位进行资格预审和评标的工作量大，因此招标的时间长、费用高。

目前，国内大型工程的建设可采取国内公开招标，还可在某省内、某行业内公开招标的方式选择实施单位。对于使用世界银行贷款、亚洲开发银行贷款或其他国际性金融组织贷款建设的项目，都规定全部或部分采取国际竞争性招标的方式选择承包商。

2. 邀请招标

国外称有限竞争选择性招标，这种招标方式是根据招标人的经验和掌握的信息或有受委托的咨询单位提供的有关承包单位的情况，由招标人对某些承包单位发出邀请，并进行资格预审后，在邀请几个合格的承包单位进行投标、报价。邀请招标的邀请对象数目以5～10家为宜，但不应少于3家，否则就失去竞争性。

与公开招标相比，其优点是不发招标广告，不进行资格预审，简化了招标程序，因此，节约了招标费用和缩短了招标时间。而且由于对招标人以往的业绩和履约能力比较了解，减少了合同履行过程中承包商违约的风险。虽然不设置资格预审程序，但为体现公平竞争和便于业主根据各招标人的综合能力进行选择，仍要求投标人按招标文件中的有关规定，在投标书内报送有关资质材料，在评标时以资格后审的形式作为评审的内容之一。邀请招标的缺点是，由于投标竞争的激烈程度不高，有可能提高中标的合同价；也有可能排除了某些在技术上或报价上有竞争力的承包商参与投标。

由于公开招标、投标单位较多，评标定标工作量较大，比较费时，费用较高，国内水利水电工程比较倾向于采取邀请招标。

除了以上两种基本招标方式外，还有以下两种招标方式。

3. 议标

国外又称为非竞争性合同谈判招标。此种招标方式实质上是一种合同谈判的过程。由招标人邀请有能力的承包单位，采取商谈方式确定承包单位、合同条件直至签约。邀请的承包单位一般不少于两家。

此种招标方式比较适用于较为简单的水电工程或某些单项工程。

4. 两阶段招标

这种招标方式实际上是公开招标和邀请招标的结合。此种招标方式适于大型复杂的工程，而且在招标时工程尚处在发展过程或招标人对此工程经营还缺乏足够经验时采用。其优点是可以广泛吸收投标单位的建议，对工程技术和建设方案进行优化。两阶段招标方式在国内水利水电工程尚无实践经验。

二、招标程序

1. 招标条件

水利水电工程在进行招标时必须具备以下条件：

(1) 建设资金已经落实，工程项目已列入国家或地方基本建设计划。

(2) 分标方案或执行概算已经得到业主批准，招标计划已经得到业主和项目领导机构的同意。

(3) 建设单位已与设计单位签订设计合同。

(4) 招标文件、招标设计、标底的编制工作已经完成。

(5) 有关工程施工征地和移民搬迁的实施计划已经落实。

2. 招标投标中的几个主要问题

(1) 招标文件。

招标文件是指导设计单位进行正确投标的依据，也是对投标人提出要求的文件。招标文件一经发出后，招标单位不得擅自修改。如果确需修改时，应以补充文件的形式将修改内容通知每个投标人，补充文件与招标文件具有同等的法律效力。若因修改招标文件导致投标人经济损失时，还应承担赔偿责任。其主要内容有：

1) 工程综合说明，以介绍工程概况，包括：工程名称、规模、地址、建设项目内容、建设工期、现场施工条件以及水文地质条件、技术要求、质量标准等。

2) 投标邀请书。

3）投标须知。

4）投标书格式及其附件。

5）工程量清单和单价表。工程量清单和单价表，是投标单位计算标价、确定报价和招标单位评定标书的重要依据，必须明确列清。通常以单项工程或单位工程为对象，按分部分项列出实物工程量，简要说明其计算方法、技术要点和单价组成。工程量清单由招标单位提出，单价则由投标单位填列。

6）合同协议书格式及履约保函。

7）合同条款，其中包括：材料及设备供应方式、工程量的量测和工程款的支付方式、预付款的百分比、材料标准价格的采用和材料及设备价差的调整方法等。

8）技术规范、验收规程。

9）图纸、技术资料和设计说明。

根据《水利工程建设项目施工招标投标管理规定》，招标文件发出后，不得随意更改。如确定修改或补充，至少应在投标截止日期前 15 天正式通知到所有投标单位，延期发出通知，投标截止日期应当相应后延。

（2）投标人资格审查。

资格审查是对愿意参加投标的单位进行资格审查，挑选其中合格的投标单位进一步参加投标，招标单位可通过国内外主要报刊（包括商业性的报刊）或通过广播、电视、网络等新闻媒体发布资格预审通告。资格审查内容主要包括以下几个方面：

1）资质审查。主要审查申请投标单位所持有的勘察和设计证书资质等级，是否与所建工程项目的级别相一致，不允许无资格证书单位或低资格单位越级承接工程设计任务。审查的内容包括资质证书的种类、证书的级别、证书允许承接设计工作的范围三个方面。

2）能力审查。包括设计人员的技术力量和主要技术设备两方面。人员的技术力量重点考虑涉及主要负责人的自制能力和各专业设计人员的专业覆盖面、人员数量、各级职称人员所占比例等，是否能满足完成工程设计任务的需要；技术设备能力主要审查测量、制图、钻探设备的器材种类、数量、目前的使用情况等，看其能否适应开展勘察设计工作的需要。

3）经验审查。主要审查设计单位最近几年所完成的工程设计，包括工程名称、规模、标准、结构型式、质量评定等级、设计工期等内容，侧重于考虑已完成的设计与招标工程在规模、性质、型式上是否与本工程相适应，即有无此类工程的设计经验。

招标单位对其他需要关注的问题，也可要求投标申请单位报送相关资料，作为资格审查的内容。资格审查合格的申请单位可以参加设计投标竞争；对不合格者，招标单位也应及时发出通知。

（3）标底。

标底是依据工程初步设计和招标设计文件，以招标项目合同为对象，编制的工程预期价格。标底是在招标人主持下，由招标代理机构或者监理单位在严格保密的条件下编制的。它是上级主管部门核实建设规模，建设单位预计工程造价和衡量投标单位标价的依据。

对于施工招标必须编制标底，标底由项目法人（或建设单位）委托具有相应资质的单位编制，编制人员必须是持证的熟悉有关业务的概预算专业人员，编制标底的单位及有关人员不得介入该工程的投标书编制业务。

编制标底的目的：首先，可以作为计算投标标准的成本价依据；其次，它可以作为评价投标人所报投标价格合理性的依据；再次，在合同执行过程中可作为投资控制的依据；最后，作为计算物价波动调整价格的权重依据。

标底编制的原则：

1）招标项目划分、工程量、施工条件等应与招标文件一致。

2）应根据招标文件、设计图纸及有关资料按照国家和部颁发的现行技术标准、经济定额标准及规范等认真编制，不得简单地以概算乘以系数或用调整概算作为标底。

3）在标底的总价中，必须按国家规定列入施工企业应得的7%计划利润。

4）施工企业基地补贴费和特殊技术装备补贴费可暂不计入标底，使用方法另行规定。

5）一个招标项目，只能有一个标底，不得针对不同的投标单位而有不同的标底。

编制标底是一项重要的招标准备工作，而且也是一项细致而复杂的工作，必须严肃认真按科学方法来编制。具体的编制方法为：根据实施阶段招标人的施工组织设计（也称为施工规划）确定的施工方法、施工计划和强度、施工设备选型，以及考虑工程设计要求和技术质量标准，进行劳动生产率分析，制定出施工设备的工时和费用以及使用的劳务工时和费用。以上费用构成为直接费用，汇总价为合同的直接费用，再加上间接费用、利润、税金和风险费，汇总后为合同的标底。

《水利工程建设项目施工招标投标管理规定》要求，“标底必须控制在上级批准的总概算内。如有突破，应说明原因，由设计单位进行调整，并在原概算批准单位审批后才可招标”。同时还要求，“实行议标的建设项目，其合同价由招投标双方商议，报上级招标投标管理机构批准”。

制定好的标底一经审定应密封保存至开标，所有接触过标底的人员均负有保密法律责任，在开标以前，标底不得泄漏。

（4）招标。

当招标申请经主管部门批准，招标文件准备好以后，就可以开始招标。

招标阶段要进行的工作有：发布招标消息；接受投标单位的投标申请；对投标单位进行资格审查；发售招标文件；组织现场勘察、工程交底和答疑；接受投标单位递送的标书等。

招标单位应按预先确定的日期召开标前会，组织各投标单位勘察现场，并进行答疑；答疑纪要作为招标文件的补充并以书面形式通知所有投标单位。在投标截止日期前15天内，招标单位不再解答问题。

招标可根据建设项目的规模大小、技术复杂程度、工期长短、施工现场管理条件等情况采用全部工程、单位工程或者分项工程等形式进行招标。同一工程中不同的分标项目可采取不同的招标方式。主体工程不宜分标过多，分标的项目以有利于项目管理、有利于吸引施工企业竞争为原则。分标方案应在施工招标申请书中注明。

根据建设项目规模和复杂程度，确定招标活动的安排。投标截止时间应以保证投标单位能认真地了解有关情况，研究招标文件和编制投标书。

(5) 投标。

施工企业在获知招标信息后获得到招标邀请后，应根据工程的建设条件、工程质量和自身的承包能力等主观因素，决定是否参加投标。当决定参加投标以后，为了在竞争中取得好的结果，要做好以下工作：建立一个投标工作机构；按要求办理投标的资格审查；取得招标文件；仔细研究招标文件；弄清投标环境，制订投标策略；投标人按照招标要求编制实施方案和投标报价等文件编制投标文件；在招标人规定的时间内将投标文件送达指定地点；参加开标、决标过程中的有关活动。

投标是与招标相对应的活动，被广泛应用于工程建设的勘察设计、建设监理、建筑安装工程以及工程建设有关的机电设备、材料的采购。

投标人在编写投标文件时，其投标文件的内容应符合招标书的要求，其内容包括：

1) 投标书综合说明，工程总报价；

2) 按照工程量清单填写单价分析、单位工程造价、全部工程总造价、三材用量；

3) 施工组织设计，包括选用的主体工程和施工导流工程施工方案，参加施工的主要施工机械设备进场数量、型号清单；

4) 保证工程质量、进度和施工安全的主要组织保证和技术措施；

5) 计划开工、各主要阶段（截流、下闸蓄水、第一台机组发电、竣工等）进度安排和施工总工期；

6) 参加工程施工的项目经理和主要管理人员、技术人员名单；

7) 工程临时设施用地要求；

8) 招标文件要求的其他内容和其他应说明的事项。

投标人在投标过程中，要对招标文件进行研究，弄清工程规模、施工条件、工期要求，以及承包方式等；要了解和同类型和合同条款中所规定的双方的权利、义务、风险和责任，有关技术、经济、法律条款，以及有关规范、标准和对建筑材料的要求。在参加现场勘察时，需要进一步调查工程所在地的社会经济状况，并核实施工条件，听取招标人的答疑。然后根据招标文件的要求与自身的能力、水平和经验，提出施工组织设计，包括施工进度计划、施工总平面布置、施工方法和技术措施、施工交通、施工通信、环境保护和施工临时设施，以及技术供应计划的详细说明，并辅之相应的施工设计图纸等，以此编制投标报价。

投标报价是投标的关键性工作。在编制投标报价时，投标人要按照招标文件的规定，采用现行市场价格、定额及取费标准等，根据本企业的管理水平、技术措施和工程施工计划等条件确定。投标报价应包括：直接费、间接费、其他费用、利润、税金和风险费用。投标报价对于投标成败和承包项目的盈亏起决定作用，所以投标人应当合理确定投标价格，不能以低于成本的报价竞标。《水利工程建设项目施工招标投标管理规定》要求“施工企业应根据自身的实际能力，正确选择投标项目。对一个投标项目，只允许投一次标，一次标只能填一个报价。”

投标单位除了按招标文件内容编制投标文件外，还可以附加提交“建议方案”并作出建议方案的报价，共招标单位选用。在投标书的封面上注明“建议方案”字样。招标单位应仔细研究，有权接受或拒绝此类建议方案。

若投标单位对于招标文件中的某些内容不能接受时，可以在投标书中另作声明。对于投标时未作出的声明，或声明中没有涉及的内容，均视为投标单位已经接受。当投标单位中标以后，招标文件成为双方签订合同的依据。此时，投标单位不得以任何理由提出违背招标文件的附加条件，或在中标后提出附加条件。

除了单个施工企业投标这种方式外，如果一个施工企业力量不足以承担招标工程的全部任务，或不能满足投标资格的全部条件时，允许由两个或两个以上施工企业联营体，接受资格审查，进行联合投标。联合投标应出具联合协议书，明确责任方和联营体各方所承担的工程范围和责任，并由责任方作为联营体的法人代表。联合协议书应经公证处公证。

(6) 开标。

招标中，按标书中所规定的时间和地点，由招标人委托的公证机构派出代表检查投标文件封袋，经确认无疑后，当众拆封，并公开宣读投标价格及有关说明的程序。除投标单位必须派代表参加会议外，招标单位可根据需要邀请上级主管部门、地方基建主管部门、设计单位、建设银行、公证部门等单位参加。招标单位按收到投标书逆顺序当场启封开标，宣读投标单位名称及其报价、附件、声明。

当投标书有下列情况之一者时，视为废标：

1) 未密封。

2) 未加盖单位印章和法人代表或法人代表委托的代理人的印章（或签名）。

3) 未按规定格式、内容填写，或字迹模糊不清、内容不全。

4) 有两个或两个以上最终报价（建议方案报价除外）。

5) 逾期送达。

6) 投标单位未派代表参加开标会议。

7) 有其他违反招标文件规定的。

(7) 评标。

评标就是对投标文件进行评审和比较，依据标书规定的授标标准选定中标候选人的工作。选择候选人时，为保证评标的公正性，一般由招标单位聘请上级招标管理机构、建设项目主管部门、设计、监理等单位的有关领导、专家组成评标领导小组或评标委员会，负责评审工作。

投标文件评审和比较的主要内容有以下几方面：

1) 检查投标文件的完整性和响应性；

2) 评审投标价格高低和合理性；

3) 评审项目实施技术上的可行性，实施设施的合理性，以及实施手段的保证性等；

4) 评审项目实施的主要管理人员和技术工人的经验和素质；

5) 评审保证进度、质量和安全等措施的可靠性；

6) 评审其财务能力；

7) 评审投标人的资质和信誉。

评标工作由招标人组建评标委员会负责进行，其成员有招标人的代表和有关技术、经济等方面的专家组成。《中华人民共和国招标投标法》中规定，评标委员会成员人数为5人以上的单数，其中技术、经济等方面的专家不得少于成员总数的2/3。评标委员会成员名单应当保密。招标人应当采取必要的措施，保证评标在严格保密的情况下进行。评标过程中可以要求投标人对投标文件中含义不明确的内容作必要澄清或者说明，但是不得超出投标文件的范围或者改变投标文件的实质性内容。为了保证评标的公正和公平，评标委员会应当按照招标文件确定的评标标准和方法，对投标文件进行评审和比较，不能采用招标文件未列明的任何标准和方法，也不能改变招标文件确定的评标标准和方法。评标委员会完成评标后，向招标人提出书面评标报告，并推荐合格的中标候选人。

评标的过程一般包括以下几个步骤：

1）初评。主要是复核各投标书的报价，修正算术错误，检查投标书的完整性及是否对招标文件作无实质性响应，提出初选单位（一般为 2 至 4 家）和澄清会谈问题清单。

2）澄清。在开标后 15 天内，招标单位分别与初选单位举行澄清会谈。对所澄清的问题应采取书面确认的方式，经双方签字后作为投标书的组成部分。在澄清会谈中，投标单位不得更改报价和工期，招标单位也不得要求投标单位降低报价或缩短工期。

3）调查。必要时招标单位通过会谈，走访、咨询等各种手段对初选单位进行调查，调查其信誉情况及承诺能力。

4）评审。评审主要是对投标书进行技术和经济两方面的评审。对施工方案、施工设备选型、保证进度、质量和安全的技术措施，进行可行性与合理性比较；审核投标报价有无漏项和重复计算等。工程单价、各项取费是否合理，是否符合现行有关规定和招标文件要求。将投标报价加上各种可计量、可接受的因素转算成评标价，再结合投标单位情况提出评标报告。

(8）决标。

业主组织评标委员会对评标报告进行审查。一般项目评标报告经业主核准后即可决标。大型项目主体工程决标前需征求项目领导机构的意见。世界银行和其他国际金融组织贷款项目的决标上应争得世界银行和其他国际金融组织贷款机构的同意。

从开标到决标的期限一般没有定规，一般为 5～15 天，也有更长的。

决标以后，应立即向中标单位发出中标通知，并通知未中标单位领回标书、押金。

中标通知发出以后，承发包双方应约定时间就施工合同进行磋商，达成协议后，正式签订合同，招标工作即告结束。

3. 招标程序（图 8-1）

建设项目施工招标工作由招标单位按下列程序进行：

(1）向上级招标投标管理机构提交招标申请书，并经批准。

招标申请书的主要内容包括：招标工程具备的条件，招标机构的组织情况，分析方案与招标计划，拟采用的招标方式和对投标单位的资质要求等。

(2）组织编制招标文件和标底并报上级招标投标管理机构审定。

(3）发布招标通告，出售资格预审文件。

(4）投标单位填报资格预审书和有关资料，申请投标。

(5）对投标单位进行资格审查，并提出资格预审报告。

(6）向资审合格的投标单位发出投标邀请书并出售招标文件及有关资料。

(7）召开标前会议，组织投标单位进行现场勘查，在规定时间、公开地点解答招标文件中的问题。

(8) 组建评标领导小组或评标委员会，制定评标定标原则和办法。

(9) 召开开标会议，当众开标。

(10) 组织评标，在评标期间，召开澄清会议，邀请投标单位对投标书作必要的澄清。

(11) 选定中标单位和候补中标单位，报上级招标管理机构批准。

(12) 与初选的中标单位进行中标前谈判。

(13) 发中标通知书，与中标单位正式签订合同。合同副本报上级招标投标管理机构备案。

(14) 通知未中标单位。

三、投标策略

投标活动的全过程是在一个竞争的环境下进行的，投标者为了能够成功地进行投标，必须根据竞争规律和自身的主客观条件，制订出正确的投标策略。投标策略是承包商在投标竞争中的系统工作部署及其参与投标竞争的方式和手段。投标策略作为投标取胜的方式、手段和艺术，贯穿于投标竞争的始终，内容十分丰富。常用的投标策略主要有：

(1) 根据招标项目的不同特点采用不同报价。

投标报价时，既要考虑自身的优势和劣势，也要分析招标项目的特点。按照工程项目的不同特点、类别、施工条件等来选择报价策略。

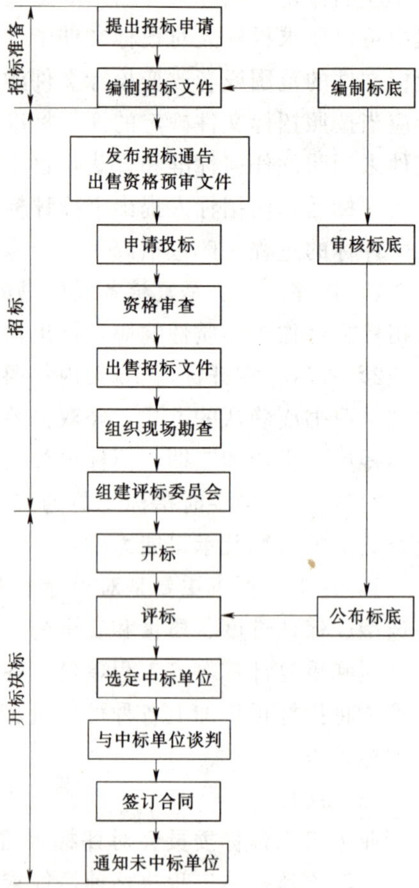

图 8-1 招标过程

1) 遇到如下情况报价可高一些：施工条件差的工程；专业要求高的技术密集型工程，而本公司在这方面又有专长，声望也较高；总价低的小工程，以及自己不愿做、又不方便投标的工程；特殊工程，如港口码头、地下开挖工程等；工期要求急的工程；投标对手少的工程；支付条件不理想的工程。

2) 遇到如下情况报价可低一些：施工条件好的工程，工作简单、工程量大而一般公司都可以做的工程；施工企业在附近为了打入某一地区的建筑市场时；本公司在附近有工程，而本项目又可利用该工程的设备、劳务，或有条件短期内突击完成的工程；投标对手多，竞争激烈的工程；非急需工程；支付条件好的。

(2) 采用不平衡报价法。

这种方法是指一个工程项目总报价基本确定后，通过调整内部各个项目的报价，以期既不提高总报价、不影响中标，又能在结算时得到更理想的经济效益。一般可以考虑在以下几方面采用不平衡报价：

1) 能够早日结账收款（如开办费、基础工程、土方开挖、桩基）可适当提高。

2) 设计图纸不明确，估计修改后工程量要增加的，可以提高单价；而工程内容解说不清楚的，则可适当降低一些单价，待澄清后可再要求提价。

采用不平衡报价一定要建立在，对工程量表中工程量仔细核对分析的基础上，特别是对报价单价的项目，如工程量执行时增多将造成承包商的重大损失；不平衡报价过多和过于明显，可能会引起业主反对，甚至导致废标。

(3) 多方案报价法。

对于一些招标文件，如果发现工程范围不很明确，条款不清楚或很不公正，或技术规范要求过于苛刻时，则要在充分估计投标风险的基础上，按多方案报价法处理。即先是按原招标文件报一个价，然后再提出几个由于改变某些条款而使报价较低的方案。这样，可以降低总价，吸引业主。

(4) 增加建议方案。

有时招标文件中规定，投标者可以提一个建议方案。投标者此时应抓住机会，组织一些有经验的设计和施工工程师，对原招标文件的设计和施工方案仔细研究，提出更为合理的方案以吸引业主，促成自己的方案中标。这种新建议方案可以降低总造价或是缩短工期，或使工程运用更为合理。但要注意对原招标方案一定也要报价。需要强调的是，建议方案一定要比较成熟，有良好的可操作性。

(5) 无利润报价法。

缺乏竞争优势的承包商，在不得已的情况下，在算标时根本不考虑利润去夺标。这种办法一般是处于以下条件时采用：

1) 有可能在得标后，将大部分工程分包给索价较低的一些分包商。

2) 对于分期建设的项目，先以低价获得首期工程，而后赢得机会创造第二期工程中的竞争优势，并在以后的实施中赚得利润。

3) 较长时期内，承包商没有在建的工程项目，如果再不得标，就难以维持生存。因此，虽然本工程无利可图，只要能有一定的管理费维持公司的日常运转，就可设法渡过暂时的困难。

总之，投标者要根据招标文件、政治和法律方面、自然条件、市场状况、工程项目方面的情况、业主情况、投标人自身情况、竞争对手资料，选取最适合自己的投标策略，确保投标成功，并获得良好经济效益的目标。

四、计算机在招标投标系统中的应用

目前，随着电子计算机以及网络知识的普及，同时也为了树立政府、企业的形象，提高工作效率，建立公平、公开、公正的招标体系，出现了一种新型的招标方式——网上招标。网上招标是在互联网上利用电子商务基础平台提供的安全通道进行招标信息的传递和处理，包括招标信息的公布、标书的发放、应标书的收集、投标结果的通知以及项目合同或协议的签订的完整过程。建立这样一整套功能完备的B—B（企业—企业）、B—G（企业—政府）的网上招标系统，不仅能够满足市场的需求，而且将有力地推动电子商务向深度和广度发展。

1. 网上招标系统的特点

(1) 数字证书的用户管理。用户必须提供正确的数字证书才可进行相应的操作，这比以前用户输入用户名和密码的做法安全得多，并且大大简化了系统的用户管理。

（2）安全可靠的信息传送处理手段。为保证招、投标中重要数据的安全性，系统基于数字证书，并采用SSL传输加密技术，保证数据传送的保密性和完整性以及进行身份确认和防抵赖。

（3）使用简捷、维护方便。不管是系统管理员、招标用户还是投标用户，网上招标系统一切操作都可通过浏览器来完成。

2. 网上招标系统的主要功能

（1）对于招标用户：

会员资质审核；

发布招标公告；

发布招标邀请函；

发布中标信息；

澄清、修改招标书；

在线销售标书。

（2）对于投标用户：

会员注册；

标书检索；

查询招标公告、查询邀请招标；

在线投标。

（3）对于系统管理员：

管理招标用户库；

管理招标信息库；

管理注册用户资料；

管理投标用户收费记录；

提供各项业务统计数据。

3. 网上招投标流程图（图8-2）

4. 网上招标投标系统公告示例

中国招标投标网发布招标公告的格式，如下所示：

________招标公告（招标编号：）________公司受买方委托，对________________（项目名称）进行公开招标。现邀请合格投标人参加投标。

1. 招标对象（工程、货物或服务等）的名称、数量及主要技术参数（在数量特别多时，可注明：见《招标货物一览表》）。

2. 招标文件售价：每套人民币______元，售后不退。若邮购，需加付人民币______元。请按下述________公司的地址汇款。汇款单上应注明汇款用途、所购招标文件编号，然后将汇款单复印件、购买单位名称、详细通信地址、电话、传真及联系人传真给__________公司。__________公司收到后，将尽快用特快专递将招标文件寄给贵方。

3. 购买招标文件时间：即日起，每天8：30～17：00（北京时间，节假日除外）。

4. 购买招标文件地点：__________公司。

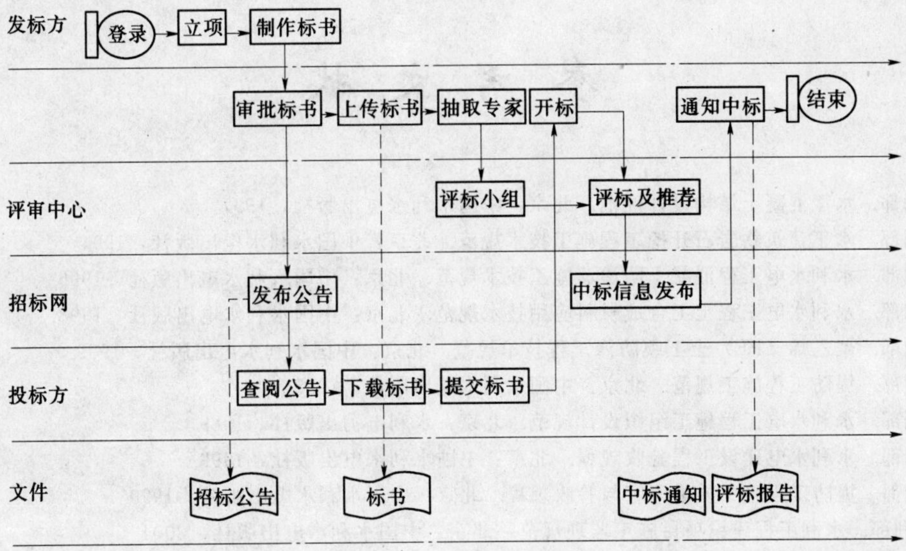

图 8-2　网上招投标流程图

5. 投标截止时间和开标时间：________年____月____日__午________时（北京时间）。届时请参加投标的代表出席开标仪式。

6. 开标地点：

地 址：

邮 编：

电 话：

传 真：

电 子 信 箱：

开 户 银 行：

账 号：

联 系 人：

联 系 人 电话：

日 期：______年______月______日

参考文献

1 水利部．水工混凝土结构设计规范．北京：中国水利水电出版社，1997

2 水利部．水工建筑物岩石开挖工程施工技术规范．北京：中国水利水电出版社，1994

3 水利部．水利水电工程混凝土防渗墙施工技术规范．北京：中国水利水电出版社，1996

4 水利部．水利水电工程土工合成材料应用技术规范．北京：中国水利水电出版社，1998

5 水利部．聚乙烯（PE）土工膜防渗工程技术规范．北京：中国水利水电出版社，1999

6 水利部．堤防工程施工规范．北京：中国水利水电出版社，1998

7 水利部．水利水电工程施工组织设计规范．北京：水利电力出版社，1989

8 水利部．水利水电建设工程验收规程．北京：中国水利水电出版社，1999

9 水利部．堤防工程施工质量评定与验收规程．北京：中国水利水电出版社，1999

10 水利部．水利工程建设项目施工监理规范．北京：中国水利水电出版社，2004

11 袁光裕．水利工程施工．北京：中国水利水电出版社，1995

12 白永年．中国堤坝防渗加固新技术．北京：中国水利水电出版社，2001

13 包承纲．堤防工程土工合成材料应用技术，北京：中国水利水电出版社，1999

14 程良奎．喷射混凝土与地钉墙．北京：中国建筑工业出版社，2000

15 刘保平．深层搅拌法的设计施工与应用．北京：中国水利水电出版社，2003

16 黄自瑾．农田水利工程施工．北京：水利电力出版社，1992

17 肖焕雄．施工水力学．北京：水利电力出版社，1992

18 肖焕雄．施工导截流与围堰工程研究．北京：中国水利水电出版社，2002

19 关志中．控制爆破．北京：中国铁道出版社，1981

20 杨康宁．水利水电工程施工技术第二版．北京：中国水利水电出版社，1997

21 毛建平．金文良．水利水电工程施工第一版．郑州：黄河水利出版社，2004

22 《水利水电工程施工手册》编委会编．水利水电工程施工手册．第 2 卷土石方工程．北京：中国电力出版社，2002

23 周克己．水利水电工程施工组织与管理．北京：中国水利水电出版社，1998

24 汪龙腾．水利水电工程项目管理．北京：水利电力出版社，1992

25 魏璇．水利水电工程施工组织设计指南．北京：中国水利水电出版社，1999

26 中华人民共和国水利部．水利水电工程施工组织设计规范（SL303—2004）．北京：中国水利水电出版社，2004

高等学校精品规划教材

工程力学（高职高专适用）
大学数学（一）（高职高专适用）
大学数学（二）（高职高专适用）
水资源规划
水力学
环境水利学
灌溉排水工程学
水利工程施工
水利水电工程概预算
画法几何及水利工程制图
画法几何及水利工程制图习题集
水利工程监理
水利水电工程测量
理论力学
材料力学
土力学
工程水文学
地下水利用
水利管理学
结构力学
水资源学
地下水动力学
水文地质与工程地质
水利科技写作与实例
电路理论
计算机网络
高电压技术
单片机原理及接口技术
电子与电气技术
Visual FoxPro 6 数据库与程序设计
大学计算机基础
可编程控制器原理与应用
电力系统继电保护原理
信号与系统
数字信号处理
数字电子技术
模拟电子技术
EDA技术
C++程序设计
数据结构
计算方法
水电厂计算机监控系统
电力生产概论
电机与拖动
控制电机
电磁场与电磁波
自动控制原理
人工智能技术及应用
微机接口技术
电工学（少学时适用）
管理信息系统
传感原理与应用
数字通信技术
电力企业管理
电气测量
离散数学
电路分析基础
电工电子技术简明教程